● 고등 교과서 기본 영단어 완적 분석 반영 ●

과학적 · 체계적인 신개념의 영단어 학습법

개념원리 VOCA

|고|등|기|본|편|

저자_ **김두하**

고려대학교 영어영문학과 졸업
미8군 교육지원부대에서 카투사로 근무
㈜대우 근무, 5년간 영국 런던 주재원 역임
두루넷 근무, 홍보광고팀장
현재 영어 전문 출판사인 도서출판 휴먼리그 대표

저서
뉘앙스로 감잡고 테마로 정리하는 영단어 - 넥서스
6년 배운 영단어 3주 만에 끝내기 - 넥서스
English How To Use Dictionary - 빈센트
Word Web - 잉크(위즈덤하우스)
개념원리 VOCA 시리즈 - 휴먼리그
VOCA Total Solution - 휴먼리그
VOCA SYSTEM - 휴먼리그

개념원리 VOCA 고등기본편

초판 1쇄 발행: 2017년 12월 1일
7쇄 발행: 2024년6월 1일

지은이: 김두하
펴낸이: 김두하
펴낸곳: 도서출판 휴먼리그

등 록: 제396-2013-000134
주 소: 경기도 고양시 일산동구 백석2동 밀레니엄리젠시 1414호
전 화: 031-906-1882
팩 스: 070-7614-3367

ISBN: 979-11-951145-3-5 (53740)

이 책을 펴내며

한국의 영어 학습자들은 공통적으로 엄청난 시간과 노력을 영어 단어 암기에 쏟아 붓고 있지만 정작 들인 정성에 비해 학습 효율성이 매우 낮으며 간단한 단어조차도 문장 속에서는 정확히 해석을 못하는 경우가 허다한 것이 현실입니다. 그 이유는 무엇일까요?

이유는 의외로 간단합니다. 잘못된 어휘 학습 방법으로 인해 단어의 뜻과 쓰임을 정확히 익히지 않았기 때문입니다.

우리는 그 동안 영어 단어 학습이란 단지 스펠링과 그에 해당하는 우리말 뜻을 외우는 것으로만 여겨 왔습니다. 그러나 영어와 우리말은 뿌리부터 전혀 다른 언어로서, 영어 단어의 진정한 의미와 쓰임을 정확히 모른 채 우리말 직역으로만 어렴풋하게 파악하고 기계적으로 암기하는 방식으로는 단어가 잘 외워지지도, 오래 기억되지도 않으며 실전에서 문맥을 파악하는 데도 어려움을 겪게 될 수밖에 없는 것입니다.

<진정한 영어 어휘 학습은> 단어를 어떤 상황에서 어떤 뜻으로 어떻게 사용하는 지를 정확히 익히는 것이며 그럴 때만이 단어의 명확한 암기와 자유로운 활용이 가능해 집니다.

이 책은 단어의 암기 및 활용 능력 향상, 어휘력 확장에 필수적인 영단어의 명확한 개념과 생성 원리를 밝혀주는 새로운 어휘 학습법을 제공하고 있으며 이를 통해 많은 영어 학도들이 더 이상 암기식 단어 외우기에 소모적인 시간과 정력을 낭비하는 일이 없이 체계적이고도 효율적으로 영어 어휘를 습득할 수 있기를 바라면서 이 책을 펴냅니다.

저자 김두하

책의 특징

<개념원리 VOCA>란?

획기적이고 독창적인 <개념·원리 어휘 학습법>인 ① 단어의 명확한 의미 및 쓰임새 풀이 ② 다의어의 다양한 뜻 상세 풀이 ③ 동의어간 뉘앙스 차이 해설 ④ 체계적인 테마별 어휘 분류 ⑤ 단어의 어원 분석 ⑥ 다의어의 다양한 뜻 유래 해설 등을 통해 영어 단어의 명확한 개념과 생성 원리를 밝혀줌으로써 어휘력 확장은 물론 활용 능력과 의사소통 능력을 동시에 길러주는 새로운 개념의 영어 어휘 학습서입니다.

01 테마별/Day별 어휘 분류

- 수능 필수 2,300 단어를 의미의 연관성과 논리적 흐름에 따라 테마별로 체계적으로 분류하고 1 Day에 한 테마씩 총 40일 동안에 완성할 수 있도록 구성하였습니다.
- 테마별 분류로 해당 주제나 분야의 의미나 활용상 관련성이 있는 어휘 및 동의어, 반의어 등을 덩어리로 묶어 한꺼번에 학습할 수 있는 효과가 있습니다.

02 단어의 명확한 의미 및 쓰임새 풀이

- 단어 뜻의 단순한 우리말 직역을 쭉 나열해 놓은 기존의 영어 단어집과는 달리, 한 단어가 어떤 상황에서 어떤 의미로 어떻게 사용되는가를 간결하면서도 의미 및 쓰임의 핵심을 짚어 설명함으로써, 단어 뜻의 단순한 우리말 직역만으로는 드러나지 않는 단어의 숨은 참뜻과 쓰임새를 명확하게 익히고 활용할 수 있게 하였습니다.

03 다의어의 다양한 의미 상세 풀이

- 단어가 두 가지 이상의 뜻을 가진 다의어인 경우, 기존의 영어 단어집은 특별한 설명 없이 단어 뜻의 우리말 직역을 나열해 놓고 있습니다. 그러나 이 책에서는 각각의 뜻을 상세한 뜻풀이와 함께 설명함으로써 다의어가 갖는 다양한 뜻을 명확히 파악할 수 있게 구성했습니다.

04 다의어의 다양한 뜻 유래 해설

- 다의어인 한 단어가 다양한 뜻을 갖게 된 유래를 원리적으로 설명해 줌으로써 다의어의 다양한 뜻을 명확히 익히는 데 도움이 되도록 하였습니다.

05 어원 분석

- 단어의 어원을 분석하여 설명함으로써 단어의 뜻을 좀 더 명확히 이해하고 효율적으로 암기를 하는 데 도움이 되도록 하였습니다.

06 동의어간 뉘앙스 차이

- 우리말 뜻은 비슷하지만 어감상 명확한 차이가 있고 원어민들은 분명하게 구분해서 쓰는 동의어들 간의 미묘한 뉘앙스 차이를 서로 비교하여 짚어줌으로써 확실하게 구분해서 쓸 수 있도록 정리해 놓았습니다.

07 파생어

- 각 표제어 하에 파생어를 함께 수록함으로써 효율적으로 어휘 확장을 할 수 있도록 하였습니다.

08 예문

- 표제어의 뜻풀이에서 설명한 단어의 정확한 뜻과 쓰임을 다시 한 번 점검하고 숙지하는 데 도움이 될 수 있는 예문만을 엄선해 수록했습니다.

09 테마 기본 어휘

- 각 테마의 시작 부분에는 해당 테마의 기본 어휘를 수록하여 기본 어휘를 복습, 정리하고 미암기 단어가 있는지를 재점검할 수 있도록 하여 기초를 단단히 다질 수 있게 하였습니다.

본문의 구성

① 단어 발음 듣기

Day 10

마음·감정 Ⅱ

mind & emotion II

② 테마 기본 어휘

> 테마 기본 어휘	like · care(좋아하다) · crazy(열렬히 좋아하는) · mad(열렬히 좋아하는) · love · hate · fun · interesting · enjoy

③ 표제어

01 anxious [ǽŋkʃəs]

1. (걱정이 되어 몹시) 형 불안해하는, 염려하는 [about/for]
2. (이루어지길 간절히) 형 열망[갈망]하는 [for]

He became more and more *anxious* as the war news worsened.

He is *anxious* to get a job and become independent from his parents.

파생 anxiety [æŋzáiəti] 명 **걱정, 근심; 열망, 갈망**

④ 다의어 유래

어원 **anx(strangle:목을 조이다)** ┌ (목이 조여 들어오는 듯이) **1. 불안해 하는**
└ (불안해 하면서) **2. 갈망하는**

⑤ 다의어

02 concern [kənsə́ːrn]

1. (타인이나 공공의 문제에 대한) 명 염려, 걱정 동 염려시키다
2. (어떤 일·상황·내용이) 동 (누구에게) 관련되다; (무엇에) 관한 것이다

She was always *concerned* about her husband's health.

Don't get involved in what doesn't *concern* you.

어원 **원뜻: 관심, 흥미(interest)** ┌ (관심이 많은 대상에 대한) **1. 염려, 걱정**
└ (무엇에) 관심을 두다 → **2. ~에 관한 것이다, 관련되다.**

⑥ 뜻풀이 ⑦ 단어의 뜻

03 uneasy [ʌníːzi]

(안 좋은 일이 있을 것 같은 예감이 들어) 형 불안한

I had an *uneasy* feeling that something bad was about to happen.

어원 **un(not) + easy(편안한)** → (편안하지) 않은 → **(마음이) 불안한**

01 전쟁 소식이 악화되자 그는 점점 더 불안해졌다. / 그녀는 취직을 해서 부모로부터 독립하기를 열망한다. 02 그녀는 남편의 건강에 대해 항상 염려했다. / 당신과 상관없는 일에는 개입하지 마세요. 03 나는 뭔가 나쁜 일이 일어날 것 같은 불안한 느낌이 있었다.

84 개념원리 VOCA 고등기본편

04 **nervous**

[nə́:rvəs]

⑧ 발음기호

(걱정·두려움 등으로 불안·과민하여) 형 신경질적인, 초조한; 신경의

He was so *nervous* about his first speech that he couldn't sleep.

파생 nerve [nə:rv] 명 (-s) 신경 과민, 신경질; 신경

05 **tense**

[tens]

(몸·마음을 느슨하게 가지지 못하고) 형 긴장한

You're looking very *tense*. Come on, try to relax.

⑨ 어원

파생 tension [ténʃən] 명 긴장 (상태)

어원 원뜻: stretch(팽팽히 잡아당기다)의 뜻에서 유래 → (팽팽히) 잡아당겨진 → 긴장한

06 **astonish**

[əstániʃ]

(충격적인 일로) 동 몹시 놀라게 하다

I'm *astonished* that you don't know the name of our President.

파생 astonishment [əstániʃmənt] 명 놀라움, 경악

⑩ 파생어

어원 ex(out) + ton(thunder:천둥) → (벼락 맞은 것 같이) 몹시 놀라게 하다

Day 10

07 **startle**

[stá:rtl]

(갑작스러운 자극으로 순간적으로) 동 깜짝 놀라게 하다

A sudden noise from somewhere in the house *startled* me.

어원 start(갑자기 움직이다) + le → (갑작스러운 움직임이 순간) 깜짝 놀라게 하다

⑪ 예문

08 **fear**

[fiər]

(겁이 나서 불안해 하는 마음): 명 공포(심), 무서움 동 무서워하다

Most people have a *fear* of dying at some point during their lives.

파생 fearful [fiərfəl] 형 무서운, 무서워하는

04 그는 자신의 첫 연설에 너무 긴장해서 잠을 잘 수가 없었다. 05 매우 긴장한 것처럼 보입니다. 자, 긴장을 풀도록 해보세요. 06 나는 당신이 우리 대통령 이름을 모른다는 사실에 매우 놀랐다. 07 집안 어딘가에서 난 갑작스러운 소리에 나는 깜짝 놀랐다. 08 대부분의 사람들은 인생의 어느 시점에 죽는다는 공포를 갖고 있다.

⑪ 예문 해석

Contents

PART 1 사람과 일상생활

PART 2 사회 생활

PART 3 자연과 환경

PART 1

사람과 일상 생활

과학적 · 체계적인 신개념의 영단어 학습법

개념원리 VOCA

|고|등|기|본|편|

Day 01

사람과 인간관계

human & relationship

≫ 테마 기본 어휘	person · people · nation(민족, 국민, 국가) · man · woman · gentleman · lady · boy · girl · name · sign(서명하다) · call(부르다, 이름 짓다) · age · young · old · baby · child · teenager · family · home · parents(부모) · father · mother · son · daughter · brother · sister · grandmother · grandfather · uncle · aunt(고모, 이모) · marry(결혼하다) · wedding · wife · husband · partner(배우자, 짝) · couple (커플) · friend · meet · appointment(약속) · hi · hello · goodbye · invite(초대하다) · visit · guest(손님) · introduce(소개하다) · welcome(환영하다)

01 **human**

[hjúːmən]

(동물·기계 등과 대비하여) 명 **인간** 형 **인간의**

A dog's sense of smell is about a thousand times better than a *human*'s.

어원 hu(earth:흙) + man(남자) → (흙으로 빚은) 남자 → **인간**

02 **crowd**

[kraud]

1. (한곳에 모인 많은 사람): 명 **군중, 인파**
2. (어떤 장소를): 동 **가득 메우다, 꽉 들어차다**

A *crowd* of people were waiting in line to get into the concert hall.

The narrow street was *crowded* with Christmas shoppers.

어원 1. 군중 → (군중이 장소를) 2. 가득 메우다

03 **mankind**

[mænkáind]

(세상의 모든 사람): 명 **인류**

The discovery was one of the most important events in the history of *mankind*.

어원 man(인간) + kind(종류) → (인간의) 종류 → **인류**

01 개의 후각은 인간보다 1,000배 정도 뛰어나다. **02** 많은 사람들 무리가 콘서트 홀로 들어가기 위해 줄을 서서 기다리고 있었다. / 그 좁은 거리는 크리스마스 쇼핑객들로 가득했다. **03** 그 발견은 인류 역사상 가장 중요한 사건 중의 하나이었다.

04 **population**

[pɑ̀pjuléiʃən]

(한 지역 내의 모든 사람, 또는 그 수): 명 (모든) 주민; 인구

China has a *population* of about 1.3 billion, the largest in the world.

파생 populate [pɑ́pjulèit] 동 (주민으로) 살다, 거주하다
populous [pɑ́pjuləs] 형 인구 밀도가 높은

어원 popul(people:사람들) + ation → (거주하는) 사람들 → 주민; 인구

05 **ethnic**

[éθnik]

(특정 민족·인종과 관련된): 형 민족[인종]의 명 소수 민족 출신자

There are still large differences in income between the different *ethnic* groups.

06 **race**

[reis]

1. (사람의 신체적 특징에 따른 구분): 명 인종
2. (빠르기를 겨루는) 명 경주 동 경주하다

If you visit America, you will see people of many different *races*.
She was fourth in the *race* with a time of 23.02 seconds.

파생 racial [réiʃəl] 형 인종(상)의

07 **tribe**

[traib]

(미개 사회의 지역 생활 공동체): 명 부족

The Masai are known as one of the bravest *tribes* in East Africa.

08 **private**

[práivət]

(개인의 소유이거나 개인과 관련된): 형 개인[사유]의, 개인적인

If you don't mind, I'd like to have a *private* conversation with you.

어원 priv(separate:분리된) + ate → (남들과) 분리된 → 개인의

04 중국은 세계에서 가장 많은 13억 정도의 인구를 가지고 있다. **05** 그 다른 민족 집단 간에는 여전히 소득에 있어서 큰 차이가 있다. **06** 미국을 방문하면 많은 다양한 민족을 보게 된다. / 그녀는 경주에서 23초 02의 시간으로 4등이었다. **07** 마사이족은 동아프리카에서 가장 용맹한 부족 중 하나로 알려져 있다. **08** 괜찮으시다면 당신과 사적인 대화를 하고 싶습니다.

[09] **public**
[pʌblik]

(개인이 아니라 일반 사람들과 관련된): 형 **공공[대중]의, 공적인** 명 **대중**

The library is open to the *public* Monday through Friday, from 9 a.m. to 6 p.m.

어원 pub(people:사람들) + ic → (개인이 아닌) 일반 사람들 → **대중, 공적인**

[10] **infant**
[ínfənt]

(아기(baby) 또는 나이가 아주 적은 아이): 명 **유아, 젖먹이, 아기**

The following foods are not recommended for *infants* under six months of age.

파생 infancy [ínfənsi] 명 유아기

어원 in(not) + fant(speak:말하다) → (아직 말을 못하는) **아기**

[11] **twin**
[twin]

명 **쌍둥이 (중의 한 사람)**

The *twins* look so much alike that it's sometimes hard to tell who's who.

[12] **orphan**
[ɔ́:rfən]

(부모가 없는 아이): 명 **고아** 동 **고아로 만들다**

He lost his parents and became an *orphan* at the age of 8.

파생 orphanage [ɔ́:rfənidʒ] 명 고아원

[13] **youth**
[ju:θ]

1. (나이가 한창때인 상태, 또는 그 시기): 명 **젊음, 청년 시절**
2. (젊은 사람들을 집합적으로 일컬어) 명 **젊은이들, 청춘 남녀**

He was an excellent baseball player in his *youth*.
The *youth* of today will be the leaders and citizens of tomorrow.

파생 youthful [jú:θfəl] 형 젊은, 젊은이의

09 그 도서관은 월요일부터 금요일까지 오전 9시부터 오후 6시까지 대중에게 개방됩니다. **10** 다음의 음식물은 6개월 미만의 아기에게는 권장하지 않습니다. **11** 그 쌍둥이는 너무 닮아서 때때로 누가 누구인지 구분하기가 어렵다. **12** 그는 부모를 잃고 8살에 고아가 되었다. **13** 그는 젊은 시절 뛰어난 야구 선수였다. / 오늘의 젊은이들은 미래의 지도자와 시민이 될 것이다.

14 **adult**
[ədʌlt]

(아이가 아닌 사람): 명 **어른, 성인** 형 **어른[성인]의**

Children aged eight or under must be accompanied by an *adult*.

파생 adulthood [ədʌlthùd] 명 성인기

어원 ad(to) + ult(grow) → (다 자란) 사람 → 어른, 성인

15 **elderly**
[éldərli]

(old의 정중한 표현): 형 **나이가 지긋한, 상당히 나이가 든**

Young people today do not respect the *elderly*.

파생 elder [éldər] 형 나이가 위인, 연장의 명 연장자

어원 elder(나이가 더 많은) + ly → 나이가 지긋한

16 **generation**
[dʒènəréiʃən]

(비슷한 나이의 사람들): 명 **세대**

Today, the younger *generation* seems to find enjoyment in the Internet, and television.

어원 gener(birth:출생) + ation → (동시대에 출생한) 세대

17 **ancestor**
[ǽnsestər]

(같은 혈통으로 먼저 산 사람): 명 **조상, 선조**

Our *ancestors* came from England hundreds of years ago.

어원 an(before:전에) + cest(go:가다) → (세상을) 이전에 살고 간 사람 → 조상

18 **descendant**
[diséndənt]

(뒤에 오는 같은 혈통의 세대): 명 **자손, 후예**

They had eight children, and their *descendants* still live in the area.

어원 descend(내려오다) + ant → (같은 혈통으로) 내려온 사람 → 자손

14 8살 이하의 어린아이는 어른과 동행해야 한다. **15** 오늘날 젊은이들은 노인들을 공경하지 않는다. **16** 오늘날 젊은 세대는 인터넷과 텔레비전에서 즐거움을 찾는 것처럼 보인다. **17** 우리의 조상은 수 백 년 전에 영국에서 왔다. **18** 그들은 8명의 자식을 두었고 그들의 자손은 여전히 그 지역에 살고 있다.

19 **gender**

[dʒéndər]

(남녀나 암수의 구별): 명 성, 성별

Gender roles of men and women have started to change greatly in our society.

20 **male**

[meil]

(성의 구분을 나타낼 때의) 명 남성, 수컷 형 남성[수컷]의

Half of the students were *male* and the other half female.

21 **female**

[fí:meil]

(성의 구분을 나타낼 때의) 명 여성, 암컷 형 여성[암컷]의

Male lions are generally much larger and stronger than *female* lions.

22 **fiancé**

[fì:a:nséi]

(약혼한 상대편의 남자): 명 약혼자

John is my *fiancé*, we are getting married next month.

파생 fiancée [fì:a:nséi] 명 약혼녀

23 **engagement**

[ingéidʒmənt]

1. (결혼하기로 서로 약속함): 명 약혼
2. (업무와 관련된 공적인 만남의) 명 약속

The couple announced their *engagement* and plan to be married in June.

I wish I could, but I have a previous *engagement* tonight.

어원 en(make) + gage(pledge:약속) ┬ (결혼) 약속 → 1. 약혼
└ (만남) 2. 약속

24 **bride**

[braid]

(곧 결혼하거나 갓 결혼한) 명 신부

The *bride* was really beautiful in her white wedding dress.

19 남자와 여자의 성 역할은 우리 사회에서 크게 변하기 시작했다. 20 그 학생들의 반은 남성이었고 나머지 반은 여성이었다. 21 수컷 사자는 일반적으로 암컷 사자보다 훨씬 더 크고 힘이 세다. 22 존은 내 약혼자이고 우리는 다음 달에 결혼한다. 23 그 커플은 그들의 약혼과 6월 결혼 계획을 발표했다. / 그럴 수 있으면 좋을 텐데 오늘 밤에 선약이 있습니다. 24 흰색 웨딩드레스를 입고 있는 신부는 정말 아름다웠다.

[25] **groom**
[gru:m]

(곧 결혼하거나 갓 결혼한) 명 **신랑** (= bridegroom)

The *groom* put a wedding ring on his bride's finger, and kissed her.

[26] **widow**
[wídou]

(남편을 잃고 혼자 지내는) 명 **미망인, 과부**

After his death, his *widow* brought up their three children on her own.

파생 ⊖ widower [wídouər] 명 홀아비

[27] **divorce**
[divɔ́:rs]

(부부가 혼인 관계를 끊고) 동 **이혼하다** 명 **이혼**

In the United States, almost one out of two marriages ends in *divorce.*

어원 di(two:둘) + vorce(turn:돌다) → (방향을 돌려 둘로) **이혼하다**

[28] **household**
[háushòuld]

(한 집에서 함께 사는 모든 사람들): 명 **가구, 세대** 형 **가사[가정]의**

Almost all *households* in this country now have at least one car.

어원 house(집) + hold(수용하다) → (한 집이 수용하고 있는) 모든 사람 → **가구, 세대**

[29] **relative**
[rélətiv]

1. (혈연 관계에 있는 사람): 명 **친척, 일가**
2. (서로 비교 관계에 있는): 형 **상대적인, 비교상의**

About one hundred friends and *relatives* attended the wedding.

The price of gold has greatly increased *relative* to that of silver.

어원 relate(관련짓다) + ive ┌ 관련된 사람 → **1. 친척**
└ (다른 것과 관련지어) 비교되는 → **2. 상대적인**

25 신랑은 신부의 손가락에 결혼 반지를 끼우고 그녀에 입맞춤을 했다. **26** 그가 사망한 후, 미망인은 3명의 자식을 혼자 길렀다. **27** 미국에서는 둘 중 하나의 결혼은 이혼으로 끝난다. **28** 이 나라의 거의 모든 가구는 현재 적어도 한 대의 자동차를 가지고 있다. **29** 약 100명의 친구들과 친척들이 결혼식에 참석했다. / 금 가격은 은 가격에 비해 상대적으로 상당히 올랐다.

30 **nephew**
[néfjuː]

(형제자매의 아들 또는 남편이나 아내의 형제자매의 아들): 명 **남자 조카**

This boy is my *nephew*, my sister's son.

31 **niece**
[niːs]

(형제자매의 딸 또는 남편이나 아내의 형제자매의 딸): 명 **여자 조카**

This girl is my *niece*, my brother's daughter.

32 **companion**
[kəmpǽnjən]

(짝이 되어 많은 시간을 함께 보내는) 명 **친구, 동반자, 동행자**

She became his closest *companion*, going everywhere with him.

어원 com(together:함께) + pan(빵) → (빵을 함께 나눌 수 있는) **친구**

33 **acquaintance**
[əkwéintəns]

(친밀한 사이는 아니라 단순히) 명 **아는 사람, 지인; 면식**

She's just an *acquaintance*, not a close friend.

어원 acquaint(알게 하다) + ance → (알고 있는) 사람 → **지인; 면식**

34 **greet**
[griːt]

(누군가를 대하거나 맞이할 때) 동 **인사하다**

He always *greets* everyone with a big smile.

파생 greeting [gríːtiŋ] 명 인사

35 **bow**
1. [bau]
2. [bou]

1. (공경·감사·복종의 뜻으로) 동 **(허리를 굽혀) 절하다, (고개를) 숙이다** 명 **절, 인사**
2. (화살을 쏘는 데 쓰는) 명 **활**

Everyone in the room immediately stood and *bowed* to the king.
He raised his *bow* and shot an arrow at the target.

어원 구부리다(bend)의 뜻에서 유래 ┌ **1. 허리를 굽혀 절하다, 고개를 숙이다**
└ (몸체가 반달 모양으로 구부러진) **2. 활**

30 이 소년은 나의 남자조카, 내 누나의 아들입니다. **31** 이 소녀는 나의 여자 조카, 내 형의 딸입니다. **32** 그녀는 그의 가장 가까운 동반자가 되었고 어디든지 그와 함께 다녔다. **33** 그녀는 가까운 친구가 아니라 그냥 아는 사람이다. **34** 그는 늘 모든 사람에게 환하게 미소를 지으며 인사한다 **35** 방 안에 있는 모든 사람들은 즉시 일어서서 왕에게 머리를 숙였다. / 그는 활을 들고 과녁에 화살을 쏘았다.

[36] **hospitality**
[hὰspətǽləti]

(손님을 맞아 후하게 대접하는 일): 명 **환대**

Thank you for your kind *hospitality* during my stay.

파생 hospitable [hάspitəbl] 형 환대하는

어원 hospital(guest house:손님 숙소) → (손님을) 대접하는 일 → **환대**

[37] **host**
[houst]

1. (손님을 초대하여 접대하는) 명 **주인, 호스트** 동 **주인 노릇을 하다**
2. (행사·모임 등을 주인 입장에서) 동 **주최[개최]하다** 명 **주최자, 개최지**

Our *host* greeted us and introduced us to the other guests.
In 2008, Beijing successfully *hosted* the Olympic Games.

어원 1. 주인 → (주인으로 행사를) 2. 주최하다

Daily Test

01 relative	20 fiancé
02 household	21 groom
03 divorce	22 human
04 crowd	23 engagement
05 ethnic	24 widow
06 companion	25 host
07 nephew	26 bow
08 hospitality	27 acquaintance
09 greet	28 niece
10 twin	29 population
11 private	30 mankind
12 adult	31 race
13 ancestor	32 public
14 male	33 orphan
15 tribe	34 elderly
16 generation	35 descendant
17 youth	36 female
18 infant	37 bride
19 gender	

Answer Key ▷ 338

36 제가 머무는 동안 친절하게 환대해 주셔서 고맙습니다. **37** 주인은 우리에 인사를 하고 우리를 다른 손님들에게 소개해 주었다. / 베이징은 2008년에 올림픽 대회를 성공적으로 주최했다.

Day 02

인생과 일상생활

life & daily routine

≫ 테마 기본 어휘	born · birth(출생) · grow(자라다, 기르다) · hometown(고향) · die · kill · life(삶; 생명; 인생) · shower · bath · soap(비누) · towel(수건) · toothbrush(칫솔) · toothpaste(치약) · haircut · brush(브러시, 솔) · wash(씻다) · clean · clear(맑은) · dirty(더러운) · dust(먼지) · trash(쓰레기) · garbage(쓰레기)

01 **exist**
[igzíst]

1. (무엇이 실제로 있다) 동 **존재[실재]하다**
2. (힘든 상황 속에서 근근히) 동 **살아가다, 생존하다**

They believe that intelligent life *exists* somewhere in the universe.

We can't *exist* without sunlight, air, or water.

파생 existence [igzístəns] 명 존재; 생존

어원 ex(out:밖) + sist(stand:서다) → (보이도록) 밖으로 나와 서 있다 → **존재[생존]하다**

02 **survive**
[sərváiv]

(사고 · 질병 · 위기 등을 겨우 벗어나) 동 **살아남다, 생존[존속]하다**

He *survived* the accident, but was seriously injured.

파생 survival [sərváivəl] 명 생존
survivor [sərváivər] 명 생존자

어원 sur(over:이상의) + vive(live:살다) → (보다 더) 오래 살다 → **살아남다**

03 **lifespan**
[láifspæn]

(사람 · 생물 · 동물이 살아 있거나 사용될 수 있는 기간): 명 **수명**

Elephants have a *lifespan* of 60-70 years, longer than that of most animals.

어원 life(생명) + span(기간) → (생명이 유지되는) 기간 → **수명**

01 그들은 지적인 생명체가 우주의 어딘가에 존재한다고 믿는다. / 우리는 햇빛이나 공기, 물 없이는 생존할 수 없습니다. 02 그는 사고에서 살아남았지만 심각한 부상을 입었다. 03 코끼리의 수명은 대부분의 동물의 수명보다 더 긴 60년에서 70년이다.

Day 02

04 **pregnant**
[prégnənt]

(아이나 새끼를) 형 임신한

She got married and is now eight months *pregnant*.

파생 pregnancy [prégnənsi] 명 임신(기간)

어원 pre(before:전) + gn(born:태어난) → (배 속에서) 태어나기 이전의 → 임신한

05 **native**
[néitiv]

(자신이 태어났거나 자라난) 형 출생지의, 모국의 명 (그 곳의) 출신자, 토박이

England is my *native* country, but I've been living in France for the last ten years.

어원 nat(born:태어난) + ive → 출생지의, 토박이

06 **mature**
[mətjúər]

1. (사람·동식물이 완전히 자란): 형 성숙한, 잘 발육한 동 다 자라다, 성숙하다
2. (아이나 젊은 사람이 생각·행동이) 형 어른스러운, 성숙한 동 성숙해지다

She has *matured* from a shy girl to a lovely young woman.
She looked like a child, but she was very mature for her age.

파생 maturity [mətjúərəti] 명 성숙
⊖ immature [ìmətʃúər] 형 미숙한

07 **dead**
[ded]

(현재 살아있지 않은 상태인): 형 죽은, 생명이 없는

I thought the cat was *dead* but it was still alive.

파생 death [deθ] 명 죽음, 사망

08 **murder**
[mə́:rdər]

(미리 계략을 꾸며 의도적으로) 동 살인하다 명 살인

Thousands of innocent people were *murdered* during this time.

파생 murderer [mə́:rdərər] 명 살인자

04 그녀는 결혼을 했고 지금은 임신 8개월이다. **05** 영국은 나의 모국이나 나는 지난 10년간은 프랑스에서 살아왔다. **06** 그녀는 수줍음 많은 소녀에서 사랑스러운 젊은 여인으로 성숙해졌다. / 그녀는 어린아이 같이 보였지만 나이에 비해 매우 어른스러웠다. **07** 나는 고양이가 죽었다고 생각했으나 여전히 살아있었다. **08** 수 천 명의 무고한 사람들이 이 시기 동안 살해되었다..

09 **drown**

[draun]

(물에 빠져) 동 익사하다[시키다]

The man jumped into the river to save the child from *drowning*.

10 **suicide**

[sjúːəsàid]

(스스로 자기의 목숨을 끊는 행위): 명 자살

An old man committed *suicide* after his wife died.

어원 sui(self:자신) + cide(kill:죽이다) → (자기 자신을) 죽이는 것 → **자살**

11 **extinct**

[ikstíŋkt]

(생물의 한 종류가 아주 없어진): 형 멸종된

Many animals are now in danger of becoming *extinct*.

파생 extinction [ikstíŋkʃən] 명 멸종

어원 ex(completely:완전히) + stinct(quench:불을 끄다) → (완전히) 불이 꺼진 → **멸종된**

12 **destiny**

[déstəni]

(반드시 그렇게 되도록) 명 (정해진) 운명, 숙명

I think it was *destiny* that we met again today.

파생 destined [déstind] 형 운명 지어진

어원 de(강조) + stin(stand:서다) → (이미 확실하게 정해져) 서 있는 것 → **운명**

13 **fate**

[feit]

(원치 않지만) 명 (피할 수 없는) 운명, 숙명

We can do nothing more, our *fate* is now in your hands.

14 **sacrifice**

[sǽkrəfàis]

(남이나 어떤 목적을 위해 자신의 것을) 동 희생하다 명 희생

He was a good man who *sacrificed* himself for his family.

어원 sacri(holy:신성한) + fice(make) → (신성하게) **희생하다**

09 그 남자는 그 아이가 익사하는 것을 구하려고 강으로 뛰어들었다. 10 한 노인 그의 아내가 죽은 후 자살했다. 11 많은 동물들이 현재 멸종 위기에 처해 있다. 12 나는 오늘 우리가 다시 만나게 된 것은 운명이라고 생각한다. 13 우리는 더 할 것이 아무 것도 없습니다. 이제 우리의 운명은 당신의 손에 달려 있습니다. 14 그는 가족을 위해 자기 자신을 희생한 훌륭한 남자이었다.

15 **fatal**
[féitl]

(사고·질병·부상 등이 죽음을 초래하는): 형 치명적인

A bite from a poisonous snake could be *fatal*.

어원 fate(운명) + al → (운명을) 결정하는 → **치명적인**

Day 02

16 **funeral**
[fjú:nərəl]]

(시신을 묻거나 태우는 의식): 명 장례식

After his death, his *funeral* was held at at a small church.

17 **bury**
[béri]

(무엇을 흙이나 다른 물건 속에 넣어) 동 묻다, 매장하다

He died peacefully, and was *buried* in his own country.

파생 burial [bériəl] 명 매장

18 **grave**
[greiv]

(시신이나 유골을 묻은 곳): 명 무덤, 묘(지)

After her death, he visited her *grave* every day and put flowers on it.

어원 원뜻: dig(파다)의 뜻에서 유래 → **무덤**

19 **memorial**
[məmɔ́:riəl]

(죽은 사람을 기억하기 위해 만든) 명 기념물[상, 비, 관] 형 기념의, 추도의

It is a *memorial* to soldiers who died in World War II.

어원 memory(기억) + ial → (무엇을 기억하기 위한) **기념물**

20 **inherit**
[inhérit]

(죽은 사람의 재산을) 동 상속받다, 물려받다

When his father died, he *inherited* millions of dollars.

파생 inheritance [inhérətəns] 명 유산

어원 원뜻: in(make:만들다) + herit(heir:상속인) → (상속인으로) 만들다 → **상속받다**

15 독사에 물리면 치명적일 수 있다. **16** 그가 죽은 후 그의 장례식은 한 작은 교회에서 거행되었다. **17** 그는 평온하게 죽어서 자신의 조국에 묻혔다. **18** 그녀가 죽은 후, 그는 그녀의 묘를 매일 찾아가서 그곳에 꽃을 놓았다. **19** 그것은 제2차 세계 대전에서 전사한 군인들의 위한 기념비이다. **20** 그의 아버지가 사망하고 그는 수백만 달러를 상속받았다.

21 **laundry**
[lɔ́:ndri]

(옷·피륙 등을 물에 빠는 일): **명** **세탁(물); 세탁소[업]**

She picked up dirty clothes and threw them into the *laundry* basket.

파생 launder [lɔ́:ndər] **동** (옷 등을) 세탁하다

22 **detergent**
[ditə́:rdʒənt]

(더러운 물질을 씻어 내는 데 쓰는) **명** **세제**

She put some *detergent* into the washing machine, and pressed the button

어원 de(off:분리) + terge(wipe:닦다) → wiping off(닦아 내기) → **세제**

23 **cosmetic**
[kazmétik]

(주로 -s) 얼굴과 몸에 멋을 내는 데 쓰는) **명** **화장품** **형** **화장(용)의**

The store sells all kinds of *cosmetics* from lipstick to body lotion.

어원 cosmet(well-ordered:잘 정돈된) + ic → (얼굴·몸을) 정돈하는 물품 → **화장품**

24 **comb**
[koum]

(머리털을 빗는 데 쓰는) **명** **빗** **동** **빗질하다**

He *combed* his hair before the mirror on the wall.

25 **shave**
[ʃeiv]

(얼굴·몸에 난 수염·잔털을) **동** **깎다, 면도하다** **명** **면도**

Jack was in such a hurry that he cut himself *shaving* this morning.

26 **broom**
[bru:m]

(먼지를 쓸 때 쓰는 긴 자루가 달린) **명** **빗자루, 비**

He picked up a *broom* and began to sweep the floor.

21 그녀는 더러운 옷들을 집어서 세탁물 바구니에 던져 넣었다. **22** 그녀는 세탁기에 세제를 넣고 버튼을 눌렀다. **23** 그 상점은 립스틱에서 바디로션까지 모든 종류의 화장품을 판매한다. **24** 그는 벽에 걸린 거울 앞에서 머리를 빗었다. **25** 잭은 오늘 아침 너무 서두르다가 면도하면서 얼굴을 베었다. **26** 그는 빗자루를 집어 들고 바닥을 쓸기 시작했다.

27 **sweep**

[swi:p]

(비로 쓰레기 등을) 동 쓸다 명 쓸기

She swept the floor and set the table for dinner.

28 **wipe**

[waip]

(거죽에 묻은 물, 더러운 것 등을) 동 닦아 내다, 훔치다 명 닦아 내기

He *wiped* sweat from his face and neck with a clean white towel.

29 **polish**

[pάliʃ]

(물건의 거죽을 문질러서) 동 윤[광]을 내다, (윤이 나게) 닦다 명 윤, 광택

He wore his best suit and *polished* his shoes until they shined like mirrors

30 **scrape**

[skreip]

(표면에 붙은 것을 떼어 내려고) 동 긁다, 긁어내다 명 긁기, 긁힌 자국

He *scraped* the wallpaper off the kitchen walls and repainted them.

31 **tidy**

[táidi]

(집·방·책상 등을 가지런히) 동 정돈[정리]하다 형 잘 정돈된

He always *tidy* his desk before starting work.

파생 ⊖ untidy [ʌntáidi] 형 단정치 못한, 흐트러진

32 **neat**

[ni:t]

(장소·모양·옷차림 등이 매우 깨끗하고 가지런한): 형 단정한, 깔끔한

My mother likes everything *neat* and in its place at all times.

27 그녀는 바닥을 쓸고 저녁 밥상을 차렸다. **28** 그는 깨끗한 흰색 수건으로 얼굴과 목의 땀을 닦았다. **29** 그는 최고의 양복을 입었고 거울같이 빛날 때까지 구두를 닦았다. **30** 그는 부엌 벽의 벽지를 긁어내고 다시 페인트칠을 했다. **31** 그는 항상 일을 시작하기 전에 책상을 정리하다. **32** 내 엄마는 모든 것이 항상 깔끔하게 제자리에 있는 것을 좋아한다.

33 **decorate**

[dékərèit]

(겉모양을 보기 좋게) 동 장식하다

They *decorated* the room with balloons and flowers for her birthday party.

파생 decoration [dèkəréiʃən] 명 장식(품)

어원 decor(장식) + ate → 장식하다

34 **fancy**

[fǽnsi]

1. (세밀한 장식, 화려한 색으로 꾸며진): 형 장식이 많은, 화려한
2. (호텔·자동차 등이 고급스러우면서) 형 값비싼, 고급의

She made a *fancy* cake for her son's birthday.

He took her to a *fancy* restaurant, trying to impress her.

어원 fantasy(공상)의 축약형 → (공상적으로 꾸며져) 1. 화려한 → (화려해서) 2. 값비싼

35 **transparent**

[trænspέərənt]

(속까지 환히 보일 만큼 아주) 형 투명한, 명백한

The water was so *transparent* that we could see fishes swimming around.

파생 transparency [trænspέərənsi] 명 투명도[성]

어원 trans(through) + par(show oneself) → (통과하여) 자신을 보여주는 → 투명한

36 **spot**

[spat]

1. (주변과 색깔이 다른) (작고 둥근) 명 점, 반점
2. (특별함이 있는 특정한) 명 장소, 지점
3. (잘 보이지 않아 찾기 힘든 것을) 동 찾아내다, 발견하다

She was dressed in a blue blouse with white *spots*.

She showed us the exact *spot* where it had happened.

Fortunately she *spotted* an empty table in the corner.

어원 1. 점 → (특정한) 2. 장소, 지점 → (그 장소를) 3. 찾아내다

33 그들은 그녀의 생일 파티를 위해 방을 풍선과 꽃으로 장식했다. 34 그녀는 아들의 생일을 위해 장식을 많이 한 케이크를 만들었다. / 그는 그녀에게 감동을 주려고 그녀를 고급 레스토랑으로 데리고 갔다. 35 물이 너무 투명해서 우리는 수영하고 있는 물고기도 볼 수 있었다. 36 그녀는 흰색 점 무늬가 있는 파란색 블라우스를 입고 있었다. / 그녀는 우리들에게 그 일이 일어난 정확한 지점을 보여 주었다. / 운 좋게도 그녀는 구석에서 빈 테이블 하나를 발견했다.

37 **mess**

[mes]

(물건들이 정돈 되지 않고) 명 어질러진[엉망인] 상태; 혼란 동 어질러 놓다

Sorry about the *mess*. I'll clean it up soon.

파생 messy [mési] 형 어질러진, 엉망인

38 **pollution**

[pəlúːʃən]

(물 · 공기 등의 자연환경이 더럽혀지는) 명 오염, 공해

Air *pollution* causes serious health problems, especially for children.

파생 pollute [pəlúːt] 동 오염시키다, 더럽히다

Daily Test

01 polish	20 memorial
02 wipe	21 detergent
03 sweep	22 shave
04 survive	23 exist
05 native	24 cosmetic
06 pollution	25 broom
07 neat	26 mess
08 scrape	27 transparent
09 spot	28 decorate
10 fancy	29 tidy
11 extinct	30 pregnant
12 murder	31 lifespan
13 sacrifice	32 mature
14 bury	33 drown
15 inherit	34 destiny
16 dead	35 fatal
17 funeral	36 grave
18 fate	37 laundry
19 suicide	38 comb

Answer Key ▷ 338

37 어질러 놓아서 미안합니다. 곧 치우겠습니다. **38** 대기 오염은 특히 아이들에게 심각한 건강 문제를 일으킨다.

Day 03

의식주 I

food, clothing & shelter I

≫ 테마 기본 어휘	clothes(옷) · wear(입다) · fashion · dress · uniform(제복) · jacket(재킷) · shirt · blouse · coat · sweater(스웨터) · pants(바지) · jeans(진바지) · skirt · pocket · button · shoe · boot(부츠, 장화) · hat (모자) · belt · glove · sock(양말) · stocking · handkerchief(손수건) · ring(반지) necklace(목걸이) · bag handbag · backpack(배낭) · food · meat(고기) · pork(돼지고기) · soup · beef(쇠고기) · vegetable (채소) · potato(감자) · onion(양파) · carrot(당근) · cucumber(오이) · garlic(마늘) · salad · tomato · fruit (과일) · apple · banana · orange · grape(포도) · strawberry(딸기) · lemon · rice(쌀) · bean(콩) · corn bread · cake · honey(꿀) · coffee · tea · juice · beer · wine · oil · sauce · vitamin(비타민) · eat · drink · taste(맛) · delicious(맛있는) · sweet · salt(소금) · pepper(후추) · sugar

01 **costume** [kástju:m]

(특정 민족 · 시대 고유의, 또는 배우 · 무용수가 입는) 명 **의상, 분장**

The actress was dressed in traditional Chinese *costume*.

어원 custom(관습)과 같은 어원 → (그 시대에 관습에 따라) 입던 옷 → **의상**

02 **sleeve** [sli:v]

(윗도리의 팔을 덮는 부분): 명 **소매**

He always wears long *sleeves* to hide his hairy arms.

03 **jewel** [dʒú:əl]

(금 · 다이아몬드 같은 값비싼) 명 **보석, (보석을 박은) 장신구**

The queen was wearing *jewels* made of gold and silver.

파생 jewelry [dʒú:əlri] 명 (집합적) 보석류

04 **wallet** [wálit]

(접을 수 있게 되어 있는 가죽제의) 명 **지갑**

He took his *wallet* out of his pocket and opened it.

01 그 여배우는 전통 중국 의상을 입고 있었다. **02** 그는 털투성이의 팔을 감추려고 항상 긴 소매를 입는다. **03** 여왕은 금과 은으로 만들어진 보석을 착용하고 있었다. **04** 그는 호주머니에서 지갑을 꺼내고 그것을 열었다.

05 **suitcase**

[sú:tkeis]

(여행용 물품을 넣는) 명 여행 가방

She packed her suitcase and went to the train station.

어원 suit(정장 한 벌) + case(케이스) → (원래, 정장을 넣는) 케이스 → 여행 가방

06 **fasten**

[fǽsn]

1. (코트·가방·문 등의 양쪽이 닫혀지도록) 동 채우다, 잠그다, 걸다
2. (다른 물건·장소에 붙어있거나 매어있게) 동 고정시키다[되다]

We are landing soon; please *fasten* your seatbelt.
He *fastened* the shelf to the wall of his little house.

파생 ⊖ unfasten [ʌnfǽsn] 동 풀다, 끄르다

어원 fast(단단히 고정된) + en(make) → (단단히) 2. 고정시키다; 1. 채우다, 잠그다

07 **naked**

[néikid]

(아무것도 몸에 걸치지 않고) 형 벌거벗은, 나체의

It was a very hot day and some young boys were swimming *naked* in the lake.

08 **bare**

[bɛər]

(옷으로 가리지 않은 특정 부분의) 형 살이 드러난, 벗은

I spent most of my childhood running around in *bare* feet.

09 **fabric**

[fǽbrik]

(섬유로 엮어 짠 천): 명 직물

These *fabrics* are cool in the summer and warm in the winter.

10 **cotton**

[kɑ́tn]

(솜·실·천의 원료가 되는 식물, 또는 그것으로 짠 천): 명 목화; 면직물, 무명

He was wearing a pure *cotton* shirt and a red silk tie.

05 그녀는 여행 가방을 싸고 기차역으로 갔다. **06** 우리는 곧 착륙합니다. 안전벨트를 매 주십시오. / 그는 그의 작은 집 벽에 선반을 고정시켰다. **07** 그날은 매우 더운 날이었고 몇 명의 어린 소년들이 호수에서 벌거벗고 수영을 하고 있었다. **08** 나는 어린 시절 대부분을 맨발로 뛰어다니면서 보냈다. **09** 이 직물은 여름에는 시원하고 겨울에는 따뜻하다. **10** 그는 순면 셔츠를 입고 붉은 색 비단 넥타이를 매고 있었다.

11 **wool**

[wul]

(양·염소 등의 털, 또는 그것으로 짠 직물): 명 **양털, 양모; 털실; 모직, 울**

Wool sweaters should be washed gently by hand in cold water.

파생 woolen [wúlən] 형 양모의; 모직의

12 **silk**

[silk]

(누에고치에서 뽑은 실, 또는 그것으로 짠 천): 명 **명주실; 비단**

Her skin was so soft that it was like *silk*.

13 **leather**

[léðər]

(동물의 껍질을 가공한) 명 **가죽**

These are real *leather* shoes, so they're really soft and high quality.

14 **tailor**

[téilər]

(신사복을 주문을 받아 만드는) 명 **재봉사, 재단사** 동 **(용도·목적에) 맞추다**

The *tailor* made him a new suit from the best English wool.

어원 tail(cut:자르다) + or(사람) → (자르는) 사람 → 재봉사

15 **thread**

[θred]

(바느질이나 옷감을 짜는 데 쓰는) 명 **실** 동 **(바늘에) 실을 꿰다**

Will you *thread* the needle for me? I can't even see the hole.

16 **needle**

[ní:dl]

(가늘고 끝이 뾰족한) 명 **(바느질·뜨개질용) 바늘, (주사) 바늘**

Be careful with that *needle* - it has a very sharp point.

11 모직 스웨터는 찬 물에서 손으로 부드럽게 빨아야 한다. 12 그녀의 피부는 너무 부드러워서 비단 같았다. 13 이것은 진짜 가죽 구두이어서 정말 부드럽고 고품질이다. 14 그 재단사는 최고의 영국 모직으로 만든 새 양복을 그에게 만들어 주었다. 15 나 대신 바늘에 실을 좀 꿰어줄래요? 나는 구멍이 보이기 조차 않아요. 16 그 바늘 조심하세요. 날카로운 뾰족한 끝을 가지고 있습니다.

17 **sew**
[sou]

(바늘에 실을 꿰어) 동 **바느질하다, 꿰매다**

She ironed my shirts and *sewed* a button on my jacket.

18 **weave**
[wiːv]

(실·끈 등을 엮어서 옷감·바구니 등을) 동 **짜다, 엮다**

These traditional baskets are *woven* from palm leaves.

19 **mend**
[mend]

(찢어지거나 해지거나 파손된 것을) 동 **수선[수리]하다**

My mother *mended* socks when they got a hole in them.

20 **diet**
[dáiət]

1. (특정 사람·동물이 날마다 먹는) 명 **일상의 음식물**
2. (체중을 줄이기 위한) 명 **식이 요법, 다이어트** 동 **식이 요법을 하다**

A balanced *diet* is the key to a healthy body and mind.
She stopped eating hamburger and went on a *diet* to lose weight.

파생 dietary [dáiətèri] 형 식이 요법의; 음식물의

어원 1. 일상의 음식물 → (일상의 음식물의 양을) 조절하는 것 → 2. 식이 요법

21 **grain**
[grein]

(쌀·보리·밀·콩 등의) 명 **곡물(의 낟알), 곡식**

The country doesn't produce enough grain to feed its people and must import *grain*.

22 **flour**
[fláuər]

(밀을 가늘게 빻아 만든) 명 **밀가루**

Mix the *flour* with 4 cups of cold water in a large bowl.

17 그녀는 내 셔츠를 다리미질 해주고 내 재킷에 단추를 꿰매어 달아 주었다. **18** 이 전통 바구니들은 야자나무 잎으로 엮은 것이다. **19** 내 엄마는 양말에 구멍이 있으면 그것을 수선하셨다. **20** 균형 잡힌 식사는 건강한 육체와 정신의 열쇠이다. / 그녀는 햄버거 먹기를 그만두고 살을 빼려고 다이어트를 시작했다. **21** 그 나라는 국민을 먹일 만큼의 충분한 곡물을 생산하지 못해서 곡물을 수입해야 한다. **22** 큰 그릇에 밀가루를 네 컵의 찬 물과 섞으세요.

23 **nut**

[nʌt]

(껍질이 단단한 호두·밤·도토리 등의) 명 견과

People who eat *nuts* regularly are less likely to have heart disease.

24 **beverage**

[bévəridʒ]

(물 이외의 마실 수 있도록 만든) 명 음료, 마실 것

It is illegal to sell alcoholic *beverages* without a license.

어원 bever(drink:마시다) + age → 마실 것

25 **flavor**

[fléivər]

(그 음식 자체의 특유의) 명 맛, 풍미 동 맛을 내다

The yogurt comes in several *flavors*, from vanilla to chocolate.

파생 flavorful [fléivərfəl] 형 맛 좋은

어원 냄새(smell)의 뜻에서 유래 → (특유의 향을 가진) 맛, 풍미

26 **bitter**

[bítər]

(단맛이 전혀 없이) 형 (맛이) 쓴; (고통·슬픔 등이) 쓰라린

Some people don't like the *bitter* taste of black coffee.

27 **sour**

[sauər]

(레몬이나 설익은 과일의 맛과 같이) 형 신, 시큼한, (우유가) 상한

Milk turns *sour* quickly if it is not kept in the refrigerator.

28 **spice**

[spais]

(겨자·고추·후추 등의 식물성) 명 양념, 향신료 동 양념을 넣다

She made a mistake and put too much *spice* in the food.

파생 spicy [spáisi] 형 향료[양념]를 넣은, 맛이 매운

23 견과를 규칙적으로 먹는 사람들은 심장병에 걸릴 가능성이 더 적다. **24** 면허 없이 알코올 음료를 판매하는 것은 불법이다. **25** 그 요구르트는 바닐라부터 초콜릿까지 다양한 맛으로 나온다. **26** 일부의 사람들은 블랙커피의 쓴 맛을 좋아하지 않는다. **27** 우유는 냉장고에 보관하지 않으면 금세 상한다. **28** 그녀는 실수로 너무 많은 향신료를 음식에 넣었다.

29 **vinegar**

[vínəgər]

(신맛이 나는 액체 조미료): 명 식초

The sharp smell of *vinegar* filled the entire kitchen.

어원 vin(wine:포도주) + egar(sour: 맛이 신) → (신 맛이 나는) 포도주 → **식초**

30 **rotten**

[rɑ́tn]

(음식물 등이 악취가 생기거나 나쁘게 변한): 형 썩은

The refrigerator smelled of *rotten* fish when I opened it.

파생 rot [rat] 동 썩다, 썩히다 명 부패(물)

31 **decay**

[dikéi]

(음식물 등이 악취가 생기거나 나쁘게 변하다): 동 썩다, 부패하다 명 부패

Sugar remaining in the mouth is the cause of tooth *decay*.

어원 de(down:아래로) + cay(fall:떨어지다) → (질이나 힘이) 아래로 떨어지다 → **부패하다**

32 **raw**

[rɔː]

(요리하거나 가공하지 않은) 형 날것의, 원료 그대로의

The popularity of eating *raw* fish is growing in America.

33 **nutrition**

[njuːtríʃən]

(육체의 건강·성장에 필요한) 명 영양 (섭취)

Poor *nutrition* can cause many health problems.

파생 nutritious [njuːtríʃəs] 형 영양분이 풍부한

어원 nutri(feed:먹이다) + tion → (영양분을) 먹이는 것 → **영양 (섭취)**

34 **protein**

[próutiːn]

(영양소 중의 하나인) 명 단백질

Eggs are a good source of *protein* and are easy to prepare.

어원 prote(first:첫 번째) + in → (첫 번째로) 가장 중요한 요소 → **단백질**

---

29 식초의 톡 쏘는 듯한 냄새가 부엌 전체에 가득했다. 30 내가 냉장고를 열었을 때 썩은 생선 냄새가 났다. 31 입안에 남아있는 당분이 충치의 원인이다. 32 미국에서는 회를 먹는 것의 인기가 점점 커지고 있다. 33 부족한 영양은 많은 건강 문제를 일으킨다. 34 계란은 훌륭한 단백질원이고 음식 준비하기가 쉽다.

35 **feed**

[fi:d]

(사람·동물·식물에게) 동 **음식[먹이, 비료]를 주다, 먹이다** 명 **먹이, 사료**

We *fed* the children first, and then had our dinner.

36 **bite**

[bait]

(아래윗니로 마주 눌러) 동 **물다, 깨물다, 물어뜯다** 명 **물기; 한 입**

The child always *bites* his nails when he feels stressed.

37 **chew**

[ʧu:]]

(음식 등을 입에 넣고 잘게) 동 **씹다** 명 **씹기**

The steak I ordered was so tough that I couldn't *chew* it.

38 **swallow**

[swάlou]

1. (음식·물 등을 목구멍으로) 동 **삼키다, 들이켜다** 명 **삼키기, 한 모금[입]**
2. (새의 일종): 명 **제비**

He *swallowed* his food before he began talking.
Although one swallow does not make a summer, every summer starts with a *swallow*.

39 **suck**

[sʌk]

(숨을 들이마셔 액체·기체를 입 속으로) 동 **빨다, 빨아들이다** 명 **빨기**

My 14-year-old son has a habit of *sucking* his thumb when watching TV.

40 **starve**

[sta:rv]

(먹을 것이 부족하여) 동 **굶주리다, 굶기다**

You must be *starving*, so I brought you some food.

파생 starvation [sta:rvéiʃən] 명 **굶주림, 기아**

35 우리는 아이들을 먼저 먹이고 나서 저녁 식사를 했다. **36** 그 아이는 스트레스를 받으면 항상 손톱을 문다. **37** 내가 주문한 스테이크는 너무 질겨서 씹을 수가 없었다. **38** 그는 말을 시작하기 전에 음식물을 삼켰다. / 제비 한 마리가 왔다고 여름이 되는 것은 아니지만 모든 여름은 제비와 함께 시작된다. **39** 내 14세 먹은 아들은 TV를 볼 때 엄지 손가락을 빠는 버릇이 있다. **40** 배고플 것 같아서 음식 좀 가지고 왔어요.

41 **famine**

[fǽmin]

(양식이 모자라 수많은 사람이 굶주리고 죽는) 명 **기근**

Millions of people are now facing *famine* in Africa.

42 **digest**

[didʒést]

(섭취한 음식물이) 동 **소화되다[하다]**

He had trouble *digesting* meat so didn't eat it very often.

파생 digestion [didʒéstʃən] 명 소화 (작용)
indigestion [ìndidʒéstʃən] 명 소화 불량

어원 di(apart:분리) + gest(carry:나르다) → (음식물을 날라서) 분리하다 → **소화하다**

Daily Test

01 digest	19 needle	37 fabric
02 starve	20 leather	38 silk
03 vinegar	21 cotton	39 thread
04 spice	22 mend	40 weave
05 sour	23 flour	41 grain
06 sleeve	24 flavor	42 beverage
07 suitcase	25 costume	
08 swallow	26 nut	
09 raw	27 bitter	
10 rotten	28 chew	
11 bite	29 feed	
12 protein	30 nutrition	
13 wool	31 decay	
14 bare	32 famine	
15 tailor	33 suck	
16 sew	34 wallet	
17 diet	35 jewel	
18 naked	36 fasten	

Answer Key ▷ 338

41 아프리카에는 지금 수백만 명의 사람들이 기근에 직면해 있다. **42** 그는 고기를 소화시키는 데 어려움을 겪어서 매우 자주는 먹지 않았다.

Day 04 의식주 II

food, clothing & shelter II

≫ 테마 기본 어휘	meal(식사) · hungry · thirsty(목마른) · breakfast · lunch · dinner · dessert · snack · buffet (뷔페) · dish(큰 접시; 요리) · plate(접시) · bowl(그릇) · tray(쟁반) · cup · glass · fork · knife · spoon chopstick(젓가락) · cook · restaurant · cafe · chef(주방장) · waiter · menu · fry(튀기다, 볶다) · bake(빵을 굽다) · live · house · building · apartment · tower(타워) · palace(궁전) · castle(성) · address(주소) · build · floor(층; 바닥) · stair(계단) · door · gate(정문) · window · roof(지붕) · wall(벽) fencé · garden · hall(현관; 복도; 회관, 홀) · lobby · room · bedroom · kitchen · bathroom · furniture(가구) · bed · sofa · table · carpet · mat · curtain · desk · chair · bench · oven(오븐) · sink(싱크대, 세면대) · mirror(거울)

01 **appetite**
[ǽpətàit]

(음식을 먹고 싶어하는 욕구): 명 식욕

He completely lost his *appetite* and began to lose weight.

파생 appetizer [ǽpitàizər] 명 식욕을 돋우는 것, 전채

어원 ap(to) + pet(seek:추구하다) → (음식을 추구한) 욕구 → 식욕

02 **feast**
[fiːst]

(무엇을 축하하기 위해 베푸는 잔치): 명 축하연

The wedding *feast* lasted three days and music played day and night.

03 **ingredient**
[ingríːdiənt]

(무엇을 특히 음식을 만드는 데 들어가는) 명 (요리의) 재료, 구성 요소

Mix all the *ingredients* together and add a little salt and pepper.

어원 in(안) + gredi(go:가다) → (안에 들어가는) 재료

01 그는 완전히 입맛을 잃었고 살이 빠지기 시작했다. 02 결혼 피로연은 3일 동안 지속되었고 음악이 밤낮없이 연주되었다. 03 모든 재료를 함께 섞고 약간의 소금과 후추를 첨가하세요.

04 **recipe**

[résəpi]

(어떤 음식을 일정한 방법으로 만드는) 명 조리[요리]법

Could you give me the *recipe* for your secret sauce?

어원 원뜻: medical prescription(처방전)에서 유래 → (요리의) 처방전 → 조리법

05 **roast**

[roust]

(고기를 직접 불에 또는 오븐에서) 동 굽다 명 구운 고기

Roast the beef in the oven for about twenty minutes.

06 **pot**

[pat]

(조리·보존용의 둥글고 속이 깊은 용기): 명 냄비; 단지, 항아리; 화분

Cover the *pot* and boil for two hours over medium heat.

07 **pottery**

[pátəri]

(흙으로 빚어 구워서 만든 그릇 또는 그것을 만드는 일): 명 도자기; 도예

This bowl is a typical example of Native American *pottery*.

파생 potter [pátər] 명 도예가, 도공

어원 pot(그릇) + er(사람) → (그릇 만드는 사람이 만든) 물건 → 도자기

08 **kettle**

[kétl]

(물을 데우거나 담아 따르게 만든) 명 주전자

I'll put the *kettle* on and make a cup of tea for you.

09 **inhabit**

[inhǽbit]

(사람·동물이 어느 곳에 집단적으로) 동 거주[서식]하다

These mountains used to be *inhabited* by many wild animals.

파생 inhabitant [inhǽbətənt] 명 거주자

어원 in(안) + habit(dwell:살다) → (안에) 살다 → 거주[서식]하다

04 당신의 비밀 소스의 조리법을 좀 알려주시겠어요? **05** 소고기를 20분간 오븐에서 구우십시오. **06** 냄비 뚜껑을 닫고 중간불로 2시간 동안 끓이십시오. **07** 이 그릇은 북미 원주민 도자기의 전형적인 예이다. **08** 주전자를 불에 올려 당신에게 차 한잔 만들어 드릴게요. **09** 그 산들에는 많은 야생 동물들이 서식했었다.

10 **settle**

[sétl]

1. (새로운 곳에서 자리를 잡고) 통 정착하다
2. (문제 · 갈등 등을 확실하게) 통 해결[처리]하다

The family moved from one place to another until they finally *settled* in Paris.
We will make every effort to *settle* the matter peacefully.

파생 settlement [sétlmənt] 명 정착(지); 해결

어원 원뜻: 자리를 잡다(seat)의 뜻에서 유래 ┌ (이동하다가) 자리를 잡다 → 1. 정착하다
└ (문제 · 갈등 등이) 자리를 잡다 → 2. 해결하다

11 **occupy**

[ákjupài]

1. (장소 · 공간 · 사물 등을 자신의 몫으로) 통 차지하다, 거주[사용, 점유]하다
2. (남의 영토 · 지역 · 건물 등을 무력을 써서) 통 점령[점거]하다

The bed was quite large and *occupied* most of the room.
The city was *occupied* by the enemy during the war.

파생 occupation [àkjupéiʃən] 명 사용, 주거; 점령, 점거; 직업

어원 oc(toward) + cupy(take:취하다) → (어디로 가서) 그곳을 취하다 → 차지[점령]하다

12 **resident**

[rézədnt]

(특정 지역 · 장소에 살거나 머무르는) 명 거주자; (호텔) 투숙객 형 거주하는

This swimming pool is for the use of hotel *residents* only.

파생 reside [rizáid] 통 거주하다, 살다

어원 re(back) + sid(sit:앉다) → (자리를 잡고) 주저앉은 사람 → 거주자

13 **landlord**

[lǽndlɔːrd]

(돈을 받고 자기의 집 · 땅을 남에게 빌려 준) 명 집주인

He insisted that he had already paid the rent to the landlord.

파생 ⊖ landlady [lǽndleidi] 명 여자 집주인

어원 land(땅) + lord(주인) → 집주인

10 그 가족은 마침내 파리에 정착할 때까지 이곳 저곳 옮겨 다녔다. / 우리는 그 문제를 평화적으로 해결할 수 있도록 모든 노력을 다할 것이다. 11 그 침대는 꽤 커서 방의 대부분을 차지했다. / 그 도시는 전쟁 동안 적에게 점령되었다. 12 이 수영장은 호텔 투숙객들만 이용할 수 있다. 13 그는 집주인에게 이미 집세를 지불했다고 주장했다.

14 **neighbor**
[néibər]

(자신의 집 주변에 사는) 명 **이웃 사람**

The party was so noisy that their *neighbors* called the police to complain.

파생 neighborhood [néibərhùd] 명 인근, 근처; 이웃 사람들; (도시의) 지역[구역]

15 **dormitory**
[dɔ́:rmətɔ̀:ri]

(학교·회사 등에서 제공하는 숙식 시설): 명 **기숙사** (= dorm)

Brian is a university student and lives in a *dormitory*.

어원 dormi(sleep:잠자다) + tory → (잠자는) 곳 → 기숙사

16 **shelter**
[ʃéltər]

1. (인간 생활의 기본 요소로서의) 명 **주거, 집**
2. (악천후·위험·공격 등으로부터의) 명 **피신[대피](처)** 동 **피난처를 제공하다**

Food, clothing, and *shelter* are the three basic necessities of life.
We found *shelter* from the rain under a small wooden bridge.

어원 shelt(shield:방패) + er → (방패같이) 막아주는 곳 → 2. 피신처 → 1. 집

17 **cottage**
[kátidʒ]

(시골에 위치한 규모가 작은) 명 **시골집**

They live in a beautiful *cottage* in the English countryside.

18 **construct**
[kənstrʌ́kt]

(구조물·시설·설비 등을 일정한 설계 하에) 동 **건설하다**

They are planning to *construct* a new bridge across the river.

파생 construction [kənstrʌ́kʃən] 명 건설

어원 con(together:함께) + struct(build:세우다) → (함께) 세우다 → 건설하다

14 파티가 너무 시끄러워서 이웃들이 항의를 하러 경찰에 전화를 했다. 15 브라이언은 대학생이고 기숙사에서 생활한다. 16 의식주는 생활의 세 가지 기본 요소이다. / 우리는 작은 목조 다리 아래에서 비를 피할 곳을 찾았다. 17 그들은 영국 시골의 아름다운 시골집에서 산다. 18 그들은 강을 가로지르는 새로운 다리를 건설할 계획이다.

19 **architect**
[ɑ́:rkətèkt]

(건물을 설계하는) 명 건축가

The building was designed by a world-famous *architect*.

파생 architecture [ɑ́:rkɪtèktʃər] 명 건축 양식, 건축술[학]

어원 archi(chief:우두머리) + tect(builder:건축가) → (설계를 하는 우두머리) 건축가

20 **facility**
[fəsíləti]

(생활의 편의나 특정 목적을 위해 갖추어 놓은) 명 (편의) 시설[설비, 기능]

The hotel offers modern meeting rooms and other business *facilities*.

어원 facile(easy:편리한, 쉬운) + ity — (편리함을) 주는 것 →.(편의) 시설[기능]

21 **upstairs**
[ʌpstɛ́ərz]

(1층보다 또는 현재 있는 곳보다) 부 위층으로 형 위층의 명 위층

He jumped up and ran *upstairs* to see what was going on.

파생 ⊖ downstairs [dáunstɛ́ərz] 부 아래층으로 형 아래층의 명 아래층

어원 up(위로) + stairs(계단) → (계단의) 위로 → 위층으로

22 **basement**
[béismənt]

(건물 아래에 땅을 파서 만든) 명 지하실[층]

Take these boxes down to our storage area in the *basement*.

어원 base(맨 아래 부분) + ment → (건물의) 맨 아래 부분 → 지하실

23 **ladder**
[lǽdər]

(오르내릴 때 디딜 수 있도록 만든) 명 사닥다리

He was painting a wall and fell off a *ladder* and broke his leg.

24 **ceiling**
[sí:liŋ]

(건축물의 내부 공간의 위쪽 면): 명 천장

The *ceiling's* low, so be careful not to hit your head.

19 그 건물은 세계적으로 유명한 건축가가 설계했다. 20 그 호텔은 현대식 회의실과 다른 비즈니스 시설을 제공한다. 21 그는 벌떡 일어나서 무슨 일이 있는지 보기 위해 위층으로 뛰어올라갔다. 22 이 상자들을 지하실 보관 창고에 갖다 놓으세요. 23 그는 벽에 페인트칠을 하다가 사닥다리에서 떨어져 다리가 부러졌다. 24 천장이 낮습니다. 머리를 부딪치지 않도록 조심하십시오.

25 **column**

[kάləm]

1. (위의 구조물을 떠받치는) 명 **기둥**
2. (신문·잡지의 시사·사회 등을 짧게 평하는) 명 **칼럼, 특약 기고(란)**

The roof of the building was supported by four *columns*.
He writes a regular *column* on computers and the Internet for Time magazine.

파생 columnist [kάləmnist] 명 칼럼니스트

어원 1. 기둥 → (기둥 모양의 세로로 구획된) 2. 칼럼

26 **chimney**

[ʧímni]

(연기가 밖으로 빠져나가도록 만든) 명 **굴뚝**

Thick, black smoke was coming out of the *chimney*.

27 **garage**

[gərάːdʒ]

(차량을 넣어 두는) 명 **차고**

The *garage* wasn't big enough for a large pick-up truck.

28 **corridor**

[kɔ́ːridər]

(건물 내의 긴 통로): 명 **복도** (= hall)

The meeting room is at the end of the *corridor* on the right.

29 **aisle**

[ail]

(극장·열차·비행기 등의 좌석 사이의) 명 **통로, 복도**

Would you like a window seat or an *aisle* seat?

30 **platform**

[plǽtfɔːrm]

(주변보다 높게 만들어 놓은 평평한) 명 **단, 연단, 강단; (기차역) 플랫폼**

The next train for London leaves at 9 from *platform* 5.

어원 plat(flat:**평평한**) + form(**형체**) → (평평한 표면이 위로 올려진) **단, 플랫폼**

25 그 건물의 지붕은 4개의 기둥에 의해 지지되고 있었다. / 그는 타임지에 컴퓨터와 인터넷 관련 정규 칼럼을 쓰고 있다. **26** 짙은 검은 연기가 굴뚝에서 나오고 있었다. **27** 그 차고는 큰 픽업 트럭을 넣기에 충분히 크지 않았다. **28** 회의실은 복도 끝 오른쪽에 있다. **29** 좌석을 창가 쪽을 원하십니까 복도 쪽을 원하십니까? **30** 런던행 다음 열차는 9시 5번 플랫폼에서 떠난다.

31 **chamber**

[ʧéimbər]

(특정한 목적을 가진 닫힌 공간): 명 방, -실, 회의장

The regular meeting was held at the Council *Chamber*.

32 **restroom**

[réstruːm]

(극장·음식점 같은 공공장소의) 명 화장실

She went to the *restroom* to wash her hands.

33 **pillow**

[pílou]

(누울 때 머리를 괴는) 명 베개

He put his head on the *pillow* and closed his eyes.

34 **sheet**

[ʃiːt]

1. (침대에 까는 흰 천): 명 시트
2. (종이를 세는 단위): 명 (종이) 한 장

She quickly changed the *sheets* and made the bed.
Take out a clean *sheet* of paper and divide it in half.

35 **drawer**

[drɔːr]

(책상·옷장 등의 물건을 담을 수 있는) 명 서랍

He opened the *drawer* of the desk and took out some paper.

36 **closet**

[klάzit]

(옷·식기 등의 살림을 넣어 두게 만든) 명 벽장, 찬장

Her closet was filled with beautiful and stylish *clothes*.

37 **shelf**

[ʃelf]

(물건을 얹어 두기 위해 벽에 달아 놓은) 명 선반; 책꽂이

She put the book back on the *shelf* where it had been.

31 정기 회의가 지방 의회 회의실에서 개최되었다. **32** 그녀는 손을 씻으러 화장실에 갔다. **33** 그는 베게 위에 머리를 올려놓고 눈을 감았다. **34** 그녀는 재빠르게 시트를 갈고 잠자리를 정돈했다. / 백지 한 장을 꺼내 그것을 반으로 나누십시오. **35** 그는 책상 서랍을 열고 몇 장의 종이를 꺼냈다. **36** 그녀의 옷장은 아름답고 유행에 따른 옷들로 가득했다. **37** 그녀는 책을 원래 있던 책꽂이에 다시 꽂아 놓았다.

[38] **appliance**

[əpláiəns]

(세탁기·냉장고·전기난로 등의 각종) 명 **(가정용) 기기, 가정용 전기 기구**

These modern household *appliances* made women's lives easier.

어원 apply(적용하다) + ance → (원리·기술을 생활에) 적용한 것 → **(가정용) 기기**

[39] **refrigerator**

[rifrídʒərèitər]

(식품 등을 차게 저장하기 위한) 명 **냉장고**

She covered the bowl with plastic wrap and put it in the *refrigerator*.

어원 re(again:다시) + frig(cold:차가운) → (다시) 차게 만드는 것 → **냉장고**

Daily Test

01	aisle	21	basement
02	corridor	22	column
03	garage	23	appetite
04	feast	24	ladder
05	roast	25	chimney
06	appliance	26	shelf
07	restroom	27	drawer
08	platform	28	pillow
09	closet	29	chamber
10	sheet	30	refrigerator
11	occupy	31	recipe
12	kettle	32	ingredient
13	neighbor	33	pot
14	cottage	34	inhabit
15	facility	35	resident
16	pottery	36	dormitory
17	shelter	37	construct
18	landlord	38	upstairs
19	settle	39	ceiling
20	architect		

Answer Key ▷ 338

38 이 현대적인 가정용 전기 기구들은 여성의 삶을 더 편안하게 만들었다. **39** 그녀는 그릇을 비닐 랩으로 덮어서 냉장고에 넣었다.

Day 05 사람의 몸 I

human body I

≫ 테마 기본 어휘	body · gesture(몸짓) · tall · giant · fat · stand · sit · seat(자리, 좌석) · neck · shoulder · stomach(배, 복부) · waist(허리) · hip(엉덩이) · heart(심장; 마음) · bone(뼈) · blood(피) · skin(피부) · feel · sense(감각) face · head · brain(뇌) · hair · eye · wink · see · look · watch · view(전망) · appear(나타나다) · ear · sound · voice · noise(소음) · loud · quiet · shout(외치다) · bell · call

01 **physical**
[fízikəl]

1. (마음 · 정신과 대비하여) 형 몸의, 육체의
2. (현실에 존재하는) 형 물질[자연](계)의; 물리학의, 물리적인

Too much stress can cause *physical* and mental health problems.

Physical science is simply the study of the physical world around us.

파생 physics [fíziks] 명 물리학
physicist [fízisist] 명 물리학자

어원 physic(nature:자연) + al ┌ (마음 · 정신이 아니라 물질인) 1. 육체의
└ 2. 자연[물질]의; 물리적인

02 **overweight**
[ouvərwéit]

(fat의 완곡한 말): 형 살찐, 과체중의; 중량 초과의

A person who is *overweight* should go on a diet or take more exercise.

어원 over(정상보다 많은) + weight(체중, 무게) → 과체중의; 중량 초과의

03 **slim**
[slim]

(몸이 보기 좋을 정도로 알맞게) 형 가느다란, 호리호리한

She uses a combination of strict diets and exercise to stay *slim*.

01 너무 심한 스트레스는 육체적, 정신적 건강 문제를 일으킬 수 있다. / 물리 과학은 우리 주변의 물질 세계를 연구하는 학문이다. **02** 과체중인 사람은 다이어트를 하거나 더 많은 운동을 해야 한다. **03** 날씬함을 유지하기 위해 엄격한 다이어트와 운동의 조합을 사용한다.

04 **obese**
[oubíːs]

(건강에 해로울 정도로) 형 지나치게 살찐, 비만인

About 25 percent of American adults are *obese*.

파생 obesity [oubíːsəti] 명 비만

어원 ob(강조) + ese(eat:먹다) → (많이 먹어서) 비만인

05 **chest**
[ʧest]

(배와 목 사이의) 명 가슴, 흉곽

He took off his shirt and exposed his hairy *chest*.

Day 05

06 **organ**
[ɔ́ːrgən]

1. (사람의 몸 내의 각 부분): 명 기관, 장기
2. (건반 악기의 한 종류): 명 오르간

The human brain is an incredibly complicated *organ*.

파생 organic [ɔːrgǽnik] 형 기관[장기]의; 유기체의; 유기 재배[농법]의

07 **lung**
[lʌŋ]

(호흡을 하는 기관): 명 폐, 허파

Smoking can cause *lung* cancer, heart disease and other illnesses.

08 **liver**
[lívər]

(몸속에서 해독 작용을 하는) 명 간, 간장

Alcoholic *liver* disease usually occurs after years of drinking too much.

09 **flesh**
[fleʃ]

(피부와 뼈 사이의) 명 살

The point of the knife went deep into the *flesh*.

04 미국 성인의 약 25% 정도가 비만이다. **05** 그는 셔츠를 벗고 그의 털이 많은 가슴을 드러냈다. **06** 인간의 뇌는 믿을 수 없을 만큼 복잡한 기관이다. **07** 흡연은 폐암, 심장병 및 다른 질병을 일으킬 수 있다. **08** 수년 동안 지나친 과음을 하면 대개 알코올성 간 질환이 발생한다. **09** 칼 끝이 살 속 깊이 박혔다.

10 **muscle**

[mʌsl]

(신체의 운동기능을 수행하는) 명 **근육**

Swimming is a great sport because it works every *muscle* in your body.

파생 muscular [mʌskjulur] 형 근육의, 근육이 발달한

11 **pale**

[peil]

(병이 들거나 두려워서 얼굴빛·살갗이) 형 **창백한**

You look *pale*. What's the matter? Are you sick?

12 **sweat**

[swet]

(살가죽에서 분비되는) 명 **땀** 동 **땀을 흘리다**

He wiped the *sweat* from his forehead with the sleeve of his shirt.

파생 sweaty [swéti] 형 땀투성이의

13 **nerve**

[nə:rv]

(몸 안팎의 변화를 감지하고 반응하게 하는) 명 **신경**; (-s) **신경 과민, 신경질**

The human brain is made up of about 100 billion *nerve* cells.

파생 nervous [nə́:rvəs] 형 신경의; 신경질적인, 초조한

14 **paralyze**

[pǽrəlàiz]

(몸의 일부나 전부를 감각이 없게) 동 **마비시키다**

The motorcycle accident left him *paralyzed* from the neck down.

파생 paralysis [pərǽləsis] 명 마비

어원 para(beside:옆에) + ly(loosen:풀다) → (옆의 어느 한 부분이) 풀리다 → **마비시키다**

10 수영은 몸의 모든 근육에 효과가 있기 때문에 대단히 좋은 스포츠이다. 11 창백해 보입니다. 무슨 일이에요? 어디가 아픈가요? 12 그는 셔츠의 소매로 이마의 땀을 닦았다. 13 인간의 뇌는 약 1000억 개의 신경세포로 구성되어있다. 14 그 오토바이 사고로 그는 목 아래 부분이 마비되었다.

15 **bleed**
[bli:d]

(몸의 상처에서) 동 **피가 나다, 출혈하다**

He was punched in the face and his nose started to *bleed*.

파생 bleeding [blí:diŋ] 명 출혈

16 **pulse**
[pʌls]

(심장 박동에 따른 동맥의 주기적 움직임): 명 **맥박** 동 **맥이 뛰다, 고동하다**

The doctor carefully took the patient's *pulse*.

17 **forehead**
[fɔ́:rhed]

(눈썹 위로부터 머리털 아래까지의 사이): 명 **이마**

She touched his *forehead* to see if he had a fever.

어원 fore(before:앞) + head(머리) → (머리) 앞부분 → 이마

18 **cheek**
[ʧi:k]

(얼굴의 양 옆에 살이 볼록한 부분): 명 **빰, 볼**

He smiled and gently kissed her on the *cheek*.

19 **wrinkle**
[ríŋkl]

(얼굴이나 옷 · 종이 등에 생긴) 명 **주름** 동 **주름살지다[지게 하다]**

The man had a lot of *wrinkles* on his face.

20 **nod**
[nad]

(동의 · 승낙의 뜻으로 위아래로) 동 **머리를 끄덕이다** 명 **끄덕임**

He *nodded* his head to show that he agreed with me.

15 그는 주먹으로 얼굴을 맞고 코피를 흘리기 시작했다. **16** 의사는 조심스럽게 환자의 맥박을 쟀다. **17** 그녀는 그가 열이 있는지 보려고 그의 이마를 만져 보았다. **18** 그는 미소를 지으면서 그녀의 빰에 부드럽게 입맞춤을 했다. **19** 그 남자는 얼굴에 많은 주름이 있었다. **20** 그는 나에게 동의한다는 것을 보여주기 위해 고개를 끄덕였다.

21 **mustache**

[mʌstæʃ]

(코 아래에 난) 명 **콧수염** (= moustache)

He grew a *mustache* to make himself look older.

22 **beard**

[biərd]

(아래턱과 뺨에 난) 명 **턱수염**

He was not that old, but the *beard* made him look very old indeed.

23 **bald**

[bɔːld]

(머리털이 많이 빠져서) 형 **머리가 벗어진, 대머리의**

My husband started going *bald* in his early thirties.

24 **eyebrow**

[áibràu]

(눈꺼풀 위쪽에 길게 가로로 난 털): 명 **눈썹**

Raising his *eyebrows*, he looked up at Steve.

어원 eye(눈) + brow(이마) → (이마에 있는) 눈

25 **visual**

[víʒuəl]

(사물을 눈을 통해 보는 일과 관련된): 형 **시각의** 명 **시각 정보[영상]**

Of his appearance I have no *visual* memory at all.

파생 visualize [víʒuəlàiz] 동 시각화하다

어원 visu(see:보다) + al → 시각의, 시각 정보

26 **telescope**

[téləskòup]

(멀리 있는 물체를 확대하여 보는) 명 **망원경**

He spent hours looking at the stars through a *telescope*.

어원 tele(far:멀리) + scope(seeing:보기) → (멀리) 보는 기구 → **망원경**

21 그는 나이가 들어 보이려고 콧수염을 길렀다. **22** 그는 그렇게 늙지 않았으나 턱수염은 그를 정말 매우 늙어 보이게 만들었다. **23** 내 남편은 30대 초반에 머리가 벗겨지기 시작했다. **24** 눈살을 찌푸리면서 그는 스티브를 쳐다보았다. **25** 나는 그의 외모에 대하여 전혀 시각적인 기억을 가지고 있지 않다. **26** 그는 몇 시간을 망원경을 통해 별을 관찰하면서 보냈다.

27 **microscope**
[máikrəskòup]

(매우 작은 물체를 확대하여 보는) 명 현미경

Bacteria can be seen only with a powerful *microscope*.

어원 micro(small:작은) + scope(seeing:보기) → (작은 것을 보는) 기구 → **현미경**

28 **observe**
[əbzə́ːrv]

1. (대상을 학습·연구를 목적으로) 동 **관찰[관측]하다, (관찰을 통해) ~을 알다**
2. (법·규칙·약속 등을) 동 **지키다, 준수하다**

They *observed* how each part works in relation to the other parts.
All drivers must *observe* these rules for driving and parking.

파생 observation [àbzərvéiʃən] 명 관찰
observance [əbzə́ːrvəns] 명 준수, 따르기

어원 ob(to) + serve(keep:지키다) ┌ (눈으로) 지키다 → **1. 관찰하다**
└ (법·규칙 등을) **2. 지키다**

29 **blink**
[bliŋk]

(무의식적으로 빠르게) 동 **눈을 깜박거리다** 명 **깜박거림**

When he came out, the bright sunlight made him *blink*.

30 **stare**
[stɛər]

(공포·놀라움 등으로 눈을 크게 뜨고) 동 **응시하다, 빤히 보다** 명 **응시**

They *stared* angrily at each other across the table.

31 **glance**
[glæns]

(시선을 잠깐 돌려 재빨리) 동 **힐끗 보다** 명 **힐끗 봄**

He *glanced* in her direction and their eyes met.

27 박테리아는 강력한 현미경으로만 볼 수 있다. **28** 그들은 각 부품이 다른 부품들과의 관계에서 어떻게 작동하는지를 관찰했다. / 모든 운전자는 운전과 주차에 관련한 이 규칙을 지켜야 한다. **29** 그가 밖으로 나왔을 때 그는 밝은 햇빛 때문에 눈을 깜박거렸다. **30** 그들은 화가 나서 테이블 너머로 서로를 빤히 쳐다보았다. **31** 그는 그녀 쪽을 힐끗 보았고 그들의 시선은 마주쳤다.

32 **witness**

[wítnis]

1. (사고·사건·범죄 등을 눈으로 직접) 동 **목격하다** 명 **목격자**
2. (어떤 사실을 증명하거나 법정에서 증언을 하는) 명 **증인**

On his way to work, John *witnessed* a car accident.
He was asked to appear as a *witness* at the trial.

어원 wit(knowledge:**알고 있음**) + ness → (알고 있는) 사람 → **1. 목격자 2. 증인**

33 **scene**

[siːn]

1. (한 장소에서 벌어지는 일의) 명 **광경; (연극·영화 등의) 장면**
2. (범죄·사건·사고 등이 벌이진) 명 **현장**

We stood there, looking at the beautiful *scene* before us.
Police said a knife was found at the *scene* of the crime.

34 **spectacular**

[spektǽkjulər]

(광경·경관이 시선을 끌 만큼 굉장하여) 형 **장관인, 구경거리의**

The festival ended with a *spectacular* fireworks display.

파생 spectacle [spéktəkl] 명 장관; 구경거리; (-s) 안경

어원 specta(look:**보다**) + cle → (경관이) 볼 만한 → **장관인**

35 **landscape**

[lǽndskeip]

1. (한 장소에서 바라본 주위의 전체적인 모습): 명 **풍경, 전망**
2. (자연의 경치를 그린) 명**풍경화**

The *landscape* was so beautiful that I could not take my eyes off it.

어원 land(**땅**) + scape(condition:**상태**) → (땅의) 상태 → **풍경(화)**

36 **emerge**

[iməː́rdʒ]

(어떤 것의 속이나 뒤에 있던 것이 밖으로) 동 **나오다, 나타나다, 출현하다**

The moon *emerged* from behind the clouds and shined in the sky.

파생 emergence [iməː́rdʒəns] 명 출현

어원 e(out) + merge(sink:**잠기다**) → (잠겨있던 것이) 밖으로 나오다 → **출현하다**

32 출근하는 길에 존은 자동차 사고를 목격했다. / 그는 재판의 증인으로 출두할 것을 요청받았다. **33** 우리는 우리 앞에 펼쳐진 아름다운 광경을 보면서 그곳에 서 있었다. / 경찰은 범죄 현장에서 칼이 발견되었다고 말했다. **34** 그 축제는 장관을 이루는 불꽃놀이로 끝이 났다. **35** 풍경이 너무 아름다워서 나는 눈을 뗄 수가 없었다. **36** 달이 구름 뒤에서 모습을 드러내고 하늘에서 빛났다.

37 **disappear**

[dìsəpíər]

(더 이상 보이지 않고) 동 사라지다

The child watched and waved until the plane *disappeared* into the clouds.

파생 disappearance [dìsəpí:ərəns] 명 사라짐
⊖ appear [əpíər] 동 나타나다

어원 dis(opposite:반대) + appear(나타나다) → '나타나다'의 반대 → 사라지다

38 **fade**

[feid]

(모습 · 소리 · 기억 등이) 동 서서히 사라지다, 점점 희미해지다; (색깔이) 바래다

As the years went by, the memories *faded* away.

Day 05

Daily Test

01	blink	20	wrinkle
02	observe	21	beard
03	microscope	22	visual
04	overweight	23	physical
05	chest	24	bald
06	fade	25	telescope
07	witness	26	disappear
08	stare	27	landscape
09	emerge	28	scene
10	spectacular	29	glance
11	pale	30	obese
12	liver	31	slim
13	paralyze	32	organ
14	forehead	33	flesh
15	nod	34	sweat
16	lung	35	bleed
17	pulse	36	cheek
18	nerve	37	mustache
19	muscle	38	eyebrow

Answer Key ▷ 338

37 그 아이는 비행기가 구름 속으로 사라질 때까지 지켜보면서 손을 흔들었다. **38** 해가 지나감에 따라 그 기억들은 사라졌다.

Day 06 사람의 몸 II

human body II

≫ 테마 기본 어휘	ear · hear · listen · sound · voice · noise(소음) · loud · quiet · shout(외치다) · bell · call · hear · listen · nose · smell(냄새를 맡다) · mouth · tooth(이, 치아) · kiss · hand · finger(손가락) · thumb (엄지손가락) · nail(손톱, 발톱) · wrist(손목) · arm · touch · hold · catch · hug(포옹) · throw · foot · toe(발가락) leg · ankle(발목) · knee(무릎) · walk · step · run · jog(조깅하다) · jump

01 **yell**
[jel]

(분노 · 공포 · 흥분 등으로) 동 **소리[고함]치다, 외치다** 명 **외침, 큰 소리**

He got very angry and started *yelling* at me.

02 **scream**
[skriːm]

(아주 높고 날카로운 소리로) 동 **비명을 지르다** 명 **비명, 절규**

The child *screamed* loud enough to make the walls shake.

03 **chant**
[ʧænt]

(구호나 특정한 말을) 동 **(연이어) 외치다, 연호하다** 명 **구호**

The anti-war demonstrators *chanted* slogans and waved placards.

04 **whisper**
[hwíspər]

(아주 작은 소리로) 동 **속삭이다, 소곤거리다** 명 **속삭임**

He smiled when she *whispered* something in his ear.

05 **overhear**
[ouvərhíər]

(남들의 대화를) 동 **우연히 듣다**

I *overheard* a private conversation between them.

01 그는 매우 화가 나서 내게 소리를 지르기 시작했다. **02** 그 아이는 벽이 흔들릴 만큼 크게 비명을 질렀다. **03** 반전 시위대는 구호를 외치고 플래카드를 흔들었다. **04** 그녀가 그의 귀에 뭔가를 속삭였을 때 그는 미소를 지었다. **05** 나는 그들 사이의 개인적인 대화를 우연히 들었다.

06 **silent**

[sáilənt]

(소리나 말소리가 전혀 없는): 형 조용한, 소리 없는; (사람이) 말을 안 하는

All the lights were out and the house was completely *silent*.

파생 silence [sáiləns] 명 정적, 침묵

07 **sneeze**

[sni:z]

(코·입으로 갑자기 내뿜는) 명 재채기 동 재채기를 하다

I can't stop *sneezing*. I think I must have caught a cold.

08 **scent**

[sent]

(냄새가 은은한 좋은) 명 향기, 향내 동 향기로 채우다

The air was filled with the sweet *scent* of spring flowers.

Day 06

09 **odor**

[óudər]

(강한 자극성의) 명 (불쾌한) 냄새, 악취

There was an unpleasant *odor* in the room.

10 **tongue**

[tʌŋ]

(맛을 느끼며 말소리를 내는) 명 혀

He unfortunately burned his *tongue* on the hot coffee.

11 **throat**

[θrout]

(입 속 맨 안쪽의) 명 목구멍

I have a sore *throat* and a runny nose.

12 **yawn**

[jɔ:n]

(졸리거나 피곤하거나 지루하여) 동 하품하다 명 하품

He *yawned* tiredly and stretched his arms above his head.

06 모든 불이 꺼져있었고 집은 완전히 정적이 흘렀다. **07** 나는 재치기를 멈출 수가 없다. 감기에 걸린 게 틀림없다고 생각한다. **08** 공기는 봄 꽃들의 달콤한 향기로 그득했다. **09** 그 방에는 불쾌한 냄새가 났다. **10** 그는 운 나쁘게 뜨거운 커피에 혀를 데었다. **11** 나는 목이 아프고 콧물이 난다. **12** 그는 피곤한 듯 하품을 하고 팔을 머리 위로 뻗었다.

13 **sigh**

[sai]

(근심·실망·설움 등으로) 통 한숨 쉬다 명 한숨

She *sighed* deeply at the thought and looked out the window.

14 **breathe**

[bri:ð]

(코·입으로 공기를 들이마시고 내쉬어) 통 호흡하다, 숨쉬다

She placed her head against his chest to make sure he was *breathing*.

파생 breath [breθ] 명 숨, 호흡

15 **pant**

[pænt]

(거친 운동, 무더위 등으로) 통 (숨을) 헐떡이다, 숨을 거칠게 내쉬다

The old man reached the top of the hill, *panting* heavily.

16 **choke**

[ʧouk]

(숨통이 막히거나 산소가 부족하여) 통 숨이 막히다, 숨막히게 하다

As a child, I nearly *choked* to death on a fish bone.

17 **elbow**

[élbou]

(팔의 위아래 관절이 이어진 곳의 바깥쪽): 명 팔꿈치 통 (팔꿈치로) 밀치다

It is bad manners to rest your *elbows* on the table while eating.

18 **palm**

[pa:m]

(손의 안쪽): 명 손바닥

Smartphones are basically computers in the *palm* of your hand.

13 그녀는 그 생각에 깊게 한숨을 짓고 창 밖을 내다보았다. 14 그녀는 그가 숨을 쉬고 있는지 확인하려고 머리를 가슴에 갖다 댔다. 15 그 노인은 거칠게 숨을 헐떡이며 언덕 꼭대기에 도착했다. 16 어릴 때 나는 목에 생선 뼈가 걸려서 거의 질식해 죽을뻔했다. 17 식사 동안 팔꿈치를 테이블 위에 놓는 것은 예의에 어긋난 것이다. 18 스마트폰은 기본적으로 손바닥 안의 컴퓨터이다.

[19] **fist**
[fist]

(손가락을 다 오그려 쥔 손): 명 주먹

The man punched me in the face with his *fist*.

[20] **tap**
[tæp]

1. (표면을 손가락·연필 등으로) 동 가볍게 톡톡 두드리다 명 가볍게 두드림
2. (수돗물을 열고 닫는) 명 수도꼭지

Suddenly someone *tapped* me on the shoulder from behind.
She turned the *tap* on to wash her hands.

[21] **rub**
[rʌb]

(손·천 등을 대고, 또는 두 물체를 맞대어) 동 문지르다, 비비다 명 문지르기

He *rubbed* his eyes as if he couldn't believe what he was seeing.

[22] **scratch**
[skrætʃ]

(손톱이나 날카로운 끝으로) 동 긁다; 할퀴다 명 긁음, 할퀴

The top of the coffee table was badly *scratched*.

[23] **contact**
[kάntækt]

1. (사람·사물이 서로 맞닿음): 명 접촉
2. (만남·통화·편지 등을 통한) 명 연락, 접촉, 교제 동 연락을 취하다, 접촉하다

The disease spreads by person to person *contact* or through the air.
He said he would *contact* me, but he never did.

어원 con(together:함께) + tact(touch:닿다) → (서로) 닿음 → 1. 접촉 → (접촉하여) 2. 연락하다

[24] **embrace**
[imbréis]

(품 안에) 동 (껴)안다, 포옹하다; (열렬히) 받아들이다 명 포옹; 수용

He warmly *embraced* his son with tears in his eyes.

어원 em(in:안) + brace(two arms:두 팔) → (두 팔 안에) (껴)안다; 받아들이다

19 그 남자는 주먹으로 내 얼굴을 가격했다. **20** 갑자기 누군가가 뒤에서 내 어깨를 톡톡 쳤다. / 그녀는 손을 씻으려고 수도꼭지를 틀었다. **21** 그는 자신이 보고 있는 것이 믿을 수 없다는 듯이 눈을 비볐다. **22** 그 커피 테이블의 윗면은 심하게 긁혀 있었다. **23** 그 병은 사람간의 접촉이나 공기를 통해서 퍼진다. / 그는 네게 연락을 하겠다고 말을 했지만 전혀 하지 않았다. **24** 그는 눈물을 흘리고 있는 아들을 따뜻이 안아 주었다.

25 **grasp**
[græsp]

1. (물건을 손 안에 넣고) 통 (꽉) 쥐다, (단단히) 붙잡다 명 쥐기, 붙잡기
2. (무엇의 본질·이치 등을 확실하게) 통 파악[이해]하다

He *grasped* her hand and pulled her toward him.
They failed to *grasp* the importance of this problem.

어원 1. 쥐다(grasp) → (손에 쥐듯 확실하게) 2. 파악[이해]하다

26 **grab**
[græb]

(가지거나 차지하려고 거칠게) 통 움켜쥐다, 잡아채다 명 움켜쥐기, 잡아채기

She *grabbed* his arm to stop him from opening the door.

27 **seize**
[siːz]

(힘·폭력을 써서) 통 와락 붙잡다; 점령[장악]하다; 체포하다; 압수[몰수]하다

All of a sudden, the woman *seized* her by the hair.

파생 seizure [síːʒər] 명 점령, 장악; 압수, 몰수

28 **snatch**
[snætʃ]

(남의 물건을 빼앗으려고 거칠고 잽싸게) 통 잡아[낚아]채다 명 잡아챔, 강탈

A man *snatched* the handbag from her hand and ran away.

29 **toss**
[tɔːs]

(밑에서 위로, 또는 공중으로 살짝 띄워서) 통 가볍게 던지다 명 가볍게 던지기

He *tossed* his jacket and tie onto a chair in the living room.

30 **stretch**
[stretʃ]

1. (팔다리 등을 곧게 쭉) 통 뻗다, 기지개를 켜다 명 뻗기, 기지개
2. (잡아당겨서) 통 늘이다, 늘어나다 명 팽팽하게 폄

You should always *stretch* before beginning any type of exercise.
The sweater has *stretched* and doesn't fit me any more.

25 그는 그녀의 손을 꼭 잡고 자신의 쪽으로 당겼다. / 그들은 이 문제의 중요성을 이해하지 못했다. **26** 그녀는 그가 문을 여는 것을 막으려고 그의 팔을 잡았다. **27** 갑자기 그 여자는 그녀의 머리채를 잡았다. **28** 한 남자가 그녀의 손에서 핸드백을 낚아채서 도망갔다. **29** 그는 재킷과 넥타이를 거실의 의자 위에 던졌다. **30** 어떤 종류의 운동이라도 시작하기 전에는 항상 스트레칭을 해야 한다. / 그 스웨터는 늘어져서 더 이상 내게 맞지 않는다.

31 **release**
[rilíːs]

1. (손에 잡고 있던 것을) 동 놓다, 놓아주다; 석방하다 명 놓아주기; 석방
2. (뉴스·정보·영화 등을) 동 **공개[발표, 개봉]하다** 명 **공개, 발표, 개봉**

At the end of the event, colorful balloons were *released* into the sky.
Their second album is scheduled to be *released* in February.

어원 re(back) + lax(loosen:느슨하게 하다) → (느슨하게 하여) 1. 놓아주다, 2. 공개하다

32 **clap**
[klæp]

(양 손바닥을 마주 쳐서) 동 **박수[손뼉]를 치다, 박수를 보내다** 명 **박수**

When the song was over, the audience cheered and *clapped*.

33 **ankle**
[ǽŋkl]

(다리와 발이 이어지는 관절 부분): 명 **발목**

The boy fell off his bike and twisted his *ankle*.

34 **thigh**
[θai]

(다리에서 무릎 관절 위쪽에 있는 부분): 명 **넓적다리**

Look at these fat *thighs*. I've just got to lose some weight.

35 **wander**
[wάndər]

(아무런 목적 없이 이리저리) 동 **돌아다니다, 배회하다** 명 **배회**

He had nowhere else to go and he *wandered* aimlessly around the streets.

36 **stroll**
[stroul]

(여유롭게 즐기면서) 동 **한가로이 거닐다, 산책하다** 명 **산책**

They were *strolling* along the beach collecting seashells.

31 행사의 끝에 형형색색의 풍선이 하늘로 날려 보내졌다. / 그들의 두 번째 앨범은 2월에 발매될 예정이다. **32** 노래가 끝나자 청중들은 환호하며 박수를 쳤다. **33** 그 소년은 자전거에서 떨어져서 발목을 삐었다. **34** 이 살찐 넓적다리 좀 보세요. 나는 살을 좀 빼야해요. **35** 그는 다른 갈 곳이 없어서 거리를 정처 없이 배회했다. **36** 그들은 조개껍데기를 모으면서 해변을 따라 한가로이 거닐고 있었다.

37 **hike**

[haik]

(산·들·시골길 등을 즐기려고 걸어서) 동 도보여행하다

He likes to go *hiking* in the mountains with his friends.

파생 hiking [háikiŋ] 명 도보 여행

38 **march**

[maːrtʃ]

1. (여러 사람이 무리를 이루어 발맞춰) 동 행진하다 명 행진
2. (M-) (한 해의 열두 달 중 세 번째 달): 명 3월

The soldiers *marched* proudly through the streets to celebrate the victory.

39 **crawl**

[krɔːl]

(몸을 엎드리거나 배를 바닥에 대고) 동 기다 명 기어가기

The baby was *crawling* around on its hands and knees.

40 **creep**

[kriːp]

(남에게 들키지 않으려고 자세를 낮춘 채) 동 살금살금 움직이다[기다]

He *crept* into the house without making any noise.

41 **dash**

[dæʃ]

(어떤 곳을 향해 전속력으로) 동 급히 가다, 돌진하다 명 돌진

He *dashed* across the street to catch a bus on the other side.

42 **leap**

[liːp]

(몸을 위로 솟게 하여 다른 위치로) 동 껑충 뛰어서 이동하다, 껑충 뛰다 명 도약

The cat *leaped* lightly over the fence and disappeared into the forest.

37 그는 친구들과 함께 산으로 도보여행을 하는 것을 좋아한다. **38** 군인들이 승리를 축하하기 위해 자랑스럽게 거리를 행진했다. **39** 그 아기는 손과 무릎으로 이리저리 기어 다녔다. **40** 그는 전혀 소리를 내지 않고 살금살금 집으로 들어갔다. **41** 다른 쪽에 있는 버스를 타기 위해 돌진하여 길을 건너갔다. **42** 그 고양이는 울타리를 가볍게 뛰어넘어 숲 속으로 사라졌다.

43 **slip**
[slip]

(미끄러운 곳에서 중심을 잃고) 동 미끄러지다 명 미끄러짐

The old man *slipped* on the ice and hurt his hip badly.

44 **slide**
[slaid]

(미끄러운 표면 위를) 동 (부드럽게) 미끄러져 움직이다[움직이게 하다]
명 미끄러짐; 미끄럼틀

The children are having fun *sliding* down the hill with their sleds.

Day 06

Daily Test

01 slide	20 choke	39 odor
02 leap	21 sigh	40 yawn
03 creep	22 tongue	41 pant
04 toss	23 fist	42 palm
05 snatch	24 scratch	43 rub
06 seize	25 grasp	44 embrace
07 scream	26 yell	
08 overhear	27 slip	
09 march	28 contact	
10 clap	29 grab	
11 stretch	30 hike	
12 stroll	31 wander	
13 thigh	32 ankle	
14 throat	33 release	
15 scent	34 dash	
16 breathe	35 crawl	
17 elbow	36 whisper	
18 tap	37 chant	
19 sneeze	38 silent	

Answer Key ▷ 338

43 그 노인은 빙판에서 미끄러져서 엉덩이를 심하게 다쳤다. **44** 아이들이 썰매를 타고 언덕을 미끄러져 내려오면서 재미있게 놀고 있다.

Day 07 건강·질병

health & illness

≫ 테마 기본 어휘	healthy · tired · vacation · holiday · sleep · wake(깨우다) · dream · cold(감기) · hospital · doctor · dentist(치과의사) · nurse(간호사) · ambulance(구급차) · wheelchair(휠체어)

01 **energetic** [ènərdʒétik]

(힘과 열정이 넘쳐 활동이 기운찬): **형 정력[활동]적인; (일이) 정력을 요하는**

He always worked hard, and also led a very *energetic* life as businessman and author.

파생 energize [énərdʒàiz] **동** 정력을 주다, 활기 있게 하다

02 **exhausted** [igzɔ́:stid]

(기운이 다 빠져서) **형 지칠 대로 지친, 기진맥진한; (자원 등을) 다 써버린**

They were completely *exhausted* after almost 24 hours of traveling.

파생 exhaust [igzɔ́:st] **동** 기진맥진하게 하다; 고갈시키다
exhaustion [igzɔ́:stʃən] **명** 기진맥진; 고갈

어원 ex(off) + haust(draw) → draw off(물을 다 빼내다) → **기진맥진한, 다 써버린**

03 **fatigue** [fətí:g]

(과로 등으로 극도로 지친 상태): **명 피로**

He was suffering from *fatigue* due to long hours of overtime.

01 그는 항상 열심히 일했으며 또는 사업가이며 작가로서 매우 정력적인 삶을 살았다. **02** 그들은 거의 24시간의 여행을 한 후 완전히 기진맥진이었다. **03** 그는 장시간의 초과 근무로 인해 피로를 겪고 있었다.

04 **rest**
[rest]

1. (일을 하지 않으면서 기력을 되찾기 위한) 명 **휴식** 동 **쉬다, 휴식하다**
2. (전체에서 일정 부분을 제외한) 명 **나머지, 잔여**
3. (어떤 것을 다른 것에 의해 지탱이 되도록) 동 **놓(이)다, 기대(어 있)다**

You look tired. Why don't you take a *rest*?
He ate about half of it and threw the *rest* away.
She put her arm around him and *rested* her head on his shoulder.

어원 re(back:뒤) + st(stand:서다) — (뒤에) 서 있다 → (뒤에 서서) 1. **휴식하다**
— (남겨져서) 뒤에 서 있는 것 → 2. **나머지**
— (뒤로) 기대고 서다 → 3. **놓다, 기대다**

05 **relax**
[rilǽks]

(느긋하게 하여 몸·마음의) 동 **긴장을 풀다, 긴장이 풀리다**

He spent a few days *relaxing* on the beach doing nothing.

파생 relaxation [rì:lækséiʃən] 명 긴장 풀기, 이완

어원 re(back) + lax(loosen:느슨하게 하다) → (느슨하게 하여) **긴장을 풀다**

06 **refresh**
[rifréʃ]

(지친 몸을 휴식·음식물 등으로) 동 **원기를 회복시키다**

After a tiring journey, I took a long hot bath to *refresh* myself.

파생 refreshment [rifréʃmənt] 명 원기 회복

07 **nap**
[næp]

(낮 시간 동안 잠시 자는) 명 **낮잠, 선잠** 동 **잠깐 졸다, 선잠 자다**

If I feel tired, I just take a *nap* for a while.

08 **fever**
[fí:vər]

(몸의 병으로 생기는) 명 **열, 발열**

He has a high *fever* and a bad headache.

파생 feverish [fí:vəriʃ] 형 열이 있는

04 좀 피곤해 보이네요. 좀 쉬는 게 어떻겠어요? / 그는 그것의 반 정도를 먹고 나머지는 버렸다. / 그녀는 팔로 그를 두르고 머리를 그의 어깨에 기댔다. **05** 그는 해변에서 며칠을 아무것도 하지 않고 느긋하게 쉬면서 보냈다. **06** 피곤한 여행 후에 나는 원기를 회복하기 위해 길고 뜨뜻한 목욕을 했다. **07** 나는 피곤하면 잠시 낮잠을 잔다. **08** 그는 고열이 있고 심한 두통이 있다.

09 **cough**
[kɔːf]

(목구멍에서 터져 나오는) 명 기침 동 기침을 하다

He had a fever, and he *coughed* all night long.

10 **dizzy**
[dízi]

(빙빙 도는 것처럼 느껴지는): 형 어지러운, 현기증 나는

The motion of the rollercoaster made me *dizzy*.

11 **faint**
[feint]

1. (한동안 정신을 잃고) 동 기절하다 명 기절 형 기절할 듯한
2. (빛·소리 등이 분명하기 않고) 형 희미한, 약한; (가능성 등이) 아주 적은

I *fainted*, and the next thing I remember was lying in a hospital bed.
There is still a *faint* hope that he is still alive.

어원 2. 희미한 → (정신이 희미해지며) 1. 기절하다

12 **symptom**
[símptəm]

(병을 앓을 때 나타나는 몸의 현상): 명 증상, 증세

Chest pain is one of the most common *symptoms* of the disease.

어원 sym(together:함께) + ptom(fall:떨어지다) → (병을 앓을 때) 함께 떨어지는 것 → 증상

13 **pain**
[pein]

(육체적·정신적으로 느끼는 괴로움): 명 고통, 아픔

If the *pain* continues or gets worse, see your doctor.

파생 painful [péinfəl] 형 아픈, 고통을 주는

14 **sore**
[sɔːr]

(염증이나 까진 피부가 닿으면 따끔따끔) 형 아픈, 쓰린; (근육이) 뻐근한

When I have a *sore* throat, I drink hot tea with honey.
My arms are *sore* from carrying all my shopping bags around.

---

09 그는 열이 있었고 밤새도록 기침을 했다. **10** 롤러코스터의 움직임은 나를 현기증 나게 만들었다. **11** 나는 기절을 했고 기억하는 다음 것은 병원 침대 누워있는 것이다. / 아직 그가 살아있을 것이라는 실낱같은 희망이 여전히 있다. **12** 가슴 통증은 그 병의 가장 흔한 증상 중의 하나이다. **13** 통증이 계속되거나 심해지면 진찰을 받으십시오. **14** 목이 아프면 나는 꿀을 탄 뜨거운 차를 마신다./ 모든 쇼핑백을 가지고 다니느라 팔이 뻐근하다.

15 **relieve**

[rilíːv]

(고통, 불쾌한 감정, 문제의 심각성 등을) 동 **덜어주다, 완화하다**

This medicine will help to *relieve* the pain and relax your body.

파생 relief [rilíːf] 명 완화; 안도, 안심

어원 re(강조) + lieve(raise:올리다) → (들어올려 줘서 무게를) **덜어주다, 완화하다**

16 **ache**

[eik]

(격렬하진 않지만 무지근하게 지속적으로) 동 **아프다** 명 **아픔**

My legs are *aching* from walking for hours today.

17 **ill**

[il]

1. (영국식 영어 - 몸이): 형 **병든, 앓는** (= sick)
2. (명사 앞에 쓰여) 형 **나쁜, 유해한** 부 **나쁘게, 불쾌하게** 명 **해, 해악, 불운**

She awakened with a high fever and was too *ill* to get out of bed.
He was forced to resign because of *ill* health.

파생 illness [ílnis] 명 병

Day 07

18 **disease**

[dizíːz]

(특히 병균에 의해 걸린 특정한) 명 **병, 질병**

He began to have heart problems and died of heart *disease* at age 40.

어원 dis(without:없는) + ease(편안함) → (편안하지) 않은 상태 → **질병**

19 **suffer**

[sʌfər]

1. (병이나 슬픔 등의) 동 **고통을 받다, (병을) 앓다** [from]
2. (좋지 않은 일을) 동 **겪다, 당하다**

He *suffered* from depression and other mental illnesses.
The city *suffered* severe damage from the powerful earthquake.

파생 suffering [sʌfəriŋ] 명 고통

어원 suf(under) + fer(bear:견디다) → (손해·병 등을) 밑에서 견디다 → **1. 겪다 2. 앓다**

15 이 약은 고통을 완화시키고 몸을 긴장을 푸는 데 도움이 될 것입니다. **16** 오늘 몇 시간을 걸어 다녀서 다리가 아프다. **17** 그녀는 심한 열로 잠에서 깨어나 너무 아파서 잠자리에서 일어날 수가 없었다. / 그는 건강이 나빠서 사직을 해야만 했다. **18** 그는 심장에 문제가 생기기 시작했으며 40세의 나이에 심장병으로 죽었다. **19** 그는 우울증과 다른 정신적인 병에 시달렸다. / 그 도시는 강력한 지진으로 심각한 피해를 입었다.

20 **recover**

[rikʌvər]

1. (질병·부상·충격 후 원상태로) 통 **회복하다, 소생시키다**
2. (나빠지거나 잃은 것을 원래의 상태로) 통 **회복하다, 되찾다**

After a long illness, the patient *recovered* completely.
The global economy is beginning to *recover* from the crisis.

파생 recovery [rikʌvəri] 명 **회복, 되찾기**

어원 re(back) + cover(덮다) → (상처가 아물어) 다시 덮이다 → **회복하다**

21 **flu**

[fluː]

(다른 사람에게 쉽게 옮는 감기): 명 **유행성 감기[독감]** (= influenza)

She has been ill with *flu* for over a week.

22 **cancer**

[kǽnsər]

(생명에 치명적인) 명 **암**

Smoking is one of the major causes of lung *cancer*.

23 **infectious**

[infékʃəs]

(병이 남에게 옮는) 형 **전염성의**

The disease is highly *infectious* and can cause serious illness.

파생 infection [infékʃən] 명 **전염**
infect [infékt] 동 **전염시키다**

어원 in(안) + fect(make:만들다) → (병균이) 몸 안에 들어가게 만드는 → **전염성의**

24 **hurt**

[həːrt]

1. (몸이나 마음을) 동 **다치게 하다; 감정을 상하게 하다** 형 **감정이 상한**
2. (다치거나 자극을 받아) 동 **아프다, 아프게 하다**

He *hurt* his foot so badly that he couldn't walk.
Doctor, my arm *hurts* when I move it like this. What should I do?

파생 hurtful [hə́ːrtfəl] 형 **감정을 상하게 하는**

어원 1. 다치게 하다 → (다쳐서) 2. 아프다

20 오래 동안 앓고 난 후 그 환자는 완전히 회복했다. / 세계 경제가 위기에서 회복하기 시작하고 있다. 21 그는 일주일 이상 독감을 앓아왔다. 22 흡연은 폐암의 주요 원인 중의 하나이다. 23 그 병은 전염성이 높고 심각한 병을 일으킬 수 있다. 24 그는 발을 너무 심하게 다쳐서 걸을 수가 없었다. / 의사선생님, 내 팔이 이렇게 움직이면 아픕니다. 어떻게 해야 합니까?

25 **injury**

[índʒəri]

(몸에 상처를 입음, 특히) 명 (사고에 의한) 부상, 상해

He had serious head *injuries* and was taken to hospital.

파생 injure [índʒər] 동 부상을 입히다, 다치게 하다
injured [índʒərd] 형 다친, 부상한

어원 in(not) + jure(right:올바른) → (몸이) 올바르지 않은 상태 → 부상, 상해

26 **wound**

[wu:nd]

(총·칼 등과 같은) 명 (흉기에 의한) 부상, 상처 동 부상을 입히다

Many soldiers were *wounded* or killed in the battle.

파생 wounded [wú:ndid] 형 부상한

27 **scar**

[ska:r]

(상처가 아물고 살갗에 남은) 명 자국, 흉터

He had a long, deep *scar* on the right side of his face.

28 **disabled**

[diséibld]

(몸을 다쳐 생활에 지장이 있는): 형 신체 장애의, 불구의

The car accident left him *disabled* and unable to do what he loved.

파생 disability [dìsəbíləti] 명 신체 장애
disable [diséibl] 동 불구로 만들다, 무능[무력]하게 하다

어원 dis(opposite:반대) + able(할 수 있는) → (몸이) 할 수 없는 → 신체 장애의

29 **deaf**

[def]

(소리를 듣지 못하는) 형 귀머거리의

Young man, there's no need to shout, I'm not *deaf*.

파생 deafen [défən] 동 귀를 먹게 하다, 귀를 먹먹하게 하다

25 그는 심각한 머리 부상을 입어서 병원으로 실려갔다. 26 많은 군인들이 그 전투에서 부상을 당하거나 전사했다. 27 그는 얼굴의 오른쪽에 길고 깊은 흉터가 있었다. 28 자동차 사고는 그를 장애자로 남게 하여 그가 좋아하는 일을 할 수 없게 만들었다. 29 젊은이, 소리지를 필요 없네, 난 귀머거리가 아니니까.

30 **blind**

[blaind]

(시력을 잃고) 형 **눈이 먼, 장님인** 동 **눈멀게 하다**

He was *blind* from birth, yet he wrote music.

31 **dumb**

[dʌm]

(언어 장애로 말을 못하는) 형 **벙어리의**

The man has been deaf and *dumb* since birth.

32 **medical**

[médikəl]

(병이나 병의 치료와 관련된): 형 **의학[의술, 의료]의**

He graduated from *medical* school at the University of Michigan.

어원 medic(heal:치료하다) + al → 치료의 → 의학[의술, 의료]의

33 **physician**

[fizíʃən]

(특히 수술을 하지 않는) 명 **(내과) 의사**

The *physician* examined him and took his temperature.

어원 physic(medical science:의술) + ian → (내과) 의사

34 **cure**

[kjuər]

(본래의 건강한 상태로) 동 **병을 고치다, 치료하다** 명 **치유법**

It is a serious disease, but it can be *cured* by operation.

35 **medicine**

[médəsin]

1. (물약·알약 등 먹는) 명 **(내복)약**
2. (병 치료 기술·학문): 명 **의술, 의학**

Take this *medicine* three times a day after meals.
I'm studying *medicine* and hope to become a doctor.

어원 imedic(heal:치료하다) + ine → (치료하는) 약 또는 기술 → (내복)약; 의술, 의학

30 그는 태어날 때부터 장님이었지만 음악을 썼다. **31** 그 남자는 날 때부터 농아였다. **32** 그는 미시간대학의 의과대학을 졸업했다. **33** 의사를 그를 진찰하고 그의 체온을 쟀다. **34** 그것은 심각한 병이지만 수술로 치료될 수 있다. **35** 이 약을 하루 세 번 식후에 복용하십시오. / 나는 의학 공부를 하고 있고 의사가 되기를 희망한다.

36 **pill**
[pil]

(삼킬 수 있도록 작고 둥글게 만든) 명 **알약**

The doctor told me to take two *pills* three times a day.

37 **drug**
[drʌg]

(치료제를 포함한 모든 종류의) 명 **약, 약제, 약품**

The *drug* has no side-effects and can safely be given to patients.

38 **pharmacy**
[fɑ́:rməsi]

(약을 조제·판매하는) 명 **약국**

I got some medicine from a *pharmacy* this morning.

파생 pharmacist [fɑ́:rməsist] 명 약사

Daily Test

01 deaf
02 disabled
03 scar
04 exhausted
05 relax
06 pharmacy
07 medical
08 blind
09 pill
10 cure
11 faint
12 fever
13 sore
14 ill
15 recover
16 nap
17 ache
18 pain
19 dizzy
20 suffer
21 cancer
22 injury
23 energetic
24 infectious
25 wound
26 drug
27 medicine
28 physician
29 dumb
30 rest
31 fatigue
32 refresh
33 cough
34 symptom
35 relieve
36 disease
37 flu
38 hurt

Answer Key ▷ 338

36 의사는 내게 하루에 세 번 알약 2개씩을 복용하라고 말했다. **37** 그 약은 부작용이 없어서 안전하게 환자들에게 줄 수 있습니다. **38** 나는 오늘 아침에 약국에서 약을 샀다.

Day 08 성격·품행·도덕성

personality & morality

≫ 테마 기본 어휘	habit(버릇) · manner(태도) · good(착한) · bad(사악한) · wrong(옳지 못한) · kind · gentle · formal (격식 차린) · casual(격의 없는) · friendly · funny · humor(유머) · comedy · joke · brave(용감한) · hero(영웅) honest · lie(거짓말) · trick(속임수) · believe · depend(믿다, 신뢰하다) · credit(신용)

01 **personality**
[pə̀:rsənǽləti]

(각 개인이 지닌 고유의 성질): 명 **성격, 인격, 개성**

John is a good friend of mine, but we have very different *personalities*.

어원 personal(개인의) + ity(성질) → (개인의) 성질 → **성격, 인격, 개성**

02 **addicted**
[ədíktid]

(약물·술·도박 등을 끊지 못하는): 형 **중독된**

My son is *addicted* to computer games. He wants to do nothing else.

파생 addiction [ədíkʃən] 명 중독
addict [ǽdikt] 명 중독자

03 **tend**
[tend]

(이전의 경향으로 볼 때) 동 **(~하기) 쉽다, (~하는) 경향이 있다**

We *tend* to judge people by the first impression they make on us.

파생 tendency [téndənsi] 명 경향

01 존은 나의 좋은 친구이지만 우리는 매우 다른 성격을 가지고 있다. **02** 내 아들은 컴퓨터 게임에 중독되었다. 그는 다른 것은 어떤 것도 하고 싶어하지 않는다. **03** 우리는 사람을 우리에게 주는 첫인상으로 판단하는 경향이 있다.

04 **behavior**

[bihéivjər]

(의도 · 생각 · 감정 등을 드러내는) 명 행위, 행동, 품행, 처신

His *behavior* toward her was cold and rude.

파생 behave [bihéiv] 동 행동[처신]하다

어원 be(강조) + hav(have:취하다) → (특정한 행동 방식을) 취하는 것 → 품행, 처신

05 **treat**

[tri:t]

1. (대상을 특정 태도나 방식으로) 동 대하다, 대우하다, 다루다
2. (병을 고치기 위해) 동 치료하다

We teach our children to *treat* older people with respect.

These days, most health problems can be *treated* with drugs.

파생 treatment [trí:tmənt] 명 대우; 치료

어원 1. 다루다(handle) → (환자를) 다루다 → 2. 치료하다

06 **attitude**

[ǽtitjù:d]

(무엇에 대해 겉으로 나타낸 생각 · 감정 · 입장): 명 태도, 자세, 견해

His *attitude* made me very angry and disappointed.

어원 att(apt:적절한) + itude → (자신의 생각 · 감정 · 입장에 대해) 적절히 취한 것 → 태도, 견해

07 **courtesy**

[kə́:rtəsi]

(남에 대한 정중하고 공손한 언행): 명 예의

He didn't even have the *courtesy* to apologize for being delayed.

파생 courteous [kə́:rtiəs] 형 예의 바른

어원 court(궁중, 왕실) + esy → (궁중의) 언행 → 예의

08 **evil**

[í:vəl]

(남에게 거리낌 없이 해를 끼치는): 형 나쁜, 사악한 명 악(행)

He is an *evil* man who only cares about money and power.

04 그녀를 대하는 그의 행동은 차갑고 무례했다. **05** 우리는 우리 자식들에게 어른들을 공경하라고 가르친다. / 요즘 대부분의 건강 문제들은 약으로 치료될 수 있다. **06** 그의 태도는 나를 매우 화나고 실망스럽게 만들었다. **07** 그는 늦어진 것에 대해 사과하는 예의 조차도 없었다. **08** 그는 돈과 권력에만 관심이 있는 사악한 남자이다.

09 **generous**

[dʒénərəs]

(남을 위해 자신의 돈·시간을) 형 아끼지 않는, 너그러운

She is really *generous* in giving help to the needy.

파생 generosity [dʒènərásəti] 명 관대함

어원 gener(birth:태생) + ous → (태생이 귀족이어서) 아끼지 않는, 너그러운

10 **polite**

[pəláit]

(남을 대하는 말·행동·태도가) 형 공손한, 예절 바른

It's not *polite* to yawn or look all around while someone is talking.

파생 ⊖ impolite [ìmpəláit] 형 버릇없는, 공손하지 않은

11 **rude**

[ru:d]

(말과 행동이 불손한): 형 무례한

In our culture, it is *rude* to ask a lady her age.

12 **spoil**

[spɔil]

1. (어린애를 지나치게 귀여워해서) 동 응석을 받아주다, 버릇없이 만들다
2. (상하게 하거나 못쓰게 만들어) 동 망쳐놓다, 버려 놓다

His parents *spoiled* him by giving him almost anything he wanted.

The continued heavy rain *spoiled* our vacation at the beach.

어원 1. 망쳐놓다 → (어린애를) 망쳐놓다 → 2. 버릇없이 만들다

13 **proud**

[praud]

1. (남에게 드러내어) 형 자랑스러워하는, 자랑스러운; 자부심이 강한 [of]
2. (남에 대한 우월감으로) 형 거만한, 뽐내는

She was *proud* that her daughter had received a good education.

He was so *proud* that nobody liked him and he had no friends.

파생 pride [praid] 명 자존[자부]심; 거만

09 그녀는 정말로 어려운 사람들을 돕는 데는 인색하지 않았다. **10** 누군가가 말을 하는데 하품을 하거나 두리번거리는 공손하지 못한 일이다. **11** 우리 문화에서는 숙녀에게 나이를 묻는 것은 무례한 짓이다. **12** 그의 부모는 그에게 원하는 거의 모든 것을 줌으로써 그를 버릇없이 키웠다. / 계속되는 심한 비는 우리의 해변에서의 휴가를 망쳐 놓았다. **13** 그녀는 딸이 좋은 교육을 받은 것을 자랑스러워했다. / 그는 너무 거만해서 아무도 그를 좋아하지 않았고 그는 친구가 없었다.

14 **boast**

[boust]

(남에게 드러내어 뽐내다): 동 자랑하다 명 자랑(거리)

She's always *boasting* about how rich her family is.

파생 boastful [bóustfəl] 형 자랑하는

15 **arrogant**

[ǽrəgənt]

(남에 대한 지나친 우월감으로) 형 거만[오만]한, 건방진

He was very *arrogant* and looked down on others.

파생 arrogance [ǽrəgəns] 명 거만함

어원 ar(to:방향) + rog(ask:요구하다) → (남에게 부당하게) 요구하는 → 건방진

16 **humble**

[hʌmbl]

1. (남을 높이고 자기를 낮추는): 형 겸손[겸허]한 동 겸허하게 하다
2. (신분·지위·가치 등이 낮아) 형 (사람이) 비천한; (사물이) 보잘것없는

He was always very *humble* about his success as a musician.

He was a man of *humble* birth but high ambition.

어원 hum(earth:땅) + ble → (땅바닥과 같이) 낮은 ┌ (자신을) 바닥으로 낮추는 → 1. 겸손한
└ (신분이) 낮은 → 2. 비천한

17 **strict**

[strikt]

(지켜야 할 것에 대해) 형 엄격한, 엄한

My mother was always very *strict* with us about table manners.

18 **stubborn**

[stʌbərn]

(자기의 의견을 쉽게 바꾸지 않는): 형 고집 센, 완고한

He was too stubborn to admit that he had made the wrong decision.

14 그녀는 자신의 가족이 얼마나 부유한지를 항상 자랑한다. 15 그는 매우 거만했고 다른 사람들을 업신여겼다. 16 그는 음악가로서의 자신의 성공에 대해 항상 매우 겸손했다. / 그는 출신 신분이 비천했으나 야망이 큰 남자이었다. 17 내 어머니는 식사 예절에 대해 우리들에게 항상 매우 엄격했다. 18 그는 너무 완고해서 자신이 잘못된 결정을 했다는 것을 인정하지 않았다.

Day 08

19 **courage**

[kə́:ridʒ]

(난관·저항·도전 등에 굴하지 않는) 명 용기

Your future will be bright if you have the *courage* to take risks.

파생 courageous [kəréidʒəs] 형 용감한

어원 cour(heart:마음) + age → (마음속) 내면의 힘 → 용기

20 **bold**

[bould]

(무모하다 싶을 정도로) 형 대담한, 용감한

He was *bold* enough to steal a car right in front of the police station.

21 **dare**

[dɛər]

(두려움·어려움·위험 등을 무릅쓰고) 동조 감히[대담하게] ~하다

I was so frightened that I didn't *dare* go back to sleep that night.

22 **moral**

[mɔ́:rəl]

(사람으로서 마땅히 지켜야 할 도리) 형 도덕의, 도덕적인 명 (-s) 도덕률

It is our *moral* duty to help our neighbors in need.

파생 morality [mərǽləti] 명 도덕성, 도덕 체계

⊖ immoral [imɔ́:rəl] 형 부도덕한

23 **ethical**

[éθikəl]

(사회적 관계나 직업상 요구되는 도리): 형 윤리의, 윤리적인

Leaders must have high *ethical* standards.

파생 ethics [éθiks] 명 윤리(학)

24 **conscience**

[kɑ́nʃəns]

(옳고 그름을 바르게 행하려는 도덕 의식): 명 양심

Moral behavior is a matter of individual *conscience*.

어원 con(together:함께) + sci(know:알다) → (옳고 그름을) 다 알고 있는 것 → 양심

19 위험을 무릅쓸 용기가 있다면 당신의 미래는 밝을 것이다. 20 그는 경찰서 바로 앞에서 자동차를 훔칠 정도로 대담했다. 21 나는 너무 무서워서 그날 밤 다시 잠자리에 들 엄두가 나지 않았다. 22 어려운 이웃을 돕는 일은 우리의 도덕적 의무이다. 23 지도자들은 높은 윤리적 기준을 가지고 있어야 한다. 24 도덕적인 행동은 개인의 양심의 문제이다.

25 **principle**

[prínsəpl]

1. (행위의 바탕이 되는 도덕적 기준): 명 **원칙, 주의, 신념**
2. (사물·현상의 바탕이 되는 이치): 명 **원리, 원칙, 법칙**

It is against my *principles* to talk about people behind their backs.

Engineers apply scientific *principles* to solve practical problems.

어원 prin(first:처음) + cip(take:잡다) → (맨 처음) 잡아 놓은 기준 → **원칙, 원리**

26 **frank**

[fræŋk]

(진실·본심 등을 숨김없이 터놓는): 형 **솔직한**

The only solution is a *frank* exchange of views on both sides.

27 **sincere**

[sinsíər]

(거짓·꾸밈·과장됨이 없이) 형 **진심에서 우러난, 성실한, 참된**

I would like to express a *sincere* thank you to my hard-working staff.

파생 sincerity [sinsérəti] 명 진심
⊖ insincere [ìnsinsíər] 형 **진심이지 않은**

28 **pretend**

[priténd]

(거짓으로 꾸며) 동 **~인 체하다**

She was afraid to tell him the truth, so she pretended nothing had happened.

파생 pretense [[priténs] 명 체하기

어원 pre(before:미리) + tend(stretch:펴다) → (거짓을) 미리 펼치다 → **~인 체하다**

29 **deceive**

[disíːv]

(거짓을 사실로 믿게) 동 **속이다**

He *deceived* her into believing that he really loved her.

어원 de(from:분리) + ceive(take:취하다) → (다른 사람으로부터 무엇을) 취하다 → **속이다**

---

25 뒤에서 남의 험담을 하는 것은 내 원칙에 위배된다. / 엔지니어는 실제적인 문제를 해결하기 위해 과학적 원리를 적용하다. **26** 유일한 해결책은 양자간의 솔직한 의견 교환이다. **27** 나는 열심히 일하는 직원들에게 진심 어린 감사의 말을 전하고 싶습니다. **28** 그녀는 그에게 사실을 말하기가 두려워서, 아무 일도 없었던 척했다. **29** 그는 그가 그녀를 정말 사랑한다고 믿도록 그녀를 속였다.

30 **cheat**
[ʧiːt]

(올바르지 않은 방법으로) 동 부정하게 속이다 명 부정행위(자)

He was caught *cheating* on an exam by his professor.

31 **corruption**
[kərʌpʃən]

(권력·직위 등을 악용한 부정한 행위): 명 부패, 타락

Corruption is widespread in most poor countries.

파생 corrupt [kərʌpt] 형 부패[타락]한 동 타락시키다

어원 cor(강조) + rupt(break:깨지다) → (도덕이) 완전히 깨진 것 → 부패, 타락

32 **fair**
[fɛər]

1. (어느 한쪽에 치우치지 않고) 형 공정[공평]한
2. (물품을 한곳에 모아 전시·판매하는 대규모) 명 박람회

It's not *fair* that men get more attention and better jobs than women do.
The Frankfurt Book *Fair* is held in October of each year.

파생 ⊖ unfair [ənfe'r] 형 불공정한

33 **trust**
[trʌst]

(상대의 진실성·능력 등을) 동신뢰[신임]하다 명 신뢰, 신용

Everyone *trusts* Jennifer because she is honest.

파생 trustworthy [trə'stwər,ðì] 형 신뢰할 수 있는

34 **faith**
[feiθ]

1. (대상의 능력·우수성·진실성에 대한) 명 믿음, 신뢰
2. (특정 종교에 대한) 명 신앙(심)

I still have *faith* in him. I'm going to give him a chance.
His *faith* in God was the source and secret of his strength.

파생 faithful [féiθfəl] 형 충실한

어원 원뜻: trust(믿음)에서 유래 → 1. 신뢰 → (종교에 대한) 믿음 → 2. 신앙(심)

30 그는 교수에게 부정행위를 하다가 적발되었다. 31 대부분의 가난한 나라에는 부패가 만연해있다. 32 남자가 여자보다 더 관심을 받고 더 좋은 직업을 얻는 것은 공정하지 못하다. / 프랑크푸르트 도서전은 매년 10월에 개최된다. 33 제니퍼는 정직하기 때문에 모든 사람이 그녀를 신뢰한다. 34 나는 여전히 그에 대해 신뢰를 갖고 있다. 그에게 기회를 줄 것이다. / 그의 하나님에 대한 신앙심은 그의 힘의 원천이고 비밀이었다.

35 **loyal**

[lɔ́iəl]

(변하거나 배반하지 않고) 형 충성스러운

He has always been a *loyal* supporter of the Democratic Party.

파생 loyalty [lɔ́iəlti] 명 충성(심)

36 **betray**

[bitréi]

(믿음이나 의리를 저버리고) 동 배신[배반]하다

He *betrayed* his parents' trust by lying to them.

파생 betrayal [bitréiəl] 명 배반, 배신

어원 be(강조) + tray(hand over:넘겨주다) → (적에게 정보를) 넘겨주다 → 배신하다

Daily Test

01 deceive	19 courage
02 pretend	20 moral
03 sincere	21 principle
04 addicted	22 personality
05 treat	23 ethical
06 fair	24 frank
07 cheat	25 loyal
08 betray	26 trust
09 faith	27 corruption
10 rude	28 behavior
11 evil	29 tend
12 boast	30 attitude
13 strict	31 generous
14 bold	32 spoil
15 courtesy	33 arrogant
16 humble	34 stubborn
17 proud	35 dare
18 polite	36 conscience

Answer Key ▷ 339

35 그는 항상 민주당의 충실한 지지자이었다. 36 그는 거짓말을 함으로써 부모님의 신뢰를 배반했다.

Day 09 마음·감정 I

mind & emotion I

≫ 테마 기본 어휘	heart(마음) · feel · sense · laugh · tears(눈물) · cry · smile · happy · glad · excite · sad · lonely · miss(그리워하다) · angry · mad(화난) · worry · stress(스트레스) · surprise · shock(충격) · peace(평화) · comfortable(편안한)

01 **psychology**

[saikάlədʒi]

(마음의 작용과 의식의 상태 또는 그 학문) 명 심리(학)

Sigmund Freud is known as the founder of modern *psychology*.

파생 psychological [sàikəlάdʒikəl] 형 심리(학)의
psychologist [saikάlədʒist] 명 심리학자

어원 psycho(soul:마음) + logy(study:학문) → (마음을 연구하는) 학문 → 심리학

02 **emotion**

[imóuʃən]

(기쁨·화·슬픔·즐거움 등의) 명 감정

Many people make decisions based on *emotion* rather than facts.

파생 emotional [imóuʃənl] 형 감정의, 감정적인

어원 e(out:밖) + mot(move:움직이다) → (마음이) 밖으로 움직이는 것 → 감정

03 **mood**

[mu:d]

(특정 시점의 일시적인 마음 상태): 명 기분, 심리 상태

I don't know what I've done wrong but he's in a bad *mood* with me.

파생 moody [mú:di] 형 기분이 변덕스러운

01 지그문트 프로이트는 현대 심리학의 창시자로 알려져 있다. **02** 많은 사람들은 사실보다는 감정에 근거해서 결정을 한다. **03** 내가 무슨 잘못을 했는지 모르겠지만 그는 분명히 내게 기분 나빠있다.

04 **passion**

[pǽʃən]

(매우 강렬한 감정) 명 열정, 격정

For Brazilians, football is not a sport, but a *passion*, almost a religion.

파생 passionate [pǽʃənət] 형 열정적인

어원 pass(suffer:고통을 받다) + ion → (고통을 받을 만큼의) 강렬한 감정

05 **delight**

[diláit]

(태도·표정으로 드러날 정도의 큰) 명 기쁨, 즐거움 동 매우 기쁘게 하다

The children screamed with *delight* when they saw the gifts.

파생 delightful [diláitfəl] 형 매우 기쁜

06 **joy**

[dʒɔi]

(주체하지 못할 정도의 강렬한) 명 기쁨, 즐거움, 환희

My heart was so filled with *joy* that it seemed to me I was in paradise.

파생 joyful [dʒɔ́ifəl] 형 매우 기뻐하는, 기쁨을 주는

Day 09

07 **thrill**

[θril]

(강렬한 자극에 의한 극도의 흥분): 명 스릴, 전율 동 전율하게 하다

Her powerful soprano voice *thrilled* the audience.

08 **optimistic**

[ὰptəmístik]

(세상이나 미래를 밝고 희망적으로 보는): 형 낙관적인

Most Americans have an *optimistic* view of the future.

파생 optimism [άptəmìzm] 명 낙관
optimist [άptəmist] 명 낙천주의자

어원 optim(best:가장 좋은) + istic → (전망이) 가장 좋은 → 낙관적인

04 브라질 사람들에게 축구는 스포츠가 아니라 열정, 거의 종교이다. 05 아이들은 선물을 보고 기뻐서 소리를 질렀다. 06 내 가슴이 너무나 환희로 가득 차서 내게는 내가 천국에 있는 것 같았다. 07 그녀의 강력한 소프라노 목소리는 청중들을 전율하게 만들었다. 08 대부분의 미국인들은 미래에 대해 낙관적인 견해를 갖고 있다.

09 **pessimistic**

[pèsəmístik]

(세상이나 미래를 어둡고 희망이 없다고 보는): 형 **비관적인**

She's very *pessimistic* about her chances of passing her exams.

파생 pessimism [pésəmìzm] 명 비관
pessimist [pésəmist] 명 비관주의자

어원 passim(worst:가장 좋지 않은) + istic → (전망이) 가장 좋지 않은 → **비관적인**

10 **satisfy**

[sǽtisfài]

(남이 원하는 바를 더할 나위 없이 충분히) 동 **만족시키다**

She is never *satisfied* and always wants more.

파생 satisfaction [sætisfǽkʃən] 명 만족
satisfactory [satisfactory] 형 만족스러운

어원 satis(enough:충분한) + fy(make:만들다) → (충분하게) 만들다 → **만족시키다**

11 **disappoint**

[dìsəpɔ́int]

(남의 기대에 어긋나거나 희망을 잃게 하여) 동 **실망시키다**

He was so *disappointed* at the result of the examination.

파생 disappointment [dìsəpɔ́intmənt] 명 실망

어원 dis(opposite:반대) + appoint(임명하다) → (임명의 반대 즉 해임을 해서) **실망시키다**

12 **despair**

[dispέər]

(모든 희망이 완전히 끊어진 상태): 명 **절망** 동 **절망하다**

Repeated failures drove him to *despair*.

어원 de(without:없는) + spair(hope:희망) → (희망이) 없음 → **절망**

13 **sorrow**

[sɑ́rou]

(불행한 일이나 가까운 사람의 죽음으로 인한 깊은) 명 **슬픔, 비애**

He called me and expressed his *sorrow* at my mother's death.

파생 sorrowful [sɑ́rəfəl] 형 슬퍼하는

09 그녀는 시험에 합격할 가능성에 대해 매우 비관적이다. 10 그녀는 절대로 만족하지 않고 항상 더 많은 것을 원했다. 11 그는 시험 결과에 매우 실망했다. 12 반복되는 실패는 그를 절망에 빠지게 했다. 13 그는 내게 전화를 걸어 내 어머니의 별세에 대해 큰 슬픔을 표했다.

14 **depress**

[diprés]

(미래에 대한 희망·의욕을 꺾어) 동 **의기소침[우울]하게 하다**

I would sometimes get so *depressed* that I wanted to end my life.

파생 depression [dipréʃən] 명 의기소침, 우울; 불경기

어원 de(down:아래) + press(누르다) → (아래로) 누르다 → 의기소침하게 하다

15 **miserable**

[mízərəbl]

(몹시 슬프고 괴로운 불행한 처지에 놓여) 형 **비참한, 불쌍한, 조라한**

I've been so *miserable* since she went away.

파생 misery [mízəri] 명 비참함

어원 miser(pity:동정) + able → (동정할 만한) 상태에 있는 → 비참한, 불쌍한

16 **sympathy**

[símpəθi]

(남의 불행·슬픔을 자기 일처럼 여기는) 명 **동정(심)**

I have no *sympathy* for anyone who drives drunk and hurts someone.

파생 sympathize [símpəθàiz] 동 (~를) 동정[동감]하다

어원 sym(together:함께) + path(feel:느끼다) → (남의 불행을) 함께 느낌 → 동정

17 **pity**

[píti]

1. (남의 불행·고난 등을) 명 **불쌍히 여김, 연민의 정** 동 **불쌍히 여기다**
2. (섭섭함·실망감 등이 마음에 남은 느낌): 명 **유감스러운 일**

She *pitied* the boy for losing his parents at such a young age.
It's a *pity* that you can't come to the party tonight.

파생 pitiful [pítifəl] 형 가엾은

18 **regret**

[rigrét]

(이전에 저지른 잘못을) 동 **후회하다** 명 **후회**

I really *regret* what I did; it was a stupid thing to do.

파생 regretful [rigrétfəl] 형 후회하는

어원 re(강조) + gret(weep:울다) → (몹시) 울다 → 후회하다

14 나는 때때로 너무 우울해져서 내 삶을 끝내고 싶어 하곤 했다. 15 나는 그녀가 떠난 이후 몹시 참담했다. 16 나는 음주 운전하다가 누군가를 다치게 하는 사람은 누구도 동정하지 않는다. 17 그녀는 그렇게 어린 나이에 부모를 잃은 그 소년을 불쌍히 여겼다. / 당신이 오늘 밤 파티에 올 수 없다니 유감입니다. 18 나는 내가 한 짓을 정말 후회합니다. 그것은 바보 같은 짓이었어요.

Day 09

[19] **confident**

[kάnfədənt]

1. (어떤 일을 꼭 해낼 수 있다고) 형 **자신하는, 자신만만한**
2. (무엇이 자신의 기대대로 될 것을) 형 **확신하는** [of/about]

This experience made me more *confident* about myself and my abilities.

He was quite *confident* that he would pass the exam.

파생 confidence [kάnfədəns] 명 자신(만만); 확신, 신뢰

어원 con(강조) + fid(trust:믿다) → (완전히) 믿고 있는 → 1. 자신만만한 2. 확신하는

[20] **shy**

[ʃai]

(숫기가 없어 다른 사람 앞에서) 형 **수줍어하는, 부끄럼 타는**

He had liked her for years but was too *shy* to ask her out on a date.

[21] **timid**

[tímid]

(자신감이나 용기가 없어) 형 **겁이 많은, 자신이 없는**

She was a *timid* child, and afraid of the dark.

[22] **ashamed**

[əʃéimd]

(일을 잘 못하거나 양심에 거리끼어) 형 **부끄러워[수치스러워]하는**

You should be *ashamed* of yourself, look at what you've done.

파생 shame [ʃeim] 명 부끄러움, 수치심; 유감스러운 일 동 부끄러워하게 하다

어원 a(강조) + shame(수치심) → 수치스러워하는

[23] **disgrace**

[disgréis]

(잘못된 행동으로 남의 신망을 잃는 일): 명 **불명예, 수치** 동 **명예를 더럽히다**

His behavior has brought *disgrace* on himself and his family.

파생 disgraceful [disgréisfəl] 형 불명예스러운, 수치스러운

어원 dis(opposite:반대) + grace(신의 은총) → '신의 은총'의 반대 → 불명예

19 이번 경험은 내가 내 자신과 내 능력에 대해 더 자신감을 갖게 해 주었다. / 그는 시험에 합격할 것을 상당히 확신했다. 20 그는 그녀를 몇 년 동안 좋아했지만 데이트를 신청하기에는 너무 수줍음이 많았다. 21 그녀는 겁 많은 아이여서 어둠을 두려워했다. 22 너는 네 자신에 대해 부끄러워해야 해, 네가 한 짓을 봐. 23 그의 행동은 자기 자신과 가족에게 수치를 안겨 주었다.

24 **guilty**

[gílti]

1. (저지른 죄에 대하여) 형 **죄책감이 드는, 가책을 느끼는**
2. (법률·도덕상의) 형 **죄를 범한, 유죄의**

I felt *guilty* about not spending enough time with the kids because of my work.
Even if he is a murderer, he remains innocent until proved *guilty*.

파생 guilt [gilt] 명 죄의식; 유죄

어원 1. 죄를 범한 → (죄를 범해서) 2. 죄책감이 드는

25 **humiliate**

[hju:mílièit]

(사람들 앞에서 남에게) 동 **창피를 주다, 굴욕감을 느끼게 하다**

The teacher scolded and *humiliated* him in front of the whole class.

파생 humiliation [hju:mìliéiʃən] 명 굴욕(감)

어원 humili(humble:보잘것없는) + ate → (보잘것없게) 만들다 → 창피를 주다

26 **embarrass**

[imbǽrəs]

(부끄럽거나 불편한 언행으로 남을) 동 **당황스럽게[난처하게] 하다**

I feel *embarrassed* when I see people kissing in public.

파생 embarrassment [imbǽrəsmənt] 명 당황, 난처

어원 em(in:안) + barra(bar:막다) → (난처한 일이) 안에 있도록 막다 → 당황스럽게 하다

27 **offend**

[əfénd]

1. (무례한 언행이 남의) 동 **감정을 상하게 하다**
2. (법을 어겨 벌을 받아야 할) 동 **범죄를 저지르다**

I'm sorry if I've *offended* you. That's not what I intended.
Most of the prisoners started *offending* at an early age.

파생 offense [əféns] 명 감정 해치기; 위법 행위
offensive [əfénsiv] 형 불쾌한; 공격의

어원 f(against:맞서) + fend(strike:때리다) ┌ (감정을) 때리다 → 1. 감정을 상하게 하다
└ (법을) 때리다 → 2. 범죄를 저지르다

24 나는 일 때문에 아이들과 충분한 시간을 보내지 못하는 것에 대해 죄책감을 느꼈다. / 비록 그가 살인자일지라도 유죄가 증명될 때까지는 여전히 무죄이다. 25 선생님은 반 전체 앞에서 그를 야단치고 창피를 주었다. 26 나는 사람들이 공공 장소에서 키스를 하는 것을 볼 때면 당황스러움을 느낀다. 27 제가 기분을 상하게 했다면 미안합니다. 의도적인 것이 아니에요. / 그 죄수들의 대부분은 어린 나이에 범죄를 저지르기 시작했다.

28 **insult**

[insʌlt]

(무례한 언행을 하여 남을) 동 **모욕하다** 명 **모욕**

He felt *insulted* by the way he'd been treated.

파생 insulting [insʌltiŋ] 형 모욕적인

어원 in(on:위) + sult(leap:뛰어오르다) → (위로 뛰어올라) 덮쳐서 공격하다 → **모욕하다**

29 **curse**

[kəːrs]

1. (화나게 한 상대에게) 동 **욕(설)을 하다** 명 **욕설**
2. (상대가 불행한 일이 일어나도록) 동 **저주하다** 명 **저주**

He *cursed* himself for his childish and immature behavior.

In the story, a witch put a *curse* on the princess so that she would sleep forever.

30 **frown**

[fraun]

(불쾌감·혐오감 등을 나타내며) 동 **눈살을 찌푸리다** 명 **찌푸린 표정**

He shook his head and *frowned* at his own stupidity.

31 **upset**

[ʌpset]

(좋지 않은 일이) 동 **마음을 뒤집어 놓다** 형 **마음이 상한** 명 **심란, 동요**

I was very *upset* about losing my job because I really liked it.

어원 up(위) + set(놓다) → 위를 (아래로 뒤집어) 놓다 → **마음을 뒤집어 놓다**

32 **furious**

[fjúəriəs]

(폭력성을 띠면서) 형 **몹시 화가 난, 격분한**

His father was *furious* about his bad manners and rude behavior.

파생 fury [fjúəri] 명 분노, 격분

28 그는 자신이 받은 대우에 모욕감을 느꼈다. **29** 그는 자신의 유치하고 미성숙한 행동에 대해 스스로에게 악담을 퍼부었다. / 이야기 속에서 한 마녀가 공주를 영원히 잠자도록 저주를 했다. **30** 그는 자신의 어리석음에 고개를 내저으며 얼굴을 찌푸렸다. **31** 나는 그것을 정말 좋아했기 때문에 직장을 잃고 마음이 매우 상했다. **32** 그의 아버지는 그의 나쁜 태도와 무례한 행동에 몹시 화가 났다.

[33] **annoy**
[ənɔ́i]

(불쾌하거나 귀찮은 일로 남을) 동 **(조금) 화[짜증]나게 하다**

I often get *annoyed* by the smell of cigarette smoke.

파생 annoyance [ənɔ́iəns] 명 짜증, 화

[34] **bother**
[bάðər]

(폐를 끼치거나 일을 방해하여) 동 **신경 쓰이게 하다, 괴롭히다** 명 **성가심**

You look worried – is something *bothering* you?

Daily Test

01 curse
02 insult
03 offend
04 emotion
05 delight
06 furious
07 frown
08 bother
09 disappoint
10 optimistic
11 depress
12 pity
13 shy
14 thrill
15 sympathy
16 sorrow
17 satisfy
18 confident
19 ashamed
20 humiliate
21 psychology
22 disgrace
23 embarrass
24 annoy
25 upset
26 passion
27 mood
28 joy
29 pessimistic
30 despair
31 miserable
32 regret
33 timid
34 guilty

Answer Key ▷ 339

33 나는 담배 연기 냄새에 자주 불쾌해진다. **34** 걱정이 있는 표정이군요, 무슨 괴로운 일이라도 있습니까?

Day 10 마음·감정 Ⅱ

mind & emotion II

≫ 테마 기본 어휘	like · care(좋아하다) · crazy(열렬히 좋아하는) · mad(열렬히 좋아하는) · love · hate · fun · interesting · enjoy

01 **anxious**
[ǽŋkʃəs]

1. (걱정이 되어 몹시) 형 **불안해하는, 염려하는** [about/for]
2. (이루어지길 간절히) 형 **열망[갈망]하는** [for]

He became more and more *anxious* as the war news worsened.

He is *anxious* to get a job and become independent from his parents.

파생 anxiety [æŋzáiəti] 명 걱정, 근심; 열망, 갈망

어원 anx(strangle:목을 조이다) ┬ (목이 조여 들어오는 듯이) 1. 불안해 하는
└ (불안해 하면서) 2. 갈망하는

02 **concern**
[kənsə́:rn]

1. (타인이나 공공의 문제에 대한) 명 **염려, 걱정** 동 **염려시키다**
2. (어떤 일·상황·내용이) 동 **(누구에게) 관련되다; (무엇에) 관한 것이다**

She was always *concerned* about her husband's health.

Don't get involved in what doesn't *concern* you.

어원 원뜻: 관심, 흥미(interest) ┬ (관심이 많은 대상에 대한) 1. 염려, 걱정
└ (무엇에) 관심을 두다 → 2. ~에 관한 것이다, 관련되다.

03 **uneasy**
[ʌní:zi]

(안 좋은 일이 있을 것 같은 예감이 들어) 형 **불안한**

I had an *uneasy* feeling that something bad was about to happen.

어원 un(not) + easy(편안한) → (편안하지) 않은 → (마음이) 불안한

01 전쟁 소식이 악화되자 그는 점점 더 불안해졌다. / 그는 취직을 해서 부모로부터 독립하기를 열망한다. **02** 그녀는 남편의 건강에 대해 항상 염려했다. / 당신과 상관없는 일에는 개입하지 마세요. **03** 나는 뭔가 나쁜 일이 일어날 것 같은 불안한 느낌이 있었다.

04 **nervous**

[nə́ːrvəs]

(걱정·두려움 등으로 불안·과민하여) 형 신경질적인, 초조한; 신경의

He was so *nervous* about his first speech that he couldn't sleep.

파생 nerve [nəːrv] 명 (-s) 신경 과민, 신경질; 신경

05 **tense**

[tens]

(몸·마음을 느슨하게 가지지 못하고) 형 긴장한

You're looking very *tense*. Come on, try to relax.

파생 tension [ténʃən] 명 긴장 (상태)

어원 원뜻: stretch(팽팽히 잡아당기다)의 뜻에서 유래 → (팽팽히) 잡아당겨진 → 긴장한

06 **astonish**

[əstániʃ]

(충격적인 일로) 동 몹시 놀라게 하다

I'm *astonished* that you don't know the name of our President.

파생 astonishment [əstániʃmənt] 명 놀라움, 경악

어원 ex(out) + ton(thunder:천둥) → (벼락 맞은 것 같이) 몹시 놀라게 하다

07 **startle**

[stáːrtl]

(갑작스러운 자극으로 순간적으로) 동 깜짝 놀라게 하다

A sudden noise from somewhere in the house *startled* me.

어원 start(갑자기 움직이다) + le → (갑작스러운 움직임이 순간) 깜짝 놀라게 하다

08 **fear**

[fiər]

(겁이 나서 불안해 하는 마음): 명 공포(심), 무서움 동 무서워하다

Most people have a *fear* of dying at some point during their lives.

파생 fearful [fíərfəl] 형 무서운, 무서워하는

Day 10

04 그는 자신의 첫 연설에 너무 긴장해서 잠을 잘 수가 없었다. **05** 매우 긴장한 것처럼 보입니다. 자, 긴장을 풀도록 해보세요. **06** 나는 당신이 우리 대통령 이름을 모른다는 사실에 매우 놀랐다. **07** 집안 어딘가에서 난 갑작스러운 소리에 나는 깜짝 놀랐다. **08** 대부분의 사람들은 인생의 어느 시점에 죽는다는 공포를 갖고 있다.

09 **afraid**
[əfréid]

(위험이나 위협으로 느껴져서) 형 무서워[두려워]하는 [of]

She was *afraid* of the dark, and always slept with the light on.

10 **frighten**
[fráitn]

(갑자기) 동 (깜짝) 놀라게 하다, 겁먹게 하다 (= scare)

There's no need to be *frightened* – the dog is friendly with people.

파생 fright [frait] 명 놀람, 두려움

11 **scare**
[skεər]

(갑자기) 동 (깜짝) 놀라게 하다, 겁먹게 하다 (= frighten)

Suddenly all the lights went out and they were very *scared*.

파생 scary [skέəri] 형 무서운

12 **terrify**
[térəfài]

(공포에 몸이 마비될 정도로) 동 (몹시) 무섭게[겁나게]하다

Her husband's threats and violence *terrified* her at times.

파생 terror [térər] 명 공포; 테러

어원 terri(frighten:무섭게 하다) + fy → 무서워하게 만들다

13 **panic**
[pǽnik]

(겁에 질려 어쩔 줄 모르는) 명 극심한 공포, 공황 동 공포에 질리다

She *panicked* when she lost her four-year-old son in the crowd.

파생 panicky [pǽniki] 형 공황의

09 그녀는 어둠을 무서워해서 항상 불을 켜 놓은 채 잠을 잤다. **10** 무서워할 필요 없어요. 그 개는 사람들과 친해요. **11** 갑자기 모든 불이 다 꺼져 버리자 그들은 매우 두려웠다. **12** 남편의 위협과 폭력은 때때로 그녀를 두려움에 떨게 했다. **13** 그녀는 4살 된 아들을 군중 속에서 잃어버렸을 때 공포에 질려 어쩔 줄을 몰랐다.

[14] **calm**
[ka:m]

(흥분·동요하지 않고) 형 (사람이) 차분한; (바다 등이) 잔잔[고요]한
동 가라앉다, 가라앉히다 명 평온, 고요

The storm soon passed and the sea grew *calm*.

[15] **comfort**
[kʌmfərt]

(남의 괴로움·슬픔 등을 달래 주려고) 동 위로하다 명 위로; 편안함

He put his arm around her to *comfort* her.

파생 comfortable [kʌmfərtəbl] 형 편안한, 편한

[16] **adore**
[ədɔ́:r]

(진심 어린 애정과 존경심으로) 동 아주 좋아하다, 흠모하다

She *adored* her grandson and took him with her everywhere she went.

파생 adoration [ædəréiʃən] 명 흠모

어원 ad(to~에게) + ore(pray:기도하다) → (신에게 기도하며 숭배하듯) 흠모하다

[17] **fond**
[fand]

(애정을 갖고 매우) 형 좋아하는 [of]

He had become very *fond* of her and didn't want to see her leave.

[18] **prefer**
[prifə́:r]

(선택을 한다면) 동 ~을 (~보다) 좋아하다, 오히려 ~을 택하다 [to]

I wanted to live in the city, but my wife *preferred* the country.

파생 preference [préfərəns] 명 더 좋아함

어원 pre(before:앞) + fer(carry:나르다) → (날라서) 앞으로 가져오다 → 선호하다

[19] **favorite**
[féivərit]

(여럿 중에서 어느 하나를) 형 가장 좋아하는 명 가장 좋아하는 것

My *favorite* sports are baseball and soccer.

14 폭풍우는 곧 지나가고 바다는 잔잔해졌다. **15** 그는 그녀를 위로하기 위해 팔로 그녀를 감쌌다. **16** 그는 손자를 너무 좋아해서 그녀가 가는 어느 곳이든 그를 데리고 다녔다. **17** 그는 그녀는 매우 좋아하게 되어서 그녀가 떠나는 것을 보고 싶지 않았다. **18** 나는 도시에서 살고 싶어했으나 내 아내는 시골을 더 좋아했다. **19** 내가 가장 좋아하는 스포츠는 야구와 축구이다.

20 **affection**

[əfékʃən]

(대상을 아끼고 소중히 여기는 마음): 명 애정

He has a deep *affection* for his sons, especially his older son.

파생 affectionate [əfékʃənət] 형 애정이 넘치는

어원 af(to:방향) + fect(do:행하다) → (상대에게) 사랑을 행하는 것 → 애정

21 **dislike**

[disláik]

(마음에 들지 않아서) 동 싫어하다 명 싫어함

She turned and gave him a look of real *dislike*.

어원 dis(opposite:반대) + like(좋아하다) → '좋아하다'의 반대 → 싫어하다

22 **disgust**

[disgʌst]

(구역질이 날 만큼) 동 혐오스럽게 하다, 역겹게 하다 명 혐오감

Yuck! What's that *disgusting* smell? I feel sick.

23 **reluctant**

[rilʌktənt]

(의무감으로 하기는 하지만) 형 마음 내키지 않는, 마지못해 하는

He was *reluctant* to leave because he was having a good time.

파생 reluctance [rilʌktəns] 명 마음 내키지 않음, 마지못해 함

24 **prejudice**

[prédʒudis]

(다른 성·인종·문화에 대한 부당한) 명 편견 동 편견을 갖게 하다

Women still face *prejudice* and discrimination in their daily lives.

어원 pre(before:미리) + judice(judgment:판단) → (미리 내린) 판단 → 편견

25 **curious**

[kjúəriəs]

(흥미롭거나 새로운 것에 대해) 형 호기심이 많은; (무엇이) 호기심을 끄는

At that age children are *curious* about everything and ask many questions.

파생 curiosity [kjùəriάsəti] 명 호기심

어원 curi(care:주의) + ous → (주의를) 끄는 → 호기심을 끄는

20 그는 아들들, 특히 큰 아들에 대해 깊은 애정을 갖고 있었다. **21** 그녀는 돌아서서 그에게 정말 싫어한다는 표정을 보였다. **22** 웩! 저 역겨운 냄새는 뭡니까? 구역질이 납니다. **23** 그는 즐거운 시간을 보내고 있었기 때문에 떠나고 싶지 않았다. **24** 여성들은 일상 생활에서 여전히 편견과 차별에 직면해 있다. **25** 그 나이에 아이들은 모든 것에 호기심이 많고 많은 질문을 한다.

26 **concentrate**

[kάnsəntrèit]

(한 가지에 모든 주의를 기울여) 동 **집중하다[시키다]** [on]

The children made so much noise, I couldn't *concentrate* on my work.

파생 concentration [kὰnsəntréiʃən] 명 집중

어원 con(together:**함께**) + centr(center:**중심**) → (모두 함께) 중심을 한곳에 두다 → **집중하다**

27 **focus**

[fóukəs]

(특정 대상에) 동 **초점을 맞추다, 집중하다[시키다]** [on] 명 **초점, 집중**

We need to *focus* more attention on this national problem.

28 **amuse**

[əmjú:z]

(익살스러운 언행으로 웃겨서) 동 **즐겁게[재미있게] 하다**

The story-teller greatly *amused* the children with jokes.

파생 amusement [əmjú:zmənt] 명 즐거움

29 **desire**

[dizáiər]

(무엇을 몹시 원하거나 바라는 마음): 명 **욕구, 갈망** 동 **원하다, 바라다**

Almost everyone has a *desire* to succeed but all do not succeed.

30 **eager**

[í:gər]

(무엇에 대해 열정·의욕이 넘쳐) 형 **간절히 바라는, 열망하는** [for]

The government is *eager* to attract foreign investment and technology.

31 **enthusiastic**

[inθù:ziǽstik]

(무엇에 강한 흥미·관심·의욕을 나타내는): 형 **열광적인, 열렬한**

The king received an *enthusiastic* welcome from the crowd.

파생 enthusiasm [inθú:ziæzm] 명 열광

어원 en(in:**안**) + thus (god:**신**) → (신이 안으로 들어와) 영감을 받은 → **열광적인, 열렬한**

26 아이들이 너무 떠들어서 나는 일에 집중할 수가 없었다. **27** 우리는 이 국가적인 문제에 대하여 더 많은 주의를 집중할 필요가 있다. **28** 이야기꾼은 아이들을 농담으로 매우 즐겁게 했다. **29** 거의 모든 사람들은 성공하고자 하는 욕구를 갖고 있으나 모두가 성공하는 것은 아니다. **30** 정부는 해외의 투자와 기술을 끌어들이기를 열망하고 있다. **31** 왕은 군중의 열렬한 환영을 받았다.

32 **impulse**

[ímpʌls]

(순간적으로 무엇을 하고 싶은 강렬한 욕구): 명 충동, 자극

The moment she had a sudden *impulse* to cry.

파생 impulsive [impΛlsiv] 형 충동적인

어원 im(in:안) + pul(drive:몰다) → (안에서 몰려오는) 욕구 → **충동**

33 **ambition**

[æmbíʃən]

(성공 · 권력 · 부 등을 크게 이루어 보겠다는) 명 야망, 야심

My childhood *ambition* was to become a famous writer.

파생 ambitious [æmbíʃəs] 형 야심[야망]을 가진

어원 ambi(go around:돌아다니다) + tion → (선거에서 표를 얻기 위해) 돌아다니는 것 → **야망**

34 **greedy**

[grí:di]

(분수에 넘치게) 형 욕심 많은, 탐욕스러운

He always wants a bigger share than anyone else. He's so *greedy*.

파생 greed [gri:d] 명 욕심

35 **selfish**

[sélfiʃ]

(자신의 이익만을 꾀하는): 형 이기적인

You never think about anyone but yourself. You're so *selfish*.

파생 ⊖ unselfish [Λnsélfiʃ] 형 이기적이 아닌, 이타적인

어원 self(자신) + ish → (자기 자신만을) 위하는 → **이기적인**

36 **envy**

[énvi]

(미워하는 마음 없이, 남의 것을) 동 부러워하다 명 부러움

He was filled with *envy* when he saw his neighbor's new car.

파생 envious [énviəs] 형 부러워하는

어원 en(on) + vy(see:보다) → (부러운 눈으로) 누구를 바라보다 → **부러워하다**

32 그 순간 그녀는 울고 싶은 충동이 갑자기 들었다. 33 내 어린 시절 야망은 유명한 작가가 되는 것이었다. 34 그는 항상 다른 사람보다 더 큰 몫을 원한다. 그는 매우 욕심이 많다. 35 너는 자기자신 이외에는 아무도 생각하지 않아. 너는 너무 이기적이야. 36 그는 이웃사람의 새 차를 보고 부러움이 가득했다.

37 **jealous**
[dʒéləs]

(남의 것을 샘하여 미워하면서) 형 질투[시기]하는 [of]

She gets incredibly *jealous* if she sees her husband talking to other women.

파생 jealousy [dʒéləsi] 명 질투

어원 jeal(zeal:열성) + ous → (남의 것에) 열성적인 → 질투[시기]하는

38 **indifferent**
[indífərənt]

(무엇에 전혀 관심·흥미가 없는): 형 무관심한 [to]

He seemed to be completely indifferent to what was going on around him.

파생 indifference [indífərəns] 명 무관심

어원 in(not) + different(다른) → (색다르거나 특이하지 않아) 무관심한

Daily Test

01 desire	20 favorite
02 amuse	21 disgust
03 focus	22 curious
04 concern	23 anxious
05 tense	24 reluctant
06 indifferent	25 concentrate
07 impulse	26 jealous
08 eager	27 selfish
09 envy	28 ambition
10 greedy	29 enthusiastic
11 scare	30 nervous
12 fear	31 uneasy
13 calm	32 astonish
14 fond	33 afraid
15 affection	34 terrify
16 startle	35 comfort
17 adore	36 prefer
18 panic	37 dislike
19 frighten	38 prejudice

Answer Key ▷ 339

37 그녀는 남편이 다른 여자와 이야기 하고 있는 것을 보면 엄청나게 질투를 한다. 38 그는 자신의 주변에 무슨 일이 벌어지고 있는지에 대해 완전히 무관심한 것처럼 보였다.

Day 11

마음·감정 Ⅲ

mind & emotion III

≫ 테마 기본 어휘	play(놀다) · boring(지루한) · want · wish · hope · praise(칭찬하다) · thank · apologize(사과하다) · excuse

01 ignore [ignɔ́:r]

(알거나 보거나 듣고도 의도적으로) 동 무시하다, 못 본 척하다

She continued to *ignore* everything I was saying.

어원 i(not) + gnore(know:알다) → 알지 못하는 척 하다 → 무시하다

02 neglect [niglékt]

(태만·무관심·부주의로 해야 할 일을) 동 소홀히[방치]하다 명 소홀, 방치

She began to drink and frequently *neglected* her children.

어원 neg(not) + lect(gather:모으다) → (주의를) 모으지 않다 → 소홀히 하다

03 attract [ətrǽkt]

(어떤 대상이 남의) 동 (주의, 관심, 마음)을 끌다

He waved to *attract* the attention of the waiter.

파생 attraction [ətrǽkʃən] 명 매력; 끌어당김
attractive [ətrǽktiv] 형 매력적인

어원 at(to:방향) + tract(draw:끌다) → 끌다, 매혹하다

04 charm [ʧa:rm]

(남의 마음을 사로잡는) 명 매력 동 매혹하다, 마음을 빼앗다

She seems able to *charm* any man she meets.

파생 charming [ʧɑ́:rmiŋ] 형 매력적인

01 그녀는 내가 말하는 모든 것을 계속해서 무시했다. 02 그녀는 술을 마시기 시작했고 자주 그녀의 아이들을 방치했다. 03 그는 웨이터의 주의를 끌기 위해 손을 흔들었다. 04 그녀는 그녀가 만나는 어떤 남자라도 매료시킬 수 있을 것처럼 보인다.

05 **fascinate**
[fǽsənèit]

(강한 매력으로 홀려) 동 **반하게 하다, 매혹하다**

He was *fascinated* by her beauty and fell in love with her at first sight.

파생 fascination [fæsənéiʃən] 명 매혹

어원 fascin(spell:마법) + ate → (마법을 걸어) 홀리다 → **반하게 하다**

06 **tempt**
[tempt]

(남의 현혹하여) 동 **(나쁜 길로) 유혹하다**

Advertisements *tempt* people into spending more money than they can afford.

파생 temptation [temptéiʃən] 명 유혹

07 **popular**
[pɑ́pjulər]

(많은 사람들이 좋아하는): 형 **인기 있는** [with]

Football is probably the most *popular* sport in the world.

파생 popularity [pɑ̀pjulǽrəti] 명 인기
⊖ unpopular [ə,npa'pjələr] 형 인기 없는

어원 popul(people:사람들) + ar → (사람들이) 좋아하는 → **인기 있는**

08 **reputation**
[rèpjutéiʃən]

(세상 사람들이 내리는) 명 **평판, 명성**

The company began to lose its *reputation* as a maker of high-quality cars.

어원 re(again:다시) + pute(think:생각하다) → (사람들이) 반복해서 생각한 후 내린 의견 → **평판**

09 **well-known**
[welnɔ́un]

(세상 사람들에게) 형 **잘 알려진, 유명한** [for]

It's a *well-known* fact that the world is not flat.

05 그는 그녀의 아름다움에 매혹되어 첫눈에 그녀와 사랑에 빠졌다. **06** 광고는 사람들을 감당할 수 있는 것보다 더 많은 돈을 쓰도록 유혹한다. **07** 축구는 아마도 세계에서 가장 인기 있는 스포츠이다. **08** 그 회사는 고급 자동차 제조사로서의 명성을 잃기 시작했다. **09** 세상이 평평하지 않다는 것은 잘 알려진 사실이다.

10 **famous**

[féiməs]

(세상 사람들의 평판이 좋아서) 형 **유명한** [for]

Vienna is *famous* for its beautiful buildings.

파생 fame [feim] 명 명성

11 **prestige**

[prestíːʒ]

(업적이나 사회적 지위 등에 의한) 명 **명성, 위신** 형 **명성이 있는**

Within a short period of time, the orchestra has gained international *prestige*.

파생 prestigious [prestídʒəs] 형 명성이 있는

어원 pre(before) + stige(bind:묶다) → (눈을 묶어) 앞을 못 보게 함 → **(눈부실 정도의) 명성**

12 **celebrity**

[səlébrəti]

(세상에 명성이 널리 알려진) 명 **유명 인사, 명사**

A lot of Hollywood *celebrities* were invited to the festival.

어원 celebr(famous:유명한) + ity → 유명 인사

13 **respect**

[rispékt]

(훌륭함을 인정하여) 동 **존경[존중]하다** 명 **존경, 존중**

When I was young, my mother taught me to treat older people with *respect*.

파생 respectful [rispéktfəl] 형 경의를 표하는, 공손한

어원 re(back:뒤) + spect(look:보다) → (훌륭함 때문에) 다시 뒤돌아 보다 → **존경[존중]하다**

14 **admire**

[ædmáiər]

(매우 인상적인 것에 대해) 동 **감탄[탄복, 존경]하다**

I *admire* his passion, and I admire him for not giving up that passion.

파생 admiration [ædməréiʃən] 명 감탄

어원 ad(at) + mire(wonder:놀라다) → (무엇에) 놀라다 → **감탄하다**

10 비엔나는 아름다운 건물로 유명하다 11 짧은 기간 동안에 그 오케스트라는 국제적인 명성을 얻었다. 12 많은 할리우드 유명인사들이 페스티벌에 초대되었다. 13 내가 어렸을 때 어머니는 내게 노인들을 공경심을 갖고 대하라고 가르쳤다. 14 나는 그의 열정이 존경스럽고 그가 그 열정을 포기하지 않는 것이 존경스럽다.

[15] **impress**
[imprés]

(어떤 대상이 누군가에게) 동 **깊은 인상을 주다, 감명을 주다**

I was *impressed* by the depth of his knowledge and the breadth of his experience.

파생 impression [impréʃən] 명 인상, 감명
impressive [imprésiv] 형 인상적인

어원 im(in:안) + press(누르다) → (마음 안에) 눌러서 새기다 → 깊은 인상을 주다

[16] **wonder**
[wʌndər]

1. (매우 특이 · 신비한 것에 대한) 명 **놀라움, 경탄** 동 **경탄하다**
2. (자기 자신에게 묻는 말): 동 **~인지 궁금하다, ~이 인가 하고 생각하다**

The Taj Mahal is one of the seven *wonders* of the world.
I haven't heard anything from her for months. I *wonder* why.

파생 wonderful [wʌndərfəl] 형 놀랄 만한

[17] **honor**
[ɑ́nər]

1. (인정 · 존경을 받아 느끼는 자부심): 명 **영광, 명예** 동 **~에게 영광을 베풀다**
2. (어떤 사람의 업적 · 훌륭함에 대한) 명 **존경, 공경, 경의**

Thank you, everybody. I am truly *honored* to receive this award.
The ceremony was held in *honor* of those who died in the war.

파생 honorable [ɑ́nərəbl] 형 훌륭한, 고결한

[18] **despise**
[dispáiz]

(하찮거나 천하다고 여겨) 동 **얕보다, 경멸하다**

I *despise* people who talk and do not act.

어원 de(down:아래로) + spice(look:보다) → (아래로) 내려보다 → 얕보다

[19] **tease**
[ti:z]

(장난으로 짓궂게, 또는 악의로 불쾌하게) 동 **놀리다, 곯리다**

It was just a joke. I was only *teasing*.

15 나는 그의 지식의 깊이와 경험의 폭넓음에 감명을 받았다. **16** 타지마할은 세계 7대 불가사의 중 하나이다. / 나는 그녀로부터 몇 달째 아무 소식도 못 들었다. 왜 그런지 궁금하다. **17** 여러분 감사합니다. 이 상을 받게 되어 정말로 영광입니다. / 그 의식은 전쟁에서 숨진 사람들을 기리기 위해 거행되었다. **18** 나는 말을 하고 행동하지 않는 사람들을 경멸한다. **19** 그건 농담이었어요. 그냥 장난으로 그런 겁니다.

20 **praise**

[preiz]

(남의 좋은 점이나 잘한 일에 대해) 동 **칭찬하다** [for] 명 **칭찬**

He was delighted when the teacher *praised* him for his efforts.

파생 praiseworthy [prei'zwər,ði] 형 칭찬할 만한

어원 원뜻: 라틴어 pretium(price:값)에서 유래 → (가치를 이해하고) **칭찬하다**

21 **flatter**

[flǽtər]

(잘 보이려고 과장된 칭찬으로) 동 **아첨하다**

I knew he was only *flattering* me because he wanted something from me.

파생 flattery [flǽtəri] 명 아첨

22 **congratulate**

[kəngrǽʧulèit]

(남에게 생긴 좋은 일을 함께 기뻐하며) 동 **축하하다** [on]

My parents *congratulated* me warmly on passing the examination.

파생 congratulation [kəngræʧuléiʃən] 명 축하

어원 con(together:함께) + grat(pleasing:기쁘게 하는) → (모두 함께) 기쁘게 해 주다 → **축하하다**

23 **cheer**

[ʧiər]

1. (칭찬·성원·지지 등의 뜻으로) 동 **갈채[환호]하다** 명 **갈채, 환호**
2. (희망을 주거나 격려·위로하여) 동 **기운을 북돋우다** 명 **쾌활함, 생기**

The whole audience *cheered* when the band came on stage.

He was *cheered* by a piece of good news he'd received this afternoon.

파생 cheerful [ʧíərfəl] 형 쾌활한, 명랑한

24 **applaud**

[əplɔ́:d]

(칭찬·찬성·환영의 뜻으로) 동 **(큰 박수로) 갈채를 보내다, 박수갈채하다**

The audience *applauded* when the show was over.

파생 applause [əplɔ́:z] 명 박수 갈채, 칭찬

어원 ap(to:방향) + plaud(clap:박수를 치다) → (~에게) 박수를 치다 → **칭찬하다**

20 그는 선생님이 그의 노력에 대해 칭찬했을 때 아주 기뻤다. 21 나는 그가 단지 내게서 뭔가를 원하는 게 있어서 아부를 한다는 것을 알았다. 22 부모님은 내가 시험에 합격한 것에 대해 따뜻하게 축하해 주셨다. 23 밴드가 무대에 오르자 전 관중은 환호했다. / 그는 오늘 오후에 받은 한 가지 좋은 소식에 힘을 얻었다. 24 관객들은 쇼가 끝났을 때 박수갈채를 보냈다.

Day 11

25 **appreciate**

[əpríːʃièit]

1. (thank의 정중한 표현): 동 감사하게 생각한다
2. (어떤 것의 올바른) 동 진가를 알아보다[인정하다]

Thank you. I really *appreciate* your help and support.
His scientific abilities were not fully *appreciated* during his lifetime.

파생 appreciation [əprìːʃiéiʃən] 명 감사; 진가를 알기

어원 ap(to) + preci(price:가격) ┬ (가격을 높게) 평가하다 → 2. 진가를 알아보다
└ (진가를 이해하여) 1. 감사하게 생각하다

26 **grateful**

[gréitfəl]

(남의 호의나 도움에 대해) 형 고맙게 생각하는

I'm so *grateful* to you for your kind advice.

파생 gratitude [grǽtətjùːd] 명 감사

27 **blame**

[bleim]

(잘못이나 실수를) 동 ~의 탓으로 돌리다, ~ 책임으로 보다 명 책망, 비난

If your business fails, you will have no one to *blame* but yourself.

28 **accuse**

[əkjúːz]

(부정·불법·범죄의 저질렀다고 누구를) 동 고발[기소, 비난]하다 [of]

She *accused* him of stealing her money and jewelry.

파생 accusation [ækjuzéiʃən] 명 비난, 책망

어원 ac(to:방향) + cuse(cause:원인) → (잘못의 원인을 누구라고 지목하고) 비난[고소]하다

29 **criticize**

[krítəsàiz]

1. (남의 잘못·결점을 들추어) 동 비난[비판]하다
2. (사물을 분석하여 이렇다 저렇다) 동 비평하다

It's not right to *criticize* someone behind their back.
We meet weekly to discuss and *criticize* each other's work.

파생 criticism [krítəsìzm] 명 비난; 비평
critical [krítikəl] 형 비판적인; 위기의; 결정적인

어원 cri(separate:분리하다) + tic → (잘하고 못한 것을 분리해 놓고) 비난[비평]하다

25 감사합니다. 도와주시고 지지해 주셔서 정말 감사합니다. / 그의 과학적 능력은 그의 생전에는 충분히 인정받지 못했다. **26** 친절하게 조언해 주셔서 너무나 감사합니다. **27** 당신 사업이 실패한다면 당신 자신 이외에는 누구도 나무랄 수 없다. **28** 그녀는 그가 그녀의 돈과 보석을 훔쳤다고 그를 고발했다. **29** 남을 뒷전에서 비난하는 것은 옳지 않다. / 우리는 서로의 작품을 토론하고 비평한기 위해 매주 만난다.

30 **scold**
[skould]

(부모나 교사가 잘못한) 동 **(아이를) 꾸짖다, 야단치다**

His mother *scolded* him bitterly for breaking his promise.

31 **fault**
[fɔːlt]

1. (비난을 받아 마땅한) 명 **잘못, 과실, 과오**
2. (잘못되거나 부족한 점): 명 **결점, 단점, 결함**

Don't get mad at me, it's not my *fault*.
For all his *faults*, Paul considered him a dependable friend.

파생 faulty [fɔ́ːlti] 형 잘못된; 결점이 있는

32 **responsible**
[rispɑ́nsəbl]

1. (잘못 · 문제 · 사고 등에) 형 **책임이 있는, 책임을 져야 할** [for]
2. (어떤 일을 처리 · 관리할) 형 **책임을 지고 있는** [for]

He is an adult and is *responsible* for his actions.
He is directly *responsible* for managing the day-to-day operations of the company.

파생 responsibility [rispɑ̀nsəbíləti] 명 책임(감)

어원 re(back:응하여) + sponse(promise:약속) → (약속한 것에) 응하는 → 1. 책임이 있는 2. 책임지는

33 **complain**
[kəmpléin]

(못마땅하게 여기는 것에 대해) 동 **불평[항의]하다** [about/of]

He *complained* bitterly about the noise from upstairs, right above his bed.

파생 complaint [kəmpléint] 명 불평

어원 com(강조) + plain(beat the breast:가슴을 치다) → (세게 자신의) 가슴을 치다 → **불평하다**

34 **protest**
[próutest]

(부당한 일에 대해) 동 **항의하다** 명 **항의**

Thousands of demonstrators were *protesting* against the government's decision.

파생 protester [proutéstər] 명 항의자

어원 pro(before:앞) + test(witness:증언하다) → (앞에서) 부당함을 증언하다 → **항의하다**

30 그의 엄마는 그가 약속을 어긴 것에 대해 그를 심하게 꾸짖었다. **31** 내게 화내지 마세요, 그건 내 잘못이 아닙니다. / 그의 모든 단점에도 불구하고 폴은 그를 신뢰할 수 있는 친구로 여겼다. **32** 그는 어른이어서 자신의 행동에 대해 책임을 져야 한다. / 그는 그 회사의 일상 업무의 관리를 직접적으로 책임지고 있다. **33** 그는 그의 침대 바로 위의 위층에서 소음에 대해 심하게 항의를 했다. **34** 수천 명의 시위자들이 정부의 결정에 반대하여 항의를 했다.

35 **forgive**
[fərgív]

(남의 죄나 잘못을) 동 **용서하다** [for]

I can't *forgive* him for what he did to my daughter.

어원 for(completely:완전히) + give → (벌하려는 마음을) 완전히 포기하다(줘버리다) → 용서하다

36 **pardon**
[pά:rdn]

(남의 사소한 잘못 · 실수 · 실례 등을) 동 **용서하다** (= excuse) [for] 명 **용서**

Pardon me for interrupting you, but what do you mean by that word?

Daily Test

01 criticize
02 accuse
03 blame
04 neglect
05 fascinate
06 responsible
07 scold
08 pardon
09 protest
10 prestige
11 reputation
12 admire
13 honor
14 praise
15 popular
16 wonder
17 respect
18 famous
19 tease
20 congratulate
21 appreciate
22 ignore
23 cheer
24 grateful
25 forgive
26 complain
27 fault
28 charm
29 attract
30 tempt
31 well-known
32 celebrity
33 impress
34 despise
35 flatter
36 applaud

Answer Key ▷ 339

35 나는 그가 내 딸에게 한 짓을 용서할 수가 없다. 36 말씀하시는 데 끼어들어서 미안합니다만, 그 말이 무슨 의미죠?

Day 12

언어·의사표현

language & expression

≫ 테마 기본 어휘	language(언어) · alphabet · spell · word · vocabulary(어휘) · sentence(문장) · text · accent · grammar · speak · read · write · type(타자 치다) · paper · sheet(종이 한 장) · pen · pencil · chalk(분필) notebook · blackboard(칠판) · say · hint(힌트) · explain · seem(~처럼 보이다) · tell · report(보고, 보도) · speech(연설) · offer(제의) ·ask(부탁하다) · tell · order(명령) · advise(충고하다)

01 **phrase** [freiz]

(둘 이상의 단어가 모여 의미를 갖는) 명 구, 어구 동 (특정 방식으로) 말하다

He used the *phrase* “creative society” several times in his speech.

파생 phrasal [fréizəl] 형 구의

02 **define** [difáin]

(개념·사물의 명확한 뜻을 밝혀) 동 정의를 내리다, 규정하다

It is essential at the beginning to *define* the exact nature of the problem.

파생 definition [dèfəníʃən] 명 정의

어원 de(completely:완전히) + fine(limit:한정하다) → (뜻을) 완전하게 한정하다 → **정의하다**

03 **context** [kάntekst]

1. (말·글의 앞뒤) 명 문맥, 전후 관계
2. (일·사건을 둘러싼 여러 가지 사정): 명 정황, 배경, 맥락

It is often possible to guess the meaning of the word from the *context*.

Literature can only be understood in the *context* of a cultural system.

파생 contextual [kəntékstʃuəl] 형 문맥상의, 전후 관계의

어원 con(together:함께) + text(weave:짜다) → (함께) 짜여져 연결된 관계 → **문맥, 정황**

01 그는 연설에서 “창조적인 사회”라는 어구를 여러 차례 사용했다. 02 처음에는 문제의 정확한 본질을 정의하는 것이 필수적이다. 03 문맥을 통해 단어의 의미를 종종 추측할 수 있다. / 문학은 한 문화체계의 맥락 안에서만 이해될 수 있다.

04 **mean**
[mi:n]

1. (말·글이 무엇을) 동 뜻하다, 의미하다
2. (무엇을 하려는 생각·목적을 품다): 동 의도[작정]하다
3. (성질·언행이 너그럽지 못하고) 형 심술궂은, 못된, 비열한

She wasn't sure what the word *meant*, so she looked it up in the dictionary.
I'm sorry. I didn't *mean* it, it was just an accident.
Please don't be so *mean* to your little sister!

파생 meaning [mí:niŋ] 명 의미
meaningful [mí:niŋfəl] 형 의미가 있는
⊖ meaningless [mí:niŋlis] 형 의미가 없는

어원 1. 뜻하다 → (뜻을 품고 어떤 일을) 2. 의도하다

05 **translate**
[trænsléit]

(다른 나라 언어로) 동 번역하다

His book became a best-seller and has been *translated* into many languages.

파생 translation [trænsléiʃən] 명 번역
translator [trænsléitər] 명 번역가

어원 trans(across:횡단) + late(carry:옮기다) → (다른 언어로) 건너서 옮기다 → 번역하다

06 **interpret**
[intə́:rprit]

(다른 언어 사용자들 사이에서) 동 통역하다; ~ 뜻으로 해석하다

He *interpreted* for her because she did not speak English.

파생 interpretation [intə̀:rprətéiʃən] 명 통역
interpreter [intə́:rpritər] 명 통역자

어원 inter(between:사이) + pret(price:가격) → (사이에서) 가격을 흥정해 주다 → 통역[해석]하다

07 **fluent**
[flú:ənt]

(외국어 구사 능력이 거침이 없이) 형 유창한

He's *fluent* in English and French. He also speaks a little Chinese.

어원 flu(flow:흐르다) + ent → (물 흐르듯이) 유창한

04 그녀는 그 단어가 무슨 의미인지 확실치 않아 사전에서 찾아보았다. / 미안합니다. 고의로 그런 것이 아니고 그건 단지 우연이었습니다. / 여동생에게 그렇게 심술궂게 굴지마! **05** 그의 책은 베스트셀러가 되었고 많은 언어로 번역되었다. **06** 그녀는 영어를 하지 못했기 때문에 그가 그녀를 위해 통역을 해 주었다. **07** 그는 영어와 프랑스어가 유창하고 중국어도 조금 할 줄 안다.

08 **pronounce**

[prənáuns]

1. (혀·이·입술을 써서 말소리를) 동 발음하다
2. (공식 의견·결정 등을 공개적으로) 동 표명[선언]하다

Some English words are hard to *pronounce* properly.
The court *pronounced* him guilty of stealing a car.

파생 pronunciation [prənʌnsiéiʃən] 명 발음

어원 pro(forth:앞으로) + nounce(announce:발표하다) ┌ (말소리를) 앞으로 내다 → 1. 발음하다
└ (앞으로) 발표하다 → 2. 표명[선언]하다

09 **dictate**

[díkteit]

1. (불러주는 말을 받아쓰도록) 동 구술하다, 받아쓰게 하다
2. (지배적인 위치에서) 동 지시[명령]하다 명 지시, 명령

He *dictated* to his secretary the speech he intended to give.
You are in no position to *dictate* to me what you want.

파생 dictation [diktéiʃən] 명 받아쓰게 하기
dictator [díkteitər] 명 독재자

어원 dict(say:말하다) + ate → (말로 불러주고) 1. 받아쓰게 하다 → (말로) 2. 지시하다

10 **specify**

[spésəfài]

(무엇에 대해 아주 구체적으로) 동 명기[상술]하다, 일일이 열거하다

The contract clearly *specifies* the rights each party has.

파생 specification [spèsəfikéiʃən] 명 명세(서), 설명서

어원 speci(kind:종류) + fy(make) → (구체적으로) 종류화 하다 → 일일이 열거하다

11 **remark**

[rimá:rk]

(의견·생각·느낌 등을 나타낸) 명 말, 발언, 언급 동 말[발언, 언급]하다 [on]

He made rude *remarks* about her physical appearance.

어원 re(강조) + mark(표시하다) → (무엇을) 강하게 표시하다 → 언급하다

12 **mention**

[ménʃən]

(이야기·대화 중에 간단하게) 동 언급하다 명 언급

He *mentioned* the subject during one of his interviews.

어원 ment(mind:마음) + ion → (무엇이) 마음에 떠오르게 하다 → 언급하다

08 몇몇 영어 단어는 제대로 발음하기가 어렵다. / 법정은 자동차를 훔친 혐의에 대해 그에게 유죄를 선고했다. **09** 그는 그가 하려고 하는 연설문을 그의 비서에게 받아쓰게 했다. / 당신은 당신이 원하는 것을 내게 지시할 위치에 있지 않습니다. **10** 계약서는 각 당사자가 갖고 있는 권리를 분명하게 명기하고 있다. **11** 그는 그녀의 신체적 외모에 대하여 무례한 발언을 했다. **12** 그는 한 인터뷰 그 주제에 관해 언급했다.

13 **comment**
[kɑ́ment]

(판단·평가·해석 등을 짧게 덧붙인 말): 명 논평, 비평, 해설
동 논평[비평, 해설]하다

Analysts made negative comments on the *company's* outlook.

어원 com(강조) + ment(mind:마음) → (마음 속에서 만들어낸) 의견 → 논평, 비평

14 **imply**
[implái]

(무엇을 바로 밝히지 않고 간접적으로) 동 넌지시 비치다, 암시하다

Are you *implying* that he doesn't love me?

파생 implication [ìmplikéiʃən] 명 암시; 내포, 수반

어원 im(안) + ply(fold:접다) → (바로 밝히지 않고) 안으로 접어 넣다 → 암시하다

15 **emphasize**
[émfəsài]

(특별히 중요한 것을) 동 강조하다

She always *emphasized* the importance of education to her children.

파생 emphasis [émfəsis] 명 강조

어원 em(강조) + phas(show:보이다) → (강조하여) 보여주다 → 강조하다

16 **summary**
[sʌ́məri]

(중요한 것만을 추려 낸) 명 요약

The following is a *summary* of the official report on education.

파생 summarize [sʌ́məràiz] 동 요약하다, 간략하게 말하다

어원 sum(합계) + ary → (전체의) 합을 낸 것 → 요약

17 **describe**
[diskráib]

(보고 느낀 것을 있는 그대로) 동 묘사[서술, 설명]하다

The police asked her to *describe* what the man looked like.

파생 description [diskrípʃən] 명 묘사

어원 de(down:아래) + script(write:적다) → (자세히) 아래에 적다 → 묘사하다

13 분석가들은 그 회사의 전망에 대해 부정적인 의견을 제시했다. 14 그가 나를 사랑하지 않는다고 말하려는 겁니까? 15 그녀는 자식들에게 교육의 중요성을 늘 강조했다. 16 다음은 교육에 관한 공식 보고서의 요약이다. 17 경찰은 그녀에게 그 남자가 어떻게 생겼는지 설명해 달라고 요청했다.

18 **demonstrate**
[démənstrèit]

1. (증거·실험·실연·실물을 통해) 동 **명백히 보여주다**
2. (집회·행진 등에서 항의나 지지의) 동 **시위 운동[데모]을 하다**

Flight attendants *demonstrated* how to use the life jackets.
More than one million people *demonstrated* against the war.

파생 demonstration [dèmənstréiʃən] 명 실증, 실연; 시위

어원 de(강조) + monstr(show:보여주다) ─ 1. 명백히 보여주다
└ (항의·지지의 뜻을) 명백히 보여주다 → 2. 시위하다

19 **inform**
[infɔ́:rm]

(tell보다 격식 차린 말, 무엇을 정식으로) 동 **알리다, 통지하다** [of]

Please remember to *inform* us of any changes to your personal information.

파생 information [ìnfərméiʃən] 명 정보
informative [infɔ́:rmətiv] 형 많은 정보를 주는

어원 in(into:안) + form(형상) → (마음 속에) 어떤 형상을 불어넣다 → **알리다**

20 **notice**
[nóutis]

1. (정보·경고 등을 사전에 알리는) 명 **통지, 통보; 안내[표지](판), 공고(문)**
2. (보거나 듣거나 느낌으로써) 동 **알아차리다** 명 **알아챔**

You should give at least one month's *notice* if you want to move out early.
There was a *notice* on the board saying the meeting had been cancelled.

파생 noticeable [nóutisəbl] 형 눈에 띄는

어원 not(know:알다) + ice → 1. 알아차리다 → 알려줌 → 2. 통지, 안내

21 **announce**
[ənáuns]

(어떤 사실·결과 등을 공개적으로) 동 **발표하다**

The government has *announced* plans to create new jobs.

파생 announcement [ənáunsmənt] 명 발표

어원 an(to) + nounce(report:보고하다) → (사람들에게) 보고하다 → **발표하다**

18 비행기 승무원들이 구명조끼 사용법을 보여주었다. / 백만 명 이상의 사람들이 반전 시위를 했다. **19** 당신의 신상 정보에 변동이 있는 경우 우리에게 통보하는 것은 기억하십시오. **20** 조기에 이사하기를 원하다면 적어도 한 달 전에 통지를 해야 한다. / 게시판에 회의가 취소되었다는 안내문이 붙어 있었다. **21** 정부는 새로운 일자리를 창출할 계획을 발표했다.

22 **declare**
[diklέər]

1. (주장·의견·방침 등을 외부에 분명하게) 동 선언[공표]하다
2. (소득, 과세 물품 등을) 동 (세무서·세관에) 신고하다

On December 11, 1941, Germany *declared* war on the United States.
A customs official asked him if he had anything to *declare*.

파생 declaration [dèkləréiʃən] 명 선언; 신고(서)

어원 de(강조) + clare(clarify:분명히 말하다) ┌ (외부에) 분명히 말하다 → 1. 선언하다
└ (세무 기관에) 분명히 말하다 → 2. 신고하다

23 **propose**
[prəpóuz]

(생각·의견·계획 등을) 동 (정식으로) 제안[제의]하다

He *proposed* to her and she accepted his proposal.

파생 proposal [prəpóuzəl] 명 제안

어원 pro(forth:앞) + pose(place:놓다) → (앞에) 내놓다 → 제안하다

24 **suggest**
[səgdʒést]

(생각·의견·계획 등을) 동 (넌지시) 제안[건의]하다

When we finished eating, I *suggested* that we go for a walk.

파생 suggestion [səgdʒéstʃən] 명 제안; 암시

어원 sug(under:아래) + gest(bring:가져오다) → (아래에서 위로) 가져오다 → 제안[건의]하다

25 **recommend**
[rèkəménd]

(좋은 것, 유용한 것을 남에게) 동 권[추천]하다

Could you *recommend* a good hotel in the center of the city?

파생 recommendation [rèkəmәndéiʃən] 명 추천

어원 re(강조) + commend(칭찬하다) → (강하게) 칭찬하다 → 권[추천]하다

26 **request**
[rikwést]

(ask의 격식 차린 말, 정중하게) 동 (정식으로) 요청하다 명 요청

You are *requested* not to smoke anywhere in the building.

어원 re(again:다시) + quest (seek:구하다) → (다시) 구하다 → 요청하다

22 1941년 12월 11일 독일은 미국에 선전포고를 했다. / 한 세관원이 그에게 신고할 것이 있는지 물었다. 23 그는 그녀에게 청혼을 했고 그녀는 그의 청혼을 받아들였다. 24 우리가 식사를 끝냈을 때 나는 산책을 하자고 제안했다. 25 도시 중심부에 괜찮은 호텔 좀 추천해 주시겠습니까? 26 건물 안 어디에서도 흡연하지 않으시기를 요청 드립니다.

27 **claim**
[kleim]

1. (돈·물건·권리 등을 달라고) 통 청구[요구]하다 명 청구
2. (아직 판명되지 않은 것을 사실이라고) 통 주장하다 명 주장

He sued the company and *claimed* damages of $2 million.
He *claims* he was there but I don't believe him.

어원 claim(shout:큰 소리치다) → (큰 소리치며 강하게) 1. 주장하다 2. 청구하다

28 **appeal**
[əpíːl]

1. (절박하게 외부의) 통 (도움·지지 등을) 호소하다 [to sb, for sth] 명 호소
2. (흥미롭거나 매력적인 대상이) 통 (~의) 마음에 들다 [to] 명 매력

The government *appealed* for international aid for the flood victims.
I just don't like her; she doesn't *appeal* to me as a woman.

어원 ap(to:방향) + peal(drive:몰다) ┌ (도움 등을) 어떤 방향으로 몰다 → 1. 호소하다
└ (마음을) 어떤 방향으로 몰다 → 2. (~의) 마음에 들다

29 **beg**
[beg]

1. (불쌍하고 애처롭게) 통 간청[애원]하다
2. (남에게 돈·물건·음식 등을) 통 구걸하다

He *begged* her to come back, but she refused.
The children had to survive by *begging* on the street.

파생 beggar [bégər] 명 거지, 걸인

30 **command**
[kəmǽnd]

(군대에서와 같이, 복종을 요구하며) 통 명령[지휘]하다 명 명령, 지휘

The officer immediately *commanded* his men to fire.

파생 commander [kəmǽndər] 명 지휘관, 사령관

어원 com(강조) + mand(entrust:위임하다) → (전권을 위임 받고) 명령[지휘]하다

31 **counsel**
[káunsəl]

(전문가나 연장자 입장에서) 통 조언하다 명 조언

Speaking about eating habits, he *counseled* the students to avoid fast food.

파생 counselor [káunsələr] 명 조언자

27 그는 그 회사에 소송을 제기하고 이백만 불의 배상금을 청구했다. / 그는 그가 그곳에 있었다고 주장하지만 나는 그를 믿지 않는다.
28 정부는 홍수 피해자들을 위한 국제적인 원조를 호소했다. / 나는 그냥 그녀를 좋아하지 않다. 그녀가 내겐 여자로서 매력적이지 않다.
29 그는 그녀에게 돌아오라고 간청했지만 그녀는 거절했다. / 그 아이들은 길거리에서 구걸을 해서 생존해야 했다. 30 장교는 즉시 부하들에게 사격을 명령했다. 31 식습관에 대해 얘기하면서 그는 학생들에게 패스트푸드를 피하라고 조언했다.

32 **consult**

[kənsʌlt]

(그 분야의 전문가나 권위자에게) 동 조언을 구하다, 상담하다

Consult your lawyer before you make a decision.

파생 consultation [kɑ̀nsəltéiʃən] 명 상담, 자문
consultant [kənsʌltənt] 명 상담역, 컨설턴트

33 **tip**

[tip]

1. (무슨 일을 하는 데 유용한) 명 간단한 조언, 정보, 비결
2. (시중든 사람에게 주는) 명 팁, 사례금 동 팁을 주다
3. (길고 가느다란 물체의) 명 (뾰족한) 끝, 첨단

She gave me some useful *tips* on how to study for examinations.

The service had been good, so they gave the waiter a big *tip*.

She stood on the *tips* of her toes to reach the top shelf.

Daily Test

01 beg
02 appeal
03 claim
04 define
05 translate
06 consult
07 command
08 remark
09 pronounce
10 imply
11 describe
12 notice
13 fluent
14 summary
15 comment
16 specify
17 inform
18 declare
19 recommend
20 phrase
21 propose
22 request
23 tip
24 counsel
25 mean
26 context
27 interpret
28 dictate
29 mention
30 emphasize
31 demonstrate
32 announce
33 suggest

Answer Key ▷ 339

32 결정을 하기 전에 변호사와 상담을 하십시오. 33 그는 내게 시험에 대비해 공부하는 법에 대해 몇 가지 유용한 조언을 해 주었다. / 서비스가 좋아서 그들은 웨이터에게 많은 팁을 주었다. / 그녀는 맨 위의 선반에 닿으려고 발가락 끝으로 섰다.

Day 13 대화·토론

conversation & communications

≫ 테마 기본 어휘	talk · speak · conversation(대화) · dialogue(대화) · chat(한담) · gossip(가십, 험담) · question(질문) · ask · interview(인터뷰) · answer · meeting · communicate(소통하다) · telephone · phone · call · busy(통화 중인) · mail(우편(물)) · letter(편지) · postcard(엽서) · message(메시지) · envelope(봉투) · stamp(우표) · parcel(소포) · write · agree(동의하다) · promise(약속하다)

01 **discuss**
[diskʌs]

(서로 의견을 주고받으며) 동 토론[논의]하다

We normally meet once a month to *discuss* important issues.

파생 discussion [diskʌʃən] 명 토론, 논의

02 **debate**
[dibéit]

(의견이 서로 다른 상대간의) 명 (격식을 갖춘) 토론, 논쟁 동 토론[논쟁]하다

There has been much *debate* over the introduction of a new tax system.

파생 debater [dibéitər] 명 토론자

어원 de(강조) + bate(beat:이기다) → (상대를 이기기 위한) 토론, 논쟁

03 **controversy**
[kάntrəvə̀:rsi]

(서로 다른 주장을 하며 다투는) 명 (대립적인) 논쟁, 논란

The policy has caused considerable *controversy* since it was introduced.

파생 controversial [kὰntrəvə́:rʃəl] 형 논쟁의 여지가 있는

어원 contro(against) + verse(turn:돌다) → turn against(~에게 등을 돌리다) → 논쟁, 논란

01 우리는 중요한 문제들을 논의하기 위해 보통 한 달에 한 번 만난다. 02 새로운 세금 제도의 도입에 대해 많은 논쟁이 있어왔다. 03 그 정책은 도입된 이후 상당한 논란을 불러일으켰다.

04 **inquire**

[inkwáiər]

(무엇에 관한 정보를 얻기 위해) 동 **문의하다, 묻다**

I'm writing to *inquire* about language courses.

파생 inquiry [inkwáiəri] 명 질문, 문의

어원 in(안) + quire(ask:묻다) → (어디의) 내부에 정보를 묻다 → **문의하다**

05 **reply**

[riplái]

(편지·초대나 남의 말·행동에) 동 **대답[응답]하다** [to] 명 **대답, 응답**

I wrote him several letters, but he didn't *reply*.

어원 re(back:뒤로) + ply(fold:접다) → (펴진 것을) 뒤로 접어 되돌리다 → **대답하다**

06 **respond**

[rispάnd]

(상대의 말·행동·자극 등에) 동 **(대응·반응하여) 대답[응답, 응수]하다** [to]

I asked him what was going on but he didn't *respond*.

파생 response [rispάns] 명 응답, 응수

어원 re(back:대응하여) + spond(promise:약속하다) → (대응하여) 약속하다 → **응답하다**

07 **react**

[riǽkt]

(외부의 자극·영향에 대해 특정한) 동 **반응을 나타내다, 반응하다** [to]

How did he *react* to your words and behavior?

파생 reaction [riǽkʃən] 명 반응

어원 re(back:뒤로) + act(작용하다) → (대응하여) 뒤로 작용하다 → **반응하다**

08 **negotiate**

[nigóuʃièit]

(합의를 이루기 위해 모여 의논하다): 동 **협상하다**

The United States has a firm policy not to *negotiate* with terrorists.

파생 negotiation [nigòuʃiéiʃən] 명 협상

어원 neg(not) + oti(leisure:여가) → (여가 없이) 업무를 하다 → **협상하다**

04 어학 코스에 대해 문의하고자 편지를 드립니다. **05** 나는 그에게 여러 통의 편지를 썼으나 그는 답장을 주지 않았다. **06** 나는 그에게 무슨 일이 벌어지고 있는지 물었으나 그는 응답하지 않았다. **07** 그는 당신의 말과 행동에 어떤 반응을 보였습니까? **08** 미국은 테러리스트와는 협상을 하지 않는다는 확고한 정책을 가지고 있다.

09 **argue**
[ά:rgju:]

1. (의견·주장 등의 대립으로 화를 내며) 동 **언쟁[말다툼]하다**
2. (정당한 이유나 논리적 근거를 들어) 동 **주장하다**

He and his wife are always *arguing* with each other over money.
He *argued* that humans and animals shared the same biological origin.

파생 argument [ά:rgjumənt] 명 언쟁; 논거, 이유

10 **conflict**
명 [kάnflikt]
동 [kənflíkt]

(서로 간의 이해관계로 인한) 명 **갈등, 충돌** 동 **충돌[대립]하다**

He was in *conflict* with his parents about his career choice.

어원 con(together) + flict(strike:때리다) → (서로) 때리기 → **충돌, 갈등**

11 **conference**
[kάnfərəns]

(중요한 문제를 협의하기 위한) 명 **(대규모의) 회의**

About 140 participants from 16 countries attended the *conference*.

어원 con(together) + fer(carry:나르다) → (문제를 함께 나르며 협의하는) **회의**

12 **subject**
[sʌbdʒikt]

1. (대화·토론·작품 등이 다루는) 명 **주제, 대상**
2. (영어·수학과 같은 교과의 구분): 명 **과목, 학과**
3. (~ to) (악영향·피해 등의 나쁜 일) 형 **~을 당하기[받기, 입기] 쉬운**

There have been many discussions on the *subject* of climate change.
Many students think math is a difficult and boring *subject*.
All prices are subject to change without *advance* notice.

어원 sub(under) + ject(throw) → 아래에 놓인(던져진) ┬ (토론·작품 아래 놓인) **1. 주제, 대상**
├ (교과 아래 놓인) **2. 과목, 학과**
└ (아래에 놓여) **3. 당하기 쉬운**

13 **theme**
[θi:m]

(문학·예술 작품 등의 주된 내용): 명 **(중심) 주제, 테마**

The main *theme* of the book is love, hatred and ambition.

---

09 그와 그의 아내는 돈 문제로 항상 서로 말다툼을 한다. / 그는 인간과 동물은 같은 생물학적 기원을 공유한다고 주장했다. **10** 그는 직업 선택의 문제로 그의 부모와 갈등을 빚었다. **11** 16개국에서 약 140명의 참가자들이 그 회의에 참석했다. **12** 기후 변화에 대한 주제에 대해서는 많은 토론이 있어왔다. / 많은 학생들이 수학은 어렵고 지루한 과목이라고 생각한다. / 모든 가격은 사전 통보 없이 변경될 수 있다. **13** 그 책의 핵심 주제는 사랑과 증오, 야망이다.

14 **issue**

[íʃuː]

1. (많은 사람이 영향을 받는) 명 **(논의·논쟁의) 주제, 문제, 쟁점**
2. (조직이나 공공 기관이) 동 **(증명서·허가증 등을) 내주다, 발행하다**
3. (새로운) 동 **(잡지·동전·우표 등을) 발행[발표]하다** 명 **발행(물)**

Global environmental *issues* are closely linked to our lives.

Each member of the club will be *issued* with a membership card.

In the latest *issue* of Time Magazine, there is an interesting article.

어원 원뜻:go out(밖으로 나가다) ┬ (밖으로 나와 논쟁이 되고 있는) 1. 문제, 쟁점
└ (증명서, 출판물 등을 밖으로) 2. 내주다 3. 발행하다

15 **insist**

[insíst]

(자신의 의견·요구를 강하게) 동 **주장하다, 우기다** [on]

I told him I had to go home, but he *insisted* that I stay with him.

파생 insistence [insístəns] 명 주장

어원 in(upon:위) + sist(stand:서다) → (자신의 주장) 위에 서다 → 주장하다, 우기다

16 **persuade**

[pərswéid]

(자신의 말을 따르도록 상대방을) 동 **설득하다** [into]

I've tried really hard but I can't *persuade* her to come.

파생 persuasion [pərswéiʒən] 명 설득

어원 per(thoroughly:철저히) + suade(advise:조언하다) → (철저하게) 조언하다 → 설득하다

17 **convince**

[kənvíns]

(무엇이 사실임을 상대에게) 동 **확신[납득]시키다** [of]

He tried to *convince* them of the seriousness of the situation.

파생 conviction [kənvíkʃən] 명 확신, 신념

어원 con(강조) + vince(conquer:정복하다) → (상대를 말로서) 완전히 정복하다 → 확신시키다

14 세계적인 환경 문제는 우리의 삶과 밀접하게 관련되어있다. / 클럽의 각 회원에게는 멤버십 카드가 발급된다. / 타임 잡지의 최신호에는 흥미로운 기사가 하나 있다. **15** 나는 집에 가야 한다고 그에게 말했지만 그는 내가 그와 함께 있어야 한다고 우겼다. **16** 나는 정말 열심히 노력했으나 그녀를 오도록 설득할 수 없었다. **17** 그는 그들에게 사태의 심각성을 납득시키려고 했다.

18 **compromise**

[kάmprəmàiz]

(합의를 이루기 위해 서로 양보하여) 동 **타협하다** 명 **타협**

The government has said consistently it will not *compromise* with terrorists.

어원 com(together:함께) + promise(약속하다) → (함께) 약속하다 → 타협하다

19 **positive**

[pάzətiv]

1. (무엇이 그러하거나 옳다고 인정하는): 형 **긍정적인** 명 **긍정**
2. (의심의 여지 없이 전적으로) 형 **확신하는, 확실한, 명백한**

Only 15 percent of them gave a *positive* answer while the rest were negative.

He was absolutely *positive* that he had met her before somewhere.

어원 원뜻: 라틴어 positivus(공식적으로 정해진)에서 유래 ┌ (정해져 있어서) 1. 확실한, 확신하는
└ (확신해서) 2. 긍정적인

20 **negative**

[négətiv]

(그렇지 않거나 옳지 않다고 반대하는): 형 **부정적인** 명 **부정**

If you are *negative* and always complaining about your situation, life gets worse.

어원 negate(deny:부인하다) + ive → 부정적인

21 **admit**

[ædmít]

1. (무엇이 옳거나 그렇다고) 동 **인정하다**
2. (공공장소나 조직·모임으로의) 동 **입장[입회, 입학]을 허락하다**

He *admitted* his fault and politely apologized for his behavior.

If you do not have a ticket, you will not be *admitted* to the event.

파생 admission [ædmíʃən] 명 인정; 입장[입학, 입회] (허가), 입장료
admittance [ædmítns] 명 입장 (허가)

어원 ad(to) + mit(send:보내다) → (~에) 들여 보내다 → 2. 입장을 허락하다 → 1. 인정하다

18 정부는 일관되게 테러리스트와는 타협을 하지 않겠다고 말해왔다. 19 나머지는 부정적인 반면 단지 그들 중 15%만이 긍정적인 답변을 주었다. / 그는 그녀를 전에 어딘가에서 만난 적이 있다고 전적으로 확신했다. 20 당신이 부정적이고 당신의 상황에 대해 항상 불평을 한다면 삶은 더욱 악화된다. 21 그는 잘못을 인정하고 자신의 행동에 대해 정중하게 사과했다. / 티켓이 없으면 행사장 입장이 허락되지 않는다.

22 **confess**

[kənfés]

(자신의 잘못·죄 등을 사실대로) 동 **자백[고백]하다** [to]

He hesitated a moment, but finally *confessed* that he had stolen the money.

파생 confession [kənféʃən] 명 자백, 고백

어원 con(together:모두) + fess(speak:말하다) → (모든 것을) 말하다 → 자백하다

23 **deny**

[dinái]

1. (어떤 사실을 그렇다고 인정하지 않고) 동 **부인[부정]하다**
2. (남이 갖거나 하려는 것을) 동 **허락하지 않다, 거부하다**

During an interview with police, he *denied* stealing the money.
No one should be *denied* the right to vote because of race or color.

파생 denial [dináiəl] 명 부정; 거부

어원 de(강조) + ny(say no:아니라고 말하다) → 1. 부인하다 2. 거부하다

24 **accept**

[æksépt]

(적절하다고 여기거나 동의하여) 동 **받아들이다, 수락[인정]하다**

He has *accepted* our invitation to dinner tomorrow night.

파생 acceptance [ækséptəns] 명 수락, 수용
acceptable [ækséptəbl] 형 받아들일 수 있는

어원 ac(to) + cept(take:받다) → 받아들이다

25 **approve**

[əprú:v]

1. (위원회·의회 등이 계획·제안 등을) 동 **승인하다**
2. (무엇을 긍정적으로 평가하여) 동 **찬성하다, 좋아하다** [of]

This proposal was *approved* by a majority of the committee.
I don't *approve* of smoking in public places.

파생 approval [əprú:vəl] 명 승인; 찬성

어원 ap(to) + prove(try:시험해 보다) → (평가를 위해 시험해보고) 1. 승인하다 2. 찬성하다

22 그는 잠시 망설였으나 결국 그 돈을 훔쳤다고 자백했다. **23** 경찰과의 면담에서 그는 그 돈을 훔친 것을 부인했다. / 어느 누구도 인종이나 피부색 때문에 투표권을 거부당해서는 안 된다. **24** 그는 내일 밤 저녁 식사 초대를 받아들였다. **25** 이 제안은 위원회의 다수에 의해 승인되었다. / 나는 공공장소에서의 흡연에 찬성하지 않는다.

26 **oppose**
[əpóuz]

(계획 · 정책 등에 맞서 강력하게) 동 **반대하다**

Many people are *opposed* to the use of nuclear power for safety reasons.

파생 opposition [àpəzíʃən] 명 반대

어원 op(against:반대하여) + pose(place:놓다) → (반대하는) 견해를 내놓다 → **반대하다**

27 **refuse**
[rifjú:z]

(제의 · 요구 등을 받아들이지 않고) 동 **거절[거부]하다**

He *refused* to answer any questions about his personal life.

파생 refusal [rifjú:zəl] 명 거절, 거부

어원 re(back) + fuse(pour:붓다) → (따라준 것을) 도로 쏟아 붓다 → **거절하다**

28 **reject**
[ridʒékt]

(refuse보다 더 강한 어감): 동 **(단호하게) 거절[거부]하다**

He applied for several jobs, but he was *rejected* because of his age.

파생 rejection [ridʒékʃən] 명 거절

어원 re(back:뒤로) + ject(throw:던지다) → (다시 뒤로) 던져 버리다 → **거절하다**

29 **swear**
[swɛər]

1. (무엇을 하겠다고, 또는 자신의 말이 진실임을) 동 **맹세하다**
2. (남을 인격을 무시 · 비난하는) 동 **욕을 하다** [at]

I'm so sorry and I *swear* I'll never lie to you again.
The man got very angry and began to *swear* at them.

30 **guarantee**
[gærəntí:]

(무엇의 확실함을 책임지고) 동 **보장[보증]하다** 명 **보증(서), 보장**

We *guarantee* to deliver your order within 24 hours.

어원 guarant(protect:보호하다) + ee → (확실함을) 보호해 주는 것 → **보증**

26 많은 사람들이 안전을 이유로 원자력의 사용을 반대한다. **27** 그는 자신의 사생활에 관한 어떠한 질문에 대해서도 답하기를 거부했다. **28** 그는 여러 곳에 구직을 했으나 그의 나이 때문에 거절을 당했다. **29** 정말 미안합니다. 다시는 당신에게 거짓말을 하지 않겠습니다. / 그 남자는 매우 화가 나서 그들에게 욕을 하기 시작했다. **30** 우리는 주문품을 24시간 이내에 배달해 드릴 것을 보장합니다.

31 **contract**

명 [kántrækt]
동 [kəntrǽkt]

1. (합의 내용을 담은) 명 **계약(서)** 동 **계약하다**
2. (크기·부피 등이 전체적으로 줄다): 동 **수축[축소]되다[시키다]**
3. (비교적 상태가 심한) 동 **(병에) 걸리다**

Always make sure you read the *contract* carefully before you sign.

When you heat metal, it expands, and when it cools again, it *contracts*.

He *contracted* malaria while traveling in Africa.

파생 contraction [kəntrǽkʃən] 명 수축, 축소

어원 con(together:함께) + tract(draw:끌다)
- (합의를) 함께 이끌다 → **1. 계약하다**
- (속으로) 함께 끌어당기다 → **2. 수축되다**
- (병을) 끌어당기다 → **3. (병에) 걸리다**

Day 13

Daily Test

01 swear
02 reject
03 refuse
04 debate
05 reply
06 guarantee
07 conference
08 negotiate
09 issue
10 convince
11 negative
12 react
13 persuade
14 theme
15 conflict
16 positive
17 confess
18 approve
19 discuss
20 deny
21 oppose
22 contract
23 inquire
24 controversy
25 respond
26 argue
27 subject
28 insist
29 compromise
30 admit
31 accept

Answer Key ▷ 339

31 항상 서명을 하기 전에 반드시 계약서를 주의 깊게 읽으십시오. / 금속에 열을 가하면 팽창하고 다시 식으면 수축한다. / 그는 아프리카를 여행하다가 말라리아에 걸렸다.

Day 14

사고·이해·판단

thinking, understanding & judgment

≫ 테마 기본 어휘	mind(마음) · logical · idea · thought · image(이미지) · think · opinion(의견) · view · remember · memory(기억) · forget · imagine · fantasy(공상) · guess(짐작하다) · whether · possible · maybe(아마) perhaps(아마) · chance(가능성, 기회) · expect(기대하다) · understand · clear(분명한) · puzzle (퍼즐, 수수께끼) · choose(선택하다) · pick(고르다) · judge(판단하다) · decide(결정하다)

01 **mental**

[méntl]

(정신 · 마음(mind)와 관련된): 형 **정신[마음]의**

Too much stress can be harmful to your physical and *mental* health.

파생 mentality [mentǽləti] 명 정신[심리] 상태

어원 ment(mind:마음) + al → 마음의

02 **conscious**

[kάnʃəs]

1. (정신이 깨어 있는 상태인): 형 **의식이 있는, 제정신인**
2. (무엇을 알아차리고 그것에 대해) 형 **알고[의식하고] 있는** [of]

After the accident, he was not *conscious* and was bleeding heavily.
We were *conscious* of a change in their attitude toward us.

파생 ⊖ unconscious [ə,nka'nʃəs] 형 의식이 없는; 알지 못하는

어원 con(together:함께) + sci(know:알다) → (다) 2. 알고 있는 → 1. 의식이 있는

03 **rational**

[rǽʃənl]

(감정에 치우치지 않고) 형 **이성[합리]적인**

We often make decisions based on emotion rather than *rational* thought.

파생 ⊖ irrational [irǽʃənl] 형 비이성적인

어원 rat(reason:이성) + ion + al → 이성적인

01 너무 많은 스트레스는 당신의 육체적, 정신적 건강에 해로울 수 있다. 02 사고 후 그는 의식이 없었고 심하게 피를 흘리고 있었다. / 우리는 그들의 우리에 대한 태도 변화를 알고 있었다. 03 우리는 자주 합리적인 생각이 아니라 감정을 기초로 결정을 한다.

04 **logical**
[lάdʒikəl]

(사고·판단 등이 이치에 맞는): 형 **논리적인**

He made a very *logical* argument in defense of his actions.

파생 logic [lάdʒik] 명 논리
⊖ illogical [ilάdʒikəl] 형 비논리적인

어원 log(word:말) + ic → (말이) 이치에 맞는 → **논리적인**

05 **concept**
[kάnsept]

(개개의 사물·현상을 일반화한) 명 **개념**

This book is a useful tool for understanding the basic *concepts* of mathematics.

파생 conceptual [kənséptʃuəl] 형 개념의

어원 con(강조) + ceive(take:받다) → (받아들여) 마음 속에 품은 생각 → **개념**

06 **consider**
[kənsídər]

1. (선택·결정하기 전에) 동 **잘 생각하다, 숙고하다**
2. (관련된 사실이나 사정을) 동 **고려[참작, 배려]하다**
3. (대상에 대해 판단을 하고) 동 **(~을 ~으로) 여기다[생각하다]** (= regard)

Please *consider* these points carefully before you make your decision.
Messi is currently *considered* the best football player in the world.
They will *consider* age and experience when they decide the salary.

파생 consideration [kənsìdəréiʃən] 명 숙고, 고려
considerate [kənsídərət] 형 이해심[동정심]이 많은
considerable [kənsídərəbl] 형 상당한, 꽤 많은

어원 con(with) + sider(star:별) ┌ (별을 관찰하듯 신중하게) **1. 숙고하다 2. 고려하다**
└ (숙고한 후) **3. ~을 ~으로 여기다**

07 **regard**
[rigά:rd]

(대상에 대해 판단을 하고) 동 **~을 ~으로 여기다** (= consider)

Her first novel is *regarded* by many as her best.

어원 re(강조) + gard(look) — (주의 깊게 본 후) **~을 (~으로) 여기다**

04 그는 자신의 행동을 방어하는 매우 논리적인 주장을 폈다. **05** 이 책은 수학의 기본적인 개념을 이해하기 위한 유용한 도구이다. **06** 결정을 하기 전에 이 점들을 신중하게 생각해 보십시오. / 메시는 현재 세계에서 가장 뛰어난 축구 선수로 여겨진다. / 그들은 봉급을 결정할 때 나이와 경력을 고려할 것이다. **07** 많은 사람들은 그녀의 첫 번째 소설을 그녀의 최고 작품으로 여긴다.

08 **inspire**

[inspáiər]

1. (특별하거나 기발한) 동 (생각·감정을) 불어넣다, 영감을 주다
2. (잘 하도록 성취욕을 북돋워) 동 고무[격려]하다

The novel was *inspired* by a story that he had heard from his mother.
He *inspired* the team to play with confidence, enthusiasm, and pride.

파생 inspiration [ìnspəréiʃən] 명 영감; 고무, 고취

어원 in(안) + spire(breath:숨) → (숨을) 들이마시다 → 1. 영감을 주다, 불어넣다 2. 고무하다

09 **subjective**

[səbdʒéktiv]

(자신의 생각·관점을 기준으로 하는): 형 주관적인

That's just your *subjective* opinion. Others think differently.

파생 subjectivity [sʌbdʒektívəti] 명 주관적임, 주관성

어원 subject(주체) + ive → 주관적인

10 **objective**

[əbdʒéktiv]

1. (제삼자의 입장에서 보거나 생각하는): 형 객관적인
2. (추진하려고 하는 구체적인 실행) 명 목표

It is important to distinguish between objective fact and subjective opinion.
The company's long-term objective is to increase sales by 100%.

파생 objectivity [àbdʒiktívəti] 명 객관적임, 객관성

어원 object(물체, 객체) + ive → 1. 객관적인 → (객관적인 실행) 2. 목표

11 **abstract**

[æbstrǽkt]

(일반화한 개념에 근거한): 형 추상적인 명 추상화 동 추출하다

It's not easy to put these *abstract* ideas into words.

파생 abstraction [æbstrǽkʃən] 명 추상 관념[개념]

어원 abs(away:떨어져) + tract(draw:끌다) → (실제로부터) 끌어 당겨져 떨어진 → 추상적인

08 그 소설은 그가 어머니로부터 들은 이야기에서 영감을 받았다. / 그는 팀이 자신감과 열정, 자부심을 가지고 경기를 하도록 격려했다. **09** 그건 당신의 주관적인 의견일 뿐입니다. 다른 사람들은 다르게 생각합니다. **10** 객관적인 사실과 주관적인 의견을 구분하는 것은 중요하다. / 그 회사의 장기 목표는 판매를 100% 늘리는 것이다. **11** 이 추상적인 생각을 말로 표현하기는 쉽지 않다.

[12] **concrete**
[kάnkri:t]

(명확한 사실·실체에 근거한): 형 구체적인

No *concrete* evidence to support this theory is yet available.

어원 con(together:함께) + crete(grow:자라다) → (함께 성장하여) 하나로 굳어진 → **구체화된**

[13] **theory**
[θí:əri]

(이치를 밝히기 위한 지식 체계): 명 이론, 학설

Darwin's *theory* of evolution is one of the most important scientific theories in history.

파생 theoretical [θì:ərétikəl] 형 이론(상)의

[14] **recall**
[rikɔ́:l]

(의식적으로 떠올려서) 동 생각해 내다, 상기하다

He tried to hold back his tears as he *recalled* the painful memory.

어원 re(again) + call(부르다) → (기억을) 다시 불러내다 → **상기하다**

[15] **remind**
[rimáind]

1. (기억하도록) 동 상기시키다, 다시 한 번 알려 주다
2. (유사점·공통점 때문에) 동 ~에게 ~을 생각[연상]하게 하다 [of]

Please *remind* me to buy some eggs, or I might forget.
He *reminds* me of someone I knew a long time ago.

파생 reminder [rimáindər] 명 생각나게 하는 것[사람], 상기시키는 것

어원 re(again:다시) + mind(마음) → (다시) 마음을 일깨워 주다 → **생각나게 하다**

[16] **illusion**
[ilú:ʒən]

(실제로는 없는 것을 있는 것처럼 느끼는) 명 환각, 환영; 착각

The world of dream is an *illusion* of the mind.

어원 il(in:안) + lus(play:장난하다) + ion → (마음 속의) 장난 → **환각; 착각**

---

12 이 이론을 뒷받침하는 구체적인 증거가 아직 없다. **13** 다윈의 진화론은 역사상 가장 중요한 과학 이론 중의 하나이다. **14** 그는 아픈 기억을 떠올리며 눈물을 참으려고 했다. **15** 내게 계란을 사야 하는 것을 상기시켜 주세요. 안 그러면 잊을지 몰라요./ 그는 내가 오래 전에 알던 사람을 생각나게 한다. **16** 꿈의 세계는 마음의 환영이다.

17 **suppose**

[səpóuz]

1. (알고 있는 정보를 근거로) 동 생각하다, 추정하다
2. (어떤 상황을 사실이라고) 동 가정하다, 만약 ~이라고 하다

There's no reason to *suppose* he's not telling the truth.
Let us *suppose*, for example, that you are a doctor.

어원 sup(under) + pose(put:놓다) → (아래에) 놓다 → (사실 아래에 놓인) 생각 → 추측[가정]하다

18 **likely**

[láikli]

(그럴 가능성이 비교적 큰): 형 있을 법한, 일어날 듯한 부 아마

Unless we learn from our mistakes, we are *likely* to repeat them.

파생 ⊖ unlikely [ənlai'kli] 형 ~할[일] 것 같지 않은, 사실일 것 같지 않은

어원 like(비슷한 것) + ly → 비슷할 것 같은 → 있을 법한

19 **probable**

[prάbəbl]

(그럴 가능성이) 형 거의 확실한, 틀림없을 것 같은

The *probable* cause of the fire was an electrical fault.

파생 probably [prάbəbli] 부 아마

어원 prob(prove:증명하다) + able → 증명할 수 있는 → 거의 확실한

20 **opportunity**

[ὰpərtjú:nəti]

(바라는 바를 이루기에 적절한) 명 기회, 호기

I'll give you another *opportunity* to answer my question.

어원 op(to:방향) + portune(port:항구) +ity → (바람의 방향이) 항구로 향하는 → 기회, 호기

21 **prospect**

[prάspekt]

(어떤 일이 일어날) 명 가능성, 가망; (성공할) 전망

She was really excited at the *prospect* of traveling to a foreign country.

파생 prospective [prəspéktiv] 형 유망한, 장래의

어원 pro(forward:앞에) + spect(look:보여지다) → (앞에) 보여지는 것 → 가능성, 성공할 가망

17 그가 사실을 말하고 있지 않다고 추정할 이유는 없다. / 예를 들어, 가령 당신이 의사라고 가정 합시다. 18 우리가 실수로부터 배우지 않는다면 그것을 반복할 공산이 크다. 19 화재의 거의 확실한 원인은 전기 고장이다. 20 내 질문에 답할 또 한번의 주겠습니다. 21 그녀는 외국으로 여행을 간다는 기대감에 정말 흥분했다.

22 **potential**

[pəténʃəl]

(미래에 발달·성장·성공할) 형 잠재력이 있는 명 잠재력

Advertising is an effective way to attract *potential* customers.

어원 potent(힘이 강한) + ial → (숨어 있는) 힘이 강한 → 잠재력이 있는

23 **predict**

[pridíkt]

(앞으로 있을 일을 미리) 동 예측[예견]하다

It is impossible to *predict* exactly what will happen in the future.

파생 prediction [pridíkʃən] 명 예측

어원 pre(before):이전에 + dict(say):말하다 → (미리) 말하다 → 예측하다

24 **forecast**

[fɔ'rkæ,st]

(정보를 근거로 날씨·경제·사업 등의) 동 (전망을) 예측[예상]하다 명 예측

It's fine at the moment but rain is *forecast* for this afternoon.

어원 fore(before) + cast(throw:던지다) → (미리 주사위를 던져서) 점괘를 보다 → 예측하다

25 **anticipate**

[æntísəpèit]

(어떤 일이 있을 것으로 보고 사전에 준비·대비하다): 동 예상[기대]하다

He didn't *anticipate* that the journey would take so long.

파생 anticipation [æntìsəpéiʃən] 명 예상, 기대

어원 anti(before:미리) + cip(take:집다) → (앞일을) 미리 집어내다 → 예상하다

26 **definite**

[défənit]

(의심할 여지 없이 틀림없는): 형 확실한, 명백한

Can I have some time to think it over before I give you a *definite* answer?

파생 ⊖ indefinite [indéfənit] 형 명확하지 않은

어원 de(completely:완전히)+fin(limit:한정하다) + ite → (완전히 한정된 것이어서) 확실한

---

22 광고는 잠재 고객을 끌어들이기 위한 효과적인 방법이다. 23 정확히 미래에 어떤 일이 벌어질지 예측하는 것은 불가능하다. 24 지금은 화창하지만 내일은 비가 올 것으로 예측됩니다. 25 나는 그 여행이 그렇게 오래 걸릴 것이라고는 예상하지 않았다. 26 확실한 답변을 드리기 전에 생각해 볼 시간을 가져도 될까요?

27 **clarify**

[klǽrəfài]

(더 알기 쉽게, 더 자세히 설명해서) 동 명확하게 하다, 분명히 말하다

Could you *clarify* what you are asking me?

파생 clarity [klǽrəti] 명 명백, 명료

어원 clar(clear:명확한) + ify(make:만들다) → 명확하게 하다

28 **vague**

[veig]

1. (정보가 충분치 않거나 부정확해서) 형 막연한, 애매한
2. (생각·기억·느낌·형체가) 형 희미한, 흐릿한

The witness gave only a *vague* description of the suspect to the police.

She had only a *vague* idea when it had happened.

어원 vag(wander:떠돌아다니다) + ue ┬ 부정확해서 헤메는(떠돌아다니는) → 1. 막연한
└ (있어야 할 곳에 있지 않고 떠돌아다녀서) 2. 희미한

29 **confuse**

[kənfjú:z]

1. (여러 가지가 뒤섞여서) 동 혼란스럽게 하다,
2. (서로 다른 것을 구별하지 못하고) 동 혼동하다 [with]

The road signs were so *confusing* that I didn't know which way to go.

I always *confuse* them because they look so alike.

파생 confusion [kənfjú:ʒən] 명 혼란, 혼동

어원 con(together:함께)+fuse(pour:붓다) → (한꺼번에 들이부어 뒤섞여서) 혼란스럽게 하다

30 **select**

[silékt]

(최고의 것, 가장 적합한 것을) 동 (신중히) 선택[선정, 선발]하다 형 엄선된

He was *selected* for the all-star team 12 times and won eight MVP awards.

파생 selection [silékʃən] 명 선택, 선정, 선발

어원 se(apart:떨어져) + lect(gather:모으다) → (좋은 것만을) 따로 떨어뜨려 모으다 → 선정하다

27 제게 무엇을 물어보고 있는 것인지 명확하게 말씀해 주시겠습니까? **28** 그 목격자는 경찰에 용의자에 대해 모호한 묘사를 했을 뿐이었다. / 그녀는 그 일이 언제 일어났는지 어렴풋이 알고 있을 뿐이었다. **29** 도로 표지가 너무 혼란스러워서 어떤 길로 가야 할지 몰랐다. / 나는 그것들이 너무 똑같이 보여서 항상 혼동한다. **30** 그는 열두 차례 올스타팀에 선발되어 여덟 개의 MVP 상을 획득했다.

31 **alternative**

[ɔːltə́ːrnətiv]

(대신하여 선택 가능한 다른 안): 명 대안 형 대안의

Many scientists are working to develop *alternative* energy sources.

어원 alter(other:다른) + native → (대신하는) 다른 것 → **대안**

32 **conclude**

[kənklúːd]

1. (최종적인 판단을 하고) 동 결론을 내리다
2. (마무리를 짓고 하던 일을 완전히) 동 끝내다, 끝나다, 종결하다[되다]

After an investigation, the police *concluded* that he had stolen the money.

He *concluded* the speech by thanking everyone for coming.

파생 conclusion [kənklúːʒən] 명 결론; 결말

어원 con(together:함께) + clude(shut:닫다) → (함께 판단을 내려고) 논의를 닫다 → **결론짓다**

Daily Test

01 confuse	17 probable
02 vague	18 potential
03 clarify	19 anticipate
04 conscious	20 mental
05 concept	21 predict
06 conclude	22 definite
07 select	23 alternative
08 abstract	24 logical
09 inspire	25 rational
10 recall	26 consider
11 suppose	27 subjective
12 opportunity	28 concrete
13 regard	29 remind
14 illusion	30 likely
15 theory	31 prospect
16 objective	32 forecast

Answer Key ▷ 339

31 많은 과학자들이 대체 에너지 자원을 개발하기 위해 일하고 있다. **32** 수사를 한 후 경찰은 그가 돈을 훔쳤다고 결론지었다. / 모든 사람들에게 참석해 주어서 고맙다는 말로 연설을 마쳤다.

Day 15

교육·지식체계 I

education & knowledge I

≫ 테마 기본 어휘	able(~할 수 있는) · information · fact(사실) · detail(세부 사항) · data · · record · document · file · form(양식) · note · diary(일기) · list(리스트) · test · try(실제로 해 보다) · check(검토) · teach · training (훈련) · coach(코치) · learn · study · exercise(연습) · class(수업 시간) · lesson · classroom · course · homework · school

01 **education** [èdʒukéiʃən]

(가르치고 배우는 체계적인 활동): 명 **교육**

Education is a basic human right, especially for children.

파생 educate [édʒukèit] 동 교육하다
educational [èdʒukéiʃənl] 형 교육의

어원 e(out:밖) + duc(lead:이끌다) → (재능·자질을) 밖으로 끌어내는 것 → **교육**

02 **academic** [ækədémik]

1. (학교·대학 등에서의 교육과 관련된): 형 **학업[학교]의**
2. (학문적인 공부나 연구를 잘 하는): 형 **학구적인**

This college is known for its high *academic* standards.
I wasn't very *academic* and wanted to be a mechanic.

파생 academy [əkǽdəmi] 명 학원, 학회

어원 academy(철학자 플라톤이 가르친 학원) + ic → 학업[학교]의; 학문의; 학구적인

03 **pupil** [pjú:pl]

(영국식 영어로, 특히 초·중등 학교의) 명 **학생**

The high school has more than 700 *pupils*.

04 **tutor** [tjú:tər]

(한 명 또는 소수를 지도하는) 명 **개인[가정] 교사** 동 **개인 교습을 하다**

He studied under private *tutors* until he entered college.

01 교육은 특히 아이들에게 기본적인 인간의 권리이다. **02** 이 대학은 높은 학업 수준으로 유명하다. / 나는 별로 학구적이 아니어서 정비공이 되기를 원했다. **03** 그 고등학교에는 700명 이상의 학생이 있다. **04** 대학을 들어갈 때까지 그는 가정교사 지도 하에 공부를 했다.

05 **principal**
[prínsəpəl]

1. (학교의 최고 책임자): 명 교장
2. (중요도의 순서에 있어서) 형 제일의, 주된, 주요한

The *principal* has responsibility for the management of the school.
His *principal* source of income was his salary.

어원 prin(first:첫째의) + cip(take:차지하다) ─ (학교의) 첫 번째 직위 → 1. 교장
└ (중요도의) 첫 번째를 차지하는 → 2. 제일의, 주된

06 **lecture**
[léktʃər]

(특히 대학교에서) 명 강의, 강연 동 강의[강연]하다

Professor Wilder gave us a *lecture* about the British legal system.

파생 lecturer [léktʃərər] 명 강사

07 **curriculum**
[kəríkjuləm]

(학교의 학과목 체계·계획) 명 교과[교육] 과정

Computer lessons are part of the school's *curriculum* for every grade.

파생 curricular [kəríkjulər] 형 교육과정의

어원 원뜻: 경주로(race course)에서 유래 → (일정 기간 달려서) 마쳐야 하는 과정 → 교육 과정

08 **instruct**
[instrʌ́kt]

1. (특정 지식·기술을 체계적으로) 동 가르치다, 교육하다
2. (해야 할 일을 상세히 공식적으로) 동 지시하다

All our staff have been *instructed* in the correct use of the equipment.
His secretary was *instructed* to cancel his appointments until further notice.

파생 instruction [instrʌ́kʃən] 명 가르침, 지도; (-s) 설명; 지시
instructor [instrʌ́ktər] 명 가르치는 사람, 강사

어원 in(on:위) + struct(pile:쌓다) ─ ~위에 지식을 쌓아 올리다 → 1. 가르치다
└ (가르치듯 상세히) 2. 지시하다

05 교장은 학교의 관리 책임을 맡는다. / 그의 주 수입원은 그의 봉급이었다. 06 윌더 교수는 우리에게 영국의 법 제도에 강의를 했다. 07 컴퓨터 수업은 모든 학년을 위한 학교 교과과정의 일부이다. 08 우리 직원들은 모두 그 장비의 올바른 사용법에 대해 교육을 받았다. / 그의 비서는 추후 통지가 있을 때까지 그의 약속을 취소하라는 지시를 받았다.

Day 15

09 **practice**
[prǽktis]

1. (익숙해지도록 반복해서) 동 **연습하다** 명 **연습**
2. (실제로 행동으로 옮김): 명 **실행, 실제** 동 **실행[실천]하다**
3. (평상시 늘 함으로써 일상화된) 명 **관례, 관행** 동 **늘 행하다**

He *practices* golf six times a week, three to four hours a day.
Don't wait. Put your ideas into *practice* immediately!
It is very difficult to change traditional *practices*.

파생 practical [prǽktikəl] 형 실용적인, 실제적인

어원 원뜻:do(행하다)의 뜻에서 유래
- (되풀이하여) 행하다 → 1. 연습하다
- (실지로) 행하다 → 2. 실행[실천]하다
- (늘 행해온) 3. 관례, 관행

10 **scholarship**
[skɑ́lərʃip]

1. (학교나 단체가 학생에게 학비 보조금으로 내주는) 명 **장학금**
2. (깊은 학술적 연구에 따른 해박한 지식): 명 **학문, 학식, 박식**

She received a full four-year *scholarship* to Harvard University.
This book is highly recommended as an excellent work of *scholarship*.

파생 scholar [skɑ́lər] 명 장학생; 학자

어원 scholar(학자) + ship
- (유능한 학자에게 지급하는) 1. 장학금
- (학자의) 지식 → 2. 학식, 학문

11 **semester**
[siméstər]

(한 학년을 둘로 나눈 학제에서의) 명 **학기**

This *semester* I'm taking a course in American history.

어원 se(six:6) + mes(month:개월) → 6개월 → (한 학년을 둘로 나눈) 학기

12 **knowledge**
[nɑ́lidʒ]

(무엇에 대해 알고 있는 내용): 명 **지식; 알고 있음**

You'll need a good *knowledge* of programming languages for this job.

어원 know(알다) + ledge → 알고 있는 것 → 지식; 알고 있음

09 그는 1주일에 6번 하루에 서너 시간씩 골프 연습을 한다. / 기다리지 마세요. 당신의 생각을 즉시 실행에 옮기세요. / 전통적인 관행을 바꾸기는 매우 어렵다. **10** 그녀는 하버드 대학 4년 전액 장학금을 받았다. / 이 책은 뛰어난 학문적 저작으로 많이 추천된다. **11** 이번 학기에 나는 미국 역사 과목을 듣는다 **12** 이 일을 하려면 프로그램 언어에 대한 상당한 지식이 필요할 겁니다.

13 **intellectual**

[ìntəléktʃuəl]

(지식·지성과 관련된, 또는 그것을 갖춘): 형 **지적인** 명 **지식인**

This job requires considerable *intellectual* effort.

파생 intellect [íntəlèkt] 명 지성

어원 intel(between:사이) + lect(read:읽다) → (행간을) 읽을 줄 아는 → **지적인**

14 **expert**

[ékspə:rt]

(어떤 분야에 많은 지식·경험을 가진) 명 **전문가** 형 **전문가의**

It's absolutely essential to get an *expert* opinion on that subject.

파생 expertise [èkspərtí:z] 명 전문 지식[기술]

어원 ex(out) + per(try) → try out(시험해 보다) → (많이 시험해 본) **전문가**

Day 15

15 **specialize**

[spéʃəlàiz]

(제한적으로 특정 분야만을) 동 **전문적으로 다루다, 전공하다** [in]

We had a pleasant dinner at a restaurant that *specializes* in Indian food.

파생 specialization [spèʃəl-əzéiʃən] 명 전문[특수]화

어원 special(특별한) + ize(make:~화하다) → 특화하다 → **전문적으로 다루다**

16 **capable**

[kéipəbl]

(어떤 일에 필요한 실질적인) 형 **~할 수 있는** [of]; **유능한**

I think he's quite *capable* of holding such a responsible position.

파생 capability [kèipəbíləti] 명 능력, 역량
⊖ incapable [inkéipəbl] 형 능력이 없는

어원 cap(hold:수용하다) + able → (무엇을) 수용할 수 있는 → **능력이 있는, 유능한**

17 **enable**

[inéibl]

(사물이 사람이나 다른 사물에 무엇을) 동 **~할 수 있게 하다**

The Internet *enabled* us to find information and people easily.

어원 en(make:만들다) + able(할 수 있는) → **~할 수 있게 하다**

13 이 일은 상당한 지적인 노력을 필요로 한다. 14 그 주제에 관해서는 전문가의 의견을 받는 것이 극히 필수적이다. 15 우리는 인도 음식을 전문으로 하는 레스토랑에서 즐거운 저녁식사를 했다. 16 나는 그가 그런 책임이 막중한 직위를 맡은 능력이 충분히 있다고 생각한다. 17 인터넷은 우리가 정보와 사람을 쉽게 찾을 수 있게 만들었다.

18 **talent**

[tǽlənt]

(무엇을 잘할 수 있는 타고난) 명 재능

He showed a *talent* for music at a very early age.

파생 talented [tǽləntid] 형 재능이 있는

19 **competence**

[kɑ́mpətəns]

(특정한 일을 잘 하는데 요구되는) 명 **능력, 역량**

They need continuing education to maintain their technical *competence*.

파생 competent [kɑ́mpətənt] 형 유능한
⊖ incompetence [inkɑ́mpətəns] 명 무능

어원 compete(경쟁하다) + ence → (경쟁을 이겨낼 수 있는) **능력**

20 **instinct**

[ínstiŋkt]

(동물의 타고난 행동 양식이나 능력 · 충동 등의) 명 **본능**

The strongest natural *instinct* all animals have is the survival *instinct*.

파생 instinctive [instíŋktiv] 형 본능적인

어원 in(안) + stinct(prick:찌르다) → 마음 속에서 일어나는(찌르는) 자극 → **본능**

21 **according**

[əkɔ́:rdiŋ]

1. (~ to) (정보의 출처를 나타내어): 부 **~에 따르면[의하면]**
2. (~ to) (무엇에 기초 · 의거 하는지를 나타내어): 부 **~에 따라[의하여]**

Tomorrow will be sunny *according* to the weather forecast.
Everything went *according* to schedule so there was nothing for me to do.

파생 accordingly [əkɔ́:rdiŋli] 부 따라서, 그러므로

어원 accord(일치하다) + ing → (무엇에) 일치하여 → **1. ~에 따르면 2. ~에 따라**

22 **proverb**

[prɑ́və:rb]

(교훈이 담긴 짧은 말): 명 **속담, 격언**

The old *proverb* says that it is no use crying over spilt milk.

어원 pro(forth:앞으로) + verb(word:말) → (흔히 사람들이) 앞으로 내놓는 말 → **속담**

18 그는 아주 어린 나이에 음악에 재능을 보였다. **19** 그들은 기술적인 역량을 유지하기 위해 지속적인 교육이 필요하다. **20** 모든 동물이 가지고 있는 가장 강한 자연적인 본능은 생존의 본능이다. **21** 일기 예보에 따르면 내일은 화창할 것이다. / 모든 것이 일정에 따라 진행되어서 내가 일이 없었다. **22** 한 번 쏟은 물은 다시 담을 수 없다는 옛 속담이 있다.

23 **register**
[rédʒistər]

(명부·목록 등에 정식으로) 동 등록[기록]하다 명 등록부, 명부

Over fifty students have *registered* for this course.

파생 registration [rèdʒistréiʃən] 명 등록, 기록

어원 re(back) + gist(carry:나르다) → (뒤로) 나르다 → (뒤로 가져와서) 등록[기록]하다

24 **research**
[risə́ːrtʃ]

(과학적·학술적 목적의) 명 연구, (연구) 조사 동 연구[조사]하다

Market *research* has shown us that people want quality, not just quantity.

파생 researcher [risə́ːrtʃər] 명 연구[조사]원

어원 re(강조) + search(찾다) → (유심히) 찾다 → 조사[연구]하다

25 **analyze**
[ǽnəlàiz]

(복잡한 것을 개별 요소로 나누다): 동 분석하다

In that study, researchers *analyzed* 2005-2010 survey data.

파생 analysis [ənǽləsis] 명 분석

어원 ana(throughout:구석구석까지) + lyze(loosen:풀다) → (구석구석까지) 풀다 → 분석하다

26 **experiment**
[ikspérəmənt]

(무엇을 파악·측정·증명하기 위한) 명 실험 동 실험하다

The *experiment* produced several unexpected results.

파생 experimental [ikspèrəméntl] 형 실험의

어원 ex(out) + per(try) → try out(시험해 보다) → 실험하다

27 **laboratory**
[lǽbərətɔ̀ːri]

(실험에 필요한 장치·설비를 갖춘) 명 실험실 (= lab)

The blood samples were sent to a *laboratory* for testing.

어원 labor(work:일하다) + atory → (일을 하는) 장소 → 실험실

23 50명 이상의 학생들이 이 강좌에 등록했다. 24 시장 조사는 우리에게 사람들이 단순히 양이 아니라 품질을 원한다는 것을 보여 주었다. 25 그 연구에서 연구원들은 2005-2010 조사 데이터를 분석했다. 26 그 실험은 여러 가지 예상치 못한 결과를 낳았다. 27 그 혈액 샘플들은 테스트를 위해 실험실로 보내졌다.

28 **examine**
[igzǽmin]

1. (무엇에 대해 더 자세히 알아보려고) 동 **검사[조사, 심사]하다**
2. (실력·재능 등을 평가하기 위해) 동 **시험하다**

You shouldn't sign any contract before *examining* its conditions carefully.
You will be examined on these subjects during your final *exams*.

파생 examination [igzæmənéiʃən] 명 검사, 조사; 시험 (= exam)

어원 원뜻: weigh(무게를 측정하다) → 1. 검사하다 2. 시험하다

29 **investigate**
[invéstəgèit]

(진실을 밝히기 위해) 동 **(범죄·사건 등을) 수사[조사]하다**

The police are *investigating* the death of a business man.

파생 investigation [invèstəgéiʃən] 명 조사, 수사

어원 in(안) + vestig(track:추적하다) → (사건·범죄의) 속을 추적하다 → 조사하다

30 **survey**
명 [sə́:rvei]
동 [sərvéi]

(의견·성향 등을 질문을 통해 알아내는) 명 **설문 조사** 동 **조사하다**

The *survey* found that 60% of the respondents were in favour of the plan.

어원 sur(over:위에) + vey(see:보다) → (위에서 살피며) 보다 → 조사하다

31 **review**
[rivjú:]

1. (변경·수정할 사항이 있는지) 동 **재검토하다** 명 **재검토**
2. (배운 것을 되풀이하여) 동 **복습하다** 명 **복습**

Review all the facts carefully before you make a decision.
He began *reviewing* his notes for an upcoming exam.

어원 re(again:다시) + view(보다) → (다시) 보다 → 1. 재검토하다 → (보고 나서) 2. 복습하다

32 **genuine**
[dʒénjuin]

(가짜나 모조가 아닌) 형 **진짜의, 진품의; 참된**

This painting is a *genuine* Chagall, it's not a fake.

어원 genu(native:토박이의) + ine → (원래부터 그 지역에 살던) 토박이의 → 진짜의

28 계약 조건을 면밀히 검토하기 전에는 어떤 계약서에도 서명해서는 안 됩니다. / 기말 고사 동안 이 주제들에 대해서 시험을 치게 될 것이다. 29 경찰은 한 사업가의 사망 사건을 수사 중이다. 30 그 조사에 의하면 응답자의 60%가 그 계획에 찬성하는 것으로 나타났다. 31 결정을 하기 전에 모든 사실을 신중하게 재검토 하십시오. / 그는 다가오는 시험에 대비해서 그의 노트를 복습하기 시작했다. 32 이 그림은 진짜 샤갈의 작품입니다. 모조품이 아닙니다.

33 **actual**

[ǽktʃuəl]

(있는 그대로의 사실임을 강조하여) 형 **실제의, 사실상의**

She looked several years younger than her *actual* age.

파생 actually [ǽktʃuəli] 부 실지로, 실제로

어원 act(행하다) + ual → (이론이 아닌) 현실에서 행해지는 → 실제의

34 **reality**

[riǽləti]

(현재 실제로 있는 사실이나 상태): 명 **현실(성)**

The child is old enough to know the difference between fantasy and *reality*.

파생 realistic [rìːəlístik] 형 현실주의의, 현실적인

어원 real(현실의) + ity → 현실(성)

Day 15

Daily Test

01 investigate	18 competence
02 examine	19 proverb
03 laboratory	20 analyze
04 academic	21 education
05 principal	22 register
06 genuine	23 experiment
07 survey	24 actual
08 reality	25 review
09 semester	26 tutor
10 instruct	27 pupil
11 expert	28 lecture
12 enable	29 practice
13 instinct	30 knowledge
14 curriculum	31 specialize
15 capable	32 talent
16 intellectual	33 according
17 scholarship	34 research

Answer Key ▷ 340

33 그녀는 실제의 나이보다 몇 년 더 젊어 보였다. **34** 그 아이는 공상과 현실 사이의 차이를 충분히 알만한 나이이다.

Day 16

교육·지식체계 II

education & knowledge I

≫ 테마 기본 어휘	college · university · student · class · teacher · professor(교수) · exam · test · true · real · right wrong · mistake(실수) · error(오류) · exact(정확한) · certain(확실한) · sure(확실한) · know · familiar · sense(분별, 지각) · wise(현명한) · clever(영리한) · smart(영리한) · stupid(어리석은) · crazy · mad(미친) · find lose(잃다) · show · secret

01 **false**

[fɔːls]

(진실·사실·진짜가 아닌): 형 거짓[가짜]의; 잘못된, 틀린

We do not know whether the statement is true or *false*.

02 **fake**

[feik]

(남을 속이려고 진짜같이 보이도록 만든): 형 위조[모조]의 명 위조[모조]품 동 위조[모조]하다

He was arrested when he tried to leave the country with a *fake* passport.

03 **correct**

[kərékt]

(오류나 실수가 없이) 형 옳은, 틀림없는 동 고치다, 바로잡다

Please check that all the information on the form is *correct*.

파생 ⊖ incorrect [ìnkərékt] 형 틀린

어원 cor(강조) + rect(lead straight:똑바로 이끌다) → 똑바로 이끌어진 → 옳은

04 **accurate**

[ǽkjurət]

(계산·기록·묘사 등이 오류나 실수 없이) 형 정확한

Without *accurate* information, we can't make any decisions.

파생 accuracy [ǽkjurəsi] 명 정확
⊖ inaccurate [inǽkjərit] 형 부정확한

어원 ac(to) + cur(care:주의) → (주의를 기울여서) 정확한

01 우리는 그 진술이 사실인지 거짓인지 모른다. **02** 그는 가짜 여권으로 그 나라를 떠나려고 하다가 체포되었다. **03** 양식에 있는 모든 정보들이 틀림없는지 확인하십시오. **04** 정확한 정보 없이는 우리는 어떠한 결정도 할 수 없다.

05 **precise**

[prisáis]

(세세한 부분까지 빈틈없이) 형 정확[정밀]한

Could you give a more *precise* explanation of what you want to do?

파생 precision [prisíʒən] 명 정확, 정밀

어원 pre(before:미리) + cise(cut:자르다) → (불정확한 것을 미리 잘라내서) 정밀한

06 **ensure**

[inʃúər]

(어떤 일이 틀림없이 이루어지도록) 동 반드시 ~하게[이게] 하다, 보장하다

It's his responsibility to *ensure* the project finishes on time.

어원 en(make) + sure → make sure → 반드시 ~하게[이게] 하다

07 **prove**

[pru:v]

(어떤 것이 진실임을 증거를 들어) 동 증명하다

Nobody believed him at first but he *proved* to be right.

파생 proof [pru:f] 명 증거, 증명

08 **confirm**

[kənfə́:rm]

(불확실하던 것이 분명한 사실임을) 동 확인[확증]해 주다

I'm calling to *confirm* my reservation on Flight KE 907 to London.

파생 confirmation [kɑ̀nfərméiʃən] 명 확인, 확증

어원 con(강조) + firm(확실한) → (더) 확실하게 해 주다 → 확인해 주다

09 **evidence**

[évədəns]

(범죄·의혹·주장 등을 입증하기 위한) 명 증거 동 (증거로써) 증명하다

This is important new *evidence* that may prove him innocent.

파생 evident [évədənt] 형 분명한, 명백한

어원 e(out:밖) + vid(see:보다) → (밖으로) 드러나 보이는 것 → 증거

Day 16

05 당신이 하고 싶은 것이 무엇인지 좀 더 정확한 설명을 해 주시겠어요? **06** 프로젝트가 확실히 제때 끝나도록 하는 것은 그의 책임이다. **07** 처음에는 아무도 그를 믿지 않았으나 그가 옳았다는 것이 판명되었다. **08** 런던행 KE 907 비행편의 예약을 확인하려고 전화했습니다. **09** 이것은 그가 무죄라는 것을 입증할 수도 있는 중요한 새로운 증거이다.

10 **certificate**

[sərtífikeɪt]

(사실이나 자격 등을 인정해 주는) 명 **증명서, 면허[자격]증**

The name on her birth *certificate* is Clorinda, but no one ever called her that.

파생 certify [sə́:rtəfài] 동 증명[보증]하다

어원 certific(certify:증명하다) + ate → 증명해 주는 것 → **증명서**

11 **doubt**

[daut]

(무엇이) 동 **(사실이 아닐지 모른다고) 의심하다** 명 **의심**

I think there is no reason to *doubt* that he is telling the truth.

파생 doubtful [dáutfəl] 형 의심을 품고 있는, 의심스러운

12 **suspect**

동 [səspékt]
명 [sʌ́spekt]

1. (미심쩍어 하는 무엇이) 동 **(사실이 아닐까 하고) 의심하다**
2. (범죄의 혐의를 받고 있는) 명 **용의자** 동 **범죄의 혐의를 두다**

I *suspect* he might be lying but I can't tell for sure.

The police arrested two *suspects* in connection with the theft.

파생 suspicion [səspíʃən] 명 의심
suspicious [səspíʃəs] 형 의심이 많은, 의심스러운

어원 sus(under) + spect(look) → (의심하며) 아래에서부터 위로 훑어보다 → **의심하다, 용의자**

13 **recognize**

[rékəgnàiz]

1. (이전에 보거나 들은 것이어서) 동 **알아보다, 인식하다**
2. (어떤 사실·존재·가치 등을 그렇다고) 동 **인정[승인]하다**

He'd grown so much I almost didn't *recognize* him at first.

He is an internationally *recognized* expert in this field.

파생 recognition [rèkəgníʃən] 명 인식; 인정

어원 re(again:다시) + cogn(know:알다) ┬ (다시) 알아보다 → **1. 인식하다**
└ (진가를) 알아보다 → **2. 인정하다**

10 그녀의 출생 증명서 상의 이름은 Clorinda이나 아무도 그녀를 그렇게 부르지 않았다. 11 나는 그가 진실을 말하고 있지 않다고 의심할 이유가 없다고 생각한다. 12 나는 그가 거짓말을 하고 있다고 의심하지만 확실히 말할 수는 없다. / 경찰은 절도와 관련하여 두 명의 용의자를 체포했다. 13 그는 너무나 많이 자라서 처음에 나는 그를 거의 알아보지 못했다. / 그는 이 분야에서 국제적으로 인정받고 있는 전문가이다.

14 **aware**

[əwέər]

(무엇을 알아차리고 그것에 대해) 형 **알고[의식하고] 있는** [of]

Smokers continue to smoke, although *aware* of the dangers of smoking.

파생 ⊖ unaware [ə,nəwe'r] 형 알지 못하는

어원 a(강조) + ware(wary:경계하는) → (매우 경계하기 때문에) 알고 있는

15 **familiar**

[fəmíljər]

(자주 접하거나 겪어서) 형 **익숙[친숙]한; 잘 아는**

Your face is very *familiar* to me; haven't I met you somewhere?

파생 unfamiliar [ə,nfəmi'ljər] 형 생소한, 익숙지 못한

어원 family(가족) + ar → (가족처럼) 잘 아는, 익숙한

16 **identify**

[aidéntəfài]

1. (보는 대상이 누구·무엇인지, 본인·동일물인지를) 동 **확인[식별]하다**
2. (어떤 대상을 다른 대상과 똑같은 것으로) 동 **동일시하다** [with]

The dead man has been *identified* as her husband.

Many people *identify* happiness simply with the possession of wealth.

파생 identification [aidèntifəkéiʃən] 명 신분증(= ID), (신원) 확인; 동일시
identity [aidéntəti] 명 신원, 정체

어원 identi(same:동일한) + fy → 2. 동일시하다 → (동일한지를) 1. 확인하다

17 **realize**

[rí:əlàiz]

1. (모르던 것을 느껴서) 동 **깨닫다, 알아차리다**
2. (꿈·희망·계획 등을 실제로) 동 **실현[달성]하다**

He didn't *realize* the situation was getting worse and worse.

He finally *realized* his ambition of becoming a doctor.

파생 realization [rì:əlizéiʃən] 명 깨달음, 인식; 실현

어원 real(진실의, 현실의) + ize ┌ (진실을) 1. 깨닫다
└ (현실에서) 2. 실현하다

14 흡연자들은 흡연의 위험성에 대해 인식하고 있지만 담배를 계속 피운다. 15 얼굴이 낯익으신 데, 제가 어디서 뵌 적이 없나요? 16 사망한 남자는 그녀의 남편인 것으로 확인되었다. / 많은 사람들은 행복을 재산의 소유와 동일시한다. 17 그는 상황이 점점 더 악화되어 가는 것을 깨닫지 못했다. / 그는 결국 의사가 되겠다는 자신의 야망을 실현했다.

18 **practical**
[prǽktikəl]

1. (실재하는 대상과 관련된): 형 실제[현실]적인
2. (어떤 목적이나 실생활에 유용한): 형 실용적인

Theoretically it's possible, but not *practical*.
He prefers to wear clothes that are *practical* rather than stylish.

파생 ⊖ impractical [impræktikəl] 형 비현실적인; 비실용적인

어원 practice(do:행하다) + al → (실제로) 행할 수 있는 → 1. 실제적인 2. 실용적인

19 **ignorant**
[ígnərənt]

(어떤 것에 대해 정보·지식이 없어서) 형 잘 모르는, 생소한; 무식[무지]한

I'm completely *ignorant* about computers and the Internet.

파생 ignorance [ígnərəns] 명 알지 못함; 무식

어원 i(not) + gnor(know:알다) → 알지 못하는 → 잘 모르는, 무식한

20 **intelligent**
[intélədʒənt]

(지적 능력이 뛰어난): 형 총명한, 지능이 있는

The boy was very *intelligent* and mature for his age.

파생 intelligence [intélədʒəns] 명 지능, 총명함; 정보, 첩보

어원 intel(between) + lig(read:읽다) → (행간을) 읽을 줄 아는 → 똑똑한

21 **genius**
[dʒíːnjəs]

(남들에 비해 월등하게 비범한 재능): 명 천재(인 사람)

Albert Einstein was a scientific and mathematical *genius*.

어원 gen(birth:출생) + ius → (타고난) 뛰어난 재능 → 천재

22 **ridiculous**
[ridíkjuləs]

(비웃지 않을 수 없을 만큼) 형 터무니없는, 웃기는

Do you actually believe that? I've never heard anything so *ridiculous*.

파생 ridicule [rídikjùːl] 동 조롱[조소]하다 명 조롱, 조소

어원 ridi(laugh:웃다) + cule → 비웃을 수 밖에 없는 → 터무니 없는

18 이론적으로는 그것이 가능하지만 현실적이지 않다. / 그는 유행을 따른 것보다는 실용적인 옷을 입기를 더 좋아한다. 19 나는 컴퓨터와 인터넷에 대해서 완전히 무지하다. 20 그 소년은 나이에 비해 매우 총명하고 성숙했다. 21 알버트 아인슈타인은 과학과 수학의 천재이었다. 22 그것을 실제로 믿으세요? 나는 그런 터무니없는 말을 들어본 적이 없어요.

23 **innocent**

[ínəsənt]

1. (세상에 물들지 않아서) 형 **순수한, 천진난만한**
2. (법적으로 죄가 없는): 형 **무죄의**

He didn't know anything; he was just an *innocent* little kid.
I wanted to believe he was *innocent*, until proven guilty.

파생 innocence [ínəsəns] 명 순진, 천진난만; 무죄

어원 in(not) + noc(harm:해) → (해를) 끼치지 않는 → 순수한, 무죄의

24 **discover**

[diskʌvər]

(찾아내지 못했거나 알려지지 않은 것을) 동 **발견하다, 알아내다**

Columbus *discovered* America and opened to the Europeans a new world.

파생 discovery [diskʌvəri] 명 발견

어원 dis(opposite:반대) + cover(덮다) → '덮다'의 반대 → (덮여진 것을) 열다 → 발견하다

25 **trace**

[treis]

1. (소재·행방·유래·원인 등을) 동 **추적[탐색]해서 찾아[밝혀]내다**
2. (사람·사물·사건 등이 그곳에 있었음을 보여주는) 명 **흔적, 자취**

The police *traced* him to an address in London, where he was arrested.
She has mysteriously vanished without a *trace*.

어원 원뜻: 끌다(draw)의 뜻에서 유래 → (끌고 간) 1. 흔적 → (흔적을) 2. 추적해서 찾아내다

26 **search**

[səːrʧ]

(구석구석을 샅샅이) 동 **수색[탐색]하다** 명 **수색, 탐색** [for]

They *searched* everywhere but they still couldn't find it.

27 **seek**

[siːk]

1. (필요로 하는 것을 손에 넣으려고) 동 **찾다, 구하다**
2. (try의 격식어) 동 **~하려고 노력[시도]하다**

It is always wise to *seek* professional legal advice before signing a contract.
Many companies are *seeking* to reduce their costs by operating more efficiently.

23 그는 아무것도 몰랐다, 그는 단지 순진한 어린 아이일 뿐이었다. / 나는 그가 유죄로 판명될 때까지 그가 무죄임을 믿고 싶었다. 24 칼럼버스는 아메리카대륙을 발견하고 유럽인들에게 새로운 세계를 열어주었다. 25 경찰은 런던 한 주소지까지 그를 추적했고 그는 그곳에서 체포되었다. / 그녀는 미스터리 하게도 흔적도 없이 사라졌다. 26 그들은 모든 곳을 다 찾아보았으나 여전히 그것을 찾을 수 없었다. 27 계약서에 서명을 하기 전에 전문적인 법률상담을 받는 것이 언제나 현명한 일이다. / 많은 회사들이 더 능률적으로 운영을 함으로써 비용을 줄이려고 노력하고 있다.

28 **refer**

[rifə́:r]

1. (~ to) (정보를 얻으려고) 동 **(책 등을) 참조하다, (누구)에게 문의하다**
2. (~ to) (무엇에 대해 직접적으로 분명하게) 동 **언급[거론]하다, 말하다**

He delivered the speech without once *referring* to his notes.
He never *referred* to the matter again after that day.

파생 reference [réfərəns] 명 **참고, 참조, 문의; 추천서[인]; 언급**

어원 re(back) + fer(carry:**가져가다**) ─ (어느 곳으로 가져가서) 1. **참조[문의]하다**
└ (말을 특정 대상으로 가져가서 그것을) 2. **언급하다**

29 **conceal**

[kənsí:l]

(hide의 격식어로, 특히 주의 깊게) 동 **숨기다, 감추다**

The man walked into the bank, *concealing* a gun in his pocket.

파생 concealment [kənsí:lmənt] 명 **은폐**

어원 con(**강조**) + ceal(hide:**숨기다**) → (단단히) **숨기다**

30 **express**

[iksprés]

1. (의견·감정 등을 언어·몸짓·표정 등으로) 동 **표현하다**
2. (차량 운행이나 우편 서비스의 속도가 빠른): 형 **급행의, 속달편의**

He has clearly *expressed* his opinion on the matter.
I'd like to send this letter by *express* mail, please.

파생 expression [ikspréʃən] 명 **표현; 표정**

어원 ex(out) + press(**압력을 가하다**) ─ (압력을 가해) 밖으로 밀어내다 → 1. **표현하다**
└ (급히) 밖으로 밀어내는 → 2. **급행의**

31 **expose**

[ikspóuz]

1. (평소에는 보통 가려져 있는 것을) 동 **드러내다; (비밀 등을) 폭로하다**
2. (해롭거나 위험한) 동 **(유해 환경에) 노출시키다**

She smiled, *exposing* straight white teeth.
Don't *expose* yourself to the direct rays of the sun too much.

파생 exposure [ikspóuʒər] 명 **노출, 폭로**

어원 ex(out:**밖**) + pose(place:**놓다**) → (밖으로) 드러내 놓다 → 1. **드러내다** 2. **노출시키다**

28 그는 자신의 노트를 한 번도 참조하지 않고 연설을 했다. / 그는 그날 이후로 다시는 그 문제에 대해 언급하지 않았다. **29** 그 남자는 총을 호주머니에 숨긴 채 은행으로 걸어 들어갔다. **30** 그는 그 일 대한 자신의 의견을 분명하게 표명했다. / 나는 이 편지를 속달로 보내고 싶습니다. **31** 그는 가지런한 하얀 치아를 드러내며 미소를 지었다. / 태양의 직사광선에 너무 많이 노출하지 마십시오.

32 **indicate**
[índikèit]

1. (어떤 것이 다른 것에 관한 사실·정보 등을) 동 **나타내다, 보여 주다**
2. (손가락 등으로 어떤 대상·방향 쪽을) 동 **가리키다, 지적하다**

His tone of voice *indicated* that he was in a bad temper.
"Please sit down," he said, *indicating* the chair in front of his desk.

파생 indication [ìndikéiʃən] 명 지적; 징후, 조짐

어원 in(into:방향) + dic(say:말하다) ─ (말로 뭔가를) 1. 보여 주다, 나타내다
└ (말로 특정 방향을) 2. 가리키다

Day 16

Daily Test

01 conceal	17 ignorant
02 refer	18 ridiculous
03 seek	19 trace
04 fake	20 false
05 precise	21 innocent
06 indicate	22 search
07 express	23 expose
08 doubt	24 accurate
09 confirm	25 correct
10 aware	26 ensure
11 realize	27 evidence
12 intelligent	28 suspect
13 prove	29 familiar
14 identify	30 practical
15 recognize	31 genius
16 certificate	32 discover

Answer Key ▷ 340

32 그의 어조가 그가 심기가 불편한 상태라는 것을 보여 주었다. / 그의 책상 앞에 있는 의자를 가리키며 "앉으세요" 라고 그는 말했다.

PART 2

사회 생활

과학적 · 체계적인 신개념의 영단어 학습법

개념원리 VOCA

|고|등|기|본|편|

Day 17

사회·정치·법 I

society, politics & law I

≫ 테마 기본 어휘	country(국가) · nation(국가, 민족) · people(국민) · nationality(국적) · international(국제적인)club(클럽) · member(멤버) · position(지위) · rank(계급)

01 **society** [səsáiəti]

(공동체를 이루고 사는) 명 **사회**

Every *society* has its own traditions and customs.

파생 social [sóuʃəl] 형 사회의

어원 soci(companion:동반자) + ety → (동반자들의) 집단 → 사회, 단체

02 **community** [kəmjú:nəti]

(같은 지역·직업 등을 바탕으로 모인) 명 **지역사회, 공동체**

There's a large Chinese *community* in this part of town.

어원 com(together:함께) + mun(exchange:나누다) → (함께) 나누는 곳 → 공동체, 지역사회

03 **civilization** [sìvələzéiʃən]

(기술적 발전과 물질적 풍요를 이룩한 사회): 명 **문명**

India is the land of one of the oldest *civilizations* in the world.

파생 civilize [sívəlàiz] 동 문명화하다

어원 civil(시민의) + ize(make:만들다) → (시민으로) 만들기 → 문명

04 **tradition** [trədíʃən]

(과거로부터 전해 내려온) 명 **전통**

This country has a long *tradition* of freedom of the press.

파생 traditional [trədíʃənl] 형 전통의

어원 tra(over:넘어) + di(give:주다) → 넘겨준 것 → 전통

01 모든 사회는 고유의 전통과 관습을 가지고 있다. **02** 이 동네에는 큰 중국인 공동체가 있다. **03** 인도는 세계에서 가장 오래된 문명 중 하나의 땅이다. **04** 이 나라는 언론의 자유의 오랜 전통을 가지고 있다.

05 **culture**

[kʌltʃər]

(한 사회의 생활양식 · 예술 등의) 명 **문화**

I like working abroad and meeting people from different *cultures*.

파생 cultural [kʌltʃərəl] 형 문화의

어원 cult(cultivate:경작하다) + ure → (농경 사회가 되면서 생긴) **문화**

06 **custom**

[kʌstəm]

1. (오랜 세월 굳어져서 지켜지는) 명 **관습**
2. (-s) (수출입품 단속과 관세에 관한 일을 하는) 명 **세관**

In my country, it is the *custom* to give presents at Christmas.

Customs officers checked the passenger's baggage very thoroughly.

파생 customary [kʌstəmèri] 형 관습적인

어원 cu(with:함께) + stom(be used to:익숙하다) ┬ (함께) 익숙해진 것 → 1. 관습
└ (관습적인) 세금을 걷는 곳 → 2. 세관

07 **folk**

[fouk]

1. (사람들 사이의 풍속과 관련된): 형 **민속[민간]의** 명 **민요**
2. (people과 유사한 의미의 구어체) 명 **사람들, 여러분**

The story that follows is based on an old *folk* tale.

The cars are so expensive that ordinary *folk* cannot afford to buy them.

어원 사람들(people)의 뜻에서 유래 ┬ (사람들) 사이의 → 1. 민간[민속]의
└ 2. 사람들; 여러분

08 **legacy**

[légəsi]

(죽은 사람 또는 앞 세대로부터) 명 **(물려받은) 유산**

This country has a rich *legacy* of art and literature.

09 **heritage**

[héritidʒ]

(한 사회 · 국가의 역사적으로) 명 **(중요한) 유산**

The British are strongly proud of their cultural *heritage*.

어원 herit(heir:상속인) + age → (상속) 받은 것 → **유산**

Day 17

05 나는 해외에서 일하면서 다른 문화의 사람들을 만나기를 좋아한다. **06** 우리 나라에서는 크리스마스에 선물을 주는 것은 관습이다. / 세관원들은 그의 승객의 수화물을 매우 철저하게 검사했다. **07** 이어지는 이야기는 옛 민담을 근거로 한 것이다. / 그 자동차들은 너무 비싸서 일반 사람들은 그것들은 살 여유가 없다. **08** 이 나라는 풍부한 예술과 문학의 유산을 가지고 있다. **09** 영국 사람들은 자신의 문화 유산에 대해 강한 자부심을 갖고 있다.

10 **citizen**
[sítəzən]

(한 나라에 사는) 명 시민; 주민

He was born in Russia but is now an American *citizen*.

파생 citizenship [si'tizənʃi,p] 명 시민권

11 **civil**
[sívəl]

(한 국가 내에 사는 사람들과 관련된): 형 시민의, 민간의

At least half a million people were killed during the *civil* war.

파생 civilian [sivíljən] 명 민간인 형 민간(인)의

어원 civ(citizen:시민) + il → 시민의

12 **independence**
[ìndipéndəns]

(남에게 종속되거나 의지하지 않는) 명 (국가의) 독립; (개인의) 자립

In 1867 Canada gained *independence* from Britain without fighting a war.

파생 independent [ìndipéndənt] 형 독립한, 자주의; 자립적인, 자립심이 강한
⊖ dependence [dipéndəns] 명 의존, 의지

어원 in(not) + depend(의존하다) → (의존하지) 않음 → 독립, 자립

13 **democracy**
[dimάkrəsi]

(국가의 주권이 국민에게 있는) 명 민주주의(국), 민주제

There can be no true *democracy* without freedom of expression.

파생 democratic [dèməkrǽtik] 형 민주주의의

어원 demo(people:민중) + cracy(rule:통치) → (민중에 의한) 통치 → 민주주의

14 **foreign**
[fɔ́:rən]

(자기 나라가 아닌) 형 외국의

In today's society it is essential to learn foreign languages.

파생 foreigner [fɔ́:rənər] 명 외국인

10 그는 러시아에서 태어났으나 지금은 미국 시민이다. 11 내전 동안 적어도 50만명의 사람들이 죽었다. 12 1867년 캐나다는 영국으로부터 전쟁을 하지 않고 독립했다. 13 표현의 자유 없이는 진정한 민주주의가 있을 수 없다. 14 오늘날의 사회에서 외국어를 배우는 것은 필수이다.

15 **exotic**

[igzάtik]

(자기 나라와 다른 특징·분위기를 가진): 형 **이국적인, 외래의**

The island's landscape was exotic and different in many ways.

어원 exo(outside:외부) + tic → 외부의 → **이국적인, 외래의**

16 **domestic**

[dəméstik]

1. (나라 내부의 일과 관련된): 형 **국내의**
2. (무엇이 가족이나 가정생활과 관련된): 형 **가정의; 가정용의**

There is a huge difference between *domestic* and international politics.

Millions of Indian women are facing *domestic* violence in their homes.

어원 집(dome)에서 유래 ┌ (나라의) 내부의 → **1. 국내의**
└ (집의) 내부의 → **2. 가정의**

17 **abroad**

[əbrɔ́:d]

(나라 밖의) 부 **국외[해외]로[에]**

She likes traveling *abroad* and learning about other people's cultures.

어원 a(on:~에) + broad(넓은) → (나라 밖의) 넓은 곳에 → **국외에**

18 **president**

[prézədənt]

1. (공화국의 국가원수): 명 **대통령**
2. (회사의 최고 책임자): 명 **사장**

At the age of 52, Abraham Lincoln was elected *President* of the United States.

He is the *president* of a company with more than 200 employees.

파생 presidential [prèzədénʃəl] 형 **대통령의**
vice-president [vaisprézədənt] 명 **부대통령; 부사장**

어원 pre(before:앞) + sid(ist:앉다) → (앞에 앉은) 지위가 높은 사람 → **1. 대통령 2. 사장**

15 그 섬의 풍경은 이국적이고 많은 면에서 달랐다. **16** 국내 정치와 국제 정치 사이에는 커다란 차이가 있다. / 수백만 명의 인도 여성들이 그들의 집에서 가정 폭력에 직면해 있다. **17** 그녀는 외국을 여행하면서 다른 민족의 문화를 배우기를 좋아한다. **18** 52세의 나이로 아브라함 링컨은 미국 대통령에 당선되었다. / 그는 200명 이상의 직원이 있는 한 회사의 사장이다.

19 **minister**

[mínəstər]

1. (한국·영국 등의 정부 부처의) 명 **장관, 대신, 각료**
2. (개신교 교회에서 지도적 직분): 명 **성직자, 목사**

The new *minister* said that there would be no change in foreign policy of the country.

Her father was a *minister*, and she grew up singing in the church.

파생 ministry [mínəstri] 명 **(행정부 산하의) 부, 성; 목사의 직무**

어원 minis(less:덜한) + ter → 신분이 낮은(덜한) 사람 → 하인 ┌ (왕의) 하인 → **1. 장관**
└ (신의) 하인 → **2. 목사**

20 **government**

[gʌvərnmənt]

(국가의 통치기구): 명 **정부**

The *government* announced a new economic policy yesterday.

파생 govern [gʌvərn] 동 **다스리다, 통치하다**

어원 govern(통치하다) + ment → 통치 기구 → **정부**

21 **diplomat**

[dípləmæt]

(외국에 살며 외교 업무를 보는) 명 **외교관**

He's a high-ranking *diplomat* in the US embassy in Moscow.

파생 diplomacy [diplóuməsi] 명 **외교(술)**
diplomatic [dìpləmǽtik] 형 **외교적인**

어원 di(two) + plo(fold) → double-folded document(두 번 접은 문서) → 외교 문서 → **외교관**

22 **politics**

[pάlətiks]

(나라를 다스리는 활동): 명 **정치(학)**

I am tired of these endless arguments about *politics*.

파생 political [pəlítikəl] 형 **정치적인**
politician [pὰlitíʃən] 명 **정치가**

어원 polit(city:도시) + ics → (도시를) 다스리는 일 → 정치

19 새 장관은 국가의 외교정책에는 변화가 없을 것이라고 말했다. / 그녀의 아버지는 목사였고 그녀는 교회에서 노래를 부르며 자랐다. **20** 정부는 어제 새로운 경제 정책을 발표했다. **21** 그는 모스크바 주재 미국 대사관의 고위 외교관이다. **22** 나는 이 끝없는 정치에 대한 논쟁에 싫증이 난다.

23 **policy**

[pάləsi]

(어떤 목적 실현을 위한) 명 **정책, 방침**

The President has announced that there will be no change in government *policy*.

어원 polic(city:도시) + y → (도시를) 다스리는 방침 → **정책**

24 **election**

[ilékʃən]

(대표자를 투표를 통해 뽑는) 명 **선거**

He won the *election* and became the nation's fiftieth president.

파생 elect [ilékt] 동 선거[선출]하다

어원 e(out:밖) + lect(choose:선택하다) → (선택해서) 밖으로 뽑아내는 일 → **선거**

25 **vote**

[vout]

(선거나 무엇을 결정할 때 하는) 명 **투표** 동 **투표하다**

Ten out of the twelve members *voted* against the new proposal.

파생 voter [vóutər] 명 투표자

26 **candidate**

[kǽndidèit]

(선거·구직·시상식 등에서 경쟁하는) 명 **후보자, 지원자**

They interviewed a number of *candidates* for the job.

어원 candid(white:흰) + ate → (로마시대의 공직 후보자는) 흰 옷을 입은 것에서 유래 → **후보자**

27 **organization**

[ɔ̀rgənəzéiʃən]

1. (어떤 목적을 위해 구성된) 명 **조직(체), 단체**
2. (여러 요소를 모아 일정한 질서를 갖게 하는) 명 **조직[체계]화, 구성**

The *organization* has more than 30,000 members worldwide.
He is responsible for the *organization* of the event.

파생 organize [ɔ́:rgənàiz] 동 조직하다; 준비하다

어원 organize(조직하다) + ate → 2. 조직화 → (조직적으로) 구성된 체제 → 1. 조직, 단체

23 대통령은 정부 정책에 변화가 없을 것이라고 발표했다. 24 그는 선거에서 이기고 그 나라의 15대 대통령이 되었다.
25 12명 회원 중 10명이 그 새로운 제안에 반대 투표를 했다. 26 그들은 그 일자리에 지원한 많은 후보자들을 면접했다.
27 그 단체는 전 세계적으로 3만 명 이상의 회원을 보유하고 있다. / 그는 행사 구성의 책임을 맡고 있다.

Day 17

28 **committee**
[kəmíti]

(특정 일의 결정·처리를 위임 받은) 명 **위원회**

The *committee* meets once a month and discusses issues.

어원 com(together) + mitt(send) +ee(사람) → (임무가 맡겨) 함께 보낸 사람들 → **위원회**

29 **status**
[stéitəs]

(법률상의 또는 사회적) 명 **신분, 지위**

The legal *status* of women was reformed in the late 19th century.

어원 sta(stand:서다) + tus → (서 있는) 상태 → **신분, 지위**

30 **senior**
[síːnjər]

(나이·직위·계급 등이) 형 **손위[상급, 상위]의** [to] 명 **연장[상급]자**

He was in the twelfth grade, two years *senior* to me.

어원 sen(old) + ior(비교급) → older → **손위[상급]의**

31 **junior**
[dʒúːnjər]

(나이·직위·계급 등이) 형 **연하[하급, 하위]의** [to] 명 **연하[하급]자**

He was *junior* to me in rank but was senior in age.

어원 jun(young:어린) + ior(비교급) → younger → **연하[하급]의**

32 **dynasty**
[dáinəsti]

(같은 가문의 왕들 또는 그 시기): 명 **왕조, 왕가**

The Ming *dynasty* ruled over China from 1368 to 1644.

어원 dynast(세습 군주) + y → **왕조**

33 **royal**
[rɔ́iəl]

(한 나라의 왕이나 여왕과 관련된): 형 **국왕[여왕]의** 명 **왕족(의 일원)**

He became a member of the *royal* family by marrying a princess.

파생 royalty [rɔ́iəlti] 명 (집합적으로) 왕족

28 위원회는 한 달에 한 번 만나서 문제들을 논의한다. **29** 여성의 법적 지위는 19세기말에 개혁되었다. **30** 그는 나보다 두 학년 더 높은 12학년이었다. **31** 그는 계급은 나보다 하급이었으나 나이는 손위였다. **32** 명왕조가 중국을 1368년부터 1644년까지 통치했다. **33** 그는 공주와 결혼을 하여 왕가의 일원이 되었다.

34 **noble**

[nóubl]

1. (신분이 가장 높은 계급에 속하는) 명 **귀족** 형 **귀족의**
2. (인격 · 성품 · 도덕성 등이 높고 빼어난): 형 **고결[숭고]한**

He was a man of *noble* birth, and an excellent philosopher.
They argued that Socialist ideals were *noble* but impractical.

어원 1. 귀족 → (귀족 처럼) 2. 고결[숭고]한

35 **slave**

[sleiv]

(남의 소유물인 사람): 명 **노예**

He lived like a king and treated his wife like a *slave*.

파생 slavery [sléivəri] 명 노예 제도[상태]

Day 17

Daily Test

01 status	19 politics
02 committee	20 vote
03 organization	21 society
04 community	22 policy
05 culture	23 candidate
06 dynasty	24 slave
07 senior	25 royal
08 noble	26 junior
09 civil	27 tradition
10 legacy	28 civilization
11 foreign	29 custom
12 abroad	30 heritage
13 government	31 independence
14 folk	32 exotic
15 domestic	33 president
16 democracy	34 diplomat
17 citizen	35 election
18 minister	

Answer Key ▷ 340

34 그는 귀족 출신 남자이며 뛰어난 철학가이었다. / 그들은 사회주의자의 이상은 고결하지만 비현실적이라고 주장했다.
35 그는 왕과 같이 살았고 부인을 노예같이 대했다.

Day 18

사회·정치·법 II

society, politics & law II

≫ 테마 기본 어휘	king · queen · prince · princess power(권력) · freedom(자유) · right(권리) · rule(규칙) · keep(법을 지키다) break(법을 어기다) · police(경찰) · control(통제하다) · let · allow(허락하다) · license(면허증)

01 **authority** [əθɔ́:rəti]

(행사할 수 있는 권리 · 권력의 범위): 명 **권한**

We have no *authority* to make any decisions on the matter.

파생 authorize [ɔ́:θəràiz] 동 권한을 부여하다

어원 author(originator:창조자) + ity → 권리 · 권력의 근원(창조자) → **권한**

02 **official** [əfíʃəl]

1. (권한을 인정받은): 형 **공식적인, 정식의**
2. (업무와 관련된): 형 **직무[공무]상의** 명 **관리, 공무원**

Though the news is not yet *official*, it is generally accepted as true.
The new President made his first *official* visit to the United States.

파생 ⊖ unofficial [ə,nəfi'ʃəl] 형 비공식적인

어원 office(공직) + al → (공직과) 관련된 → **2. 직무상의** → **1. 공식적인**

03 **liberty** [líbərti]

(억압 · 속박 등으로부터의) 명 **자유**

They fought for political liberty and finally obtained it.

파생 liberate [líbərèit] 동 자유롭게 하다, 해방하다
liberal [líbərəl] 형 자유주의의 명 자유주의자

어원 liber(free:자유롭게 하다) + ty → 자유

01 우리는 그 문제에 대해 어떤 결정도 내릴 권한이 없습니다. **02** 그 소식은 아직 공식적인 것은 아니다만 일반적으로 사실로 받아들여지고 있다. / 새 대통령은 미국으로 그의 첫 공식 방문을 했다. **03** 그들은 정치적 자유를 위해서 싸웠고 마침내 그것을 얻었다.

04 **qualify**

[kwάləfài]

(어떤 일을 할 수 있는) 동 **자격이 있다[을 주다]; 자격(증)을 얻다[주다]**

To *qualify*, you must be 18 or older and a resident of California.

파생 qualification [kwὰləfikéiʃən] 명 자격(증)

어원 quali(quality:질) + fy(make:만들다) → 일정한 질(자격)을 갖추도록 만들어 주다

05 **law**

[lɔ:]

(모든 국민이 지키도록 만든) 명 **법, 법률; 법칙**

It is against the *law* to drink before the legal drinking age.

파생 lawful [lɔ́:fəl] 형 합법[적법]의

06 **constitution**

[kὰnstətjú:ʃən]

(한 국가 체제의 기본 원칙을 정한) 명 **헌법**

According to the *Constitution*, every citizen is equal before the law.

파생 constitutional [kὰnstətjú:ʃənl] 형 헌법의

어원 con(together:함께) + statute(set up:세우다) → (다 함께 모여) 세운 것 → 헌법

07 **regulation**

[règjuléiʃən]

(통제 · 규제를 하기 위해 정해 놓은) 명 **규정, 법규**

Under the new *regulations*, all staff must have 12 hours of safety training.

파생 regulate [régjulèit] 동 규제하다; 조절하다

어원 regula(rule:규칙) + ate → (규칙으로) 정해 놓은 것 → 규정, 법규

08 **legal**

[lí:gəl]

(법과 관련된): 형 **법률(상)의; 합법적인**

If you break the contract, we could take *legal* action against you.

파생 legalize [lí:gəlàiz] 동 합법화하다
⊖ illegal [ilí:gəl] 형 불법적인

어원 leg(law:법) + al → 법률의

04 자격이 있으려면 18세 이상이고 캘리포니아의 주민이어야 합니다. **05** 술을 마실 수 있는 법적 연령 이전에 술을 마시는 것은 위법이다. **06** 헌법에 따르면 모든 시민은 법 앞에 평등하다. **07** 새로운 규정에 따라 모든 직원은 12시간의 안전교육을 받아야 한다. **08** 당신이 계약을 위반한다면 우리는 당신에 대해 법적 조치를 취할 수 있습니다.

Day 18

09 **violate**

[váiəlèit]

(법·합의·원칙 등을) 동 **위반하다; 침해하다**

Four employers were arrested for *violating* the labor law.

파생 violation [vàiəléiʃən] 명 위반, 침해

어원 viol(violent:폭력적인) + ate → 폭력을 쓰다 → **위반하다**

10 **lawyer**

[lɔ́:jər]

(법률 관련 일을 하는) 명 **법률가, 변호사**

He didn't accept the offer on the advice of his *lawyer*.

어원 law(법) + yer → (법을) 다루는 사람 → **법률가**

11 **punish**

[pʌniʃ]

(잘못·죄를 저지른 사람을) 동 **처벌하다, 벌주다**

If you ever lie to me again, you will be *punished*.

파생 punishment [pʌniʃmənt] 명 벌, 처벌

12 **crime**

[kraim]

(법을 어겨 처벌의 대상이 되는) 명 **범죄**

He was seen there about the time the *crime* was committed.

파생 criminal [krímənl] 형 범죄의 명 범죄자

13 **commit**

[kəmít]

1. (범죄나 부정한 일을) 동 **저지르다, 범하다**
2. (오직 한 가지에만) 동 **전념[헌신]하다** [to]
3. (무엇을 틀림없이 하겠다고 진심으로) 동 **약속하다** [to]

Honestly, I have never *committed* a crime in my life.
He remained a *committed* member of the party until his death.
The President is *committed* to continuing the reforms.

파생 commitment [kəmítmənt] 명 약속; 전념, 헌신

어원 com(together) + mit(send:보내다) ┌ 모두 맡기다(보내다) → (자신을 맡겨) 2. 3. **전념[약속]하다**
└ (나쁜 일에 자신을 맡겨) 1. **저지르다, 범하다**

09 네 명의 고용주가 노동법을 위반한 혐의로 체포되었다. 10 그는 그의 변호사의 조언에 따라 그 제의를 받아들이지 않았다. 11 내게 다시 한번 거짓말을 하면 너는 벌을 받을 것이다. 12 그 범행이 저질러질 무렵 그가 그곳에 있던 것이 목격되었다. 13 솔직히 나는 내 인생에서 한 번도 범죄를 저지른 적이 없다. / 그는 죽을 때까지 그 당의 헌신적인 당원이었다. / 대통령은 개혁을 계속할 것을 약속하고 있다.

14 **victim**

[víktim]

(사고·범죄 등으로 해를 입은) 명 **피해자, 희생자**

One of the *victims* had a broken leg from the accident.

파생 victimize [víktəmàiz] 동 손해[고통]를 주다, 괴롭히다

15 **steal**

[sti:l]

(남의 물건을 몰래) 동 **훔치다, 도둑질하다** [from]

I had my wallet *stolen* out of my back pocket while riding on a bus.

16 **rob**

[rab]

(폭력·위협으로 물건을) 동 **빼앗다, 강탈하다** [of]

Two men attacked him last night and *robbed* him of all his money.

파생 robbery [rɑ́bəri] 명 강도질
robber [rɑ́bər] 명 강도

17 **thief**

[θi:f]

(남의 물건을 훔치는) 명 **도둑, 절도범**

The policeman ran after the *thief* and caught him.

파생 theft [θeft] 명 도둑질, 절도

18 **detective**

[ditéktiv]

(범죄 수사와 범인 체포 등의 일을 하는) 명 **형사**

The *detectives* searched the house but found nothing.

어원 de(opposite) + tect(cover:가리다) → '가리다'의 반대 → (가려진 것을 밝혀내는) 형사

19 **prison**

[prízn]

(죄인들을 수용하는 시설): 명 **교도소, 감옥**

He was sent to *prison* for two years for stealing a car.

파생 prisoner [prízənər] 명 죄수

어원 pris(seize:붙잡다) + on → (붙잡아 두는) 곳 → 교도소, 감옥

14 피해자 중의 한 명은 그 사고로 다리가 부러졌다. 15 나는 버스를 타고 있을 때 뒷주머니에서 내 지갑을 도둑맞았다. 16 두 남자가 어젯밤 그를 폭행하고 그의 돈을 모두 강탈해갔다. 17 경찰관이 도둑을 뒤쫓아가서 그를 붙잡았다. 18 형사들은 집을 수색했으나 아무 것도 찾지 못했다. 19 그는 자동차를 훔친 혐의로 2년 동안 교도소에 수감되었다.

Day 18

20 **duty**

[djú:ti]

1. (마땅히 지켜 행하여야 할) 명 **의무**
2. (구매 물품에 부과하는) 명 **세금, 관세**

Parents have a *duty* to care for and support their children.
There's a high *duty* on alcohol and cigarettes in this country.

어원 due(당연히 해야 할) + ty ┬ (당연히 해야 할) 일 → 1. 의무
└ (물품 구매 시) 당연히 내야 할 것 → 2. 세금, 관세

21 **dominate**

[dɑ́mənèit]

(우월한 힘·세력·실력 등으로) 동 **지배하다, 우위를 차지하다**

The team *dominated* the first half of the game by scoring three goals.

파생 domination [dɑ̀mənéiʃən] 명 지배
dominant [dɑ́mənənt] 형 지배적인

어원 domin(master:주인) + ate → (주인이) 되다 → 지배[좌우]하다

22 **obey**

[oubéi]

(명령·법률·규칙 등을 따르다): 동 **복종[준수]하다**

She always *obeyed* her parents and never did anything wrong.

파생 obedience [oubí:diəns] 명 복종, 준수
obedient [oubí:diənt] 형 복종[준수]하는

어원 ob(to:방향) + ey(hear:듣다) → (남의 말을) 듣다 → 복종하다

23 **limit**

[límit]

(다다를 수 있거나 허용되는 최대의 범위): 명 **한계, 제한** 동 **한정[제한]하다**

The government is trying to *limit* foreign influence in the market.

파생 limited [límitid] 형 한정된
limitation [lìmətéiʃən] 명 제한(하는 행위[과정, 법])

20 부모는 자신의 자식들을 보살피고 부양해야 할 의무가 있다. / 이 나라에서는 술과 담배에 높은 세금이 붙는다. 21 그 팀은 세 골을 넣어 경기의 전반전을 압도했다. 22 그녀는 부모님께 항상 순종했고, 나쁜 짓은 절대로 하지 않았다. 23 정부는 시장에서의 외국의 영향력을 제한하려고 노력하고 있다.

[24] **restrict**
[ristríkt]

(한도를 넘지 못하게) 동 **제한[한정]하다** [to]

The government passed a law to *restrict* smoking in public.

파생 restriction [ristríkʃən] 명 제한 (규정), 구속

어원 re(back:뒤) + strict(draw tight:팽팽히 당기다) → (뒤로) 팽팽히 잡아 당기다 → **제한하다**

[25] **permit**
[pərmít]

(법·규정·결정에 따라) 동 **(정식으로) 허락[허가]하다** 명 **허가증**

Food and drinks are not *permitted* inside the museum.

파생 permission [pərmíʃən] 명 허락, 허가

어원 per(through:통과) + mit(send:보내다) → (통과시켜) 보내다 → **허락하다**

[26] **tolerate**
[tάlərèit]

1. (자신과 다른 생각·행동·신앙 등을) 동 **(너그럽게) 용인[허용]하다**
2. (불쾌한 일, 힘든 상황을 불평 없이) 동 **참다, 견디다**

We will not *tolerate* that kind of behavior anymore.
It is hard to *tolerate* that noise, especially at night.

파생 tolerance [tάlərəns] 명 용인, 관용; 허용 오차
tolerant [tάlərənt] 형 관대한; 잘 견디는

어원 toler(bear:참다) + ate → 참다, 용인[허용]하다

[27] **forbid**
[fərbíd]

(어떤 일이나 행동 등을 하지 못하게) 동 **금(지)하다**

Her parents *forbade* her from going out alone at night.

어원 for(against:반대하여) + bid(command:명령하다) → (~에 반대하여) 명령하다 → **금지하다**

[28] **prohibit**
[prouhíbit]

(법·규칙·권한에 의해) 동 **(공식적으로) 금(지)하다** [from]

In Korea, smoking is *prohibited* inside all public buildings.

파생 prohibition [pròuibíʃən] 명 금지

어원 pro(forward:앞) + hibit(hold:잡다) → (앞에서) 미리 붙잡다 → **금지하다**

24 정부는 공공장소에서의 흡연을 제한하는 법을 통과시켰다. **25** 음식물과 음료수는 박물관 내에서 허용되지 않는다. **26** 우리는 더 이상 그런 종류의 행동을 용인하지 않을 것이다. / 그 소음을 특히 밤에는 참기가 어렵다. **27** 그녀의 부모는 그녀가 밤에 혼자 외출하는 것을 금지했다. **28** 한국에서는 모든 공공건물 내에서의 흡연이 금지되어 있다.

29 **ban**

[bæn]

(법률 · 명령 등을 통해) 동 **(법적으로) 금지하다** [from] 명 **금지**

Many countries have passed laws *banning* smoking in public places.

30 **prevent**

[privént]

(일이 일어나기 전에 미리) 동 **막다, 예방하다** [from]

Most accidents could be *prevented* by following basic safety rules.

파생 prevention [privénʃən] 명 예방
preventive [privéntiv] 형 예방적인

어원 pre(before:미리) + vent(come:오다) → (일어나기 전에) 미리 오다 → **막다, 예방하다**

31 **interfere**

[ìntərfíər]

1. (남의 일에 쓸데없이 끼어들어) 동 **간섭[참견]하다** [in]
2. (~ with) (계획대로 되지 못하고) 동 **(일이 잘못되게) 방해하다, 지장을 주다**

Stop *interfering* and let me make my own decisions.
I don't let my work *interfere* with my family or personal life.

파생 interference [ìntərfíərəns] 명 간섭, 참견; 방해

어원 inter(each other:서로) + fere(strike:치다) → (사이에서) 서로 치고 받다 → **간섭[방해]하다**

32 **disturb**

[distə́ːrb]

(하던 일 · 휴식 · 수면 등을) 동 **(소란을 일으켜) 방해하다, 어지럽히다**

She's studying for her exams, so try not to *disturb* her.

파생 disturbance [distə́ːrbəns] 명 방해, 소란

어원 dis(completely:완전히) + turb(disorder:무질서) → (완전히) 무질서하게 만들다 → **방해하다**

33 **interrupt**

[ìntərʌ́pt]

(일 · 이야기 · 진행 등을 사이에) 동 **(끼어들어) 방해[중단, 차단]하다**

It is rude to *interrupt* someone while they are speaking.

파생 interruption [ìntərʌ́pʃən] 명 방해, 중단, 차단

어원 inter(between:사이에) + rupt(break:깨다) → (사이에 끼어들어) 깨다 → **방해하다**

29 많은 나라들이 공공장소에서 흡연을 금지하는 법을 통과시켰다. **30** 대부분의 사고들은 기본적인 안전 수칙을 따르면 방지될 수 있다. **31** 그만 간섭하고 내 스스로 결정을 하도록 놔 두세요. / 나는 내 일이 내 가족이나 사생활에 지장을 주도록 하지 않는다. **32** 그녀는 시험 공부를 하고 있으니 방해하지 않도록 하세요. **33** 다른 사람들이 이야기하는 도중 끼어드는 것은 무례한 일이다.

[34] **obstacle**

[ɑ́bstəkl]

(무슨 일을 하는 데) 명 **(방해가 되는) 장애(물)**

He had to overcome many *obstacles* to make his dreams come true.

어원 ob(against:~에 맞서) + sta(stand:서다) → (맞서서) 서 있는 것 → **장애(물)**

[35] **barrier**

[bǽriər]

(서로간의 통행·소통·교류를) 명 **(가로막는) 장벽, 장애물**

They've put up *barriers* to stop people from getting through.

어원 bar(막다) + ier → 막는 것 → **장애물**

Day 18

Daily Test

01 ban
02 prohibit
03 forbid
04 official
05 law
06 disturb
07 prevent
08 obstacle
09 punish
10 legal
11 victim
12 thief
13 duty
14 regulation
15 rob
16 commit
17 lawyer
18 prison
19 obey
20 permit
21 authority
22 limit
23 tolerate
24 barrier
25 interrupt
26 interfere
27 qualify
28 liberty
29 constitution
30 violate
31 crime
32 steal
33 detective
34 dominate
35 restrict

Answer Key ▷ 340

34 그는 그의 꿈을 실현하기 위해 많은 장애를 극복해야 했다. **35** 그들은 사람들이 통과하는 것을 막으려고 장애물을 세웠다.

Day 19 문제·사건·전쟁 I

problems, incidents & accidents I

≫ 테마 기본 어휘	problem(문제) · trouble(문제, 어려움) · danger(위험) · risk(위험(성)) · safe(안전한)

01 **accident** [ǽksidənt]

1. (뜻밖에 일어난 좋지 않은 일): 명 **사고**
2. (뜻하지 않게 일어난) 명 **우연, 우연한 일**

He had an *accident* at work and broke his leg.
No one did anything. It just happened; it was just an *accident*.

파생 accidental [æksədéntl] 형 우연한, 뜻하지 않은

어원 ac(to) + cid(fall) ┌ (하늘에서 갑자기 떨어진) 2. 우연
└ (우연히 일어난) 1. 사고

02 **disaster** [dizǽstər]

(지진·홍수·화재·전염병 등의) 명 **재해, 재난**

Natural *disasters* cause enormous economic, financial, and human losses each year.

파생 disastrous [dizǽstrəs] 형 재해를 일으키는, 비참한

어원 dis(away:이탈) + aster(star:별) → (점성술에서) 별의 불길한 위치 이탈 → 재난

03 **tragedy** [trǽdʒədi]

(죽음·파멸·패배 등을 가져온 비참한 사건): 명 **비극 (작품)**

It's a *tragedy* that he died at such a young age and so suddenly.

파생 tragic [trǽdʒik] 형 비극적인

어원 trag(goat:염소) + ed(song:노래) → (재물로 바친) 염소의 노래 → 비극

01 그는 직장에서 사고를 당해 다리가 부러졌다. / 아무도 어떤 것을 하지 않았어요. 그것은 그냥 일어났고 우연한 일이었어요. **02** 자연 재해는 매년 엄청난 경제, 재정, 인명상의 손실을 일으킨다. **03** 그가 그렇게 어린 나이에, 그렇게 갑자기 죽은 것은 비극이다.

04 **emergency**
[iməː́rdʒənsi]

(매우 위급한 상황이 발생한) 명 **비상[긴급] 사태**

In case of *emergency*, press this red button at anytime.

어원 emerge(나타나다) + ency → (갑자기) 나타난 상황 → **비상 사태**

05 **crisis**
[kráisis]

(위험의 정도가 매우 심각한 상태): 명 **위기**

Now we are facing the worst economic *crisis* since the 1930s.

파생 critical [krítikəl] 형 위기의; 결정적인; 비판적인

어원 cri(decide:결정하다) + sis → (결정을 해야 할) 상황 → **위기**

06 **harm**
[haːrm]

(피해·손상·고통 등을 입히는 것): 명 **해, 해악** 동 **해치다, 해를 끼치다**

Some of these chemicals can do serious *harm* to human health.

파생 harmful [háːrmfəl] 형 유해한

07 **damage**
[dǽmidʒ]

(깨지거나 상하거나 다친 것): 명 **손상, 손해, 피해** 동 **피해를 입히다**

Luckily the building was not *damaged* by the earthquake.

어원 dam(loss:손실) + age → **손상, 손해, 피해**

08 **ruin**
[rúːin]

(일을 그르쳐서) 동 **망치다, 못쓰게 만들다** 명 **파산, 파멸;** (-s) **폐허, 유적**

It was alcohol that *ruined* his life and took his family away from him.

09 **destroy**
[distrɔ́i]

(깨뜨리거나 부수거나 무너뜨려) 동 **파괴하다**

The city was almost completely *destroyed* during the war.

파생 destruction [distrʌ́kʃən] 명 파괴
destructive [distrʌ́ktiv] 형 파괴적인

어원 de(down:아래로) + story(build:세우다) → (세워진 것을 아래로) 무너뜨리다 → **파괴하다**

04 비상시에는 이 빨간색 버튼은 언제라도 누르십시오. **05** 현재 우리는 1930대 이후 최악의 경제 위기를 맞고 있다.
06 이 화학 물질의 일부는 인간의 건강에 심각한 피해를 줄 수 있다. **07** 다행히 건물은 지진으로 피해를 입지 않았다.
08 그의 인생을 망가뜨리고 가족을 빼어간 것은 바로 술이었다. **09** 그 도시는 전쟁 동안에 거의 완전히 파괴되었다.

10 **collapse**

[kəlǽps]

1. (건물 등이 훼손되어) 동 무너지다, 붕괴하다 명 붕괴
2. (병·탈진 등으로 맥없이) 동 쓰러지다, 주저앉다 명 쓰러짐, 주저앉음

Nearly every building in the business district *collapsed* in the earthquake.

She lost consciousness and *collapsed* on the floor.

어원 col(together:함께) + lap(fall:넘어지다) → (함께) 넘어지다 → 1. 붕괴하다 2. 주저앉다

11 **poison**

[pɔ́izn]

(건강·생명에 해가 되는) 명 독(약) 동 독을 넣다

Alcohol is a *poison* that can really harm your body if you aren't careful.

파생 poisonous [pɔ́izənəs] 형 독성의

12 **crack**

[kræk]

(물체 표면이 갈라져서) 동 금이 가다[가게 하다] 명 금

A number of thin *cracks* began to appear in the wall.

13 **smash**

[smæʃ]

(외부 충격으로 요란한 소리를 내며) 동 박살나다[내다] 명 박살(나는 소리)

Someone *smashed* store windows and stole watches, jewelry and clothing.

14 **crush**

[krʌʃ]

(강하게 누르거나 우그려서) 동 으스러[찌부러]뜨리다, 눌러 부수다

A number of people were *crushed* to death by the crowd.

15 **strike**

[straik]

1. (다른 물체나 사람에) 동 (세게) 부딪치다, 충돌하다; 때리다, 치다
2. (어떤 생각이 문득) 동 머리에 떠오르다; (~하다는) 인상을 주다

The ship *struck* a rock and sank in three minutes.

It suddenly *struck* me that the story might be true.

어원 1. 때리다 → (때리듯 문득) 2. 머리에 떠오르다

10 상업 지구의 거의 모든 건물이 지진으로 붕괴되었다. / 그녀는 의식을 잃고 바닥에 쓰러졌다. 11 술은 조심하지 않으면 당신의 몸을 정말로 해칠 수 있는 독이다. 12 벽에 가느다란 금이 여러 개 나타나기 시작했다. 13 누군가가 상점 진열창을 박살내고 시계, 보석, 의류를 훔쳐갔다. 14 많은 사람이 군중에 깔려 압사당했다. 15 그 배는 암초에 부딪치고 3분이 지나서 침몰했다. / 그 이야기가 사실일지 모른다는 생각이 내게 갑자기 떠올랐다.

16 **crash**

[kræʃ]

(자동차 · 항공기 등의) 명 충돌[추락] (사고) 동 충돌[추락]하다

He lost control of his car and *crashed* into a tree, killing himself instantly.

17 **burst**

[bəːrst]

(둘러싸여 막혔던 것이) 동 터지다, 터뜨리다, 파열하다[시키다] 명 파열

The boy blew up the balloon too big and it *burst* with a loud bang.

18 **restore**

[ristɔ́ːr]

(손상 · 파괴되기 이전의 좋은 상태로) 동 회복시키다, 복구하다

He was blind for 3 years, until a series of operations *restored* his sight.

파생 restoration [rèstəréiʃən] 명 회복, 복구

어원 re(again:다시) + store(stand:세우다) → (다시) 세우다 → 회복하다

19 **deal**

[diːl]

1. (~ with) (일이나 문제를) 동 처리하다, 다루다
2. (~ with) (사업상) 동 ~와 거래하다 명 거래, 계약

We need to *deal* with this problem as a matter of urgency.
After several months of negotiation, a *deal* was made.

어원 원뜻: 몫(share) ┌ (자신의 몫으로 어떤 일을) 1. 처리하다
└ (서로의 몫에 합의를 하고) 2. ~와 거래하다

20 **solve**

[salv]

(문제나 얽힌 일 등을) 동 풀다, 해결하다

They are looking for ways to *solve* their financial problems.

파생 solution [səlúːʃən] 명 해결(책)

21 **overcome**

[ouvərkʌm]

(어려운 상황을) 동 극복하다, 이겨내다

We're confident that all these difficulties can be *overcome*.

어원 over(넘어서) + come(오다) → (어려움을) 넘어서 오다 → 극복하다

Day 19

16 그는 차의 통제력을 잃고 나무와 충돌하여 즉사했다. 17 그 소년은 풍선을 너무 크게 불어서 크게 빵 소리를 내며 터졌다. 18 그는 일련의 수술로 시력을 되찾을 때까지 3년 동안 장님이었다. 19 우리는 이 문제를 위급한 사안으로 다룰 필요가 있다. / 여러 달의 협상 끝에 거래가 성사되었다. 20 그들은 그들의 재정 문제를 해결할 방법을 찾고 있다. 21 우리는 이 모든 어려움들을 극복할 수 있다고 확신합니다.

22 **encounter**

[inkáuntər]

1. (좋지 않은 일에) 동 **직면하다, 부딪히다**
2. (누군가를) 동 **(우연히) 만나다, 마주치다** 명 **만남, 마주침**

He *encountered* strong opposition to his proposal from within the party.

On the train I *encountered* an old friend of mine.

어원 en(make) + counter(against:맞서) → (맞서게) 하다 → 1. 마주치다; 2. 직면하다

23 **endure**

[indjúər]

(고통 · 불행 · 고난 등을 오랫동안) 동 **견디다, 인내하다**

I couldn't sleep because the pain was too much to *endure*.

파생 endurance [indjúərəns] 명 인내

어원 en(make:만들다) + dure(last:지속하다) → (지속되게) 만들다 → 견디다

24 **patient**

[péiʃənt]

1. (괴로움 · 어려움에 대해) 형 **인내심[참을성]이 있는**
2. (의사의 치료를 받는) 명 **환자**

We had to be *patient* and wait till they were ready.

The *patient* was so weak that he could hardly get up from his bed.

파생 patience [péiʃəns] 명 인내, 참을성

⊖ impatient [impéiʃənt] 형 인내심이 없는

어원 pati(suffer:고통을 겪다) + ent ┌ (고통을) 잘 겪어내는 → 1. 인내심이 있는
└ (고통을 겪는) 사람 → 2. 환자

25 **durable**

[djúərəbl]

(쉽게 변형 · 변질되지 않고) 형 **오래가는, 내구성이 있는**

Tile is a durable material and extremely easy to maintain.

어원 dur(last:지속하다) + able → 지속할 수 있는 → 내구성이 있는

26 **adventure**

[ædvéntʃər]

(위험을 무릅쓴 흥미진진한 경험): 명 **모험(심)**

Life itself is the greatest *adventure* in the world.

파생 adventurous [ædvéntʃərəs] 형 모험적인

어원 ad(to) + vent(come:오다) → (우연히 찾아온) 색다른 경험 → 모험

22 그는 그의 제안에 대해 당 내에서 강력한 반대에 부딪혔다. / 기차에서 나는 옛 친구를 우연히 만났다. 23 통증이 견딜 수 없을 만큼 너무 심해서 나는 잠을 잘 수가 없었다. 24 우리는 그들이 준비가 될 때까지 인내하면서 기려야 했다. / 그 환자는 너무 힘이 없어서 침대에서 거의 일어날 수가 없었다. 25 타일은 내구성이 있는 소재이고 유지가 대단히 쉽다. 26 인생은 그 자체가 세상에서 가장 큰 모험이다.

27 **secure**

[sikjúər]

(보호·보장·보안이 잘되어 있어서) 형 **안전한, 확실한** 동 **안전하게 하다**

It is not easy to make the system *secure* from hackers.

파생 security [sikjúərəti] 명 안전, 보안, 보장
⊖ insecure [ìnsikjúər] 형 안전하지 않은

어원 se(without:없는) + cure(care:걱정) → (걱정이) 없는 → **안전한**

28 **warn**

[wɔ:rn]

(조심하거나 삼가도록 미리) 동 **경고하다** [about/of]

I'm *warning* you. Don't ever try to trick me like this again.

파생 warning [wɔ́:rniŋ] 명 경고

29 **rescue**

[réskju:]

(위험·재난 상황으로부터) 동 **구조[구출]하다** 명 **구조, 구출**

The fireman ran into a burning house to *rescue* a little boy.

어원 re(강조) + scue(drive out:몰아내다) → (위험 밖으로) 몰아내다 → **구조하다**

30 **occur**

[əkə́:r]

1. (happen의 격식어, 일·사건 등이) 동 **일어나다, 발생하다**
2. (~ to) (어떤 생각이 문득) 동 **머리에 떠오르다, 생각이 나다**

The accident *occurred* between 10 and 11 o'clock in the morning.

It never *occurred* to me that he might be lying, he seemed so sincere.

파생 occurrence [əkə́:rəns] 명 발생(하는 일)

어원 oc(toward) + cur(run:달리다) ┌ (서로를 향해 마주 달려가서) 충돌하다 → **1. 발생하다**
└ (생각이 머리를 향해 달려와서) **2. 머리에 떠오르다**

31 **circumstance**

[sə́:rkəmstæ̀ns]

(일·상황·사건을 둘러싼) 명 **(주변의) 사정, (부대) 상황, 환경**

It was the only choice I could make under the *circumstances*.

어원 circum(around:주위에) + sta(stand:서다) → (주위를 둘러싸고) 서 있는 것 → **사정, 상황**

27 시스템을 해커로부터 안전하게 만드는 것은 쉬운 일이 아니다. **28** 경고하는데 다시는 이런 식으로 나를 속이려 하지 마. **29** 그 소방관은 어린 소년을 구하기 위해 불타고 있는 집으로 뛰어 들어갔다. **30** 그 사고는 아침 10에서 11시 사이에 발생했다. / 나는 그가 거짓말을 하고 있다는 생각은 전혀 들지 않았다. 그는 매우 진실해 보였다. **31** 그것은 그 상황에서 내가 할 수 있는 유일한 선택이었다.

32 **cause**
[kɔːz]

(어떤 결과를 낳게 한) 명 원인, 이유 동 ~을 일으키다, 야기[초래]하다

Media violence is one of the major *causes* of rising crime rates.
Smoking may *cause* lung cancer and other harmful side effects.

33 **factor**
[fǽktər]

(영향을 미친 여러 원인 중의 하나): 명 요인

It seems likely that several *factors* influenced his decision.

어원 fac(do:하다) + tor(행위자) → (어떤 일을) 행하는 자 → 요인

34 **effect**
[ifékt]

(무엇이 다른 것에 일으킨 변화): 명 효과, 영향, 결과 동 어떤 결과[효과]를 가져오다

Our economic policies don't seem to have the desired *effect*.

파생 effective [iféktiv] 형 효과적인, 유효한

어원 ef(out:밖) + fect(do:행하다) → (무엇을 행해서) 밖으로 나온 것 → 결과, 효과

35 **result**
[rizʌlt]

(이전의 일이 원인이 되어 생긴) 명 결과, 성과; (시험) 성적
동 (~의 결과로) 생기다 [from] (결과적으로) ~을 [야기하다] [in]

Many accidents happen as a *result* of careless driving.

어원 re(back:뒤로) + sult(leap:뛰어오르다) → (도로 뒤로) 튀어 올라온 것 → 결과

36 **outcome**
[au'tkəˌm]

(어떤 과정을 거치는) 명 (회의·토론·선거 등) 결과

The *outcome* of the election was a surprise to everybody.

어원 out(밖) + come(오다) → (어떤 과정을 거쳐) 밖으로 나온 것 → 결과

---

32 대중 매체의 폭력은 증가하는 범죄율의 주요 원인 중 하나이다. / 흡연은 폐암과 다른 유해한 부작용을 일으킬 수 있다. **33** 여러 가지 요인이 그의 결정에 영향을 미쳤을 것으로 보인다. **34** 우리의 경제 정책은 바라는 효과를 거두는 것 같지 않다. **35** 많은 교통 사고가 부주의 운전의 결과로 발생한다. **36** 선거의 결과는 모든 사람에게 뜻밖이었다.

37 influence

[ínfluəns]

(어떤 것이 다른 것에 미치는) 명 영향(력) [on] 동 영향을 끼치다

He is having a bad *influence* on the other students in his class.

파생 influential [ìnfluénʃəl] 형 영향력이 있는

어원 in(into:안) + flu(흐르다) → (안으로) 흘러 들어가다 → **영향을 미치다**

38 impact

[ímpækt]

(어떤 것에 가해지는 강력한 힘): 명 (강력한) 영향, 충격 [on] 동 충격[영향]을 주다

The global financial crisis has had a significant impact on many businesses.

어원 im(into:속으로) + pact(push:밀다) → (강하게 때려) 속으로 밀어 넣다 → **충격을 주다**

Daily Test

01 accident	20 collapse
02 rescue	21 deal
03 warn	22 encounter
04 secure	23 durable
05 disaster	24 endure
06 crisis	25 adventure
07 impact	26 influence
08 cause	27 result
09 occur	28 factor
10 outcome	29 circumstance
11 effect	30 emergency
12 poison	31 tragedy
13 ruin	32 harm
14 crush	33 destroy
15 burst	34 crack
16 solve	35 strike
17 damage	36 restore
18 crash	37 overcome
19 smash	38 patient

Answer Key ▷ 340

37 그는 자신의 반의 다른 학생들에게 나쁜 영향을 끼치고 있다. **38** 세계 금융 위기는 많은 사업체에 지대한 영향을 미쳤다.

Day 20

문제·사건·전쟁 II

problems, incidents & accidents II

≫ 테마 기본 어휘	careful(조심스러운) · alarm(경보) · save(구하다) · happen(일어나다) · situation(상황) · case(경우) · condition(상태) · background(배경) · depend(~에 달려 있다) · reason(이유) · excuse(변명) · because · fight(싸우다) · hit(때리다) · kick(차다) · cut(자르다) · war(전쟁) · battle(전투) · peace(평화) · guard(경비, 감시) · victory(승리) · win(이기다) · gun(총)

01 **affect**
[əfékt]

(무엇이 다른 것에 직접적인) 동 **영향을 미치다, 작용하다**

The decisions made on election day will affect all of us at some point.

어원 af(to:방향) + fect(do:행하다) → (누구에게 뭔가를) 행하다 → **영향을 미치다**

02 **regardless**
[rigά:rdlis]

(~ of) (어떤 것에 영향을 받지 않고): 부 **~에 상관[관계]없이**

Everyone has the right to be happy, *regardless* of race, religion, or sex.

어원 regard(관심) + less(without:~없이) → ~에 상관없이

03 **motive**
[móutiv]

(어떤 일이나 행동을 하게 된) 명 **동기, 이유**

The *motive* for the murder is still a mystery and no suspects have been identified.

파생 motivate [móutəvèit] 동 동기를 부여하다, (수동형으로) ~의 동기가 되다
motivation [mòutəvéiʃən] 명 동기 부여

어원 mot(move:움직이다) + ive → (마음을) 움직이게 한 것 → **동기**

01 선거일에 내리는 결정은 어느 시점에 우리 모두에게 영향을 미칠 것이다. 02 인종과 종교, 성별에 관계없이 모든 사람은 행복할 권리가 있다. 03 살인 동기는 여전히 미스터리고 용의자도 확인되지 않고 있다.

04 justify

[dʒʌstəfài]

(납득할만한 이유·근거를 들어) 동 **정당화하다, 타당함을 보여 주다**

It is a well-known moral rule that the end doesn't *justify* the means.

파생 justification [dʒʌstəfikéiʃən] 명 정당화

어원 just(올바른) + ify(make:만들다) → (올바르다는 것을) 만들어 보여주다 → 정당화하다

05 violence

[váiələns]

(남을 해치려는 거친 행위): 명 **폭력**

Television *violence* has a bad influence on children.

파생 violent [váiələnt] 형 폭력적인

어원 vi(force:힘) + olence → (강제적이고 물리적인) 힘 → 폭력

06 threat

[θret]

(해칠 듯이 겁을 주는) 명 **협박, 위협**

He had a knife and made a *threat* to kill me.

파생 threaten [θrétn] 동 위협[협박]하다

07 beat

[bi:t]

1. (아주 세게 연달아) 동 **때리다, 두드리다** 명 **때리기, 치는 소리**
2. (시합·선거에서 상대를) 동 **이기다, 패배시키다**

A policeman was *beaten* to death by angry crowds.

Manchester United *beat* Barcelona in the final.

어원 1. 때리다 → (상대를 때려 눕혀서) 2. 이기다

08 tear

1. [tɛər]
2. [tiər]

1. (천이나 종이 등을) 동 **찢다, 찢어지다, 째다, 째지다** 명 **째진 틈**
2. (-s) (눈에서 흘러 나오는) 명 **눈물**

She *tore* the letter in two and threw the pieces into the fire.

There were *tears* in her eyes as she said goodbye.

파생 tearful [tíərfl] 형 눈물 어린

04 목적이 수단을 정당화하지는 않는다는 것은 잘 알려진 도덕적 원칙이다. **05** 텔레비전에 나오는 폭력은 아이들에게 나쁜 영향을 미친다. **06** 그는 칼을 가지고 있었고 나를 죽이겠다고 협박했다. **07** 한 경찰관이 성난 군중들에 의해 맞아 죽었다. / 맨체스터 유나이티드가 바르셀로나를 결승전에서 물리쳤다. **08** 그녀는 편지를 두 조각으로 찢어서 조각을 불 속으로 던졌다. / 그녀가 작별인사를 했을 때 그녀의 눈에는 눈물이 있었다.

09 tough

[tʌf]

1. (신체가 건장하고 폭력적인): 형 거친, 난폭한; 냉정한
2. (어떤 어려움도 잘 견디는): 형 강인한, 억센; 단단한, 질긴
3. (일 · 문제가 처리 · 해결이 매우) 형 힘든, 어려운

He's a tough guy and everybody is afraid of him.

I don't think he's tough enough for the job.

I had a tough time climbing up the mountain.

어원 2. 강인한 ─ (신체가 강인하고) 1. 거친, 난폭한
└ (일 · 문제가 강력해서 풀기가) 3. 힘든, 어려운

10 cruel

[krúːəl]

(고의로 남을 고통스럽게 하는): 형 잔인한, 무자비한

Those who are *cruel* to animals are often also cruel to human beings.

파생 cruelty [krúːəlti] 명 잔인함

11 harsh

[haːrʃ]

(견디기 힘들 만큼) 형 (처벌 등이) 가혹한; (환경 등이) 혹독한

For the first time, I had to face the *harsh* realities of life.

12 attack

[ətǽk]

1. (적이나 상대편을) 동 공격하다 명 공격
2. (해를 가하거나 파괴를 하는 행위): 명 폭력 동 폭력을 쓰다

The North Koreans launched their *attack* on South Korea in June 1950.

He was *attacked* and robbed by two teens while walking home.

어원 at(to) + tack(stake:말뚝) → (폭행을 가하려고) 말뚝에 묶음 → 2. 폭력 1. 공격

13 invade

[invéid]

(남의 나라를 무력으로) 동 침략[침입]하다

Korea has never *invaded* other countries historically.

파생 invasion [invéiʒən] 명 침략, 침입

어원 in(안) + vade(go:가다) → (무력을 써서) 안으로 들어가다 → 침략[침입]하다

09 그는 거친 남자이어서 모든 사람들이 그를 두려워한다. / 나는 그가 그 일을 감당할 만큼 강인하다고 생각하지 않는다. / 나는 그 산을 오르느라 힘든 시간을 보냈다. 10 동물에게 잔인한 사람들은 자주 인간에게도 잔인하다. 11 처음으로 나는 삶은 가혹한 현실에 직면해야 했다. 12 북한 1950년 6월 남한으로 공격을 개시했다. / 그는 집으로 걸어가는 도중에 두 명의 십대로부터 폭행과 강도를 당했다. 13 한국은 역사적으로 한번도 다른 나라를 침략한 적이 없다.

14 **defend**
[difénd]

(공격·침략·비난으로부터) 동 **방어하다, 지키다**

We must always be ready to *defend* our homeland against any attack.

파생 defense [diféns] 명 방어
defensive [difénsiv] 형 방어적인

어원 de(away:떨어져) + fend(strike:치다) → (떨어지도록) 쳐내다 → **방어하다**

15 **resist**
[rizíst]

(공격·압력 등에 굽히지 않고) 동 **저항[대항]하다**

They *resisted* the enemy's repeated attacks for three days.

파생 resistance [rizístəns] 명 저항
resistant [rizístənt] 형 저항하는

어원 re(against:대항하여) + sist(stand:서다) → (대항하여) 서다 → **저항[대항]하다**

16 **challenge**
[ʧǽlindʒ]

(시합·경쟁·싸움을 하자고) 동 **도전하다** 명 **도전, (도전 해볼 만한) 난제**

At certain times, children begin to *challenge* their parents' authority.

어원 원뜻: accuse falsely(부당하게 비난하다)의 뜻에서 유래 → **도전하다**

17 **revolution**
[rèvəlú:ʃən]

(기존의 체제를 근본적으로 바꾸는) 명 **혁명**

The French *Revolution* changed the politics of Europe.

파생 revolutionary [rèvəlú:ʃənèri] 형 혁명적인

어원 re(again:다시) + volve(roll:돌다) → (다시 정상으로 돌아가는) **혁명**

18 **avoid**
[əvɔ́id]

(원치 않는 일, 위험 등을) 동 **피하다, 회피하다**

He left his office early to *avoid* the rush hour traffic.

파생 avoidance [əvɔ́idəns] 명 회피

어원 a(out:밖) + void(empty:비우다) → (비워놓고) 밖으로 나가다 → **피하다**

14 개우리는 조국을 어떠한 공격으로부터도 방어할 수 있게 항상 준비하고 있어야 한다. 15 그들은 사흘 동안 적의 반복되는 공격에 대항했다. 16 어떤 시기가 되면 아이들은 부모의 권위에 도전하기 시작한다. 17 프랑스 혁명은 유럽의 정치를 바꾸어 놓았다. 18 그는 러시아워의 교통 혼잡을 피하기 위해 사무실을 일찍 떠났다.

Day 20

19 **inevitable**

[inévətəbl]

(당연한 결과이기 때문에) 형 **피할 수 없는, 필연적인**

She was late so often that it was *inevitable* that she would lose her job eventually.

어원 in(not) + evitable(avoidable:피할 수 있는) → 피할 수 없는

20 **escape**

[iskéip]

(추척·구속·위험 등에서 벗어나) 동 **달아나다, 탈출하다** 명 **도망, 탈출**

The man *escaped* from prison by digging a tunnel.

어원 es(out:밖) + cape(cloak:망토) → (거추장스러운) 망토를 벗다 → **탈출하다**

21 **protect**

[prətékt]

(안전 장치·기구·수단을 써서) 동 **보호하다** [from]

You should wear sunglasses to *protect* your eyes in bright sunlight.

파생 protection [prətékʃən] 명 보호

어원 pro(in front:앞에) + tect(cover:덮다) → (앞에서 미리 덮어) **보호하다**

22 **cherish**

[ʧériʃ]

1. (몹시 사랑해서) 동 **소중히 여기다, 아끼다**
2. (소중한 희망·감정·추억 등을) 동 **마음속에 간직하다**

His most *cherished* possession is his beautiful house.
I will always *cherish* the memories of the time we spent together.

어원 cher(dear:소중한) + ish → 1. 소중히 여기다 → (소중한 것을) 2. 마음속에 간직하다

23 **preserve**

[prizə́ːrv]

(원래 상태 그대로 남아 있게) 동 **보존[보호]하다**

The historical buildings should be *preserved* for future generations.

파생 preservation [prèzərvéiʃən] 명 보존

어원 pre(before:미리) + serve(keep:지키다) → (미리) 지키다 → **보존하다**

19 그녀는 너무 자주 지각을 해서 결국 직업을 잃게 될 것이라는 것은 피할 수 없는 일이었다. 20 그 남자는 터널을 파고 탈옥했다. 21 밝은 햇빛에서 눈을 보호하려면 선글라스를 껴야 합니다. 22 그가 가장 아끼는 물건은 그의 아름다운 집이다. / 나는 우리가 함께 보낸 시간의 추억을 항상 마음속에 간직할 것이다. 23 그 역사적인 건물들은 미래의 세대를 위해 보존되어야 한다.

24 **maintain**
[meintéin]

1. (이전과 동일한 수준·기준을 그대로) 동 **유지하다[시키다]**
2. (기계·건물·시설물 등을) 동 **보수[정비]하다**
3. (자신의 말이 옳음을 일관되게 강력히) 동 **주장하다**

The United States wants to *maintain* its position as a world leader.

The heating system should be checked and *maintained* regularly.

Many scientists *maintain* that the universe is made up of pure energy.

파생 maintenance [méintənəns] 명 유지; 보수, 정비

어원 main(hand:손) + tain(hold:잡다)
- (손으로 꽉 잡고) 1. 유지하다
- (상태가 유지되도록) 2. 보수하다
- (말을 유지하면서 일관되게) 3. 주장하다

25 **support**
[səpɔ́:rt]

(상대의 편을 들거나 도와주다): 동 **지지[지원, 부양]하다** 명 **지지, 지원, 부양**

I don't *support* the government's foreign policy.

파생 supporter [səpɔ́:rtər] 명 지지[지원]자

어원 sup(under:아래) + port(carry:나르다) → (돌을 날라서 아래에 쌓아 위를) 지지하다

26 **defeat**
[difí:t]

(경주·경기·전투 등에서 상대를) 동 **패배시키다** 명 **패배**

They are in danger of being *defeated* in the next election.

27 **conquer**
[kɑ́ŋkər]

(다른 나라나 민족을 무력으로) 동 **정복하다**

Napoleon conquered all of Europe, except for England.

파생 conquest [kɑ́nkwest] 명 정복
conqueror [kɑ́ŋkərər] 명 정복자

어원 con(강조) + quer(seek:구하다) → (강력히 구해서) 획득하다 → 정복하다

28 **capture**
[kǽptʃər]

(적군이나 짐승을) 동 **생포[포획]하다; (마음·관심 등을) 사로잡다** 명 **생포, 포획**

Seven enemy soldiers were *captured* after the battle.

어원 capt(take:붙잡다) + ure → (산 채로) 붙잡다 → 생포하다; 사로잡다

24 미국은 세계 지도자 국가로서의 지위를 유지하기 원하다. / 그 난방 설비는 정기적으로 점검과 정비를 받아야 한다. / 많은 과학자들은 우주는 순수 에너지로 이루어져 있다고 주장한다. **25** 나는 정부의 외교 정책을 지지하지 않는다. **26** 그들은 다음 선거에게 패할 위험에 처해있다. **27** 나폴레옹은 영국을 제외한 모든 유럽을 정복했다. **28** 전투 후에 7명의 적군이 포로로 잡혔다.

29 **military**

[mílitèri]

(군인들 또는 그 조직): 명 **군대** 형 **군대의**

After graduating from high school, he served in the *military* for two years.

어원 milit(soldier:군인) + ary → (군인) 조직 → **군대**

30 **army**

[ά:rmi]

(육지에서 전투를 하는) 명 **육군; 군대**

After graduating from high school, he joined the *army*.

31 **soldier**

[sóuldʒər]

(군대에서 복무하는) 명 **군인**

Many *soldiers* died fighting for their country in this war.

32 **hostile**

[hάstl]

(상대에게 악의를 품고) 형 **적대적인; 적[적군, 적국]의**

The two countries were *hostile* to each other and fought a long war.

파생 hostility [hastíləti] 명 적의, 적개심

어원 host(enemy:적) + ile → 적대적인; 적의

33 **enemy**

[énəmi]

(싸우거나 해치고자 하는 상대): 명 **적, 적국, 적군**

During the war the city was occupied by the *enemy*.

어원 en(not) + emy(friend:친구) → (친구가 아닌) 적, 적국, 적군

34 **weapon**

[wépən]

(싸움 · 전쟁에 사용되는) 명 **무기, 흉기**

The United States must not allow North Korea to develop nuclear *weapons*.

29 고등학교 졸업 후 그는 2년 동안 군대에서 복무를 했다. **30** 고등학교 졸업 후 그는 육군에 입대했다. **31** 많은 군인들인 이 전쟁에서 조국을 위해 싸우다 전사했다. **32** 그 두 나라는 서로 적대적이었으며 긴 전쟁을 했다. **33** 전쟁 중 그 도시는 적군에 의해 점령되었다. **34** 미국은 북한이 핵무기를 개발하도록 용납해서는 안 된다.

35 **aim**

[eim]

1. (총 · 칼 · 활 등을 목표물에) 동 **겨누다, 겨냥하다** 명 **겨냥, 조준**
2. (달성하고자 겨냥한) 명 **목표** 동 **목표로 삼다**

He lifted the gun and *aimed* it toward my head.
His main *aim* in life was to earn more and more money.

어원 1. **겨냥하다** → (겨냥하고 있는) 2. **목표**

36 **explode**

[iksplóud]

(화약이나 폭탄이) 동 **터지다, 터뜨리다, 폭발하다[시키다]**

A terrorist bomb *exploded* in a shopping mall, killing four people.

파생 explosion [iksplóuʒən] 명 폭발

어원 ex(out) + plode(clap) → '박수를 쳐서 배우를 무대 밖으로 몰아내다'의 원뜻 → **폭발시키다**

Daily Test

01 military	19 inevitable
02 capture	20 cherish
03 conquer	21 support
04 regardless	22 affect
05 violence	23 preserve
06 hostile	24 defeat
07 army	25 aim
08 explode	26 enemy
09 weapon	27 soldier
10 harsh	28 justify
11 tear	29 motive
12 defend	30 threat
13 revolution	31 tough
14 escape	32 attack
15 beat	33 resist
16 challenge	34 avoid
17 invade	35 protect
18 cruel	36 maintain

Answer Key ▷ 340

35 그는 총을 들어 나의 머리에 향하여 겨냥했다. / 그의 삶은 주요한 목표는 더욱 더 많은 돈을 버는 것이다. **36** 테러리스트의 폭탄이 한 쇼핑몰에서 폭발해서 네 명이 사망했다.

Day 21

문화생활

cultural life

≫ 테마 기본 어휘	television · radio · live(생방송의) · newspaper · paper(신문) · magazine · news · movie · film · theater(극장, 영화관) · cinema(영화관) · screen · play(연극) · stage(무대) · act(연기하다) · cast(배우를 뽑다) · audition(오디션) · party · show(쇼) · festival(페스티벌) · parade(행렬) · hold(개최하다) · hobby(취미) · toy ball · doll · balloon(풍선) · sport · play · game · race(경주) · stadium · gym(체육관) · playground (운동장) · score · point(점수) · record · lead(선두) · rival(라이벌) · fan(팬)

01 **media** [mí:diə]

(the ~) (신문 · 텔레비전 · 라디오 · 인터넷 등의) 명 **대중[공공] 매체**

The role of the news *media* in democracy is very important.

어원 medi(middle:중간) + a → (중간) 정보 전달 수단 → **대중[공공] 매체**

02 **broadcast** [brɔ́:dkæst]

(방송국이 프로그램을) 동 **방송하다** 명 **방송**

The game was *broadcast* on television and radio around the country.

어원 broad(널리) + cast(throw:던지다) → (영상을) 널리 던지다 → **방송하다**

03 **journalist** [dʒə́:rnəlist]

(직업적으로 기사 작성, 뉴스 보도를 하는) 명 **저널리스트, 기자**

The news was announced to the waiting *journalists* outside.

파생 journalism [dʒə́:rnəlìzm] 명 저널리즘, 기자[언론] 활동
journal [dʒə́:rnl] 명 일지, 일기; 정기 간행물

어원 journal(daily:매일) + ist(사람) → (매일 일어난 일을 적는) 사람 → **기자**

04 **rumor** [rú:mər]

(사람들 입에 오르내리는) 명 **소문** 동 **소문내다**

Most of the *rumors* turned out to be true.

01 민주주의에 있어서 뉴스 매체의 역할은 매우 중요하다. 02 그 경기는 텔레비전과 라디오로 전국에 방송되었다. 03 그 뉴스는 밖에서 기다리고 있던 기자들에게 발표되었다. 04 그 소문의 대부분은 사실로 밝혀졌다.

05 **headline**

[he'dlai,n]

(신문 기사에 다는 제목): 명 **표제**; (the -s) **주요 뉴스** 동 **표제를 달다**

The newspaper *headlines* were all about the royal wedding.

어원 head(머리) + line(줄) → (기사의) 머리 부분의 줄 → **표제; 주요 뉴스**

06 **article**

[ά:rtikl]

(신문이나 잡지에 실린) 명 **기사**

I read an interesting *article* on this issue in the newspaper.

어원 arti(이음매) + cle → (사람과 소식을) 이어주는 것 → 기사

07 **report**

[ripɔ́:rt]

(보고 듣고 조사한 내용을) 동 **보고[보도]하다** 명 **보고, 보도**

He went to the police station to *report* his car had been stolen.

파생 reporter [ripɔ́:rtər] 명 보도[취재] 기자

어원 re(back:뒤) + port(carry:나르다) → (소식을) 뒤로 나르다 → **보도[보고]하다**

08 **subscribe**

[səbskráib]

(정기적으로 나오는 신문·잡지 등을) 동 **예약 구독하다** [to]

She *subscribes* to a couple of fashion magazines.

파생 subscription [səbskrípʃən] 명 (예약) 구독료

어원 sub(under:아래) + scribe(write:적다) → (서류 아래에 성명을 적어) **예약 구독하다**

09 **perform**

[pərfɔ́:rm]

1. (연극이나 음악 등을) 동 **공연[연기, 연주]하다**
2. (일이나 임무 등을) 동 **수행[이행]하다**

The band *performed* its first concert in front of a large crowd.
Computers can *perform* large amounts of work very fast and without errors.

파생 performance [pərfɔ́:rməns] 명 공연, 연기, 연주; 수행, 이행; 성과

어원 per(completely) + form(provide:제공하다) ┬ (공연·연주를) 제공하다 → **1. 공연[연주]하다**
└ (노동력을) 제공하다 → **2. 수행하다**

05 신문의 표제는 온통 왕실 결혼식에 관한 것이었다. **06** 나는 신문에서 이 문제와 관련된 흥미로운 기사를 읽었다. **07** 그는 차를 도난 당했다고 보고하기 위해 경찰서로 갔다. **08** 그녀는 두서너 개의 패션 잡지를 구독하고 있다. **09** 그 밴드는 많은 군중 앞에서 그의 첫 공연을 했다. / 컴퓨터는 많은 양의 일을 매우 빠르게 오류 없이 수행할 수 있다.

10 **script**

[skript]

(연극·영화 등의 대사·동작을 적은) 명 **대본, 각본; 손으로 쓴 글씨(체)**

The actor has memorized every line in the *script*.

11 **audience**

[ɔ́:diəns]

(공연·강연 등을 보러 모인) 명 **청중, 관객**

The *audience* cheered loudly when he was introduced.

어원 audi(hear:듣다) + ence → (듣는) 사람 → **청중**

12 **event**

[ivént]

1. (공연·연회·대회 등의) 명 **행사, 이벤트**
2. (특별하거나 중요한) 명 **사건, 일어난 일**

The World Cup is the largest single sporting *event* in the world.
It was one of the most important *events* in history.

파생 eventful [ivéntfəl] 형 사건이 많은

어원 e(밖) + vent(오다) → (일상의) 밖으로 나온 특별한 일 → **1. 행사 2. 사건**

13 **ceremony**

[sérəmòuni]

(격식을 갖추어 치르는 행사): 명 **의식, 식전**

They sat in front of the television to watch the opening *ceremony* of the Olympic Games.

파생 ceremonial [sèrəmóuniəl] 형 의식(용)의

어원 원뜻: 신성함(holiness) → (신성하게 치르는) **의식, 식**

14 **anniversary**

[ænəvə́:rsəri]

(매년 특별한 일을 기념하는 날): 명 **기념일**

We're having a small party to celebrate our wedding *anniversary*.

어원 anni(year:해) + vers(turn:돌다) → (해마다) 돌아오는 날 → **기념일**

10 그 배우는 대본의 모든 대사를 외웠다. 11 그가 소개되었을 때 청중들은 크게 환호했다. 12 월드컵은 세계에서 가장 큰 단일 스포츠 행사이다. / 그것은 역사상 가장 중요한 사건 중의 하나이었다. 13 그들은 올림픽 대회 개막식을 보기 위해 텔레비전 앞에 앉았다. 14 우리는 결혼 기념일을 기념하기 위해 작은 파티를 열 예정이다.

[15] **exhibition**
[èksəbíʃən]

(물품을 벌여 놓고 사람들에게 보이는) 명 **전시(회)**

The *exhibition* gave local artists an opportunity to display their work.

파생 exhibit [igzíbit] 동 전시하다; 드러내다 명 전시품

어원 ex(out:밖) + hibit(have:갖다) → (보이려고) 밖에 갖고 있는 것 → **전시(회)**

[16] **celebrate**
[séləbrèit]

(특별한 날이나 사건을) 동 **축하[기념]하다**

His family went out to *celebrate* his twenty-first birthday.

파생 celebration [sèləbréiʃən] 명 축하(식)

어원 celebr(famous:유명한) + ate → (행사·파티 등으로) 유명하게 만들다 → **축하[기념]하다**

[17] **entertain**
[èntərtéin]

(오락·공연·파티 등으로 사람들을) 동 **즐겁게[재미있게] 하다; 대접하다**

As part of his business, he *entertains* guests quite often.

파생 entertainment [èntərtéinmənt] 명 오락, 연예; 환대

어원 enter(among:~사이에) + tain(hold:가지다) → (서로 간에) 즐거움을 가지다 → **즐겁게 하다**

[18] **recreation**
[rèkriéiʃən]

(놀이·운동 등의 여가 활동): 명 **레크리에이션, 오락**

His favorite *recreations* are horseback riding, tennis and swimming.

어원 re(again:다시) + create(만들다) → (다시 활력을 만들어) 주는 것 → **레크리에이션**

[19] **gamble**
[gǽmbl]

(카드놀이·경마 등에 돈을 걸고) 동 **노름[도박]하다**

He had very bad luck and lost all his money *gambling*.

파생 gambling [gǽmbliŋ] 명 노름, 도박

15 그 전시회는 지역 미술가들에게 그들의 작품을 전시할 기회를 주었다. 16 그의 가족은 그의 21번째 생일을 축하하기 위해 외출을 했다. 17 사업상 그는 꽤 자주 손님을 접대한다. 18 그가 가장 좋아하는 오락은 승마와 테니스, 수영이다. 19 그는 매우 운이 나빠서 도박으로 모든 돈을 잃었다.

20 **bet**

[bet]

1. (결과를 예측하여 승부를 겨루는 일에) 동 **내기[돈]를 걸다** [on] 명 **내기**
2. (무엇에 대해 내기를 걸어도 될 만큼) 동 **확신[장담]하다**

Which horse shall we *bet* on in the next race?
I *bet* you can't guess how old she is. Just guess.

어원 1. 내기를 걸다 → (내기를 걸 수 있을 만큼) 2. 확신하다

21 **exercise**

[éksərsàiz]

1. (건강과 체력 단련을 위한) 명 **운동** 동 **운동하다**
2. (습득한 것을 숙달하기 위한) 명 **연습 (문제), 훈련**

The doctor told him that he had to *exercise* regularly to lose weight.
Do *exercises* 1-8 on page 19 for homework.

어원 원뜻: 몰아내다(drive out) ┌ (힘을 밖으로 몰아내는) 1. 운동
└ (규칙적인 운동처럼 하는) 2. 연습

22 **contest**

[kɑ́ntest]

(재주 · 실력 · 용모 등의 우열을 가리는) 명 **경연 (대회), 콘테스트** 동 **경쟁을 벌이다**

She won first prize in a beauty *contest* at the age of 18.

파생 contestant [kəntéstənt] 명 경연 참가자

어원 con(together:함께) + test(witness:증언하다) → (양측 증인을) 함께 불러 증언하게 하다 → 경쟁을 벌이다

23 **compete**

[kəmpí:t]

(앞서거나 이기려고 서로) 동 **경쟁하다, 겨루다**

The two companies are *competing* for the same market and customers.

파생 competition [kɑ̀mpətíʃən] 명 경쟁; 대회, 시합
competitive [kəmpétətiv] 형 경쟁의, 경쟁력이 있는

어원 com(together:함께) + pete(seek:추구하다) → (모두가 함께) 추구하다 → 경쟁하다

24 **prize**

[praiz]

(이긴 사람에게 주는) 명 **상, 상금[품]**

She won first *prize* in the international singing competition.

20 우리 다음 경주에서는 어떤 말에 돈을 걸까요? / 당신이 그녀가 몇 살인지 추측할 수 없으리라 장담해요. 한번 추측해 봐요. **21** 의사는 그에게 살을 빼기 위해 규칙적으로 운동을 해야 한다고 말했다. / 숙제로 19페이지에 있는 연습문제 1에서 8번까지를 해라. **22** 그녀는 18살 때 한 미인 선발 대회에서 일등 상을 받았다. **23** 그 두 회사는 동일한 시장과 고객을 놓고 경쟁하고 있다. **24** 그들은 국제 노래 경연 대회에서 일등상을 받았다.

25 **award**

[əwɔ́ːrd]

(잘한 일, 우수한 성과에 대해) 동 **상[상금]을 주다** 명 **상, 상금**

In 2011 he won an Academy *Award* as best actor.

어원 a(out) + ward(watch:지켜보다) → (잘하는 지를 지켜보고 주는) 상

26 **opponent**

[əpóunənt]

(서로 겨루거나 맞서 싸우는 상대방): 명 **상대, 적수; 반대[대항]자**

He knocked down his *opponent* with a single blow.

어원 op(against:맞서서) + pon(place:놓다) → (맞서서) 놓여 있는 사람 → 상대; 반대자

27 **travel**

[trǽvəl]

(먼 곳으로의) 명 **여행** 동 **여행하다** (= journey)

I want to *travel* around the world and see new places.

파생 traveler [trǽvələr] 명 여행자

28 **journey**

[dʒə́ːrni]

(여행 과정·시간·거리에 중점): 명 **여행** 동 **여행하다** (= travel)

They went on a three-week train *journey* across China.

29 **trip**

[trip]

1. (잠시 갔다 되돌아오는) 명 **(짧은) 여행**
2. (발이) 동 **걸려 넘어지다[질 뻔하다], 걸어 넘어지게[질 뻔 하게] 하다**

He is on a business *trip* to Paris and won't be back until next week.
She *tripped* over a cable and fell to the ground.

30 **tour**

[tuər]

(관광·견학을 목적으로) 동 **(여러 곳을) 유람[순회, 여행]하다** 명 **여행, 유람**

The next day began with a half-day sightseeing *tour* of London.

파생 tourist [túərist] 명 관광객, 여행자
tourism [túərizm] 명 관광사업

25 2011년 그는 아카데미 남우주연상을 받았다. **26** 그는 단 한 방에 상대를 때려눕혔다. **27** 나는 세계 여행을 하면서 새로운 곳을 보고 싶다. **28** 그들은 중국을 가로지르는 3주간의 기차 여행을 떠났다. **29** 그는 파리에 출장 중이라서 다음 주까지는 돌아오지 않는다. / 그녀는 케이블에 걸려 넘어져 땅바닥에 쓰러졌다. **30** 다음 날은 반나절 런던 관광여행으로 시작되었다.

31 **voyage**

[vɔ́iidʒ]

(배·비행기·우주선에 의한 멀고 긴) 명 항해, 우주 여행 동 항해[항행]하다

They completed the final preparations for their long *voyage* across the Atlantic.

파생 voyager [vɔ́iidʒər] 명 (모험적) 항해자

어원 voy(way:길) + age → (먼) 길을 떠나기 → 항해, 우주 여행

32 **commute**

[kəmjú:t]

(집에서 직장으로 매일) 동 통근하다 명 통근 (거리)

He *commutes* daily between the two cities by train.

파생 commuter [kəmjú:tər] 명 통근자

어원 com(강조) + mute(change:바꾸다) → (집과 직장을) 바꾸어 오가다 → 통근하다

33 **destination**

[dèstənéiʃən]

(여행의 목표로 삼은) 명 목적지, 행선지

After two weeks of travel, they finally reached their *destination*.

어원 de(강조) + stin(stand:서다) → (가기로) 정해져 있는(서 있는) 곳 → 목적지

34 **explore**

[iksplɔ́:r]

(미지의 지역이나 세계를) 동 탐험[탐사, 답사]하다

Their mission was to land and *explore* the moon's surface.

파생 exploration [èkspləréiʃən] 명 탐험, 탐사, 답사

어원 ex(out) + plore(cry:외치다) → (사냥감을 본 사냥꾼의) 외침 소리에서 유래 → 탐험하다

35 **sightseeing**

[sáitsì:iŋ]

(명소·명물 등을 구경하러 다니는) 명 관광

I'd like to have some information about where to go *sightseeing*.

파생 sightsee [sáitsì:] 동 관광하다

---

31 그들은 대서양을 건너는 긴 항해를 위해 마지막 준비를 끝냈다. **32** 그는 두 도시 사이를 기차로 매일 통근한다. **33** 2주간의 여행 끝에 그들은 마침내 목적지에 도착했다. **34** 그들의 임무는 달 표면에 착륙해서 그곳을 탐험하는 것이었다. **35** 어느 곳을 관광해야 하는지에 정보를 얻고 싶습니다.

36 **souvenir**

[sù:vəníər]

(방문지나 특별한 일을 기념하기 위한) 명 **기념품**

He bought a model of the Eiffel Tower as a *souvenir* of his trip to Paris

어원 sou(up:위로) + ven(come:오다) → (기억을) 위로 올려 마음에 오게 하는 것 → **기념품**

37 **reserve**

[rizə́:rv]

(좌석·방·표 등을 미리) 동 **예약하다; 남겨두다** 명 **비축[예비]물**

I'd like to *reserve* a table for six for seven o'clock

파생 reservation [rèzərvéiʃən] 명 예약

어원 re(back:뒤) + serve(keep:보관하다) → (뒤에) 보관하다 → **예약하다**

Daily Test

01 tour	19 gamble
02 trip	20 compete
03 journey	21 opponent
04 broadcast	22 media
05 headline	23 prize
06 destination	24 travel
07 voyage	25 souvenir
08 reserve	26 explore
09 sightseeing	27 commute
10 audience	28 rumor
11 subscribe	29 journalist
12 anniversary	30 article
13 entertain	31 perform
14 bet	32 event
15 report	33 exhibition
16 celebrate	34 recreation
17 ceremony	35 contest
18 script	36 award

Answer Key ▷ 340

36 그는 파리 여행 기념으로 에펠 탑 모형을 샀다. **37** 7시에 여섯 사람이 식사할 자리를 예약하고 싶습니다.

Day 22

예술·종교

art & religion

≫ 테마 기본 어휘	essay(수필) · drama(드라마, 희곡) · genre(장르) · write · story · book · textbook(교과서) · title(제목) · hero(주인공; 영웅)) · library(도서관) · bookstore(서점) · art(미술, 예술) · picture · sketch(스케치) · paint · gallery(미술관) · museum(박물관) · photograph · camera · film · album · cartoon(만화) · music · sing · song · symphony(교향곡) · opera · ballet · band · orchestra · concert(음악회) · melody · rhythm · god(신) · idol(우상) · church · angel(천사)

01 **literature** [lítərəʧər]

(수필·시·소설·희곡 등의) 명 **문학 (작품); 문헌**

The course requires students to read many works of *literature*.

파생 literary [lítərèri] 형 문학의, 문학적인

어원 liter(letter:글자) + ature → (글자를) 써놓은 것 → **문학; 문헌**

02 **masterpiece** [mæ'stərpi,s]

(매우 뛰어난 예술 작품): 명 **명작, 걸작**

The Bible is one of the greatest *masterpieces* of world literature.

어원 master(대가) + piece(작품) → (대가의) 작품 → **명작**

03 **novel** [nάvəl]

1. (글로 쓴 긴 허구의 이야기): 명 **소설**
2. (이전에 본 것과는 달라서) 형 **새로운, 참신한**

This *novel* is based on a true story of the author's grandmother.

It was a *novel* idea at the time but quickly became an industry standard.

파생 novelist [nάvəlist] 명 소설가

어원 nov(new:새로운) + el → 1. 참신한 → (새로운) 이야기 → 2. 소설

01 그 강좌는 학생들에게 많은 문학 작품을 읽을 것을 요구하다. **02** 성경은 세계 문학의 가장 위대한 명작 중의 하나이다. **03** 이 소설은 저자의 할머니의 실제 이야기를 바탕으로 하고 있다. / 그것은 그 당시에는 새로운 생각이었으나 빠르게 산업 표준이 되었다.

04 **classic** [klǽsik]

(오랫동안 높은 가치가 있다고 인정된) 명 **고전, 명작** 형 **고전적인**

Gulliver's Travels is a *classic* of English literature.

파생 classical [klǽsikəl] 형 (고대 그리스 · 로마의) 고전의, 고전주의의 명 클래식 음악

Day 22

05 **poem** [póuəm]

(운율이 있는 형식의 글): 명 **(한 편의) 시**

She writes *poems* about the beauty of nature.

파생 poet [póuit] 명 시인
poetry [póuitri] 명 (집합적으로) 시

06 **fiction** [fíkʃən]

(실제의 이야기가 아닌) 명 **꾸며낸 이야기, 픽션, 소설**

It's sometimes hard to separate fact from *fiction* in what he says.

파생 fictional [fíkʃənl] 형 픽션[허구]의
⊖ non-fiction [nanfíkʃən] 명 논픽션

어원 fic(make:만들다) + tion → 만들어진 것 → **꾸며낸 이야기**

07 **author** [ɔ́:θər]

(책이나 글을 지은) 명 **저자, 필자, 작가**

He is the well-known *author* of several novels for young readers.

08 **tale** [teil]

(상상·과장으로 지어낸 흥미진진한) 명 **이야기, 소설**

It's only in fairy *tales* that frogs turn into princes.

09 **legend** [lédʒənd]

(옛날부터 민간에서 전해 내려오는) 명 **전설**

According to *legend*, Rome was founded by twin brothers.

파생 legendary [lédʒəndèri] 형 전설의

어원 leg(read:읽다) + end → (오래 전부터 전해져) 읽혀지는 것 → **전설**

04 걸리버 여행기는 영국 문학의 고전이다. **05** 그녀는 자연의 아름다움에 대한 시를 짓는다. **06** 가끔씩 그가 하는 말에서 사실과 꾸며낸 이야기를 구분하는 것이 어렵다. **07** 그는 젊은 독자를 위해 여러 권의 소설을 쓴 잘 알려진 저자이다. **08** 개구리가 왕자로 변하는 일은 동화에서나 있는 일이다. **09** 전설에 따르면 로마는 쌍둥이 형제에 의해 창건되었다.

10 **myth**

[miθ]

(신·영웅 등의 신비롭고 환상적인 이야기): 명 **신화**

In the ancient Greek myths, Aphrodite was the goddess of love and beauty.

파생 mythical [míθikəl] 형 신화의

11 **manual**

[mǽnjuəl]

1. (기계·컴퓨터 등의 조작법을 설명해 놓은) 명 **설명[안내]서**
2. (일·조작 등을 동력을 쓰지 않고 직접) 형 **손으로 하는, 수동의**

The technical *manual* clearly explains how to operate this machine.

People in *manual* jobs are more likely to be physically injured at work.

어원 manu(hand:손) + al → 2. **손으로 하는** → (손으로 다루는 법을 소개한) 1. **설명[안내]서**

12 **dictionary**

[díkʃənèri]

(낱말을 모아서 싣고 설명한) 명 **사전**

He looked up the meaning of the unfamiliar words in the *dictionary*.

어원 diction(word:단어) + ary → (단어를) 모아 놓은 책 → **사전**

13 **biography**

[baiágrəfi]

(한 개인의 일생을 기록한) 명 **전기**

Steve Jobs' *biography* changed my idea of business.

어원 bio(life:일생) + graph(record:기록하다) → (일생을) 기록한 것 → **전기**

14 **plot**

[plat]

1. (책·영화 등의 중심 내용): 명 **줄거리** 동 **줄거리를 세우다**
2. (나쁜 일을 하기 위해 몰래 꾸민) 명 **계략, 음모** 동 **음모하다**

The basic *plot* of the movie was based on fact.

The *plot* was discovered before they had a chance to carry it out.

어원 1. **줄거리** → (나쁜 일을 하기 위해 꾸민) 줄거리 → 2. **계략, 음모**

10 고대 그리스 신화에서 아프로디테는 사랑과 미의 여신이었다. 11 그 기술 설명서는 이 기계의 작동법을 명확하게 설명하고 있다. / 육체노동 일을 하는 사람들은 일을 하다가 신체적으로 부상을 입을 가능성이 더 많다. 12 그는 낯선 단어들의 의미를 사전에서 찾아보았다. 13 스티브 잡스의 자서전은 나의 사업에 대한 생각을 바꾸어 놓았다. 14 영화의 기본적인 줄거리는 사실을 바탕으로 한 것이다. / 그 음모는 그들이 그것을 실행할 기회를 갖기 전에 발각되었다.

15 **publish**

[pʌbliʃ]

(서적 · 잡지를 인쇄하여) 동 **출판[간행]하다**

Her first novel was *published* when she was twenty-four.

파생 publication [pʌbləkéiʃən] 명 출판[간행](물)

어원 원뜻: 대중에게 알리다(make public) → (대중에게 알리기 위해) **출판하다**

16 **edit**

[édit]

(책 · 신문 · 영화필름 등을 기획 의도에 맞게) 동 **편집[수정]하다**

He reviewed and *edited* the article before publication.

파생 editor [édətər] 명 편집자, 편집장
editorial [èdətɔ́:riəl] 형 편집(상)의; 사설의 명 사설

17 **draw**

[drɔ:]

1. (펜 · 연필 등을 써서) 동 **(선으로) 그림을 그리다**
2. (일정한 속도로 부드럽게) 동 **당기다, 끌다**

He *drew* a map for her in case she couldn't find his house.
He *drew* the curtains over the windows on the street side of the room.

파생 drawing [drɔ́:iŋ] 명 그림, 선묘

어원 2. 끌다 → (펜을 끌어) 1. 그림을 그리다

18 **portrait**

[pɔ́:rtrit]

(사람의 얼굴 모습을 그린) 명 **초상화**

On the wall was a *portrait* of his grandfather.

파생 portray [pɔ:rtréi] 동 묘사하다, 그리다

어원 por(forth:앞으로) + tray(draw:끌다) → (사람의 얼굴을) 앞으로 끌어낸 것 → **초상화**

19 **sculpture**

[skʌlptʃər]

(깎거나 새겨서 만드는) 명 **조각(술), 조각품**

The museum has a collection of paintings and *sculptures* by Matisse.

파생 sculpt [skʌlpt] 동 조각하다
sculptor [skʌlptər] 명 조각가

어원 sculpt(carve:조각하다) + ure → 조각한 것 → **조각**

15 그녀가 24살이었을 때 그녀의 첫 번째 소설이 출간되었다. 16 그는 간행 전에 그 기사를 재검토하고 편집을 했다. 17 그는 그녀가 그의 집을 찾지 못할 것을 대비해서 약도를 그려주었다. / 그는 방의 길가 쪽 창문에 커튼을 쳤다. 18 벽에는 그의 할아버지 초상화가 걸려 있었다. 19 그 박물관은 마티스의 그림과 조각품을 소장하고 있다.

20 **statue**

[stǽtʃu:]

(사람 · 동물의 형상을 조각한) 명 **상, 조각상**

The Statue of Liberty is one of the tallest *statues* in the world.

어원 sta(stand:서다) + tue → 세워진 것 → **상, 조각상**

21 **carve**

[ka:rv]

(나무 · 돌 등을 쪼거나 파서) 동 **(상을) 조각하다, (글씨 · 문양을) 새기다**

The statue was *carved* out of a large piece of wood.

파생 carving [ká:rviŋ] 명 조각물[술]

22 **compose**

[kəmpóuz]

1. (음악 작품이나 글 · 시 등을) 동 **짓다, 작곡[작문]하다**
2. (부분들이 모여 하나의 전체를) 동 **구성하다**; (be -d of) **구성되다**

This piece of music was *composed* by Ludwig Beethoven.
Eight members *compose* the finance committee.

파생 composition [kàmpəzíʃən] 명 작곡, 작문; 구성
composer [kəmpóuzər] 명 작곡가

어원 com(with:함께) + pose(put:놓다) ┌ (음이나 글을) 함께 놓다 → 1. **작곡[작문]하다**
└ (여러 부분이 모여) 함께 놓이다 → 2. **구성하다**

23 **choir**

[kwaiər]

(합창을 위해 조직한) 명 **합창단, 성가대**

She sings in the church *choir* and plays the flute in the school orchestra.

24 **instrument**

[ínstrəmənt]

1. (음악을 연주하는 데 쓰는) 명 **악기**
2. (과학 · 의학 등의 작은) 명 **기구, 도구**

Do you play any musical *instrument*?
Quality *instruments* are essential for successful surgery.

파생 instrumental [ìnstrəméntl] 형 악기의

어원 in(on:위) + struc(pile:쌓다) ┌ (음악 연주) 기구 → 1. **악기**
└ 작업(위에 쌓는 일)을 할 때 쓰는 것 → 2. **기구, 도구**

20 자유의 여신상은 세계에서 가장 높은 조각상 중의 하나이다. 21 그 조각상은 커다란 나무 조각을 깎아서 만든 것이었다. 22 이 음악 작품은 루드비히 베토벤이 작곡했다. / 다섯 명의 위원이 재정 위원회를 구성하고 있다. 23 그녀는 교회 성가대에서 노래를 하고 학교 관현악단에서는 플루트를 연주한다. 24 어떤 악기를 연주할 줄 아십니까? / 고급 기구는 성공적인 수술에 필수적이다.

25 **lyric**
[lírik]

(-s) (노래의 내용이 되는) 명 **가사, 노랫말**

I love the *lyrics* of the song more than the song itself.

26 **religion**
[rilídʒən]

(신을 믿고 숭배하는) 명 **종교**

Today, Christianity is the largest *religion* in the world.

파생 religious [rilídʒəs] 형 종교의, 신앙심이 깊은

어원 re(back) + lig(bind:묶다) → (신과 인간을) 다시 하나로 묶는 것 → **종교**

27 **holy**
[hóuli]

(신이나 특정 종교과 관련되어서) 형 **신성한, 성스러운; 경건한**

Jerusalem is the *holy* city for both Christians and Muslims.

28 **worship**
[wə́:rʃip]

1. (종교 의식이나 기도로 신에게) 동 **예배[참배]하다** 명 **예배(식)**
2. (거의 맹목적으로 누구 · 무엇을) 동 **숭배[예찬]하다** 명 **숭배**

Hindus *worship* one supreme God through many different names and forms.
The Egyptians *worshiped* the sun as their god.

어원 wor(worth:가치) + ship → (절대적인 가치를 부여하고) 1. **숭배하다** → (신에게) 2. **예배하다**

29 **pray**
[prei]

(소원 · 도움 · 용서 등을 신에게) 동 **빌다, 기도하다** [for]

He knelt down and *prayed* to God for help.

파생 prayer [prɛər] 명 기도

30 **preach**
[pri:ʧ]

(성직자가 종교의 가르침을) 동 **설교하다**

During the sermon, the minister *preached* about the power of the Holy Spirit.

파생 preacher [ìprí:ʧər] 명 설교자

어원 pre(before:앞) + ach(say:말하다) → (앞에서) 말하다 → **설교하다**

25 나는 노래 그 자체보다는 노래의 가사를 더 좋아한다. **26** 오늘날, 기독교는 세계에서 가장 큰 종교이다. **27** 예루살렘은 기독교인과 이슬람교도 둘 다에게 성스러운 도시이다. **28** 힌두교 신자들은 많은 다양한 이름과 형태로 하나의 최고의 신에게 예배한다. / 이집트 사람들은 태양을 그들의 신으로 숭배했다. **29** 그는 무릎을 꿇고 하나님께 도와달라고 기도했다. **30** 설교 동안에 목사는 성령의 힘에 대해 설교를 했다.

31 **bible**
[báibl]

(기독교의 경전): 명 (the B-) **성서**

The *Bible* is the world's all-time best-seller.

32 **cathedral**
[kəθí:drəl]

(천주교에서 교구를 대표하는) 명 **대성당**

It was announced that the royal wedding would be in St Paul's *Cathedral*.

33 **temple**
[témpl]

(불교·힌두교 등에서 종교의식을 행하는) 명 **사원, 절, 신전**

There are more than 1700 Buddhist *temples* in Tibet today.

34 **priest**
[pri:st]

(성당이나 교회의) 명 **성직자, 사제, 목사**

The *priest* gave his blessing to all present.

35 **spirit**
[spírit]

(육체에 깃든 영적인 실체): 명 **영(혼), 정신**

Do you believe that your *spirit* lives on after death?

파생 spiritual [spíritʃuəl] 형 영적인

36 **ghost**
[goust]

(죽은 사람의 영혼): 명 **유령, 망령**

There's no such thing as *ghosts*. People just make them up.

37 **devil**
[dévl]

(신과 적대하는 사악한 존재): 명 **악마, 마귀; 악인**

Her husband was a saint at church but a *devil* at home.

31 성경은 세계 최고의 베스트 셀러이다. **32** 그 왕실 결혼식은 세인트 폴 대성당에서 거행된다고 발표되었다. **33** 오늘날 티벳에는 1700개 이상의 불교 사찰이 있다. **34** 신부는 참석한 모든 사람들에게 축복을 내렸다. **35** 사후에도 당신의 혼령은 계속 살다는 것을 믿습니까? **36** 유령같은 것은 없어. 사람들이 지어냈을 뿐이야. **37** 그녀의 남편은 교회에서는 성자이지만 집에서는 악당이었다.

Day 22

38 **superstition**

[sù:pərstíʃən]

(비과학적이고 비합리적인 맹목적 믿음): 명 **미신**

In Europe there is a *superstition* that Friday is unlucky.

파생 superstitious [sù:pərstíʃəs] 형 미신의

어원 super(above:위에) + sti(stand:서다) → (상식) 위에 서있는 것 → 미신

39 **miracle**

[mírəkl]

(상식을 벗어나는 현상): 명 **기적**

It's a *miracle* he didn't break his legs falling from that height.

파생 miraculous [mirǽkjuləs] 형 기적의

어원 mira(wonder:불가사의) + cle → (불가사의한) 일 → 기적

Daily Test

01 pray	21 compose
02 worship	22 lyric
03 holy	23 literature
04 masterpiece	24 choir
05 poem	25 religion
06 superstition	26 devil
07 cathedral	27 spirit
08 preach	28 temple
09 ghost	29 bible
10 priest	30 miracle
11 manual	31 classic
12 tale	32 novel
13 plot	33 fiction
14 draw	34 legend
15 statue	35 dictionary
16 author	36 publish
17 edit	37 portrait
18 biography	38 carve
19 myth	39 instrument
20 sculpture	

Answer Key ▷ 340

38 유럽에는 금요일이 재수가 없다는 미신이 있다. **39** 그런 높이에서 떨어졌는데 그의 다리가 부러지지 않은 것은 기적이다.

Day 23 경제·물품거래

economy & business

≫ 테마 기본 어휘	business · sale · market · shop · supermarket · salesman · sell · buy · discount · cheap · expensive · give · hand(건네주다) · pass(건네주다) · return(돌려주다) · gift(선물) · get · receive · lose(잃다) borrow(빌리다) · lend(빌려주다)

01 **economy** [ikánəmi]

1. (생산·소비와 관련된 모든 활동): 명 **경제**
2. (낭비 없는 경제적인 사용): 명 **절약, 검약**

The country's *economy* is based on manufacturing, agriculture, and tourism.
It seems to be cheaper but is a false *economy*.

파생 economic [èkənámik] 형 경제의
economics [èkənámiks] 명 경제학
economical [èkənámikəl] 형 절약이 되는
economize [ikánəmàiz] 동 절약하다

어원 eco(household:집안) + nomy(management:관리) ┌ (집안 살림) 관리 → 1. 경제
└ (경제적) 관리 → 2. 절약, 검약

02 **trade** [treid]

(서로 물건을 팔고 사는 행위): 명 **거래, 교역, 무역** 동 **거래[교역, 무역]하다**

Trade between the two countries has been steadily increasing since the 1990s.

03 **grocery** [gróusəri]

(식료품, 일상 생활용품을 판매하는) 명 **식료 잡화점;** (-ies) **식료 잡화류**

I stopped at the *grocery* store and bought some groceries.

04 **clerk** [klə:rk]

(판매나 사무를 담당하는) 명 **(상점) 점원, (회사) 사무원**

The store *clerk* was very friendly and helpful.

01 그 나라의 경제는 제조업과 농업, 관광업을 기반으로 하고 있다. / 그것은 더 싸 보이지만 잘못된 절약이다. **02** 두 나라 사이의 무역은 1990년대 이후 꾸준히 증가해 왔다. **03** 나는 식료 잡화점에 들러 식료 잡화류를 샀다. **04** 그 상점 점원은 매우 친근하고 기꺼이 도움을 준다.

[05] **serve**
[sə:rv]

(남을 위해서) 동 봉사하다, 시중들다; (무엇을) 제공하다

The clerk was very busy *serving* customers.

파생 service [sə́:rvis] 명 손님 시중[응대], 서비스, 봉사

어원 원뜻: 노예(slave) → (노예처럼) 봉사하다, 시중들다

[06] **customer**
[kʌstəmər]

(상품를 구입 하는) 명 고객, 손님, 거래처

Mr. Jones is one of the store's best *customers*.

어원 custom(관습, 습관) + er(사람) → (습관적으로 자주 오는) 고객, 손님

[07] **client**
[kláiənt]

(변호사 · 금융기관 등의) 명 (전문가의) 고객, 의뢰인

It's important to give a good impression when you meet a new *client*.

어원 cli(의지하다)+ent(사람) → (전문가에게) 의지하는 사람 → (전문가의) 고객

[08] **goods**
[gudz]

(사고파는 물건): 명 상품, 물품, 재화

Goods will be sent within 48 hours of receiving your order.

[09] **display**
[displéi]

1. (상품을 보기 좋게) 동 진열[전시]하다 명 진열, 전시
2. (숨겨진 감정 · 성질 · 능력 등을) 동 드러내다, 발휘하다 명 드러내 보이기

All the latest fashions were *displayed* in the windows.
She did not *display* much emotion, but inside she was touched.

어원 dis(apart:떨어져) + play(fold:접다) → (접힌 것을 볼 수 있게 떨어뜨려) 2. 드러내다 1. 진열하다

[10] **purchase**
[pə́:rʧəs]

(금액이나 규모가 큰 물건을) 동 사다, 구입[구매]하다 명 구입, 구매

They purchased the building for $2 million and two years later sold it for $3 million.

05 그 점원은 손님 응대를 하느라 매우 바빴다. **06** 존스 씨는 상점의 최고 고객 중 한 사람이다. **07** 새로운 고객을 만났을 때 좋은 인상을 주는 것은 중요하다. **08** 물품은 주문을 받고 48시간 내에 발송될 것이다. **09** 모든 최신 유행품은 상품 진열창에 진열되었다. / 그녀는 많은 감정을 드러내지는 않았지만 속으로는 감동을 받았다. **10** 그들은 그 건물을 2백만 달러에 구입하고 2년 후 그것을 3백만 달러에 팔았다.

11 **demand**
[dimǽnd]

1. (물품·서비스를 사고자 하는) 명 **수요** 동 **필요로 하다, 요하다**
2. (상대가 원치 않는 것을 강하게) 동 **요구하다** 명 **요구**

Demand for oil is still increasing faster than production.
They *demanded* that the government solve the problem immediately.

어원 de(강조) + mand(order명령하다) → (강하게 명령하듯) 2. 요구하다 → (물품) 요구→ 1. 수요

12 **order**
[ɔ́:rdər]

1. (물품을 판매자에게) 동 **주문하다** 명 **주문**
2. (윗사람이 무엇을 하라고) 동 **명령[지시]하다** 명 **명령, 지시**
3. (일정한 원칙에 따라 이어지는) 명 **순서, 차례, 질서; 정돈, 정리**

He *ordered* some books two weeks ago, but they still haven't arrived.
The teacher *ordered* the child to stay after school.
The files are listed in alphabetical *order* by file name.

파생 ⊖ disorder [disɔ́:rdər] 명 무질서, 혼란

어원 3. 순서 ┌ (순서에 따라 하라고) 2. 명령하다
└ (판매자에게) 명령하다 → 1. 주문하다

13 **wholesale**
[hou'lsei,l]

(물건을 소매상을 상대로 판매하는) 명 **도매** 형부 **도매의[로]**

The company is one of the largest *wholesale* suppliers of food products in the US.

파생 wholesaler [hou'lsei,lər] 명 도매업자

어원 whole(통째의) + sale(판매) → (나누지 않고) 통째로 판매하는 것 → 도매

14 **retail**
[rí:teil]

(물건을 직접 소비자에게 파는) 명 **소매** 부 **소매로** 동 **소매하다**

Every book is discounted 10 to 15 percent off the *retail* price.

파생 retailer [rí:teilər] 명 소매 상인

어원 re(back:뒤) + tail(cut:자르다) → (물건을 잘라서 나누어) 되파는 것 → 소매

11 석유에 대한 수요가 생산보다 여전히 더 빠르게 증가하고 있다. / 그들은 정부가 그 문제를 즉시 해결해 줄 것을 요구했다. 12 그는 책을 2주 전에 주문했으나 아직 도착하지 않았다. / 선생님은 그 아이에게 방과 후에 남으라고 지시했다. / 파일은 파일 이름의 알파벳 순서에 따라 리스트 되어 있다. 13 그 회사는 미국에서 가장 큰 식료품 도매 공급업체 중의 하나이다. 14 모든 책은 소매가격에서 10에서 15퍼센트 할인된다.

15 **export**

동 [ikspɔ́:rt]
명 [ékspɔ:rt]

(국내에서 외국으로 상품을) 동 수출하다 명 수출(품)

These products are *exported* to countries all over the world.

파생 exporter [ikspɔ́:rtər] 명 수출업자

어원 ex(out:밖) + port(carry:나르다) → (나라) 밖으로 나르다 → 수출하다

16 **import**

동 [impɔ́:rt]
명 [ímpɔ:rt

(외국에서 국내로 상품을) 동 수입하다 명 수입(품)

Britain has to *import* most of its raw materials for production.

파생 importer [impɔ́:rtər] 명 수입업자

어원 in(안) + port(carry:나르다) → (나라) 안으로 나르다 → 수입하다

17 **price**

[prais]

(판매자가 제시한 물품의) 명 가격, 값 동 값을 매기다

They have increased the *price* of their products by almost 20 percent.

파생 priceless [práislis] 형 매우 귀중한

18 **cost**

[kɔ:st]

(어떤 일을 하는 데 드는 돈): 명 비용, 경비, 원가 동 (값, 비용이) ~들다

The total *cost* of the repairs was much cheaper than I thought.

파생 costly [kɔ́:stli] 형 값비싼, 비용이 많이 드는

19 **charge**

[ʧa:rdʒ]

1. (상품·서비스에 대한 대가로) 동 요금[값]을 청구하다 명 요금, 대금
2. (업무나 조직을 책임지고 맡음): 명 담당, 책임

These services are provided at no extra *charge*.
Now, he is in *charge* of the sales department of the company.

어원 원뜻: 짐(burden) ┬ (대가로 부과하는) 짐 → 1 요금[값]을 청구하다
└ (업무상의) 짐 → 2 책임, 담당

15 이 제품들은 전세계의 국가에 수출된다. 16 영국은 생산을 위한 원자재의 대부분을 수입해야 한다. 17 그들은 제품 가격을 거의 20% 인상했다. 18 총 수리비용은 내가 생각했던 것보다 훨씬 쌌다. 19 이 서비스들은 추가 요금 없이 제공된다. / 현재 그는 그 회사의 영업부서를 책임지고 있다.

20 **fare**

[fɛər]

(버스·택시·기차·배 등의) 명 **(교통) 요금, 운임**

The one-way bus *fare* to Boston is thirty-five dollars.

21 **fee**

[fiː]

1. (의사·변호사 등의 전문직 서비스에 대한) 명 **수수료**
2. (입장·가입·면허 등의 자격을 얻기 위한) 명 **요금, 회비, 가입비**

The company spent more than $2 million in legal *fees* last year.
The club charges an annual membership *fee* of $1,000.

22 **luxury**

[lʌkʃəri]

(화려하고 값비싼 물품이나 서비스): 명 **호화로움, 사치(품)**

He dreamed of getting rich and living a life of *luxury.*

파생 luxurious [lʌgʒúəriəs] 형 호화로운, 사치스러운

23 **advertise**

[ǽdvərtàiz]

(상품을 널리 알리는 위해) 동 **광고하다**

Advertising in the local newspaper is a good way to attract new customers.

파생 advertising [ǽdvərtàiziŋ] 명 광고
advertisement [ædvərtáizmənt] 명 광고물

어원 ad(to:방향) + vert(turn:돌다) → (사람들의 관심을) ~쪽으로 돌리다 → **광고하다**

24 **commercial**

[kəmə́ːrʃəl]

1. (텔레비전·라디오의) 명 **광고 (방송)**
2. (물품 매매와 그 활동과 관련된): 형 **상업의, 상업적인**

In addition to his film appearances, he has appeared in several TV *commercials.*
His first novel was a huge *commercial* success.

파생 commerce [kɑ́məːrs] 명 상업

어원 com(together:함께) + merce(trade:거래) → (함께) 거래를 하는 ┌ 1. **상업의**
└ (상업적인) 2. **광고 (방송)**

20 보스턴행 편도 버스 요금은 35달러이다. **21** 그 회사는 작년에 법무 관련 수수료로 2백만 달러 이상을 썼다. / 그 클럽은 1,000달러의 연회비를 부과한다. **22** 그는 부자가 되어서 호화로운 생활을 하기를 꿈꾸었다. **23** 지역 신문에 광고를 하는 것은 새로운 고객을 끌어들이기 위한 좋은 방법이다. **24** 그는 영화 출연 외에도 여러 편의 TV광고에 출연했다. / 그의 첫 번째 소설을 상업적으로 엄청난 성공을 거두었다.

Day 23

25 **submit**

[səbmít]

1. (서류나 제안서 등을) 통 **제출하다**
2. (상대의 우월한 힘·권위에) 통 **굴복[복종]하다** [to]

You must *submit* your application by October 31, 2017.
In the end he had to *submit* because he could not resist.

파생 submission [səbmíʃən] 명 제출; 굴복, 복종

어원 sub(under:아래) + mit(send:보내다) → (남의 통제) 아래로 보내다 → **굴복[제출]하다**

26 **supply**

[səplái]

(필요·부족한 것을) 통 **(대량으로) 공급[제공]하다** [with sth, to sb] 명 **공급**

The company *supplies* fresh fruit and vegetables to supermarkets.

파생 supplier [səpláiər] 명 공급자

어원 sup(up from below) + ply(fill:채우다) → (아래에서 위로) 채워 넣다 → **공급하다**

27 **provide**

[prəváid]

(필요한 것을) 통 **(입수·이용할 수 있게) 제공[공급]하다** [with sth, for sb]

The student's guide *provides* all the necessary information about the course.

파생 provision [prəvíʒən] 명 제공, 공급

어원 pro(ahead:앞에) + vide(see:보다) → (앞을 내다보고 미리 알아서) **제공하다**

28 **share**

[ʃεər]

(무엇을 남에게) 통 **나눠 주다, (남과) 함께 쓰다, 배분하다** 명 **몫**

The child refused to *share* his toys with his little sister.

29 **distribute**

[distríbju:t]

(계획에 따라 사람들에게) 통 **나누어 주다, 배분하다; (상품을) 유통시키다**

They distributed food and clothes to homeless people.

파생 distribution [dìstrəbjú:ʃən] 명 배분; 유통

어원 dis(apart:떨어져) + tribute(assign:할당하다) → (떨어진 곳에) 할당하다 → **배분하다**

25 2017년 10월 31일까지 지원서를 제출해야 합니다. / 저항할 수 없었기 때문에 그는 결국 굴복해야만 했다. **26** 그 회사는 신선한 과일과 채소를 슈퍼마켓에 공급한다. **27** 그 학생 안내서는 그 과정에 대한 필요한 모든 정보를 제공한다. **28** 그 아이는 자신의 장난감을 여동생과 함께 나누어 쓰기를 거부했다. **29** 그들은 음식과 옷을 노숙자들에게 나누어 주었다.

30 **donate**
[dóuneit]

(남을 돕기 위해 돈 · 물품을) 동 (자선단체에) 기부[기증]하다

He *donated* hundreds of books to public libraries and schools.

파생 donation [dounéiʃən] 명 기부(금), 기증(물)
donor [dóunər] 명 기부자, 기증자

어원 don(give:주다) + ate → 기부[기증]하다

31 **contribute**
[kəntríbju:t]

1. (일 · 대상이 잘되도록 돈 · 물품 등을) 동 (도움이 되게) 기여[기부]하다 [to]
2. (글 · 기사 등을 출판사 · 신문 등에) 동 기고하다 [to]

We would like to thank everyone who has *contributed* to the success of this event.
He *contributes* to several newspapers and magazines.

파생 contribution [kɑ̀ntrəbjú:ʃən] 명 기부(금), 기여; 기고(문);
contributor [kəntríbjutər] 명 기부자; 기고가

어원 con(together) + tribute(grant:주다) ┌ (함께 하는 일에) 돈 · 물품을 주다 → 1. 기부하다
└ (함께 만드는) 신문 등에 글을 주다 → 2. 기고하다

32 **reward**
[riwɔ́:rd]

(선행 · 호의 · 노력에 대한) 명 보상[포상, 사례](금) 동 보상[보답]하다

My parents *reward* good behavior and punish bad behavior.

어원 re(강조) + ward(look:보다) → 주의 깊게 보다 → <의미의 변화> → 보상[보답]하다

33 **rent**
[rent]

(사용료를 내고) 동 (집 · 물품 등을) 빌리다[빌려주다] 명 집[방]세; 사용료

She *rented* out two rooms in her house to college students.

34 **obtain**
[əbtéin]

(원하는 것을) 동 (노력하여) 얻다, 입수하다

More detailed information can be *obtained* from this website.

어원 ob(강조) + tain(hold:쥐다) → (손에) 꽉 쥐다 → 입수하다

30 그는 수백 권의 책을 공공 도서관과 학교에 기증했다. 31 우리는 이 행사의 성공에 기여해 주신 모든 분께 감사 드리고 싶습니다. / 그는 여러 신문과 잡지에 기고를 한다. 32 내 부모님은 올바른 행동은 보상하고 옳지 못한 행동은 벌을 준다. 33 그녀는 자기 집의 두 개의 방을 대학생들에게 세 놓았다. 34 더 자세한 정보는 이 웹사이트에서 얻을 수 있다.

35 **gain**

[gein]

1. (필요·유용·유리한) 동 (바람직한 것을) 얻다, 획득하다 명 이익, 이득
2. (무게·힘·속도·가치 등이) 동 늘다, 오르다 명 증가

She has *gained* international fame since she won the award in 2007.

I've *gained* weight recently and I'm trying to lose it.

36 **acquire**

[əkwáiər]

(재산·권리 등을) 동 (자기 것으로) 취득하다; (지식·기술 등을) 습득하다

The company has recently *acquired* a new factory building.

파생 acquisition [ækwizíʃən] 명 취득(물); 습득

어원 ac(extra:추가의) + quire(seek:구하다) → (무엇을) 구해서 추가로 얻다 → **취득[습득]하다**

Daily Test

01 distribute	19 charge
02 share	20 luxury
03 provide	21 submit
04 trade	22 economy
05 serve	23 advertise
06 reward	24 supply
07 donate	25 gain
08 acquire	26 rent
09 obtain	27 contribute
10 demand	28 clerk
11 goods	29 grocery
12 retail	30 customer
13 price	31 display
14 fare	32 order
15 client	33 export
16 import	34 cost
17 wholesale	35 fee
18 purchase	36 commercial

Answer Key ▷ 341

35 그녀는 2007년 상을 받은 이후 국제적인 명성을 얻었다. / 나는 최근에 체중이 늘어서 빼려고 노력 중이다. **36** 회사는 최근 새로운 공장 건물을 취득했다.

Day 24 재무·금융

money & finance

≫ 테마 기본 어휘	money(돈) · cash(현금) · coin(동전) · check(수표) · spend(쓰다) · pay(지불하다) · bank(은행) · save(저축하다) rich(부자의) · poor(가난한) · have(가지다) · keep(보유하다) · use(사용하다)

01 **finance**

[fáinæns]

(자금을 조달·관리·이용하는 활동): 명 **재정, 재무; (사업의) 재원, 자금**

The *finance* for the project will come from the government.

파생 financial [fainǽnʃəl] 형 재정(상)의, 금전(상)의

어원 fin(end:끝) + ance → (빚을) 끝내는 활동 → **재정, 재무** → (재정에 필요한) **자금**

02 **fund**

[fʌnd]

(특정 목적에 쓰기 위해 모은 돈): 명 **기금, 자금** 동 **자금을 제공하다**

The project was postponed because of lack of *funds*.

03 **grant**

[grænt]

1. (정부·단체가 특정 목적에 쓰도록 주는) 명 **보조금**
2. (요청한 것을 공식적으로) 동 **승인[허락]하다**

Dr. Russell has been awarded a research *grant* by the Department of Education.
A few years later, he was *granted* US citizenship.

04 **treasure**

[tréʒər]

(집합적으로, 귀금속·보석 등의) 명 **보물 (같은 것)**

He had the map that showed where the treasure was buried.

01 그 프로젝트의 재원은 정부에서 조달될 것이다. **02** 그 프로젝트는 자금 부족으로 연기되었다. **03** 러셀 박사는 교육부로부터 연구비를 지급 받았다. / 몇 년 후 그는 미국 시민권을 받았다. **04** 그는 보물이 어디에 묻혀있는지를 보여주는 지도를 가지고 있었다.

05 **property**

[prάpərti]

1. (경제적 가치를 지닌 소유) 명 **재산; 부동산**
2. (사물이 가진 고유한 특징): 명 **속성, 특성**

He is considering buying some *property* to hold as an investment.

One of the *properties* of light is that it travels in the form of waves.

어원 proper(one's own:자기 자신의) + ty → (자기 자신이) 소유한 것 → 재산, (사물의) 속성

Day 24

06 **resource**

[rí:sɔ:rs]

(이용 가능한 물자 · 노동력 · 기술 따위): 명 **자원, 재원, 자산**

The region is rich in natural *resources* such as oil and natural gas.

파생 resourceful [risɔ́:rsfəl] 형 수완이 비상한, 자원이 풍부한

어원 re(again:다시) + source(원천) → (다시) 원천이 되는 것 → 자원

07 **invest**

[invést]

(이익을 얻기 위해 부동산 · 주식 · 사업 등에) 동 **투자하다**

The company will *invest* 6 million dollars in the project.

파생 investment [invéstmənt] 명 투자
investor [[invéstər] 명 투자가

08 **insurance**

[inʃúərəns]

(재해 · 사고 · 손해를 금융 수단으로 대비하는) 명 **보험**

He took out fire *insurance* on the house and its contents.

파생 insure [inʃúər] 동 보험에 들다

어원 in(make) + sure → make sure(보장하다) → 보험

09 **owe**

[ou]

(남에게 갚아야 할) 동 **(돈을) 빚지고 있다, 신세를 지고 있다** [to]

Don't forget that you *owe* me twenty dollars.

파생 owing [óuiŋ] 형 (~ to) ~때문에

05 그는 투자로서 보유할 부동산 구입을 고려 중이다. / 빛의 속성 중의 하나는 그것이 파동의 형태로 이동 한다는 것이다. 06 그 지역은 석유와 천연가스 같은 천연자원이 풍부하다. 07 회사는 프로젝트에 6백만 달러를 투자할 것이다. 08 그는 집과 그 내용물에 대해 화재보험에 들었다. 09 내게 20달러 빚지고 있다는 것 잊지 마세요.

10 **debt**

[det]

(남에게 갚아야 할) 명 **빚, 부채, 신세**

He spent all his money and got into *debt.*

파생 debtor [détər] 명 채무자

11 **earn**

[əːrn]

(일·사업·투자 등의 대가로) 동 **(돈을) 벌다, 수익을 올리다**

As one of the most popular singers, he earned more than $10 million last year.

파생 earning [ə́ːrniŋ] 명 (-s) 소득, 사업[투자] 소득

12 **income**

[ínkʌm]

(경제활동으로 정기적으로 얻는 돈): 명 **소득, 수입**

Most of the people depend entirely on farming for their *income.*

어원 in(안) + come(오다) → (안으로) 들어온 돈 → **소득, 수입**

13 **expense**

[ikspéns]

(어떤 일이나 목적에 쓰는 돈): 명 **비용**

We must increase our income and cut down on our *expenses.*

어원 ex(out:밖) + pense (pay:지불하다) → (밖으로)) 지불하는 돈 → **비용**

14 **budget**

[bʌdʒit]

(필요한 비용을 미리 정해 놓은) 명 **예산(안)** 동 **예산을 짜다**

Most of the *budget* was spent on television advertising.

15 **refund**

[rifʌnd]

(이미 낸 돈을 되돌려 주다): 동 **환불하다** 명 **환불(금)**

He took the camera back to the store and asked for a *refund.*

어원 re(back) + fund(pour:붓다) → (받은 것을) 도로 쏟아 부어 내놓다 → **환불하다**

10 그는 그의 돈을 다 써버리고 빚을 졌다. **11** 가장 인기 있는 가수 중 한 사람으로 그는 지난해 천만 달러 이상을 벌었다. **12** 그 사람들의 대부분은 수입을 농업에 완전히 의존하고 있다. **13** 우리는 수입은 늘리고 비용은 줄여야 한다. **14** 그 예산의 대부분은 텔레비전 광고에 쓰였다. **15** 그는 카메라를 상점으로 다시 가져가서 환불을 요구했다.

16 **afford**

[əfɔ́:rd]

(can ~) (돈·시간·형편상 무엇을) 동 **~을 할[살] 여유가 있다**

I want a new computer, but I can't *afford* to buy one.

어원 a + ford(further:더 나아가서) → 더 나아갈 수 있다 → ~을 할[살] 여유가 있다

17 **bill**

[bil]

1. (지불할 금액·내역이 적힌) 명 **계산서, 청구서** 동 **청구서[계산서]를 보내다**
2. (종이로 된 화폐): 명 **지폐**
3. (심의를 위해 국회에 제출된 법률 초안): 명 **법안**

Remember that a 10% service charge will be added to your *bill*.

He took a ten-dollar *bill* from his wallet and gave it to me.

The *bill* was passed by 52 to 41 in the House and 17 to 12 in the Senate.

어원 원뜻: 도장이 찍힌 문서(sealed document) → 공식 문서 → 1. 계산서 2. 지폐 3. 법안

Day 24

18 **tax**

[tæks]

(국민이 나라에 내는 돈): 명 **세금**

People on higher incomes pay more *tax* than those on lower incomes.

파생 taxation [tækséiʃən] 명 세제

19 **profit**

[prάfit]

(장사나 사업을 해서 남은 돈): 명 **이익, 이윤**

The company made a *profit* of two million dollars last year.

파생 profitable [prάfitəbl] 형 이익이 남는

어원 pro(forward:앞으로) + fit(make:만들다) → (장사가 앞으로 나아가 만들어 낸) 이익, 이윤

20 **wealthy**

[wélθi]

(특히 출신·배경이 좋아) 형 **부유한, 부자인**

He is a *wealthy* businessman who owns a large department store.

파생 wealth [welθ] 명 부

16 나는 새 컴퓨터를 원하지만 살만한 여유가 없습니다. 17 계산서에는 10%의 봉사료가 추가된다는 것을 기억하십시오. / 그는 십 달러짜리 지폐를 지갑에서 꺼내 내게 주었다. / 그 법안은 하원에서 52표 대 41표로, 상원에서 17표 대 12표로 통과되었다. 18 수입이 더 높은 사람은 수입이 더 낮은 사람보다 더 많은 세금을 낸다. 19 그 회사는 작년에 2백만 불의 수익을 냈다. 20 그는 시내에 큰 백화점을 소유한 부자 사업가이다.

21 **poverty**
[pάvərti]

(물질적으로 생활이 어려운 상태): 명 **가난, 빈곤**

Half of Africa's population lives in *poverty*, spending less than $1 a day.

어원 pover(poor:가난한) + ty → 가난, 빈곤

22 **charity**
[ʧǽrəti]

(형편이 어려운 사람을 도와주는) 명 **자선 (단체)**

He left by will nearly the whole of his property to *charities*.

어원 char(dear:소중한) + ity → (가난한 사람을) 소중히 여기는 곳 → **자선 (단체)**

23 **loan**
[loun]

(은행에서 빌린) 명 **대출(금)** 동 **빌려주다**

She is going to take out a *loan* from her bank to buy a new car.

24 **deposit**
[dipάzit]

1. (금융 기관에 돈을) 동 **예금[예치]하다** 명 **예금**
2. (전체 금액 중 일부로 처음에 내는) 명 **보증[착수]금** 동 **보증금[착수금]을 내다**

He went to the bank to *deposit* some money.
He put down a five hundred-dollar *deposit* on the car.

어원 de(away) + posit(put) → put away → (따로 놓아 둔) 돈 → **1. 예금 2. 보증금**

25 **account**
[əkáunt]

1. (은행이나 금융기관의) 명 **예금계좌**
2. (사건 · 상황에 대한 상세한) 명 **설명, 기술, 보고** 동 **설명하다**

I would like to open an *account* with your bank.
Can you give a brief *account* of what happened that day?

어원 ac(to:방향) + count(계산하다) ┌ (돈을) 계산한 것 → **1. 예금계좌**
└ (돈을 계산하듯이 상세하게 하는) **2. 설명**

21 아프리카 인구의 반이 하루에 1달러보다 적게 쓰면서 빈곤 속에 산다. **22** 그는 유언으로 그의 거의 전 재산을 자선 단체에 남겼다. **23** 그녀는 새 차를 사기 위해 은행에서 대출을 받을 것이다. **24** 그는 돈을 예금하러 은행에 갔다. / 우리는 그 차에 500달러의 보증금을 걸었다. **25** 당신 은행에 계좌를 개설하고 싶습니다. / 그날 무슨 일이 일어났는지 간단하게 설명해 주시겠습니까?

26 **withdraw**
[wiðdrɔ́]

1. (예금을 은행으로부터) 동 **인출하다**
2. (도로 거둬들이다): 동 **탈퇴하다[시키다]; 철회하다; 철수하다[시키다]**

I'd like to *withdraw* two hundred dollars from my account, please.
The Labor Party *withdrew* its support for the government.

파생 withdrawal [wiðdrɔ́:əl] 명 인출; 탈퇴; 철회; 철수

어원 with(back:뒤) + draw(끌어당기다) → (뒤로) 끌어당기다 → **인출[탈퇴, 철회, 철수]하다**

Day 24

27 **possess**
[pəzés]

1. (돈 · 토지 · 물건 등을 재산으로) 동 **소유[소지, 보유]하다**
2. (특별한 능력 · 성질 · 자질 등을) 동 **지니다, 갖추고 있다**

If you want to rent a car, you must *possess* a driver's license.
She *possesses* beauty, brains and a sense of humor.

파생 possession [pəzéʃən] 명 소유; (-s) 소유물, 소지품

어원 poss(be able) + ess(sit:앉다) → (자리를 차지하고) 앉을 수이 있다 → **1. 소유하다 2. 지니다**

28 **own**
[oun]

1. (무엇을 자신의 법적인 재산으로) 동 **소유하다**
2. (소유의 뜻을 강조하여) 형 **자기 자신의**

He came to England with nothing and now *owns* a very successful business.
Everyone has a right to express their *own* opinion.

파생 owner [óunər] 명 소유자
ownership [ou'nərʃi,p] 명 소유권

29 **belong**
[bilɔ́:ŋ]

(~ to) (주어가 목적어의) 동 **~ 소유[것]이다; 속하다, 소속이다**

Do you know who this scarf *belongs* to? I found it under the table.

파생 belonging [bilɔ́:ŋiŋ] 명 (-s) 소유물, 소지품

어원 be(강조) + long(relate to:~와 관련되다) → (~와 전적으로) 관련되다 → **~ 소유[것]이다**

26 내 계좌에서 200달러를 인출하고 싶습니다. / 노동당은 정부에 대한 지지를 철회했다. **27** 자동차를 렌트하려면 운전면허증을 가지고 있어야 합니다. / 그녀는 미모와 두뇌, 유머 감각을 지니고 있다. **28** 그는 아무것도 없이 영국으로 와서 지금은 매우 성공적인 사업체를 소유하고 있다. / 모든 사람은 자기 자신의 의견을 표현할 권리가 있다. **29** 이 스카프가 누구의 것인지 압니까? 그것을 테이블 아래에서 발견했습니다.

30 **store**

[stɔ:r]

1. (물건을 일정한 곳에 모아) 동 **저장하다** 명 **저장소[품]**
2. (shop의 미국식 영어): 명 **상점, 가게** (= shop)

Even a small personal computer can *store* huge amounts of information.

The *store* sells everything, from toothbrushes to computers.

파생 storage [stɔ́:ridʒ] 명 저장

어원 원뜻: 세우다(erect) ┌ (물건을 모아) 세워두다 → 1. 저장하다
└ (물건을) 세워두는 곳 → 2. 상점

31 **remove**

[rimú:v]

(무엇을 지금 있는 곳에서) 동 **제거하다, 없애다, 치우다**

They *removed* the old wallpaper and replaced it with the new one.

파생 removal [rimú:vəl] 명 제거, 없애기

어원 re(back, away) + move(옮기다) → (뒤로 또는 떨어진 곳으로) 옮기다 → 제거하다

32 **discard**

[diskɑ́:rd]

(필요 없게 된 것을) 동 **버리다, 폐기하다**

They started a campaign to collect used or *discarded* paper for recycling.

어원 dis(away:분리) + card(카드) → (카드 게임에서 필요 없는) 카드를 던지다 → 버리다

33 **erase**

[iréis]

(기록한 것이나 생각·기억 등을) 동 **지우다, 지워버리다**

He tried to *erase* the painful thoughts from his memory.

파생 eraser [iréisər] 명 (고무)지우개

34 **waste**

[weist]

(돈·시간·물건 등을) 동 **허비[낭비]하다** [on] 명 **허비, 낭비**

It's a *waste* of money to buy things you don't need just because they're cheap.

파생 wasteful [wéistfəl] 형 낭비적인

30 작은 개인용 컴퓨터 조차도 엄청난 양의 정보를 저장할 수 있다. / 그 상점은 치약부터 컴퓨터까지 모든 것을 판매한다. 31 그들은 낡은 벽지를 치우고 그것을 새 것으로 바꾸었다. 32 그들은 재활용을 위해 사용되거나 버려진 종이를 모으는 캠페인을 시작했다. 33 그는 고통스러운 생각들은 그의 기억에서 지우려고 했다. 34 단지 싸다는 이유로 필요없는 물건을 사는 것은 돈 낭비이다.

35 **consume**

[kənsú:m]

(많은 양의 연료 · 에너지 · 시간 등을) 통 소비[소모]하다

The United States alone *consumes* nearly half of the world production of coffee.

파생 consumption [kənsʌmpʃən] 명 소비
consumer [kənsú:mər] 명 소비자

어원 con(강조) + sume(take:취하다) → (모두 취해서) 다 써버리다 → 소비하다

36 **recycle**

[ri:sáikl]

(다 쓰거나 버리게 된 물건을) 통 재활용[재생]하다

Things like paper, glass, metal and plastic can all be *recycled*.

파생 recycling [risai'kəliŋ] 명 재활용

어원 re(again:다시) + cycle(순환하다) → (다시) 순환하다 → 재활용[재생]하다

Daily Test

01 belong
02 own
03 possess
04 fund
05 property
06 discard
07 store
08 recycle
09 waste
10 earn
11 insurance
12 budget
13 bill
14 wealthy
15 invest
16 afford
17 expense
18 debt
19 profit
20 charity
21 account
22 finance
23 loan
24 withdraw
25 consume
26 erase
27 remove
28 treasure
29 grant
30 resource
31 owe
32 income
33 refund
34 tax
35 poverty
36 deposit

Answer Key ▷ 341

35 미국 혼자서 세계 커피 생산량의 거의 반을 소비한다. **36** 종이, 유리, 금속, 플라스틱 같은 것들은 모두 재활용될 수 있다.

Day 25 노동·생산활동 I

labor & production I

≫ 테마 기본 어휘	work(일) · job(일, 일자리) · matter(일, 문제) · act · action · do · miss(하지 못하다) · try · lucky(운이 좋은) · possible(가능한)

01 **labor**
[léibər]

(몸을 움직여 하는 육체) 명 **노동, 노동력**

Ever since the Industrial Revolution, machines have replaced human *labor*.

02 **task**
[tæsk]

(하도록 주어진 유쾌하지 않은) 명 **일, 과업, 과제**

Raising children in a complex, changing world is no easy *task*.

03 **mission**
[míʃən]

(다른 곳으로 파견되는 사람에게 주어진) 명 **임무**

Our *mission* was to help poor children in Africa.

어원 miss(send:보내다) + ion → (파견되는 사람의) 임무

04 **chore**
[ʧɔːr]

(청소와 같이 일상의) 명 **허드렛일, (가정의) 잡일**

Wives spend more time doing household *chores* than their husbands.

05 **activity**
[æktívəti]

(어떤 목적이나 즐거움을 위한) 명 **활동**

Nowadays many students take part in sports *activities* after school.

어원 active(활동적인) + ity → 활동

01 산업 혁명 이후로 기계가 인간의 노동력을 대체해 왔다. **02** 복잡하고 변화하는 세상에서 아이들을 기르는 것은 쉬운 일이 아니다. **03** 우리의 임무는 아프리카의 가난한 아이들을 돕는 것이었다. **04** 부인들은 남편들보다 자질구레한 집안일에 더 많은 시간을 보낸다. **05** 요즘은 많은 학생들이 방과 후에 체육 활동에 참가한다.

06 **conduct**

통 [kəndΛkt]
명 [kάndʌkt]

1. (어떤 업무나 활동을) 동 수행[실시]하다 명 수행, 실시
2. (오케스트라·합창단 등을) 동 지휘하다
3. (도덕적 기준으로 본) 명 행위, 행실, 품행 동 행동[처신]하다

We should *conduct* a survey to find out what the market's needs are.

His father was very angry with him for his foolish *conduct*.

Last night John Anderson *conducted* The London Symphony Orchestra.

파생 conductor [kəndΛktər] 명 지휘자

어원 con(together) + duct(lead:이끌다)
- (함께 이끌어 일을) 1. 수행하다
- (오케스트라를) 이끌다 → 2. 지휘하다
- (이끄는 방향이 도덕적인지의 관점의) 3. 행실

07 **fulfill**

[fulfíl]

(의무·약속·요구 등을) 동 (충실히) 이행하다; (목표 등을) 실현하다

He promised to repair them, but failed to *fulfill* his promise.

파생 fulfillment [fulfílmənt] 명 이행, 완수; 충족; 실현

어원 full(가득한) + fill(채우다) → (가득) 채우다 → 충족시키다 → 이행하다, 실현하다

08 **skip**

[skip]

1. (일상의 일, 할 일, 그 다음 차례 등을) 동 거르다, 빼먹다, 건너뛰다
2. (가볍고 빠른 발걸음으로) 동 깡충깡충 뛰다 명 깡충깡충 뜀

He *skipped* breakfast in order to get to the office earlier.

The child *skipped* happily down the street, singing to himself.

어원 1. 깡충깡충 뛰다 → (깡충 뛰어) 2. 건너뛰다

09 **intend**

[inténd]

(마음속에 무엇을 하려고) 동 의도[작정]하다

We spent a lot more money than we had *intended* to.

파생 intention [inténʃən] 명 의도
intentional [inténʃənl] 형 의도적인

어원 in(toward:방향) + tend(stretch:뻗다) → (~쪽으로) 마음을 뻗다 → 의도하다

06 우리는 시장의 요구가 무엇이지 알기 위해 조사를 해봐야 한다. / 그의 아버지는 그의 어리석은 행실에 대해 매우 화가 났다. / 어젯밤 존 앤더슨이 런던교향악단을 지휘했다. **07** 그는 그것들을 수리하겠다고 약속했으나 그 약속을 이행하지 않았다. **08** 그는 사무실에 더 일찍 도착하기 위해 아침식사를 걸렀다. / 그 아이는 흥얼거리며 행복하게 거리를 깡충깡충 뛰면서 갔다. **09** 우리는 의도한 것보다 훨씬 더 많은 돈을 썼다.

10 **deliberate**

형[dilíbərət]
동[dilíbərèit]

1. (목적이나 계획을 갖고 하는): 형 **의도적인, 고의적인**
2. (결정 전에 면밀하게) 동 **숙고[심의]하다** [on/about]

He thought it was a *deliberate* attempt to embarrass him.
The committee *deliberated* for several months before reaching a decision.

파생 deliberation [dilìbəréiʃən] 명 숙고; 신중함

어원 de(강조) + liber(weigh:저울질하다) ┌ (저울질하듯 면밀히) 2. 숙고하다
└ (깊이 숙고한 후) 행하는 → 1. 의도적인

11 **effort**

[éfərt]

(어떤 목적을 이루기 위해 들이는) 명 **노력, 수고, 애**

She put a lot of time and *effort* into writing this book.

어원 ef(out:밖) + fort(strong:힘센) → (강한 힘을) 밖으로 냄 → 노력

12 **attempt**

[ətémpt]

(힘들거나 위험한 일을 하려고) 동 **시도[기도]하다** 명 **시도**

He has finally passed his driving test on the eighth *attempt*.

어원 at(to) + tempt(try:시도하다) → 시도하다

13 **struggle**

[strʌgl]

(힘든 상황에서 온 힘을 다해 노력하다): 동 **분투[고투]하다** 명 **분투**

He *struggled* to hide his disappointment at not being invited to the wedding.

14 **pursue**

[pərsúː]

1. (오랜 기간 부단히 무엇을) 동 **추구하다, 얻으려고 애쓰다**
2. (도망하는 사람·동물을 붙잡으려고) 동 **추적하다, 뒤쫓다**

She is now *pursuing* her childhood dream of becoming a writer.
The police officers *pursued* him, yelling at him to stop.

파생 pursuit [pərsúːt] 명 추구; 추적

어원 pur(forward:앞으로) + sue(follow:따라가다) → (앞으로) 따라가다 → 추적하다, 추구하다

10 그는 그것이 그를 당혹스럽게 만들려는 고의적인 시도였다고 생각했다. / 위원회는 결정에 이르기까지 몇 달간을 숙고했다. 11 그녀는 많은 시간과 노력을 이 책을 쓰는 데 쏟았다. 12 그는 결국 여덟 번째 시도에 운전면허증 시험에 합격했다. 13 그는 결혼식에 초대 받지 못한 것에 대한 실망감을 감추려고 무진 애를 썼다. 14 그녀는 작가가 되겠다는 어린 시절의 꿈을 지금도 추구하고 있다. / 그 경찰관들은 그에게 멈추라고 소리를 지르며 그를 뒤쫓았다.

15 **succeed**
[səksíːd]

1. (목적한 것을 이루다): 동 성공하다 [in]
2. (이전에 맡아보던 사람의) 동 (자리·지위 등의) 뒤를 잇다, 이어받다[지다]

He had failure after failure until he finally *succeeded* in finding a solution.
He *succeeded* his father as president of the company.

파생 success [səksés] 명 성공
successful [səksésfəl] 형 성공적인
succession [səkséʃən] 명 연속, 계승
successive [səksésiv] 형 연속적인

어원 suc(under:아래, after:뒤에) + ceed(가다) ┌ 아래에서 (위로) 올라가다 → 1. 성공하다
└ 뒤를 (이어) 가다 → 2. 뒤를 잇다, 이어받다

Day 25

16 **achieve**
[əʧíːv]

(오랜 노력 끝에 목적을) 동 성취[달성]하다

He finally *achieved* his goal of becoming president of the United States.

파생 achievement [əʧíːvmənt] 명 성취, 달성; 업적, 성취한 것

어원 a(to:방향) + chieve(end:끝) → (목적의 끝에) 이르다 → 성취하다

17 **fortune**
[fɔ́ːrʧən]

1. (우연히 일어난 좋거나 나쁜 일): 명 운, 운수, 행운
2. (아주 많은 액수의) 명 재산, 부, 거금

I had the good *fortune* to work with many great people.
He made a *fortune* through his business.

파생 fortunate [fɔ́ːrʧənət] 형 운이 좋은, 다행한

어원 1. 운 → (운이 좋아서 모은 많은) 2. 재산, 부

18 **spontaneous**
[spantéiniəs]

(의도하거나 시키지 않았는데) 형 저절로 일어나는, 자발적인

The crowd gave a *spontaneous* cheer when the news was announced.

어원 spont(willingly:자진해서) + aneous → 저절로 일어나는

15 그는 마침내 해법을 찾는데 성공할 때까지 실패를 거듭했다. / 그는 회사의 사장으로 아버지의 뒤를 이었다. 16 그는 마침내 미국 대통령이 되겠다는 목표를 이루었다. 17 나는 많은 훌륭한 사람들과 함께 일하는 행운을 얻었다. / 그는 사업을 통해 많은 재산을 모았다. 18 그 소식이 발표되자 군중들은 저절로 환호했다.

19 **random**

[rǽndəm]

(목적 · 의도 없이 우연에 맡겨) 형 **되는 대로의, 무작위의**

In Table 1 are shown data from *random* samples.

20 **efficient**

[ifíʃənt]

(낭비 없이 일을 잘 처리하는): 형 **능률[효율]적인**

It is very *efficient* and you can save a lot of time by using it.

파생 efficiency [ifíʃənsi] 명 능률, 효율
⊖ inefficient [ìnifíʃənt] 형 비능률[비효율]적인

어원 ef(out:밖) + fic(make:만들다) → (좋은 결과가) 만들어져 나오는 → 효율적인

21 **represent**

[rèprizént]

1. (개인 · 조직을 대신하여 일 · 활동을 하다) 동 **대표[대리]하다**
2. (말 · 물건 · 모양 · 기호 등이 무엇을) 동 **나타내다, 의미[상징]하다**

The president has the authority to *represent* the company.
Green areas *represent* relatively flat land on the map.

파생 representation [rèprizentéiʃən] 명 대표
representative [rèprizéntətiv] 명 대표자 형 대표하는

어원 re(강조) + present(place before: 앞에 놓다) → (맨) 앞에 놓다 → 1. 대표하다 2. 나타내다

22 **agent**

[éidʒənt]

(남을 위한 업무 · 권한 대행을 업으로 하는) 명 **대리인, 중개인**

For further information, please contact our *agent* in New York.

파생 agency [éidʒənsi] 명 대행 회사, 대리점

어원 ag(do:하다) + ent → (대행) 해 주는 사람 → 대리인

23 **aid**

[eid]

(어려움을 극복하거나 일이 수월해지도록) 동 **(필요한 것을) 원조[지원]하다, 돕다**
명 **원조, 지원, 도움**

This job cannot realistically be carried out without the *aid* of a computer.
Most of the countries depend heavily on foreign *aid*.

19 테이블1에서는 무작위 샘플에서 뽑은 데이터를 보여주고 있다. 20 그것은 매우 능률적이어서 그것을 사용하면 많은 시간을 절약할 수 있습니다. 21 사장은 회사를 대표할 권한을 가지고 있다. / 지도 상에서 녹색 지역은 비교적 평평한 땅을 나타낸다. 22 더 자세한 사항은 뉴욕의 우리 대리인에게 문의하십시오. 23 이 일은 현실적으로 컴퓨터의 도움이 없으면 수행될 수 없다. / 그 나라들의 대부분은 해외 원조에 심하게 의존하고 있다.

24 **assist**

[əsíst]

(주된 일을 하는 사람의) 동 **(보조자로서) 돕다, 보조하다**

We will *assist* you in finding the solution to your problems.

파생 assistance [əsístəns] 명 도움, 보조
assistant [əsístənt] 명 보조자

어원 as(by:옆에) + sist(stand:서다) → (거들려고) 옆에 서 있다 → 돕다

25 **favor**

[féivər]

1. (남에게 베푸는) 명 **친절한 행위, 호의** 동 **호의[친절]를 베풀다**
2. (어떤 대상을 더 좋게 생각하다): 동 **선호[지지]하다** 명 **선호, 지지**

Could you do me a *favor* and buy me some coffee while you're out?
The majority of members voted in *favor* of the proposal.

파생 favorable [féivərəbl] 형 유리한; 호의적인, 찬성하는

어원 1. 호의 → (어떤 대상에) 호의를 보이다 → 2. 선호[지지]하다

26 **welfare**

[wélfɛər]

1. (어려운 사람들을 돕기 위한) 명 **복지[후생] (사업)**
2. (한 개인·집단이 누리는 행복·건강·평안): 명 **안녕, 행복**

The government provides many types of social *welfare* programs for the poor.
He was very concerned about the *welfare* of his elderly mother.

어원 wel(well:잘) + fare(get along:지내다) → (잘) 지내다 → 안녕, 행복; 복지, 후생

27 **cooperate**

[kouάpərèit]

(여럿이 서로 힘을 합하여) 동 **협력[협동, 협조]하다**

The two companies agreed to *cooperate* in the development of a new system.

파생 cooperation [kouὰpəréiʃən] 명 협력, 협동

어원 co(together:함께) + operate(work:일하다) → (함께) 일하다 → 협력하다

24 당신이 당신 문제의 해법을 찾을 수 있도록 우리가 도와주겠습니다. **25** 부탁이 있는데 밖에 나갔을 때 내게 커피를 사다 주시겠습니까? / 회원의 대다수는 그 안에 찬성 투표를 했다. **26** 정부는 가난한 사람들을 위해 많은 종류의 사회 복지 프로그램을 제공한다. / 그는 연세가 드신 어머니의 안녕에 대해 매우 염려를 했다. **27** 두 회사는 새로운 시스템 개발에 협력하기로 합의했다.

28 **collaborate**
[kəlǽbərèit]

(다른 사람·단체와 힘을 합쳐) 동 **공동으로 일하다, 공동 연구하다**

The companies are *collaborating* on developing new network technologies.

파생 collaboration [kəlæbəréiʃən] 명 합작, 공동 연구

어원 col(together:함께) + labor(work:일하다) → 공동으로 일하다

29 **volunteer**
[vɑ̀ləntíər]

(스스로 원하여 대가 없이) 동 **자진[자원]하여 하다** 명 **자원 봉사자**

A lot of young people have *volunteered* to help us.

파생 voluntary [vɑ́ləntèri] 형 자발적인, 자원한

어원 volunt(of free will:자유 의지의) + eer → (자유 의지에 따라) 자진하여 하다

30 **encourage**
[inkə́:ridʒ]

1. (용기·자신감을 북돋워 줘서) 동 **격려하다**
2. (권하거나 분위기를 만들어, 무엇을) 동 **권장[장려]하다**

He always *encouraged* and supported me during the difficult days.

The government *encouraged* people to vote on election day.

파생 encouragement [inkə́:ridʒmənt] 명 격려, 고무

어원 en(make:만들다) + courage(용기) → (용기를) 만들어 주다 → 1. 격려하다 2. 권장하다

31 **stimulate**
[stímjulèit]

(활동·반응·흥미·관심 등이 일어나게) 동 **자극하다, 활성화시키다**

The new government plans to reduce taxes in order to *stimulate* the economy.

파생 stimulation [stìmjuléiʃən] 명 자극[고무]하기
stimulus [stímjuləs] 명 자극

어원 stimul(prick:찌르다) + ate → (찔러서) 자극하다

28 그 회사들은 새로운 네트워크 기술 개발을 공동으로 하고 있다. 29 많은 젊은이들이 우리를 돕겠다고 자원했다. 30 그는 어려운 시기에 항상 나를 격려하고 지지해 주었다. / 정부는 사람들에게 선거일에 투표를 하도록 독려했다. 31 새 정부는 경제를 활성화하기 위해 세금을 감면할 계획이다.

[32] **motivate**
[móutəvèit]

(어떤 일에 의욕을 갖도록) 동 **동기를 부여하다; 동기가 되다**

The teacher has a unique ability to *motivate* his students to study hard.

파생 motive [móutiv] 명 동기
motivation [mòutəvéiʃən] 명 동기 부여

어원 motive(동기) + ate → 동기를 부여하다

[33] **discourage**
[diskə́ːridʒ]

(어떤 일을 하고자 하는) 동 **의욕을 꺾다, 단념시키다** [from]

Uncertain economic prospects *discouraged* many people from having children.

파생 discouragement [diskə́ːridʒmənt] 명 낙담, 만류

어원 dis(away:박탈) + courage(용기) → (용기를) 박탈하다 → **단념시키다**

Day 25

Daily Test

01 volunteer	18 agent
02 collaborate	19 favor
03 cooperate	20 labor
04 task	21 aid
05 activity	22 welfare
06 motivate	23 discourage
07 encourage	24 stimulate
08 effort	25 chore
09 skip	26 mission
10 pursue	27 conduct
11 fortune	28 intend
12 efficient	29 attempt
13 fulfill	30 succeed
14 achieve	31 spontaneous
15 struggle	32 represent
16 deliberate	33 assist
17 random	

Answer Key ▷ 341

32 그 선생님은 학생들에게 공부를 열심히 하도록 동기를 부여하는 특별한 능력이 있다. **33** 불확실한 경제 전망이 많은 사람들이 아기를 갖는 것을 단념케 했다.

Day 26

노동·생산활동 II

labor & production II

≫ 테마 기본 어휘	fail(실패하다) · hard(열심히) · hard-working(근면한) · lazy(게으른) · busy(바쁜) · leisure(여가) · help

01 **frustrate**
[frʌstreit]

(남의 계획·시도·노력 등을 막아) 동 **좌절시키다; 좌절감을 주다**

I felt *frustrated* about not being able to do what I wanted to do.

파생 frustration [frʌstréiʃən] 명 좌절

어원 frustr(in vain:헛되게) + ate → (헛되게) 만들다 → **좌절시키다**

02 **diligent**
[díləd͡ʒənt]

(열정적으로 열심히 일하는): 형 **근면한, 부지런한**

He was very active and *diligent* in his work.

파생 diligence [dílid͡ʒəns] 명 근면

어원 di(apart:분리) + lig(choose:선택하다) → (특별히 선정한) 노력을 기울이는 → **근면한**

03 **active**
[ǽktiv]

(움직임이나 일하는 태도가) 형 **활동[적극]적인**

He is now eighty years of age, but still leads an *active* life.

파생 ⊖ inactive [inǽktiv] 형 활동하지 않는

어원 act(행동) + ive(~ 성향의) → (움직여 행동하는) 성향 → **활동적인**

04 **passive**
[pǽsiv]

(적극성이나 자발성이 없이) 형 **수동적인, 소극적인**

He lacks self-confidence and is very *passive*.

어원 pass(suffer:고통을 받다) + ive → (저항하지 않고) 고통을 받는 → **수동적인**

01 나는 내가 하고 싶은 것을 할 수 없는 것에 대해 좌절감을 느꼈다. **02** 그는 자신의 일에 매우 적극적이고 성실했다.
03 그는 지금 80세이지만 여전히 활동적인 삶을 살고 있다. **04** 그는 자신감이 부족하고 매우 수동적이다.

05 **devote**

[divóut]

(돈·시간·노력 등을 어떤 것에 다) 동 **바치다, 헌신하다** [to]

His father *devoted* his whole life to helping poor people.

파생 devotion [divóuʃən] 명 헌신

어원 de(formally) + vote(vow:맹세하다) → (다 바칠 것을) 정식으로 맹세하다 → **헌신하다**

06 **skill**

[skil]

(오랜 훈련과 경험으로 쌓은) 명 **기술, 솜씨**

This job requires computer skills and good communication *skills*.

파생 skillful [skílfəl] 형 솜씨 좋은

07 **invent**

[invént]

1. (전에 없던 새로운 것을) 동 **발명하다**
2. (사실이 아닌 것을 사실인 것처럼) 동 **지어내다, 날조하다**

Thomas Edison *invented* the movie camera and started making movies.

I didn't *invent* the story. I've only told you what other people are saying.

파생 invention [invénʃən] 명 발명(품); 날조

어원 in(on) + vent(come) ┌ come on(우연히 발견하다) → 1. **발명하다**
└ (사실이 아닌 것을) 고안하다 → 2. **날조하다**

08 **produce**

동 [prədjú:s]
명 [prádju:s]

1. (물품·농산물 등을 대량으로) 동 **생산하다**
2. (농업에 의하여 생산된) 명 **농산물**

Currently, the factory *produces* 4000 to 5000 computers per month.

The demand for organic *produce* is growing sharply despite its higher cost.

파생 production [prədʌkʃən] 명 생산
product [prádʌkt] 명 제품

어원 pro(forward) + duce(lead:이끌다) ┌ (물품을) 앞으로 이끌어 내다 → 1. **생산하다**
└ (농업으로) 생산한 물건 → 2. **농산물**

05 그의 아버지는 자신의 전 인생을 가난한 사람을 돕는 일에 바쳤다. 06 이 일은 컴퓨터 기술과 훌륭한 의사소통 기술을 필요로 한다. 07 토머스 에디슨은 영화 카메라를 발명하고 영화를 만들기 시작했다. / 나는 이야기를 지어내지 않았습니다. 나는 다른 사람들이 이야기 있는 것을 당신에게 말했을 뿐입니다. 08 현재 그 공장은 한달에 4천대에서 5천대의 컴퓨터를 생산하고 있다. / 유기농 농산물에 대한 수요가 더 높은 가격에도 불구하고 급격히 늘어나고 있다.

[09] **manufacture**
[mænjufǽktʃər]

(대량의 제품을) 동 (기계로) 제조[생산]하다 명 제조, 생산

GM *manufactures* about half of the cars sold in the US.

파생 manufacturer [mænjufǽktʃərər] 명 제조업자

어원 manu(hand:손) + fac(make:만들다) → (손으로) 만들다 → (기계로) 제조하다

[10] **assemble**
[əsémbl]

1. (하나의 구조물을 만들기 위해 여러) 동 (부품을) 조립하다
2. (어떤 목적을 위해 한곳에) 동 모이다, 모으다, 집합하다[시키다]

This type of table is light, strong, and easy to *assemble*.
They *assembled* in the meeting room to hear presentations.

파생 assembly [əsémbli] 명 조립; 집회

어원 as(to) + semble(together:함께) → (함께) 2. 모으다 → (모아서) 1. 조립하다

[11] **generate**
[dʒénərèit]

(전에는 없던 것이나 전기·열 등의 에너지를) 동 발생시키다, 만들어 내다

We need to *generate* more electricity to meet growing demand.

파생 generation [dʒènəréiʃən] 명 (전기·열 등의) 발생; 세대

어원 gener(birth:출생) + ate → 출생하다 → 발생시키다

[12] **create**
[kriéit]

(전에는 없던 것을 처음으로) 동 창조[창작]하다

Before God *created* the universe, there was nothing.

파생 creation [kriéiʃən] 명 창조

[13] **industry**
[índəstri]

(물품·서비스를 만들어 내는 경제 활동): 명 산업

The computer game *industry* is now an important part of the economy.

파생 industrial [indʌstriəl] 형 산업의

어원 indu(안) + str(만들다) → (공장 안에서) 무엇을 만드는 것 → 산업

09 GM은 미국에서 판매되는 자동차의 반 정도를 생산한다. 10 이 종류의 테이블은 가볍고 튼튼하고 조립하기가 쉽다. / 그들은 프리젠테이션을 듣기 위해 회의실에 모였다. 11 우리는 늘어나는 수요를 맞추기 위해 더 많은 전기를 생산할 필요가 있다. 12 하나님이 우주를 창조하기 전에는 아무것도 없었다. 13 컴퓨터 게임 산업은 현재 경제의 가장 중요한 일부이다.

14 **factory**

[fǽktəri]

(물건을 만들어 내는) 명 **공장**

The *factory* produces two kinds of products.

어원 fac(make:만들다) + tory → (만드는) 곳 → 공장

15 **machine**

[məʃíːn]

(동력으로 움직여서 일을 하는) 명 **기계**

This *machine* is very simple to use and perfectly safe.

파생 machinery [məʃíːnəri] 명 (집합적으로) 기계류

16 **mechanic**

[məkǽnik]

(기계·차량 등을 수리·정비하는) 명 **기계공, 수리공**

My son is an excellent *mechanic*. He loves repairing cars.

파생 mechanical [məkǽnikəl] 형 기계(상)의

어원 mechan(machine:기계) + ic → 기계공

17 **equipment**

[ikwípmənt]

(어떤 일에 필요한 기기·용구·비품 등의) 명 **장비**

The *equipment* is relatively inexpensive and simple to use.

파생 equip [ikwíp] 동 (장비를) 갖추어 주다

어원 equip(장비를 갖추어 주다) + ment → 장비

18 **device**

[diváis]

(어떤 일을 하도록 만들어진) 명 **장치, 기구, 고안품**

This *device* enables four images to be viewed on one screen at the same time.

파생 devise [diváiz] 동 고안하다

19 **tool**

[tuːl]

(손에 들고 쓰는 간단한) 명 **(망치·톱 등의) 연장, 도구, 공구**

There is a proverb that a bad workman always blames his *tools*.

Day 26

14 그 공장은 두 가지 종류의 제품을 생산한다. 15 이 기계는 사용이 매우 간단하고 완벽하게 안전하다. 16 내 아들은 뛰어난 수리공이다. 그는 자동차 수리를 좋아한다. 17 그 장비는 비교적 비싸지 않고 사용하기가 쉽다. 18 이 장치는 네 개의 이미지를 한 화면에서 동시에 볼 수 있게 한다. 19 서툰 일꾼이 항상 연장을 탓한다는 속담이 있다.

20 **operate**
[ɑ́pərèit]

1. (기계·장비 등을 다루어) 동 **작동[가동, 운전]하다[되다]**
2. (몸을 째거나 꿰매는) 동 **수술을 하다** [on]

The equipment is simple to *operate* and easy to maintain.
The doctor examined him and decided to *operate* on him the next day.

파생 operation [ɑ̀pəréiʃən] 명 작동, 가동, 운전; 수술

어원 oper(work:일하다) + ate ┌ (일을 하도록) 1. 작동하다
└ (몸을 치료하는) 일을 하다 → 2. 수술하다

21 **handle**
[hǽndl]

1. (차량·동물·도구를 손으로) 동 **다루다, 부리다**
2. (어떤 일을 맡아서) 동 **처리하다, 다루다**
3. (손으로 잡는 물건의) 명 **손잡이, 핸들, 자루**

To tell the truth, I've never *handled* a gun before in my life.
I was impressed by his ability to handle the crisis.
He turned the *handle* and pushed the door open.

어원 hand(손)의 변형 ┌ (손으로) 1. 다루다, 부리다 → (잘 다루어서) 2. 처리하다
└ (손으로 잡는) 3. 손잡이

22 **manipulate**
[mənípjulèit]

1. (기계·도구·정보 등을 솜씨 있게) 동 **잘 다루다, 능숙하게 처리하다**
2. (부정한 수단이나 교묘한 속임수로) 동 **조종[조작]하다**

Computers can *manipulate* information at great speed.
He survived his first political crisis by *manipulating* public opinion.

파생 manipulation [mənìpjuléiʃən] 명 솜씨 있는 취급; 교묘한 조종

어원 mani(hand:손) + pul(fill:채우다) → (손 안에 채워 넣고) 1. 능숙하게 다루다 2. 조종하다

23 **awkward**
[ɔ́:kwərd]

1. (동작·솜씨 등이 자연스럽지 못하고) 형 **서투른, 어색한**
2. (처신이 곤란하거나 입장이 불편한) 형 **난처한, 거북한**

His movements were *awkward* and he was very shy.
That little child is always asking *awkward* questions.

어원 awk(backward:거꾸로) + ward(방향) → (방향이 뒤바뀌어) 1. 어색한 2. 난처한

20 그 장비는 작동이 간단하고 정비가 쉽다. / 의사는 그를 진찰하고 그를 다음 날 수술하기로 결정했다. **21** 사실은 나는 내 인생에서 한번도 총을 다루어본 적이 없다. / 나는 그의 위기를 다루는 능력에 깊은 인상을 받았다. / 그는 손잡이를 돌리고 문을 밀어서 열었다. **22** 컴퓨터는 엄청난 속도로 정보를 처리할 수 있다. / 그는 여론을 조작함으로써 그의 첫 번째 정치적 위기에서 살아남았다. **23** 그의 동작은 서툴렀고 그는 매우 수줍어했다. / 저 어린 아이는 항상 난처한 질문을 한다.

24 **repair**
[ripέər]

(고장 나거나 파손된 것을) 동 수리[수선]하다 명 수리, 수선

He had his car *repaired*, and it cost him fifty dollars.

파생 repairman [ripέərmæn] 명 수리공

어원 re(again:다시) + pair(prepare:준비하다) → (다시) 준비하다 → 수리하다

25 **utilize**
[jú:təlàiz]

(목적에 맞게 잘) 동 활용[이용]하다

We must consider how best to *utilize* limited resources to maximize profits.

파생 utility [ju:tíləti] 명 유용[유익](성); (-ies) 공익 설비[사업]

어원 util(useful:유용한) + ize → 유용하게 하다 → 활용하다

Day 26

26 **adopt**
[ədάpt]

1. (새로운 것을 처음으로) 동 채용[채택, 차용]하다
2. (남의 자식을 법적인 친자식으로) 동 입양하다

The English language has *adopted* words from many other languages.
He and his wife had no children of their own, but *adopted* a daughter.

파생 adoption [ədάpʃən] 명 채용, 채택; 입양

어원 ad(to) + opt(choose:선택하다) ┌ (무엇을 선택하여) 1. 채용[채택]하다
└ (친자식으로 선택하여) 2. 입양하다

27 **available**
[əvéiləbl]

(물품이나 시설을) 형 구할[이용할] 수 있는; (만날) 시간이 있는

Every type of information is *available* on the Internet today.

파생 availability [əvèiləbíləti] 명 입수[이용] 가능
⊖ unavailable [ə,nəvei'ləbəl] 형 입수[이용] 가능하지 않은; 만날 수 없는

어원 a(to) + vail(worth:가치) → 도움(가치)이 되는 → (도움이 되게 바로) 입수할[만날] 수 있는

24 그는 차 수리를 했고 비용이 50 달러가 들었다. **25** 우리는 이익 극대화를 위해 한정된 자원을 어떻게 가장 잘 활용할 것인가를 생각해야 한다. **26** 영어는 많은 다른 언어에서 단어를 차용해왔다. / 그와 그의 아내는 자신들의 아이가 없었으나 딸을 입양했다. **27** 오늘날에는 모든 종류의 정보를 인터넷 상에서 입수할 수 있다.

28 **suit**

[su:t]

1. (무엇이 어떤 사람 · 상황 · 조건 등) 동 **(~에) 알맞다, 잘 맞다, 편리하다**
2. (상의 · 하의가 한 세트로 된) 명 **정장; ~옷[복]** 동 **(옷 · 색상이) 어울리다**
3. (법원에 재판을 청구하는) 명 **소송** (= lawsuit)

You should choose the one that best *suits* your needs.
He was dressed in a blue *suit* and white shirt.
She has filed a divorce *suit* against her husband.

파생 suitable [sú:təbl] 형 적합한, 알맞은
sue [su:] 동 소송을 제기하다

어원 따르다(follow)의 뜻에서 유래 ─ (서로 따라다니는 것처럼) 1. 어울리다, 알맞다
─ (상의 · 하의가 같이 따라다니는) 2. 정장 한 벌; 옷 한 벌
─ (법 절차에 따라서 진행되는) 3. 소송

29 **fit**

[fit]

1. (무엇이) 형 **(요구되는 곳에) 적합한, 알맞은** 동 **적절하다, 꼭 맞다**
2. (규칙적인 운동으로) 형 **건강한, 좋은 건강 상태인**

He is not *fit* for such a responsible position.
He tries to keep *fit* by playing tennis.

파생 ⊖ unfit [ənfi't] 형 부적당한, 맞지 않는; 건강하지 않은

어원 1. 알맞은 → (건강 상태가) 알맞은 → 2. 건강한

30 **appropriate**

[əpróupriət]

(무엇이 특정한) 형 **(목적 · 상황에 맞아서) 적절한, 적당한**

I don't think jeans would be *appropriate* at this type of party.

파생 ⊖ inappropriate [inəpróupriət] 형 부적절한, 부적합한

어원 ap(to) + propri(one's own:자기 자신의) → (자기 자신에 맞추어져) 적절한

31 **proper**

[prάpər]

(사회적 · 도덕적 · 법적 등의) 형 **(기준에 맞아서) 적절한, 올바른, 제대로 된**

After the party, please put everything back in its *proper* place.

파생 ⊖ improper [imprάpər] 형 부적절한, 부당한

어원 원뜻: 자기 자신(one's own)의 뜻에서 유래 → (무엇이) 자신에게 맞은 → 적절한

28 당신은 당신의 필요에 가장 적합한 것을 골라야 합니다. / 그는 파란색 양복에 흰색 셔츠를 입었다. / 그녀는 남편을 상대로 이혼 소송을 제기했다. **29** 그는 그런 책임이 막중한 지위에는 적합하지 않다. / 그는 테니스를 쳐서 건강을 유지하려고 한다. **30** 청바지는 이런 종류의 파티에는 적절하지 않다고 나는 생각합니다. **31** 파티가 끝난 후에 모든 것을 제자리에 돌려 놓으십시오.

32 **match**

[mætʃ]

1. (서로 조화를 이루어 잘) 동 **어울리다** 명 **잘 어울리는 사람[것]**
2. (두 가지가 서로) 동 **아주 비슷하다; 대등[필적]하다** 명 **아주 비슷한 것**
3. (승부를 겨루는) 명 **경기, 시합**

That blue tie with red stripes doesn't *match* your suit at all.
Nothing in the world can *match* a mother's love.
We have a big football *match* tomorrow.

어원 **원뜻: 한 쌍을 이루는 것** ┌ (한 쌍을 이루 듯) **1. 어울리다 2. 아주 비슷하다**
└ (한 쌍을 이루어 겨루는) **3. 시합, 경기**

Day 26

Daily Test

01 fit	17 tool
02 suit	18 manipulate
03 available	19 utilize
04 diligent	20 frustrate
05 devote	21 awkward
06 match	22 adopt
07 appropriate	23 proper
08 generate	24 passive
09 produce	25 active
10 factory	26 skill
11 equipment	27 manufacture
12 operate	28 create
13 invent	29 machine
14 mechanic	30 device
15 industry	31 handle
16 assemble	32 repair

Answer Key ▷ 341

32 그 빨간 줄무늬의 파란색 넥타이는 당신의 양복과 전혀 어울리지 않습니다. / 세상의 어떤 것도 어머니의 사랑에 필적할 수 없다. / 우리는 내일 큰 축구 시합이 있다.

Day 27

회사·업무수행

company & work

≫ 테마 기본 어휘	company(회사) · president(사장) · secretary(비서) · partner(파트너, 공동 사업자) · amateur(아마추어) · work(일하다) · office(사무실) · salary(급료) · tip(팁, 사례금) · plan(계획) · schedule(일정, 스케줄) · program(프로그램) · set(맞추다, 조정하다) · ready(준비된) · system(시스템) · network(망) · goal(목표) · target(표적) · technique(기법, 기술) · style(스타일, 방식)

01 **corporation** [kɔ̀:rpəréiʃən]

(사업 규모가 큰) 명 (대)기업; 법인

The company is a multinational *corporation* that operates in 21 countries.

파생 corporate [kɔ́:rpərət] 형 대기업의, 법인의

어원 corpor(body:몸, 조직체) + ation → (사업을 하는) 큰 조직체 → 기업, 법인

02 **establish** [istǽbliʃ]

(기관·조직체·제도 등을 새로) 동 설립[제정]하다

The software company was *established* in 2010 and has about 300 employees.

파생 establishment [istǽbliʃmənt] 명 설립, 제정

어원 e + stable(안정된) → (안정되게) 세우다 → 설립하다

03 **found** [faund]

(기관·단체·도시 등을) 동 (자금을 대서) 창설[설립]하다; ~의 기초를 (~에) 두다

The university was *founded* by the Roman Catholics in 1832.

파생 foundation [faundéiʃən] 명 창설, 설립; 기초, 근거

01 그 회사는 21개국에서 영업을 하는 다국적 기업이다. 02 그 소프트웨어 회사는 2010년에 설립되었고 300명 정도의 직원이 있다. 03 그 대학은 1832년 천주교 신자들에 의해 창립되었다.

04 **manage**

[mǽnidʒ]

1. (업무 · 조직 등을 맡아서) 동 관리하다
2. (어렵고 힘든 일을) 동 간신히[용케] 해내다

He has just been asked to *manage* a new project.
He *managed* to pass the college entrance exam on the third try.

파생 management [mǽnidʒmənt] 명 관리; 경영[관리]자(들)
manager [mǽnidʒər] 명 관리자

어원 man(hand:손) + age → (손으로) 다루다 → 관리하다 → (잘 관리하여) 간신히[용케] 해내다

05 **supervise**

[sú:pərvàiz]

(잘못이나 실수가 없도록) 동 감독[관리]하다

His job is to *supervise* the day-to-day work of the staff.

파생 supervision [sù:pərvíʒən] 명 감독
supervisor [sú:pərvàizər] 명 감독자

어원 super(over:위에서) + vise(see:보다) → (위에서 살피면서) 지켜보다 → 감독하다

Day 27

06 **administration**

[ədmìnistréiʃən]

(회사 · 단체 · 정부의 사무 · 행정와 관련된): 명 관리[행정] (업무); 행정부

His experience in *administration* meets the requirements of the position.

파생 administer [ədmínistər] 동 운영[관리]하다

어원 ad(to) + ministr(serve:제공하다) → (사무 서비스를 제공하는) 관리 (업무)

07 **staff**

[stæf]

(한 직장에 소속된) 명 (전체) 직원 동 직원으로 일하다, 직원을 두다

The customer service department has a *staff* of twelve.

08 **colleague**

[kάli:g]

(같은 직장에서 함께 일하는) 명 (직업상의) 동료

He is a *colleague* of mine. We work together in the same office.

어원 col(with:함께) + league(depute:위임하다) → (한 직장에서 함께 일하도록 위임 받은) 동료

04 그는 새로운 프로젝트를 관리해 달라는 요청을 방금 받았다. / 그는 대학시험에 세 번 시도해서 간신히 합격했다. **05** 그의 일은 직원들의 일상 업무를 감독하는 것이다. **06** 그의 관리 업무 경력은 그 직책의 요구 사항을 충족시킨다. **07** 고객 서비스 부서에는 12명의 직원이 있다. **08** 그는 내 동료 중 한 명이다. 우리는 같은 사무실에서 함께 일한다.

09 **appoint**
[əpɔ́int]

(누구를 지위·임무를 맡도록) 동 **임명[지명]하다; (시간·장소 등을) 정하다**

He was *appointed* as captain of the new soccer team.

파생 appointment [əpɔ́intmənt] 명 임명, 지명; (만날) 약속

어원 ap(to:방향) + point(가리키다) → (지위를 맡길 사람을) 가리키다 → 임명하다, 정하다

10 **occupation**
[àkjupéiʃən]

1. (종사하고 있는 일의 종류): 명 **직업**
2. (남의 영토·건물·사물을 차지하거나 사용함): 명 **점령, 점유; 사용, 거주**

Please put your name, address and *occupation* on the form.
During World War II, the region was under *occupation* of Germany.

파생 occupational [àkjupéiʃənl] 형 직업의
occupy [ákjupài] 동 점령하다; 차지하다, 거주[사용]하다

어원 occup(occupy:차지[사용]하다) + ation ─ 2. 점거, 사용
└ 고용(사용)된 일자리 → 1. 직업

11 **profession**
[prəféʃən]

(의사·변호사 등의) 명 **(지적인) 직업, 전문직**

He was a lawyer by *profession*; but the profession did not suit him.

파생 professional [prəféʃənl] 형 전문직의, 전문적인 명 전문직 종사자, 프로

어원 원뜻: '서약하고 전문 종교인이 된다는 뜻'에서 유래 → 전문직

12 **career**
[kəríər]

(한 사람이 지금까지 거쳐 온) 명 **직업(의 내역), 경력, 이력**

He began his *career* in journalism as a reporter.

13 **wage**
[weidʒ]

(근로자가 노동의 대가로 받는) 명 **임금**

The workers are fighting for higher *wages* and better working conditions.

09 그는 새로운 축구팀의 주장으로 임명되었다. **10** 양식에 성명과 주소, 직업을 기입하십시오. / 제2차 세계대전 동안 그 지역은 독일의 점령 하에 있었다. **11** 그는 직업이 변호사였지만 그 직업이 그에게 맞지 않았다. **12** 그는 저널리즘 경력을 리포터로 시작했다. **13** 그 노동자들은 임금 인상과 근로 조건 개선을 요구하며 싸우고 있다.

14 apply

[əplái]

1. (공식 문서로) 동 (일자리에) 지원하다; (허가 · 증명서 등을) 신청하다
2. (원리 · 기술 등을 실제로) 동 적용[응용]하다

She's *applied* for a job with a small software company.
A judge's role is to *apply* the law fairly and objectively.

파생 application [æpləkéiʃən] 명 지원(서), 신청; 적용, 응용; 바르기
applicant [ǽplikənt] 명 지원[신청]자

어원 ap(to) + ply(fold:포개다) ┌ (서로 접촉하도록) 포개놓다 → (접촉하여) 1. 지원[신청]하다
└ (접촉시켜) (원리·지식을) 2. 적용하다

15 employ

[implɔ́i]

(일을 시킬 사람을) 동 고용하다 (= hire)

The company *employs* more than thirty thousand people worldwide.

파생 employment [implɔ́imənt] 명 고용
employer [implɔ́iər] 명 고용주
employee [èmplɔiː] 명 고용인

어원 em(in:안) + ploy(fold:접다) → (안으로) 접어서 감싸다 → (회사 안으로) 고용하다

16 hire

[haiər]

1. (employ와 유사한 의미): 동 고용하다 (= employ)
2. (물품을) 동 빌리다, 임차하다; (~ out) 빌려주다, 임대하다 명 임차, 빌림

He *hired* a lawyer to defend him in court but lost the case.
How much would it cost to *hire* a car for three days?

어원 2. 빌리다 → (사람을) 빌리다 → 1. 고용하다

17 quit

[kwit]

1. (직장 · 학교 등을 완전히) 동 그만두다, 떠나다
2. (나쁜 행동, 싫은 일을 완전히) 동 그만두다[하다]

He decided to *quit* his job because it wasn't interesting anymore.
He followed the doctor's advice and *quit* smoking.

14 그녀는 작은 소프트웨어 회사의 일자리에 지원했다. / 판사의 역할은 법을 공정하고 객관적으로 적용하는 것이다. 15 그 회사는 전 세계적으로 3만 명 이상의 사람들을 고용하고 있다. 16 그는 자신을 법정에서 변호해줄 변호사를 고용했으나 소송에서 패했다. / 차를 3일 동안 빌리는 데 비용이 얼마나 듭니까? 17 그는 자신의 직장이 더 이상 흥미롭지 않아서 그만두기로 결심했다. / 그는 의사의 조언을 받아들여 담배를 끊었다.

18 **resign**
[rizáin]

(맡아보던 자리를 스스로 내놓고) 동 **사직[사임]하다**

He *resigned* from the company and started his own business.

파생 resignation [rèzignéiʃən] 명 사직

어원 re(back:뒤로) + sign(서명하다) → (서명을 하고) 뒤로 물러나다 → **사직하다**

19 **retire**
[ritáiər]

(물러나야 할 정년이 되어) 동 **퇴직[은퇴]하다**

She *recently* retired after almost thirty years as a teacher.

파생 retirement [ritáiərmənt] 명 퇴직, 은퇴

어원 re(back) + tire(draw:끌다) → (지친 몸을) 뒤로 끌고 가다 → **은퇴하다**

20 **project**
명[prάdʒekt]
동[prədʒékt]

(사업·연구·개발 등의) 명 **계획, 프로젝트** 동 **계획[기획]하다**

The *project* will cost between five and seven million dollars.

어원 pro(forward:앞) + ject(throw:던지다) → (생각을 앞으로 던져) 계획하다 → **계획, 프로젝트**

21 **strategy**
[strǽtədʒi]

(목적 달성을 위한 종합적인 계획): 명 **전략**

A company's business *strategy* is critical to its success.

파생 strategic [strətí:dʒik] 형 전략의

어원 strateg(군대의 장군) + y → (장군의) 계획 → **전략**

22 **due**
[dju:]

1. (예정·예상되는 일이 언제) 형 **~하기로 되어 있는, ~할 예정인**
2. (~ to) ('because of'와 유사한 의미): 형 **~ 때문에**

This year new branch offices are *due* to open in London and Paris.

The second game with the Giants was canceled *due* to bad weather.

어원 **원뜻: 빚을 진** ┌ (빚을) 언제까지 갚아야 하는 → **1. ~하기로 되어 있는**
└ 빚[신세]를 진 → ~ 덕분인 → **2. ~ 때문에**

18 그는 회사를 사직하고 자기 자신의 사업을 시작했다. 19 그녀는 교사로서 거의 30년을 보낸 후 최근 은퇴했다. 20 그 프로젝트는 오백만과 칠백만 달러 사이의 금액이 소요될 것이다. 21 한 회사의 사업 전략은 그것의 성공에 대단히 중요하다. 22 올해 새로운 지사가 런던과 파리에 개설될 예정이다. / 악천후로 인해 자이언츠와의 두번째 게임은 취소되었다.

[23] **prepare**

[pripέər]

(앞일을 미리) 동 준비[대비]하다[시키다] [for]

Everyone was very busy *preparing* for the night's event.

파생 preparation [prèpəréiʃən] 명 준비

어원 pre(before:미리) + pare(make ready:준비시키다) → 준비하다

[24] **willing**

[wíliŋ]

(필요하다면 마다하지 않고) 형 기꺼이 ~하는, 자발적인

I am *willing* to help you with any problems you may have.

파생 ⊖ unwilling [ʌnwíliŋ] 형 마음이 내키지 않는

어원 will(의지) + ing → (의지를) 가지고 있는 → 기꺼이 ~하는

[25] **organize**

[ɔ́:rgənàiz]

(일정한) 동 (체계를 갖추도록) 조직하다, 체계화하다

Computers can *organize* and store vast amounts of information.

파생 organization [ɔ̀rgənəzéiʃən] 명 조직[체계]화; 조직(체), 단체

어원 organ(기관) + ize → (인체의 기관처럼) 조직화하다

[26] **coordinate**

[kouɔ́:rdənət]

(전체적으로) 동 (조화를 이루도록) 조직화하다; 조화롭게 꾸미다

We need someone to *coordinate* the whole project.

파생 coordination [kouɔ̀:rdənéiʃən] 명 조직(화); 조화

어원 co(together:함께) + ordin(order:질서) → (함께 질서를) 이루게 하다 → 조직화하다

[27] **structure**

[strʌktʃər]

(전체의 부분들이 서로 짜여진) 명 구조; 구조[건축]물 동 구조화하다

The grammatical *structures* of Korean are very different from those of English.

파생 structural [strʌktʃərəl] 형 구조(상)의

어원 struct(build:세우다) + ure → 세워진 것 → 구조(물)

Day 27

---

23 모든 사람들이 그날 밤 행사 준비를 하느라고 매우 바빴다. **24** 나는 당신의 어떠한 문제라고 기꺼이 도와 드리겠습니다. **25** 컴퓨터는 엄청난 양의 정보를 체계화하고 저장할 수 있다. **26** 우리는 전체 프로젝트를 조직화할 사람이 필요하다. **27** 한국어의 문법적 구조는 영어와 매우 다르다.

28 **frame**

[freim]

(사물의 기본 구조를 이루는) 명 뼈대, 틀; 액자 동 틀을 잡다, 틀에 끼우다,

He pulled out an old picture that was in a wooden *frame*.

29 **purpose**

[pə́:rpəs]

(이루고자 하는 일): 명 목적

The *purpose* of today's meeting is to discuss ways to improve customer service.

어원 pur(forth:앞) + pose(place:놓다) → (맨 앞에) 놓은 것 → 목적

30 **function**

[fʌŋkʃən]

(사물의 고유한 역할 · 작용): 명 기능 동 (제대로) 기능하다

This new MP3 player has more *functions* than the old one.

파생 functional [fʌŋkʃənl] 형 기능의

어원 funct(perform:수행하다) + ion → (어떤 일을 수행하는) 기능

31 **role**

[roul]

(맡아서 하는 일): 명 역할; (극 중의) 역, 배역

Universities play an important *role* in the development of science and technology.

32 **method**

[méθəd]

(어떤 목적을 이루기 위한) 명 방법

This is the fastest and safest *method* of solving the problem.

어원 met(after:~의 뒤를 쫓아) + hod(way:길) → (뒤를 쫓아서) 따라가는 길 → 방법

33 **means**

[mi:nz]

(어떤 목적을 이루기 위한) 명 수단

The bus is his only *means* of transportation home.

어원 원뜻: 중간(middle) → (목적 달성을 위한) 중간 매개체 → 수단

---

28 그는 나무 액자 속에 있던 사진을 꺼냈다. **29** 오늘 회의의 목적은 고객 서비스를 개선할 방법을 논의하는 것이다. **30** 이 새로운 MP3플레이어는 이전 것보다 더 많은 기능을 가지고 있다. **31**대학은 과학과 기술의 발전에 중요한 역할을 한다. **32** 이것은 그 문제 해결의 가장 빠르고 안전한 방법이다. **33** 그 버스는 그가 집으로 갈 수 있는 유일한 교통수단이다.

[34] **procedure**

[prəsíːdʒər]

(일을 치르는 데 거쳐야 하는) 명 절차, 순서

You must follow the correct *procedure* step by step.

파생 procedural [prəsi'ʤərəl] 형 절차(상)의

어원 pro(forward:앞으로) + ced(go:가다) → (앞으로 나아가는) 절차, 순서

[35] **process**

[prάses]

(일이나 현상이 되어 가는) 명 과정 동 처리하다

Writing a book such as this is a long and difficult *process*.

어원 pro(forward:앞으로) + cess (go:가다) → (앞으로 나아가는) 과정

Daily Test

01 purpose
02 frame
03 structure
04 establish
05 supervise
06 method
07 function
08 procedure
09 profession
10 colleague
11 apply
12 quit
13 project
14 staff
15 hire
16 wage
17 occupation
18 retire
19 due
20 organize
21 corporation
22 prepare
23 coordinate
24 process
25 means
26 role
27 manage
28 found
29 administration
30 appoint
31 career
32 employ
33 resign
34 strategy
35 willing

Answer Key ▷ 341

34 단계적으로 정확한 절차를 따라야 합니다. **35** 이러한 책을 집필하는 것은 길고 어려운 과정이다.

Day 28 장소·이동 I

place & movement I

≫ 테마 기본 어휘	place · position · point(지점) · area · put · set(놓다) · cover · hole · inside · outside · top · base (맨 아래 부분) · front(앞) · back · behind · side · beside · middle · center · corner · end · come arrive · reach(도달하다) · call(불러내다) · go · return · pass(지나가다) · cross(건너다) · leave(떠나다) · stay · wait · lead(인도하다) · follow · move · motion(운동, 동작) · enter(들어가다) · fall · drop · turn(돌다) shake(흔들다) · far · near · close(가까운) · forward · backward · upward · downward · inward · outward · right · left · east · west · south · north · speed · fast · quick · slow

01 **site** [sait]

(어떤 일이 있었거나 쓰이는 목적이 있는) 명 **장소, 위치; 현장, 부지**

This *site* has been chosen for the new international airport.

02 **district** [dístrikt]

(행정·선거 등의 목적에 따라) 명 **(경계로 나눈) 구역, 지구; (특징적인) 구역**

District 4 is one of the poorest school districts in the city.

어원 di(apart:분리) + strict(bind:묶다) → (따로 묶어) 분리시켜 놓은 곳 → **구역**

03 **region** [ríːdʒən]

(문화·사회·지리적으로 구분한) 명 **(넓은) 지방[지역, 지대]**

The *region* produces over 40% of the country's rice.

파생 regional [ríːdʒənl] 형 지방[지역, 지대]의

어원 reg(다스리다) + ion → (왕이 다스리는) **지방, 지역, 지대**

04 **territory** [térətɔ̀ːri]

(주권·소유권·영향력 등이 미치는 지역): 명 **(국가의) 영토, 영역**

Hong Kong officially became Chinese *territory* again in 1997.

파생 territorial [tèrətɔ́ːriəl] 형 영토[영역]의

어원 terri(land:땅) + tory → **영토, 영역**

01 이 부지는 새로운 국제 공항 부지로 선정되었다. **02** 4 구역은 그 도시에서 가장 가난한 학군 중의 하나이다. **03** 그 지역은 그 나라 쌀의 40% 이상을 생산한다. **04** 홍콩은 1997년 공식적으로 다시 중국의 영토가 되었다.

05 **local**

[lóukəl]

(살고 있거나 언급하고 있는 그) 형 **지역의, 현지의** 명 **현지인**

We will be arriving in London at 4 am *local* time.

파생 localize [lóukəlàiz] 동 ~을 한 지방에 국한시키다

어원 loc(place:장소) + al → 그 장소의 → 현지의, 현지인

06 **locate**

[lóukeit]

1. (무엇을 어디에) 동 **위치시키다, ~에 차리다[두다]**
2. (무엇이 있는 정확한) 동 **위치[소재, 장소]를 알아내다**

The business hotel is *located* in the center of the city.
The police are trying to *locate* the missing child but there is no clue yet.

파생 location [loukéiʃən] 명 소재, 위치

어원 loc(place:장소) + ate → 1. 위치시키다 2. 장소를 알아내다

07 **arrange**

[əréindʒ]

1. (일정한 차례나 간격으로) 동 **배열[정돈]하다**
2. (일을 하는 데 필요한 것을 미리) 동 **준비[마련]하다[해 주다]**

All the books in the library are *arranged* alphabetically by title.
I've already *arranged* for a taxi to pick us up at the airport.

파생 arrangement [əréindʒmənt] 명 배열, 정돈; 준비, 마련, 주선

어원 ar(to) + range(line:줄) → (한 줄로) 세우다 → 1. 배열하다 → (배열하여) 2. 준비하다

08 **install**

[instɔ́:l]

(장치·가구 등을 쓸 수 있도록) 동 **설치하다**

My computer doesn't have enough memory to *install* the software.

파생 installation [ìnstəléiʃən] 명 설치

어원 in + stall(place:장소) → (어떤 장소에) 놓다 → 설치하다

05 우리는 현지 시각으로 오전 4시에 런던에 도착할 예정이다. **06** 그 비즈니스 호텔은 도시의 중심부에 위치해 있다. / 경찰은 실종된 아이의 소재를 찾고 있으나 아직까지는 단서가 없다. **07** 그 도서관의 모든 책들을 제목에 따라 알파벳 순서로 정리되어 있다. / 나는 이미 택시가 공항에서 우리를 태우러 오도록 준비해 놓았습니다. **08** 내 컴퓨터는 그 소프트웨어를 설치할 만큼 메모리 용량이 충분하지 않다.

09 **lay**
[lei]

1. (바닥과 수평이 되게) 동 **눕히다, (눕히듯이) 놓다**
2. (새·곤충 등이) 동 **알을 낳다**

She *laid* the baby gently down on the bed.
The fish *lay* hundreds of eggs at one time.

10 **insert**
동 [insə́:rt]
명 [ínsə:rt]

(속이나 틈·구멍 사이에) 동 **끼워[집어] 넣다, 삽입하다** 명 **삽입물**

He *inserted* the key into the lock and turned it slowly.

파생 insertion [insə́:rʃən] 명 삽입

어원 in(안) + sert(join:합치다) → (안으로) 합치다 → **삽입하다**

11 **lean**
[li:n]

1. (몸·물건을 다른 것에 비스듬히) 동 **기대다. 의지하다, 기대어 놓다**
2. (건물·나무 등이 똑바르지 않고) 동 **기울다, 기울이다**

He sat *leaning* against the wall with his eyes closed.
The Leaning Tower of Pisa is *leaning* a little more each year.

어원 1. 기울다 → (기울어지는 것을 다른 것에) 2. 기대어 놓다

12 **hang**
[hæŋ]

(윗부분이 고정되어 달려 있게) 동 **걸다, 걸리다, 매달다, 매달리다**

I'll *hang* this picture on the wall and I'll look at it every day.

파생 hanger [hǽŋər] 명 옷걸이

13 **wrap**
[ræp]

(물건을 종이·천 등으로) 동 **(감)싸다, 포장하다** 명 **랩, 싸는 물건[종이]**

He handed me a beautifully *wrapped* birthday present.

파생 ⊖ unwrap [ənræ'p] 동 포장을 끄르다

14 **pile**
[pail]

(물건을 겹겹이 포개어) 명 **쌓아 올린 더미** 동 **쌓아 올리다**

In the kitchen, dirty dishes were *piled* high in the sink.

09 그녀는 아기를 부드럽게 내려 침대에 눕혔다. / 그 물고기는 한번에 수백 개의 알을 낳는다. 10 그는 열쇠를 자물쇠에 끼워 넣고 천천히 돌렸다. 11 그는 눈을 감은 채 벽에 기대어 앉아 있었다. / 피사의 사탑은 매년 조금씩 더 기울어지고 있다. 12 나는 이 그림을 벽에 걸고 매일 볼 것이다. 13 그는 네게 아름답게 포장된 생일 선물을 건네주었다. 14 부엌에는 더러운 접시들이 싱크대에 높이 쌓여 있었다.

15 **layer**
[léiər]

(겹겹이 포개어져 쌓인 것 중 하나): 명 **층, 겹, 막** 동 **층층이 놓다**

The old book was covered with a thick *layer* of dust.

어원 lay(놓다) + er → 놓여진 것 → 층

16 **space**
[speis]

1. (비어 있거나 이용할 수 있는) 명 **공간**
2. (지구 밖의 천체가 있는 공간): 명 **우주**

Sorry for being late. I couldn't find a parking *space*.
Space travel is one of the greatest technological achievements of all time.

어원 1. 공간 → (지구 밖의) 공간 → 2. 우주

17 **vacuum**
[vǽkjuəm]

(공기 등의 물질이 전혀 없는) 명 **진공; 진공 청소기** 동 **진공 청소기로 청소하다**

My husband *vacuumed* all the rooms and the halls.

어원 vac(empty:빈) + uum → (완전히) 비어 있는 곳 → 진공

Day 28

18 **inner**
[ínər]

(무엇의 안쪽이나 중심부에 가까운 쪽의): 형 **내부[안쪽]의, 내면의**

The level of unemployment is higher in the *inner* city than in the suburbs.

파생 ⊖ outer [áutər] 형 외부[바깥쪽]의

어원 inne(inside) + r(비교급) → 더 안쪽의

19 **indoor**
[i'ndɔ,r]

(건물 안에서 행해지거나 사용되는): 형 **실내(용)의**

The hotel has an *indoor* swimming pool and sauna.

파생 indoors [indɔ́:rz] 부 실내에서, 실내로
⊖ outdoor [au'tdɔ,r] 형 실외(용)의

어원 in(안) + door(문) → (건물) 문의 안쪽 → 실내의

15 그 낡은 책은 두꺼운 먼지 층으로 덮여있었다. 16 늦어서 죄송합니다. 주차 공간을 찾을 수가 없었습니다. / 우주 여행은 지금껏 가장 위대한 기술적 업적 중의 하나이다. 17 내 남편은 모든 방과 복도를 진공청소기로 청소했다. 18 실업률이 교외보다 도심 지역이 더 높다. 19 그 호텔은 실내 수영장과 사우나를 갖고 있다.

[20] **gap**

[gæp]

(벌어져 사이가 생긴) 명 틈, 구멍, 간격; 큰 차이, 격차

He smiled, showing a wide *gap* between his front teeth.

[21] **overhead**

[ou'vərhe'd]

(무엇의 위치가) 부 머리 위에, 하늘 높이 형 머리 위의

The crowd cheered wildly as a plane flew *overhead*.

어원 over(위에) + head(머리) → 머리 위에

[22] **bottom**

[bɑ́təm]

(사물의 가장 낮은 곳): 명 맨 아래, (밑)바닥 형 맨 아래의, (밑)바닥의

Please sign your name on the line at the *bottom* of the form.

[23] **ahead**

[əhéd]

(공간·시간상 앞쪽의 위치나 시간에): 부 앞(쪽)에, 앞으로; 앞서서 (of)

The narrow road *ahead* was blocked by several cars.

어원 a(on) + head(머리) → (머리가) 향한 쪽에 → 앞쪽에

[24] **opposite**

[ɑ́pəzit]

(사이를 두고) 형전 맞은[건너]편의[에] 형 (정)반대의 명 (정)반대의 것

The building was on the *opposite* side of the street from where I was.

어원 op(against:맞서서) + pos(place:놓다) → (서로 맞서 있는 곳에) 놓인 → 맞은편[정반대]의

[25] **edge**

[edʒ]

(사물의 중심에서 가장 먼) 명 끝머리, 가장자리; (칼 등의) 날

She warned him to stay away from the *edge* of the cliff.

20 그는 그의 앞니 사이의 넓은 틈을 드러내면서 미소를 지었다. **21** 비행기가 머리 위로 날아가자 관중들은 열광적으로 환호성을 지렀다. **22** 양식의 맨 아랫부분의 선에 서명을 하십시오. **23** 앞쪽의 좁은 길이 여러 대의 차들로 막혀있었다. **24** 그 건물은 내가 있던 곳의 길 건너편에 있었다. **25** 그녀는 그에게 절벽 끝에서 떨어져 있으라고 경고했다.

26 **margin**
[mάːrdʒin]

(책 페이지의 빈) 명 **여백; 득점[시간, 득표) 차이; 판매수익**

He underlined some passages and made notes in the *margin*.

어원 marg(edge:끝) + in → (끝에) 남은 빈 자리 → **여백**

27 **approach**
[əpróutʃ]

(장소·사람 쪽으로 가까이) 동 **접근하다, 다가가다** 명 **접근 (방법)**

She *approached* me and asked if she could speak to me privately.

어원 ap(to) + proach(come nearer: 더 가까이 오다) → **접근하다**

28 **access**
[ǽkses]

(장소·사람·물건에) 명 **접근[입장, 이용]할 수 있는 방법[권리, 기회]** 동 **접속하다**

We can *access* all kinds of information on the Internet.

파생 accessible [æksésəbl] 형 **접근하기 쉬운**

어원 ac(to:방향) + cess(go:가다) → (향해서) 가기 → **접근**

29 **accompany**
[əkʌ́mpəni]

(누군가가 가는 곳을) 동 **함께 가다, 동행[동반]하다**

Children aged eight or under must be *accompanied* by an adult.

어원 ac(to:방향) + company(함께 있음) → (어디로) 함께 가다 → **동행하다**

30 **dismiss**
[dismís]

1. (일이 끝났거나 필요가 없어서) 동 **물러가게 하다, 해산시키다; 해고하다**
2. (고려나 거론할 가치가 없다고) 동 **묵살[일축]하다; (생각 등을) 버리다**

Today the class was *dismissed* earlier than usual.
Many critics *dismissed* his work as meaningless trash.

파생 dismissal [dismísəl] 명 **물러가게 함, 해산; 해고,; 묵살, 일축**

어원 dis(apart:떨어져) + miss(send:보내다) → (떨어뜨려) 내보내다 → **해산[묵살]하다**

26 그는 몇몇 구절에 밑줄을 긋고 여백에 메모를 했다. **27** 그녀는 내게 다가와서 나와 사적으로 이야기를 나눌 수 있을지 물어보았다. **28** 우리는 인터넷 상에서 온갖 종류의 정보에 접속할 수 있다. **29** 8세 이하의 어린아이들은 어른과 동행해야 한다. **30** 오늘 수업이 보통 때보다 일찍 끝났다. / 많은 비평가들은 그의 작품을 무의미한 쓰레기라고 묵살했다.

31 **depart**
[dipɑ́:rt]

(여행을 떠나기 위해) 동 **출발하다, 떠나다**

This flight *departs* at 11:00 am and arrives in Chicago at 4:30 pm.

파생 departure [dipɑ́:rʧər] 명 출발, 떠남

어원 de(away:떨어져) + part(divide:갈라지다) → 갈라져서 떨어지다 → 떠나다

32 **await**
[əwéit]

(wait for의 격식 차린 말): 동 **기다리다**

We *await* your reply and hope that you will take our offer.

어원 a(to) + wait(기다리다) → (누군가를) 기다리다

33 **chase**
[ʧeis]

(달아나는 것을 붙잡으려고) 동 **뒤쫓다, 추적하다; 추구하다** 명 **추적; 추구**

The cat was *chasing* a mouse around the house.

34 **shift**
[ʃift]

(한 장소 · 위치 · 상태에서 다른 곳 · 것으로) 동 **바꾸다, 이동[변경]하다[되다]** 명 **이동, 변화, 전환; 교대 근무 (시간), 교대조**

He *shifted* from first gear to second and then to third quickly.

35 **transfer**
동[trænsfə́:r]
명[trǽnsfər]

(장소 · 직장 · 학교 · 교통수단 등을) 동 **옮기다[게 하다]** 명 **이동, 전근, 전학, 환승**

The company's head office was *transferred* from London to Manchester.

어원 trans(across:횡단) + fer(carry:옮기다) → (건너서 다른 곳으로) 옮기다

36 **migrate**
[máigreit]

(살거나 일할 곳을 찾아) 동 **(사람들이) 이주하다; (새 · 동물이) 철따라 이동하다**

Those birds *migrate* south in winter and north in summer.

파생 migration [maigréiʃən] 명 이주, 이동

어원 migr(move:이동하다) + ate → 이주[이동]하다

31 이 항공편은 오전 11시에 출발하여 시카고에 오후 4시30분에 도착합니다. **32** 우리는 귀하의 답변을 기다리며 귀하가 우리의 제의를 받아들이시길 희망합니다. **33**고양이가 쥐를 잡으려고 집 주위를 좇아 다녔다. **34** 그는 기어를 1단에서 2단 그리고 3단으로 신속하게 변경했다. **35** 그 회사의 본사는 런던에서 맨체스터로 이전했다. **36** 저 새들은 겨울에는 남쪽으로 여름에는 북쪽으로 이동한다.

37 **mobile**

[móubəl]

(고정되어 있지 않고) 형 **이동할 수 있는, 이동식의**

He left the house and forgot to take his *mobile* phone with him.

어원 mo(move:움직이다) + bile(able:할 수 있는) → 움직일 수 있는 → **이동할 수 있는**

38 **portable**

[pɔ́:rtəbl]

(가지고 다니기에 알맞게 만들어진): 형 **휴대용의, 운반에 편리한**

A notebook computer is a small and lightweight *portable* computer.

어원 port(carry:가지고 다니다) + able(할 수 있는) → 가지고 다닐 수 있는 → **휴대용의**

Daily Test

01 accompany	20 indoor
02 access	21 bottom
03 approach	22 edge
04 district	23 site
05 local	24 ahead
06 portable	25 margin
07 await	26 mobile
08 dismiss	27 transfer
09 migrate	28 chase
10 shift	29 depart
11 lean	30 territory
12 install	31 region
13 pile	32 locate
14 vacuum	33 lay
15 gap	34 hang
16 arrange	35 layer
17 space	36 inner
18 wrap	37 overhead
19 insert	38 opposite

Answer Key ▷ 341

Day 28

37 그녀는 2층으로 이르는 가파르고 좁은 계단을 천천히 올라갔다. **38** 우리의 비행기가 공항 쪽으로 하강하기 시작했다.

Day 29 장소·이동 II

place & movement II

≫ 테마 기본 어휘	drive · park(주차하다) · ride(타다) · miss(놓치다) · bicycle · motorcycle · car · van(밴) · truck · taxi · bus · train · subway · ticket · station(역) · engine · wheel(바퀴, 핸들) · tire · gasoline(휘발유) · way(길) course · guide(안내하다) · road · street · bridge · tunnel · airplane · plane · helicopter · fly · airport(공항) · terminal · boat · ship · swim · dive · bring · take(가지고 가다) · carry · push · pull

01 **exit**

[égzit]

(공공건물·고속도로 등의 밖으로 나가는) 명 **출구** 동 **나가다, 떠나다**

The emergency *exit* is at the back of the building.

어원 ex(out:밖) + it(go:가다) → (밖으로) 나가는 곳 → **출구**

02 **rise**

[raiz]

(아래에서 위로) 동 **오르다, 올라가다; (수량 등이) 증가하다; (해·달이) 뜨다**
명 **오름, 상승, 증가**

Interest rates have *risen* by 2 percent over the last two years.

03 **climb**

[klaim]

(높은 곳을 힘들게) 동 **(손발을 써서) (기어)오르다, 올라가다, 등반하다**

He said it had always been his dream to *climb* Mount Everest.

파생 climbing [kláimiŋ] 명 등산, 등반

04 **ascend**

[əsénd]

(높은 곳으로, 또는 공중으로) 동 **오르다, 올라가다**

She slowly *ascended* the steep, narrow stairs to the second floor.

파생 ascent [əsént] 명 올라감; 상승

어원 a(to:방향) + scend(climb:오르다) → **올라가다**

01 비상 출구는 건물의 뒤편에 있다. **02** 이자율이 지난 2년간에 걸쳐 2% 올랐다. **03** 그는 에베레스트 산을 등반하는 것은 항상 그의 꿈이었다고 말했다. **04** 그녀는 2층으로 이르는 가파르고 좁은 계단을 천천히 올라갔다.

05 **descend**

[disénd]

(높은 곳에서 낮은 곳으로) 동 내려가다[오다]

Our plane began to *descend* toward the airport.

파생 descent [disént] 명 내려감; 내리막

어원 de(down:아래) + scend(climb:오르다) → (아래로) 내려가다

06 **rotate**

[róuteit]

(축을 중심으로) 동 회전하다[시키다]; 교대[순환]하다

The train's wheels began to *rotate* slowly.

파생 rotation [routéiʃən] 명 회전

어원 rot(wheel:바퀴) + ate → (바퀴와 같이) 회전하다

07 **spin**

[spin]

(물체 자체가 아주 빠르게) 동 빙빙 돌다[돌리다] 명 회전

The plane's propellers began to *spin* faster and faster.

08 **circulate**

[sə́:rkjulèit]

(공기·혈액 등이 되풀이하여 돌며) 동 순환하다; 유포되다[시키다]

The heart is the pump that keeps the blood *circulating* through the body.

파생 circulation [sə̀:rkjuléiʃən] 명 순환; 유포

어원 circul(around:둘레에) + ate → (둘레를) 돌게 하다 → 순환[유통]시키다

09 **roll**

[roul]

1. (둥근 물건이 바닥에서) 동 구르다, 굴리다 명 구르기, 굴리기
2. (넓적한 물건을 둥글게) 동 말다, 감다 명 둥글게 만 것, 통, 두루마리

The ball *rolled* slowly toward third base and stopped.
He *rolled* up his sleeves and washed the dishes.

어원 원뜻: 작은 바퀴 ┌ (바퀴처럼) 1. 구르다, 굴리다
└ (바퀴에 무엇을) 2. 말다, 감다

05 우리의 비행기가 공항 쪽으로 하강하기 시작했다. **06** 기차의 바퀴들이 서서히 회전하기 시작했다. **07** 비행기의 프로펠러가 점점 더 빨리 돌기 시작했다. **08** 심장은 피가 몸을 통해 순환하도록 유지시키는 펌프이다. **09** 공이 3루 쪽으로 천천히 굴러가다가 멈추었다. / 그는 소매를 말아 올리고 설거지를 했다.

10 **tumble**
[tʌmbl]

(데굴데굴 돌면서 아래로) 동 **굴러 떨어지다**

She lost her balance and *tumbled* down the stairs.

11 **twist**
[twist]

(돌리거나 구부려서) 동 **비틀다, 꼬다** 명 **비틀기, 꼬기**

Twist your body to the left as far as possible, then to the right.

12 **surround**
[səráund]

(어떤 대상의 둘레를 빙) 동 **둘러[에워]싸다, 포위하다**

He grew up in the countryside, *surrounded* by the beauties of nature.

파생 surrounding [səráundiŋ] 형 주위의, 주변의 명 (-s) 주위(의 상황), 환경

어원 surr(over) + ound(flow) → (위로) 넘쳐 흐르다 → round의 철자 영향으로 뜻 변형 → **둘러싸다**

13 **swing**
[swiŋ]

(매달려서) 동 **(축을 중심으로) 흔들리다, 흔들다; 휘두르다** 명 **흔들기; 그네**

The kitchen door *swung* open and closed as waiters passed in and out.

14 **vibrate**
[váibreit]

(가늘고 빠르게 규칙적으로) 동 **(사물이) 떨다, 떨게 하다, 진동하다[시키다]**

The dance floor was *vibrating* to the steady beat of the drums.

파생 vibration [vaibréiʃən] 명 (가는) 떨림, 진동

15 **tremble**
[trémbl]

(특히 흥분·분노·공포·걱정 등으로) 동 **(몸을) 떨다, 떨리다** 명 **떪, 떨림, 전율**

Her whole body started to *tremble* with the shock of the news.

---

10 그녀는 몸의 균형을 잃고 계단에서 굴러 떨어졌다. **11** 몸을 최대한 왼쪽으로 그 다음에 오른쪽으로 비트십시오. **12** 그는 자연의 아름다움으로 둘러싸인 시골에서 자랐다. **13** 웨이터들이 들락날락할 때 부엌문이 문이 빙 돌며 열렸다 닫혔다 했다. **14** 댄스 플로어는 계속 이어지는 드럼의 리듬에 맞추어 진동하고 있었다. **15** 그 소식의 충격에 그의 몸 전체가 떨리기 시작했다.

16 **distance**

[dístəns]

(둘 사이가 서로 떨어져 있는) 명 **거리**

What's the *distance* between the two cities?

파생 distant [dístənt] 형 먼, (멀리) 떨어져 있는

어원 dis(떨어져) + sta(서다) → (서로 떨어져 서 있는) 사이 → **거리**

17 **remote**

[rimóut]

(사람이 사는 곳에서 멀리 떨어진): 형 **외진, 외딴; 원격의** 명 **원격조정, 리모콘**

He lives in a *remote* village where there is no electricity.

어원 re(away:떨어진) + mote(move:옮기다) → (떨어진 곳으로) 옮겨진 → **외딴**

18 **accelerate**

[æksélərèit]

(움직임 · 활동 · 작용 등의) 동 **속도를 높이다, 속도가 늘다, 가속화하다[되다]**

The driver *accelerated* to pass a slow-moving truck.

파생 acceleration [æksèləréiʃən] 명 가속

어원 ac(강조) + celer(quicken:빨라지다) → (더) 빨라지게 하다 → **속도를 높이다, 속도가 늘다**

19 **rapid**

[rǽpid]

(걸리는 시간이 매우 짧은): 형 **빠른, 급격한**

Crime is growing at a *rapid* rate and is becoming organized.

20 **sudden**

[sʌdn]

(뜻밖에 갑자기 일어난): 형 **갑작스러운, 별안간의**

His *sudden* death was a great shock to many people.

21 **gradual**

[grǽdʒuəl]

(조금씩 서서히 진행하는): 형 **점진적인, 차츰 ~하는**

The change was very *gradual* and nobody realized what was happening.

어원 grad(step:발걸음) + ual → (한 걸음씩) 천천히 → **점진적인**

16 그 두 도시 사이의 거리는 얼마인가요? 17 그는 전기가 없는 외딴 마을에서 산다. 18 그 운전자는 느리게 가는 트럭을 추월하기 위해 속도를 높였다. 19 범죄가 빠른 속도로 늘어나고 조직화 되어가고 있다. 20 그의 갑작스러운 죽음은 많은 사람들에게 엄청난 충격이었다. 21 그 변화는 매우 점진적이어서 아무도 무슨 일이 벌어지고 있는지 알아차리지 못했다.

Day 29

22 **hurry**

[hʌri]

(시간 여유가 없어서) 동 **서두르다, 서두르게 하다** 명 **서두름, 급함**

It's already seven o'clock. If you don't hurry, you will miss the train.

23 **rush**

[rʌʃ]

(다급한 일이 있어서) 동 **급히 하다[가다, 움직이다]** 명 **급히 움직임**

He *rushed* into the burning house to save his son.

24 **ride**

[raid]

(자동차·버스 등을) 동 **(승객으로) 타다; (자전거 등을) 타다, (말을) 몰다**

I've never *ridden* a horse before, and I don't know how to ride a horse.

25 **traffic**

[trǽfik]

(어떤 도로를 이용하는 차량들): 명 **교통(량)**

If we leave now, we will avoid the rush hour *traffic*.

26 **vehicle**

[víːikl]

(사람·짐을 실어 나르는) 명 **차량, 탈것; (무엇의) 매개체[수단]**

Over 8,000 *vehicles* a day use this road during the summer.

어원 veh(carry:나르다) + icle → (사람·짐을) 실어 나르는 것 → **차량, 탈것**

27 **railroad**

[reiˈlrouˌd]

(기차가 다니도록 깔아 놓은) 명 **철도 (선로)**

The *railroad* connects the two largest cities in the country.

어원 rail(레일) + road(길) → (레일을 깔아 놓은) 길 → **철도 (선로)**

28 **passenger**

[pǽsəndʒər]

(차·배·비행기 등을 타는 손님): 명 **승객, 여객**

The bus was crowded with *passengers* going home for Thanksgiving.

어원 passeng(passage:통과) + er(행위자) → 탈것을 타고(통해서) 가는 사람 → **승객, 여객**

22 벌써 일곱 시에요. 서두르지 않으면 기차를 놓칠 거예요. 23 그는 아들을 구하기 위해 불타고 있는 집으로 돌진해 들어갔다. 24 나는 전에 말을 타 본적이 없고 말을 어떻게 타는지 모른다. 25 지금 떠나면 러시아워 교통혼잡을 피할 수 있을 겁니다. 26 여름 동안 하루에 8,000대 이상의 차량이 이 도로를 이용한다. 27 그 철도가 그 나라에서 가장 큰 두 개의 도시를 연결한다. 28 버스는 추수감사절로 집으로 가는 승객들로 가득했다.

29 **route**

[ru:t]

(한 지점에서 다른 지점까지의) 명 **길, 경로; (버스·기차 등의) 노선**

We went by the shortest *route*, across the fields.

30 **path**

[pæθ]

(지나다녀서 생긴) 명 **작은 길, 오솔길; (지나가는) 진로, 통로**

He followed the *path* through the woods to the road.

31 **pedestrian**

[pədéstriən]

(길거리를 차를 타지 않고 걸어가는) 명 **보행자**

As soon as the cars stopped, the pedestrians crossed the street.

어원 pedestr(going on foot:걸어서 가기) + ian → **보행자**

32 **sidewalk**

[sai'dwɔ,k]

(도로 양편의 보행자 길): 명 **인도, 보도**

The *sidewalk* was icy, so I had to walk very carefully.

어원 side(옆) + walk(걷다) → (도로) 옆의 걸어 다니는 길 → **인도**

33 **crosswalk**

[kra'swa,k]

(차도 위로 사람이 건너다닐 수 있게 한) 명 **횡단보도**

Children walking to school should cross only at the *crosswalks*.

어원 cross(건너다) + walk(걷다) → (걸어서) 건너는 길 → **횡단보도**

34 **intersection**

[ìntərsékʃən]

(도로나 선이 서로 엇갈리는) 명 **교차로, 교차점**

Go straight and turn right at the first *intersection*.

파생 intersect [ìntərsékt] 동 교차하다

어원 inter(between:사이) + sec(cut:자르다) → (서로 엇갈리면서) 사이를 자르는 길 → **교차로**

29 우리는 들판을 가로지르는 최단 경로로 갔다. **30** 그는 숲 속에 나 있는 오솔길을 따라 도로쪽으로 갔다. **31** 차들이 정차하자마자 보행자들이 길을 건넜다. **32** 인도가 빙판길이어서 나는 매우 조심스럽게 걸어야 했다. **33** 학교를 걸어서 오는 아이들은 횡단보도에서만 길을 건너야 한다. **34** 똑바로 가다가 첫 번째 교차로에서 우회전하십시오.

Day 29

35 **astronaut**

[ǽstrənɔ̀:t]

(우주 비행 훈련을 받은) 명 **우주 비행사**

Neil Armstrong was the first *astronaut* to walk on the moon.

어원 astro(star:별) + naut(sailor:항해사) → (별) 항해사 → **우주인**

36 **passport**

[pǽspɔ:rt]

(외국 여행자의 국적·신분을 증명하는) 명 **여권**

When traveling, keep your *passport* with you, not packed in your baggage.

어원 pass(통과) + port(carry:나르다) → (통과하여 실어 나를 수 있게 한) 공문 → **여권**

37 **port**

[pɔ:rt]

(배가 드나들 수 있게 만든) 명 **항구**

Shanghai is one of the world's busiest *ports* and the economic center of China.

38 **sail**

[seil]

(배가 물위나 바다를) 동 **항해하다** 명 **돛**

I want to buy a boat and *sail* around the world.

파생 sailor [séilər] 명 선원

39 **navigate**

[nǽvəgèit]

(지도·나침반 등을 보며) 동 **길을 찾다, 항해[비행]하다**

At night, the Vikings *navigated* by the stars.

파생 navigation [næ̀vəgéiʃən] 명 항해, 비행

어원 nav(ship:배) + igate(drive:운전하다) → (배를) 운전하다 → **항해하다**

40 **float**

[flout]

(물 위나 공중에) 동 **뜨다, 띄우다, 떠다니다** 명 **뜨는 것, 부유물**

If oil and water are mixed, the oil will *float* on water.

35 닐 암스트롱은 달 위를 걸은 최초의 우주비행사이었다. **36** 여행을 할 때 여권은 짐에 싸지 말고 휴대하십시오. **37** 상하이는 세계에서 가장 분비는 항구 중 하나이며 중국의 경제 중심부이다. **38** 나는 배를 사서 세계를 항해하고 싶다. **39** 바이킹들은 밤에 별을 보고 방향을 읽어 항해를 했다. **40** 기름과 물이 섞이면 기름은 물 위에 뜬다.

41 **sink**

[siŋk]

1. (배가 물 속으로) 동 **가라앉다, 침몰하다; 내려가다**
2. (씻거나 설거지를 하는) 명 **싱크대; 세면대**

The boat was badly hit and slowly *sank* into the ocean.
He washed his face and hands in the *sink*.

어원 1. 가라앉다, 내려가다 → (물이 내려가는) 2. 싱크대; 세면대

42 **lift**

[lift]

(무엇을 위로) 동 **들다, (들어) 올리다** (= raise)

The box is too heavy for me to *lift* by myself.

43 **raise**

[reiz]

1. (무엇을 위로) 동 **들다, (들어) 올리다** (=lift)
2. (수량·가격·수준 등을) 동 **올리다, 높이다, 인상하다**
3. (아이나 동식물을 보살펴) 동 **기르다, 사육[재배]하다**

If you have any questions, *raise* your hand and I'll help you.
Raising children is like growing flowers in the garden.
The central bank *raised* interest rates to keep inflation from rising.

어원 1. 들어 올리다 ┬ (수량·가격·수준 등을) 2. 올리다, 인상하다
└ (사람·동식물의 크기를) 올리다 → 3. 기르다, 사육[재배]하다

44 **drag**

[dræg]

(무거운 것을 바닥에 댄 채로) 동 **(힘겹게) 끌다, 끌고 가다**

The box was so heavy that I had to *drag* it across the floor.

45 **press**

[pres]

1. (힘을 가하여 물체 표면을) 동 **누르다** 명 **누르기**
2. (신문·잡지·방송국 등의) 명 **언론; 보도 기관**

To turn on the air conditioner, you just press this button.
The report has received little attention in the press.

파생 pressure [préʃər] 명 압력

41 그 배는 심하게 부딪쳤고 서서히 바다 속으로 침몰했다. / 그는 세면대에서 얼굴과 손을 씻었다. **42** 그 상자는 내가 혼자 들기에는 너무 무겁다. **43** 질문이 있으면 손을 드십시오. 그러면 도와드리겠습니다. / 아이를 기르는 것은 정원에 꽃을 기르는 것과 같다. / 중앙은행은 인플레이션이 오르는 것을 막기 위해 이자율을 올렸다. **44** 그 상자는 너무 무거워서 나는 그것을 바닥을 가로질러 질질 끌어야 했다. **45** 에어컨을 키려면 단지 이 버튼을 누르십시오. / 그 보도는 언론의 주목을 거의 받지 못했다.

46 **deliver**

[dilívər]

(편지·물품 등을 받을 사람·장소에) 동 **배달하다; 넘겨주다**

Your order will be *delivered* within 24 hours anywhere in France.

파생 delivery [dilívəri] 명 배달, 인도

어원 de(away) + liver(자유롭게 하다) → (물품을 자유롭게) 가게 하다 → **배달하다**

47 **transport**

동[trænspɔ́:rt]
명[trǽnspɔ:rt]

(사람·물건을 실어) 동 **(차·선박 등으로) 수송[운송]하다** 명 **수송, 운송**

It would be better to *transport* the goods by air rather than by ship.

파생 transportation [trænspərtéiʃən] 명 수송, 운송 (= transport)

어원 trans(across:횡단) + port(carry:나르다) → (건너편으로) 실어 나르다 → **수송[운송]하다**

48 **burden**

[bə́:rdn]

(운반이 힘든) 명 **(무거운) 짐; (정신적인) 짐, 부담** 동 **짐을 지우다**

The old man was worried about becoming a burden to his children.

49 **baggage**

[bǽgidʒ]

(여행객이 손수 운반하는 짐): 명 **수하물**

I don't have much *baggage* – just two small bags.

어원 bag(bundle:꾸러미) + age → (짐) 꾸러미 → **수하물**

50 **load**

[loud]

(사람·동물·차량 등에 많은) 동 **짐을 싣다[지다]** 명 **짐, 화물**

They *loaded* all the bags and boxes into the back of the pickup truck.

파생 ⊖ unload [ənlou'd] 동 짐을 내리다

46 주문하신 물품은 프랑스 내의 어느 곳이든 24시간 내에 배달됩니다. 47 그 상품은 선편으로보다는 항공편으로 운송하는 것이 더 나을 겁니다. 48 그 노인은 자신의 자식들에게 짐이 될 것을 걱정했다. 49 나는 수하물이 많지 않습니다, 2개의 작은 가방뿐입니다. 50 그들은 모든 가방과 상자를 픽업트럭의 뒤에 실었다.

51 **pack**

[pæk]

1. (물건을 가방 등에 넣어) 통 **(짐을) 싸다[꾸리다] 명 꾸러미**
2. (장소·탈것을 사람·물건으로) 통 **가득[빽빽히] 채우다**

I'm leaving tomorrow, but I haven't *packed* my suitcase yet.
Tens of thousands of football fans *packed* into the stadium.

파생 package [pǽkidʒ] 명 소포, 꾸러미; 상자, 용기
⊖ unpack [ənpæ'k] 통 짐을 풀다

어원 2. 가득 채우다 → (가방을) 가득 채우다 → 짐을 싸다

Daily Test

01 deliver	18 remote	35 rush
02 drag	19 sudden	36 vehicle
03 lift	20 pack	37 port
04 float	21 baggage	38 astronaut
05 route	22 transport	39 crosswalk
06 passenger	23 spin	40 pedestrian
07 railroad	24 distance	41 sink
08 rise	25 swing	42 navigate
09 descend	26 tumble	43 ascend
10 sail	27 burden	44 climb
11 sidewalk	28 rapid	45 rotate
12 path	29 hurry	46 roll
13 passport	30 traffic	47 surround
14 intersection	31 load	48 tremble
15 twist	32 exit	49 accelerate
16 circulate	33 press	50 gradual
17 vibrate	34 raise	51 ride

Answer Key ▷ 341

51 나는 내일 떠나는데 아직 가방을 꾸리지 못했다. / 수만 명의 축구 팬들이 운동장을 가득 채웠다.

PART 3

자연과 환경

과학적 · 체계적인 신개념의 영단어 학습법

개념원리 VOCA

|고|등|기|본|편|

Day 30 시간

time & period

≫ 테마 기본 어휘	time · hour · minute · second · o'clock · a.m.(오전) · p.m.(오후) · noon · afternoon · evening midnight · night · tonight · date · day · today · yesterday · tomorrow · week · weekend · month · year · season · spring · summer · autumn · fall · winter · clock · calendar · moment then(그때) · still · yet · now · history · future · soon · during · until · forever(영원히) · age(시대) · pass(시간이 지나다) · spend(시간을 보내다) · new · fresh · old · always · often · sometimes · never · again · before · ago · already · after · afterward · since · early · late · next · series(시리즈) · first second · third · last · final(최종의) · begin · start · end · finish · stop · continue(계속하다) · last(계속되다)

01 **occasion**
[əkéiʒən]

1. (어떤 일·현상이 일어나는) 명 **때, 경우**
2. (행사·축제·축하연 등의) 명 **특별한 일, 중요한 행사**

She visited him on several *occasions* while he was in the hospital.

I only wear a suit on special *occasions* such as weddings or funerals.

파생 occasional [əkéiʒənəl] 형 가끔의, 때때로의

어원 oc(down) + cas(fall:떨어지다) → (천체가 땅에 떨어진) 1. 때, 경우 → 2. 특별한 일

02 **annual**
[ǽnjuəl]

(한 해 동안의, 또는 해마다 있는): 형 **연간의; 매년의**

The club charges an *annual* membership fee of $800.

어원 ann(year) + ual → 1년의

03 **decade**
[dékeid]

(10년의 기간): 명 **십 년(간)**

He moved to Paris and lived there for more than a *decade*.

어원 dec(ten:십) + ade → 십 년(간)

01 그가 병원에 있는 동안 그녀는 여러 차례 그를 방문했다. / 나는 결혼식이나 장례식과 같은 특별한 행사 때에만 양복을 입는다. **02** 그 클럽은 800달러의 연회비를 받는다. **03** 그는 파리로 이사를 했고 그곳에서 10년 이상을 살았다.

04 **century**
[séntʃəri]

(100년의 기간): 명 **백 년(간), 세기**

The church was built in the 17th *century* and is still in use today.

어원 cent(hundred:백) + ury → 백 년(간), 세기

05 **nowadays**
[náuədèiz]

(과거의 일과 대비하여) 부 **요즈음[오늘날]에는**

Nowadays most people carry smartphones in their pockets.

어원 now(지금) + a + days(날들) → (지금의) 날들 → **요즈음**

06 **modern**
[mádərn]

(과거나 전통적인 것과 대비하여) 형 **현대[근대]의, 현대적인, 최신의**

Modern technology has brought many changes in our lives.

파생 modernize [mádərnàiz] 동 현대화하다

어원 mod(just now:바로 지금) + ern → (바로 지금) 이 시대 → **현대의**

07 **recent**
[ríːsnt]

(얼마 지나지 않은) 형 **최근의**

House prices have increased by 15 percent in *recent* years.

어원 re(강조) + cent(새로운) → (아주) 새로운 → **최근의**

08 **lately**
[léitli]

(얼마 지나지 않은) 부 **최근에** (= recently)

What have you been doing *lately*? I haven't seen you for a long time.

어원 late(늦은) + ly → (가장) 늦은 시기에 → **최근에**

09 **ancient**
[éinʃənt]

(먼 옛날의): 형 **고대의, 먼 옛날의**

In *ancient* Greece, people believed that the gods were everywhere.

어원 anci(before:이전의) + ent → (먼) 이전 시대의 → **고대의**

---

04 그 교회는 17세기에 지어졌지만 오늘날에도 여전히 사용 중이다. **05** 요즘 대부분의 사람들의 주머니에 스마트폰을 가지고 다닌다. **06** 현대적인 기술은 우리의 생활에 많은 변화를 가져왔다. **07** 주택 가격이 최근 몇 년간 15% 올랐다. **08** 요즘 어떻게 지내세요? 오랜만에 뵙는군요. **09** 고대 그리스에서는 사람들이 신들은 어디에나 있다고 믿었다.

10 **antique**

[æntíːk]

(오래되고 귀한 옛 물품): 명 골동품 형 골동품의

This table, though it looks worthless, is actually a valuable *antique*.

어원 ant(before:이전) + ique → (이전의) 옛 물품 → **골동품**

11 **innovate**

[ínəvèit]

(새로운 것을 도입하여 낡은 것을) 동 혁신[쇄신]하다

To remain competitive in today's marketplace, companies must constantly *innovate*.

파생 innovation [ìnəvéiʃən] 명 혁신
innovative [ínəvèitiv] 형 혁신적인

어원 in(into:방향) + nov(new:새로운) → 새롭게 하다 → **혁신하다**

12 **frequent**

[fríːkwənt]

(거듭되는 간격이 매우 짧게) 형 자주 일어나는, 빈번한 동 ~에 자주 가다

She was his neighbor and a *frequent* visitor to his house.

파생 frequency [fríːkwənsi] 명 빈도, 자주 일어남
⊖ infrequent [infríːkwənt] 형 드물게 일어나는

13 **repeat**

[ripíːt]

(같은 일·말·행동 등을) 동 반복하다, 되풀이하다

They did not learn any lessons, and *repeated* the same mistakes.

파생 repetition [rèpətíʃən] 명 반복
repetitive [ripétətiv] 형 반복적인

어원 re(again:다시) + peat(seek:시도하다) → (다시) 시도하다 → **반복하다**

14 **temporary**

[témpərèri]

(곧 변하거나 끝나는): 형 일시적인, 임시의

It was a *temporary* job and it didn't pay much, but he was happy to get it.

어원 tempor(time) + ary → (짧은) 시간의 → **일시적인**

10 이 테이블은 가치가 없어 보이지만 실제로는 가치가 높은 골동품이다. 11 오늘날 시장에서 경쟁력을 유지하려면 회사들은 끊임없이 혁신해야 한다. 12 그녀는 그의 이웃이었고 그의 집을 자주 방문하는 사람이었다. 13 그들은 어떠한 교훈도 배우지 못하고 똑 같은 실수를 반복했다. 14 그것은 임시직이고 대가도 많지 않았지만 그는 그것을 얻게 되어 행복했다.

15 **permanent**
[pə́:rmənənt]

(일시적이지 않고 계속 이어지는): 형 영구[영속]적인

The car accident left him with *permanent* brain damage.

파생 permanence [pə́:rmənəns] 명 영구성, 영속성

어원 per(through:계속해서) + man(stay:남아 있다) → (계속해서) 남아 있는 → 영구[영속]적인

16 **eternal**
[itə́:rnəl]

(시간이 끝없이 이어지는): 형 영원한

Eternal life in heaven is offered to those who believe in Jesus.

파생 eternity [itə́:rnəti] 명 영원

어원 etern(lasting:지속되는) + al → (끝없이) 지속되는 → 영원한

17 **routine**
[ru:tí:n]

(늘 있어서 특별하지 않은): 형 일상적인; 틀에 박힌 명 (틀에 박힌) 일상

They spend too much time doing *routine* paperwork.

어원 route(길) + ine → (항상 습관적으로 가는) 길 → 일상적인, 틀에 박힌

18 **regular**
[régjulər]

(일정한 규칙 · 패턴 · 간격에 따라 되풀이되는): 형 규칙적인, 정기적인

There is a *regular* train service between the two cities.

파생 regularity [règjulǽrəti] 명 규칙적임
⊖ irregular [irégjulər] 형 불규칙적인

어원 regula(rule:규칙) + r → 규칙적인

19 **previous**
[prí:viəs]

(지금 말하고 있는 것보다) 형 (시간 · 순서상) 이전의, 앞의

I have no *previous* experience in this kind of work at all.

어원 pre(before:앞에) + vi(way:길) → (앞선 길에) 존재 · 발생한 → 이전의

15 그 자동차 사고는 그에게 영구적인 뇌 손상을 남겼다. 16 천국에서의 영원한 삶은 예수를 믿는 사람들에게 주어진다. 17 그들은 너무나 많은 시간을 일상적인 서류작업을 하면서 보낸다. 18 두 도시 사이에는 정기 기차 서비스가 있다. 19 나는 이전에 이런 종류의 일을 해 본 경험이 전혀 없습니다.

20 **period**
[pí:əriəd]

(두 시점 사이의 동안): 명 기간

The country achieved great economic success in a short *period* of time.

21 **term**
[tə:rm]

1. (미리 어느 때까지라고 정해 놓은) 명 기간, 기한, 임기, 학기
2. (특정 분야에서 주로 쓰는) 명 용어
3. (-s) (계약서나 약정서 등에 정해 놓은) 명 조건, 조항

In France, the President is elected for a *term* of seven years.
URL is the technical *term* for what is often called a web address.
Both parties agreed to the *terms* of the contract.

어원 원뜻: limit(한계, 제한)의 뜻에서 유래
- (제한된) 기간 → 1. 기간, 기한, 임기
- (한계를 지어) 정의해 놓은 말 → 2. 용어
- (계약서상의) 제한적 사항 → 3. 조건, 조항

22 **postpone**
[poustpóun]

(예정된 시간·날짜·일정 등을 뒤로) 동 연기하다

Tonight's game has been *postponed* until next week.

파생 postponement [poustpóunmənt] 명 연기

어원 post(after:뒤에) + pone(put:놓다) → (시간을 예정보다) 떨어져 있게 놓아두다 → 지연시키다

23 **delay**
[diléi]

(예정된 일을) 동 (시간을 끌어) 지연[지체]시키다; (사정상) 미루다, 연기하다
명 지연, 지체; 미룸, 연기

The plane was *delayed* for five hours because of bad weather.

어원 de(away:떨어져) + lay(leave:놓아두다) → (시간을 예정보다) 떨어져 있게 놓아두다 → 지연시키다

24 **initial**
[iníʃəl]

(과정상 맨 처음에 발생하는): 형 처음의, 초기의 명 (이름의) 머리글자

The project requires an *initial* investment of $2 million.

어원 in(into:안으로) + it(go:가다) → (안으로 막 들어간) 시기 → 초기의

20 그 나라는 짧은 기간 동안에 대단한 경제적 성공을 이루었다. **21** 프랑스에서는 대통령이 7년의 임기로 선출된다. / URL은 흔히 웹주소라고 부르는 것의 전문 용어이다. / 두 당사자 모두 계약 조건에 동의했다. **22** 오늘 밤 경기는 다음 주로 연기되었다. **23** 비행기가 악천후로 인해 다섯 시간 지체되었다. **24** 그 프로젝트는 이백만 달러의 초기 투자가 필요하다.

[25] **original**

[ərídʒənl]

1. (달라지기 전의 맨 처음) 형 원래[본래]의 명 원본, 원래의 것
2. (전에 없던 새로운 것인): 형 독창적인

I can't tell the difference between the *original* painting and the copy.
This highly *original* design has attracted much attention.

파생 origin [ɔ́:rədʒin] 명 기원, 근원

어원 orig(rise:떠오르다) + inal → (아무 것도 없는 곳에서) 떠오르는 → 1. 원래의 2. 독창적인

[26] **immediate**

[imí:diət]

(지체 없이 바로): 형 즉시의, 즉각적인

The government took *immediate* action to deal with this situation.

어원 im(not) + medi(middle:중간) → (중간이 없이) 즉시의

[27] **launch**

[lɔ:ntʃ]

(일·활동 등을 정식으로) 동 시작[개시]하다; (신상품을) 시장에 내다 명 개시; 출시

The company *launched* an advertising campaign to promote its new product.

[28] **source**

[sɔ:rs]

(무엇이 나오거나 생기난) 명 원천, 근원; (정보 등의) 출처

We are looking for new *sources* of energy to meet demand.

어원 sourc(spring up:갑자기 생겨나다) + e → (갑자기 생겨나는) 곳 → 원천, 근원

[29] **cease**

[si:s]

(계속되던 일·상태 등이) 동 (끝나면서) 중단되다[시키다]

The captain ordered his soldiers to *cease* fire.

[30] **halt**

[hɔ:lt]

(하던 일을 지체없이) 동 (즉시) 멈추다[게 하다], 중지하다[시키다] 명 멈춤

All of the sudden, someone yelled "*Halt*! Don't move!"

25 나는 원화와 복제품 사이의 차이를 구분하지 못하겠다. / 이 대단히 독창적인 디자인은 많은 관심을 끌었다. **26** 정부는 그 상황에 대처하기 위해 즉각적인 조치를 취했다. **27** 그 회사는 새로운 제품을 홍보하기 위한 광고 캠페인을 시작했다. **28** 우리는 수요를 맞추기 위해 새로운 에너지원을 찾고 있다. **29** 지휘관은 군인들에게 사격을 중지하라고 명령했다. **30** 갑자기 누군가가 소리쳤다 "정지! 움직이지마!"

31 **pause**

[pɔːz]

(하던 일을 다시 하기 전에) 동 **잠시 멈추다** 명 **잠시 멈춤**

He *paused* and thought for a moment before he answered.

32 **expire**

[ikspáiər]

(공문서·계약·자격증 등의) 동 **(기한이) 만료되다, 만기가 되다**

My driver's license *expired* and I did not realize it.

파생 expiration [èkspəréiʃə] 명 만료, 만기

어원 ex(out:밖) + spire(breathe:숨쉬다) → (마지막) 숨을 밖으로 내쉬다 → 죽다 → 만료되다

33 **hesitate**

[hézətèit]

(확신이 서지 않거나 긴장하여) 동 **망설이다, 주저하다**

Please don't *hesitate* to call us if you need help.

파생 hesitation [hèzətéiʃən] 명 망설임, 주저

어원 hes(hold fast:꽉 붙잡다) + it → (하기 전에) 꽉 붙잡다 → 망설이다

34 **cancel**

[kǽnsəl]

(하기로 예정·계획·결정된 일을) 동 **취소하다**

Last night's game was *canceled* because of rain.

파생 cancellation [kænsəléiʃən] 명 취소

35 **remain**

[riméin]

1. (본래나 이전의 상태로) 동 **여전히[변함없이] ~이다, (여전히) 남다**
2. (있는 곳을 떠나지 않고) 동 **머무르다, 그대로 있다**

This old village has *remained* unchanged for a long period of time.

The next morning the others left, but he *remained* behind.

어원 re(back:뒤에) + main(stay:남아 있다) → (뒤에) 남아 있다 → 1. 여전히 ~이다 2. 머무르다

31 그는 대답을 하기 전에 잠시 멈추고 생각을 했다. 32 내 운전면허증이 만료되었으나 나는 알지 못했다. 33 도움이 필요하시면 주저 말고 우리에게 전화하십시오. 34 어젯밤 경기는 비 때문에 취소되었다. 35 이 옛 마을은 오랜 세월 변하지 않은 채 그대로이다. / 다음날 다른 사람들은 떠났으나 그는 뒤에 남았다.

36 **steady**
[stédi]

1. (발전 · 성장 · 전개 등이 일정하게 이어지는): 형 꾸준한
2. (변화 · 변동 · 흔들림 없이) 형 고정적인, 한결 같은, 안정된 동 안정되다[시키다]

The book has been a *steady* seller since first published in 2001.

I'd like you to have a steady job with a *steady* income, like other people.

파생 ⊖ unsteady [ənste'di] 형 불규칙한, 일정하지 않은; 불안정한, 흔들거리는

어원 st(stand: 서다) + ead + y → (단단히) 서 있는 → 1. 꾸준한 2. 한결 같은

Daily Test

01 cease	19 previous
02 source	20 postpone
03 launch	21 original
04 annual	22 occasion
05 nowadays	23 delay
06 expire	24 immediate
07 halt	25 remain
08 steady	26 hesitate
09 cancel	27 pause
10 innovate	28 century
11 lately	29 decade
12 temporary	30 modern
13 routine	31 ancient
14 period	32 frequent
15 recent	33 permanent
16 eternal	34 regular
17 repeat	35 term
18 antique	36 initial

Answer Key ▷ 342

36 그 책은 2001년 처음 출간된 이후 꾸준히 잘 팔렸다. / 나는 다른 사람들과 같이 고정 수입이 있는 안정된 직장을 갖고 싶다.

Day 31 자연환경·동식물 I

nature, animals & plants I

≫ 테마 기본 어휘	nature · world · map · town · city · park(공원) · square(광장) · country(시골) · countryside(시골) · village · sky · air(공중) · star · sun · moon · rise(해 · 달이 뜨다) · set(해 · 달이 지다) · land · gr→ound · sand(모래) · stone · rock · mountain · hill · valley(계곡) · river · lake · pool(웅덩이, 수영장) · forest · jungle(밀림) · ocean · sea · wave · beach · island · weather · cloud(구름) · heat · hot · warm · cold · cool · rain · shower(소나기) · rainbow(무지개) · umbrella(우산) · snow · ice · wind

01 **global**

[glóubəl]

(대상의 범위나 미치는 영향이) 형 세계적인, 지구 전체의

Global climate changes are occurring as a result of global warming.

파생 globe [gloub] 명 지구(본)
globalize [glóubəlàiz] 동 세계화하다

어원 globe(구체, 지구) + al → 지구 전체의

02 **environment**

[inváiərənmənt]

(영향을 미치는 주변의 조건 · 상황): 명 환경

It is everyone's responsibility to protect the natural *environment.*

파생 environmental [invàiərənméntl] 형 환경의

어원 environ(둘러싸다) + ment → (주변에) 둘러싸고 있는 것 → 환경

03 **habitat**

[hǽbitæt]

(특정 동식물이 터전으로 삼아 사는) 명 서식지

When the natural *habitats* of the animals are destroyed, many of them will die.

어원 habit(dwell:살다) + at → (사는) 곳 → 서식지

01 지구 온난화의 결과로 전세계적인 기후 변화가 일어나고 있다. **02** 자연 환경을 보호하는 것은 모든 사람의 책임이다.
03 동물의 자연 서식지가 파괴될 때 많은 그들 대다수는 죽게 될 것이다.

04 **ecosystem**
[i'kousi,stəm]

(특정 환경에서 생물들이 서로 관계를 맺는 체계): 명 생태계

Global climate change is likely to destroy the Earth's *ecosystem*.

어원 eco(house:서식지) + system(체계) → (생물의) 서식지 환경의 체계 → **생태계**

05 **pole**
[poul]

1. (지축·자석 등의 양쪽 끝): 명 극(지); 정반대
2. (땅 위에 세워 무엇을 받치는 데 쓰는) 명 막대기, 장대

Roald Amundsen was the first person to reach the South *Pole*.
A violent hurricane blew down trees and telephone *poles*.

파생 polar [póulər] 형 극지의, 양극의; 극과 극의, 정반대의

06 **urban**
[ə́:rbən]

(도시와 관련된): 형 도시의

Globally, more people live in *urban* areas than in rural areas.

파생 urbanize [ə́:rbənàiz] 동 도시화하다

어원 urb(city:도시) + an → 도시의

07 **downtown**
[dau'ntau'n]

(상업 지구나 번화가가 있는) 부 도심지에[로] 형 도심지의 명 도심지

He is staying at a hotel in the heart of *downtown* Chicago.

어원 down(아래) + town(도시) → (도시의 아랫부분인) **도심지에[로]**

08 **suburb**
[sʌbə:rb]

(도심지에 인접한 주택 지역): 명 교외 (주택지)

He lives in the *suburbs* almost an hour's drive away from London.

파생 suburban [səbə́:rbən] 형 교외의

어원 sub(near:근처) + urb(city:도시) → (도시의) 근처 → **교외**

04 세계적인 기후 변화가 지구 생태계를 파괴할 가능성이 있다. **05** 로알 아문센은 남극에 도달한 최초의 사람이었다. / 맹렬한 허리케인이 나무와 전봇대를 넘어뜨리다. **06** 전세계적으로 시골 지역보다 도시 지역에 더 많은 사람이 산다. **07** 그는 시카고 시내 중심가의 한 호텔에서 묵고 있다. **08** 그는 런던에서 차로 거의 한 시간 떨어진 교외에서 산다.

09 **capital**
[kǽpətl]

1. (한 나라의 중앙 정부가 있는) 명 **수도**
2. (A, B 등과 같이 큰 체로 된) 명 **대문자** 형 **대문자의**
3. (사업의 밑천으로 투자한 돈): 명 **자본(금)** 형 **자본의**

Washington, D.C. is the *capital* of the United States.
Each sentence begins with a *capital* letter and ends with a period.
The government in recent decades has tried to attract foreign *capital*.

어원 capit(head:머리, 으뜸) + al
- (한 나라의) 으뜸 도시 → 1. 수도
- (문장의) 앞머리 글자 → 2. 대문자
- 사업의 으뜸(기본)이 되는 돈 → 3. 자본(금)

10 **rural**
[rúərəl]

(도시에 대하여) 형 **시골의, 전원의**

Before then, more people lived in *rural* areas than in cities.

어원 rur(country:시골) + al → 시골의

11 **earthquake**
[əːrθkweik]

(땅이 흔들리거나 갈라지는 현상): 명 **지진**

After the *earthquake*, only a few buildings were left standing.

어원 earth(땅) + quake(마구 흔들리다) → (땅이) 마구 흔들리는 현상 → 지진

12 **continent**
[kάntənənt]

(넓고 큰 면적의 육지): 명 **대륙**

Africa is the second largest *continent* in the world after Asia.

파생 continental [kὰntənéntl] 형 대륙의

어원 con(together:함께) + tin(hold:붙잡다) → (땅이) 함께 붙잡고 이어지는 넓은 육지 → 대륙

13 **soil**
[sɔil]

(지구의 표면을 덮고 있는) 명 **흙, 토양**

This plant does not grow well in dry *soil* or direct sunlight.

09 워싱턴 DC는 미국의 수도이다. / 각각의 문장은 대문자로 시작해서 마침표로 끝난다. / 정부는 최근 수십 년간 외국 자본을 끌어들이려고 노력해왔다. **10** 그 이전에는 도시보다는 시골 지역에 더 많은 사람이 살았다. **11** 그 지진 후에는 서 있는 건물이 단지 몇 채 뿐이었다. **12** 아프리카는 아시아의 뒤를 잇는 세계에서 두 번째로 큰 대륙이다. **13** 이 식물은 메마른 토양이나 직사 일광에서는 잘 자라지 않는다.

14 **mud**
[mʌd]

(질퍽질퍽한 흙): 명 진흙, 진창

His clothes and shoes were covered with *mud*.

파생 muddy [mʌdi] 형 진흙투성이의

15 **cave**
[keiv]

(땅·바위 속으로 패어 들어간) 명 굴, 동굴

Black bears spend most of the winter sleeping in *caves*.

16 **dig**
[dig]

(도구·손 등으로 땅에) 동 (구멍을) 파다, (묻힌 것을) 파내다

He *dug* a hole in the ground and buried the money.

17 **bury**
[béri]

(물건을 땅·흙 등의 속에 넣어) 동 묻다; 매장하다

Many pipes and cables are *buried* beneath the surface of the ground.

파생 burial [bériəl] 명 매장

18 **volcano**
[valkéinou]

(땅 속의 가스·용암이 터져 나오는) 명 화산

One of the signs that a *volcano* may erupt is an earthquake.

파생 volcanic [valkǽnik] 형 화산의

19 **erupt**
[irʌpt]

(화산이 터져 화산재·용암 등을) 동 분출[분화]하다

The city was destroyed when the volcano *erupted* in 1610.

파생 eruption [irʌpʃən] 명 (화산의) 폭발, 분화

어원 e(out:밖) + rupt(break:깨지다) → (깨져서) 밖으로 나오다 → **분출하다**

14 그의 옷과 신발은 진흙투성이였다. 15 흑곰은 겨울의 대부분을 동굴에서 잠을 자면서 보낸다. 16 그는 땅에 구멍을 파고 돈을 묻었다. 17 많은 파이프와 케이블이 땅 표면 아래 묻혀있다. 18 화산이 터질지도 모른다는 징후 중의 한 가지는 지진이다. 19 그 도시는 1610년 화산이 폭발하여 파괴되었다.

20 **summit**

[sʌmit]

(산의 맨 꼭대기): 명 **(산의) 정상; (국가 지도자들의) 정상 회담**

He reached the *summit* at last and looked out across the land below.

어원 sum(highest:**가장 높은**) + it → (가장 높은) 곳 → **(산의) 정상**

21 **peak**

[pi:k]

(산에서 뾰족하게 높이 솟은) 명 **산봉우리; 절정, 최고조** 동 **절정에 달하다**

On a clear day you can see the snow-covered peak in the distance.

22 **pond**

[pand]

(호수보다 작은 자연 또는 인공의) 명 **연못**

We have a small *pond* in the garden in front of the house.

23 **rainforest**

[reinfɔ́:rist]

(기온이 높고 비가 많은) 명 **열대 우림**

The *rainforest* may disappear this century because of global warming.

어원 rain(**비**) + forest(**숲**) → (비가 많은) 숲 → **열대 우림**

24 **desert**

[dézərt]

(건조하고 모래·자갈로 뒤덮인) 명 **사막**

Egypt has little rainfall and is mostly *desert*.

어원 de(away) + sert(join:**합치다**) → (합쳐진 것을) 떨어뜨리다 → 버리다 → (버려진) 땅 → **사막**

25 **horizon**

[həráizn]

(땅·바다가 하늘과 맞닿아 보이는) 명 **지평[수평]선**

That morning I watched the sun rise slowly above the *horizon*.

파생 horizontal [hɔ̀:rəzántl] 형 **수평의** 명 **수평(선, 면)**

어원 horiz(boundary:**경계**) + on → (땅이나 바다의) 경계를 이루는 곳 → **지평[수평]선**

20 그는 드디어 산의 정상에 올라 아래의 땅을 내다보았다. **21** 맑은 날에는 멀리서 그 눈 덮인 산봉우리를 볼 수 있다. **22** 우리는 집 앞 정원에 작은 연못을 가지고 있다. **23** 그 열대 우림은 지구 온난화 때문에 이번 세기에 사라질지 모른다. **24** 이집트는 강수량이 거의 없고 대부분이 사막이다. **25** 그날 아침 나는 태양이 지평선 위로 서서히 떠오르는 것을 지켜보았다.

26 **tide**

[taid]

(바닷물이 들어왔다 나가는) 명 **조수, 조류**

When the *tide* is out, you can walk across to the island.

파생 tidal [táidl] 형 조수의

27 **coast**

[koust]

(바다와 육지가 만나는 곳): 명 **해안**

The island lies about 15 miles off the *coast* of Florida.

파생 coastal [kóustəl] 형 해안의

28 **cliff**

[klif]

(바닷가 · 강가의 매우 가파른) 명 **절벽, 낭떠러지**

He stood on the edge of the *cliff* and looked down.

29 **peninsula**

[pənínsjulə]

(삼면이 바다로 둘러싸인) 명 **반도**

A *peninsula* is surrounded by water on three sides, an island on all sides.

어원 pen(almost:거의) + insula(island:섬) → (거의) 섬과 같은 곳 → **반도**

30 **universe**

[jú:nəvə̀:rs]

(세상 모든 것이 들어있는 끝없는) 명 **우주**

No one really knows for sure how the *universe* began.

파생 universal [jù:nəvə́:rsəl] 형 (전)우주의; 전체[만인]의; 보편[일반]적인

어원 uni(one:하나) + verse(turn:되다) → (모든 것이) 하나의 전체로 되는 것 → **우주**

31 **planet**

[plǽnit]

(태양이나 중심 별의 둘레를 도는) 명 **행성**

Do you think there is life on other *planets* or somewhere in the universe?

어원 plan(wander:떠돌아다니다) + et → (떠돌아다니는) 별 → **행성**

26 개썰물이 될 때는 그 섬으로 걸어서 건너갈 수 있다. **27** 그 섬은 플로리다 해안에서 15마일 떨어진 곳에 있다. **28** 그는 절벽 끝에 서서 아래를 내려다 보았다. **29** 반도는 세 면이, 섬은 전면이 물로 둘러싸여 있다. **30** 우주가 어떻게 시작되었는지는 아무도 정말 확실하게는 알지 못한다. **31** 다른 행성이나 우주의 다른 어딘가에 생명체가 있다고 생각하십니까?

32 **satellite**

[sǽtəlàit]

(행성의 둘레를 도는) 명 위성; 인공위성

Earth is a planet and the moon is a *satellite* of the earth.

어원 원뜻: 수행원(attendant) → (수행하듯 행성 주위를 도는) (인공) 위성

33 **atmosphere**

[ǽtməsfìər]

1. (지구를 둘러싸고 있는 기체): 명 대기, 공기
2. (대상이나 그 주변에서 느껴지는) 명 분위기

Smoke from factory chimneys pollutes the *atmosphere*.
The *atmosphere* in the office was very much like a family.

어원 atmos(vapor:증기) + sphere(globe:지구) ┌ (지구를 둘러싼) 증기 → 1. 대기
└ (주변을 둘러싼) 2. 분위기

34 **orbit**

[ɔ́:rbit]

(천체가 돌면서 그리는 곡선의 길): 명 궤도 동 궤도를 그리며 돌다

The satellite went into *orbit* as planned, 25 minutes after launch.

파생 orbital [ɔ́:rbitl] 형 궤도의

35 **gravity**

[grǽvəti]

(지구가 지구 위의 물체를 끌어당기는 힘): 명 중력

The apple falls from the tree to the earth because of the force of *gravity*.

어원 grave(heavy:무거운) + ity → (지구가 당기는) 무거운 힘 → 중력

36 **solar**

[sóulər]

(태양과 관련된): 형 태양의, 태양 광선[열]을 이용한

Our *solar* system has nine planets, including our home planet, Earth.

어원 sol(sun:태양) + ar → 태양의

37 **lunar**

[lú:nər]

(달과 관련된): 형 달의

Even today, the *Lunar* New Year's Day is still a major holiday in Korea.

어원 luna(moon:달) + ar → 달의

32 지구는 행성이고 달은 지구의 위성이다. **33** 공장 굴뚝으로부터의 연기는 대기를 오염시킨다. / 그 사무실의 분위기는 마치 한 가족 같았다. **34** 인공위성은 발사 후 25분에 계획대로 궤도에 진입했다. **35** 중력으로 인해 사과가 나무에서 땅으로 떨어진다. **36** 우리 태양계에는 우리의 고향 행성인 지구를 포함하여 8개의 행성이 있다. **37** 오늘날까지도 음력설은 한국에서 여전히 중요한 명절이다.

38 **earth**
[əːrθ]

1. (인류가 살고 있는 땅덩어리): 명 **지구**
2. (바다·하늘·공중에 대하여) 명 **땅, 육지, 지상**
3. (지구의 표면을 덮고 있는) 명 **흙, 토양**

The Moon goes around the Earth as the *Earth* goes around the Sun.
All of the sudden the *earth* began to shake violently.
He put some *earth* into the pot and planted flowers.

어원 1. **지구** → (지구 위의) 2. **땅** → (땅을 구성하는) 3. **흙**

Daily Test

01 peninsula	20 erupt
02 cliff	21 pond
03 coast	22 horizon
04 environment	23 global
05 pole	24 rainforest
06 earth	25 tide
07 satellite	26 lunar
08 universe	27 gravity
09 solar	28 atmosphere
10 orbit	29 planet
11 earthquake	30 ecosystem
12 suburb	31 habitat
13 mud	32 urban
14 bury	33 capital
15 summit	34 continent
16 downtown	35 cave
17 dig	36 volcano
18 soil	37 peak
19 rural	38 desert

Answer Key ▷ 342

38 지구가 태양 주위를 도는 것처럼 달도 지구 주위를 돈다. / 갑자기 땅이 심하게 흔들리기 시작했다. / 그는 화분에 흙을 넣고 꽃을 심었다.

Day 32 자연환경·동식물 II

nature, animals & plants II

≫ 테마 기본 어휘	life(생명체) · egg · hunt · animal · pet(애완동물) · zoo(동물원) · bird · fish · tail(꼬리) · wing(날개) · tree · flower · vase(꽃병) · grass(풀) · lawn(잔디밭) · leaf(잎) · root(뿌리) · farm · field(들판) · greenhouse(온실) grow(기르다, 재배하다)

01 **climate** [kláimit]

(어느 지역의 평균적인 날씨): 명 **기후**

A desert is a great example of a place that has a hot and dry *climate*.

파생 climatic [klaimǽtik] 형 기후의

02 **fog** [fɔːg]

(앞이 잘 안 보일 정도로) 명 **(짙은) 안개**

The accident took place because of thick *fog*.

파생 foggy [fɔ́ːgi] 형 안개 낀

03 **temperature** [témpərətʃər]

(덥고 찬 정도): 명 **온도, 기온, 체온**

In winter, the *temperature* often drops below zero.

어원 temper(mix properly:적절히 섞다) + ate → (찬 것과 더운 것이) 적절히 섞인 정도 →**온도**

04 **tropical** [trάpikəl]

(기온이 매우 높은 적도 부근의) 형 **열대 지방의, 열대(성)의**

These trees grow well in *tropical* countries like Indonesia.

파생 tropic [trάpik] 명 (-s) 열대

어원 tropic(열대) + al → 열대 지방의, 열대(성)의

01 사막은 덥고 건조한 기후를 가진 곳의 아주 좋은 예이다. **02** 그 사고는 짙은 안개 때문에 발생했다. **03** 겨울에는 기온이 자주 영도 이하로 떨어진다. **04** 이 나무들은 인도네시아 같은 열대의 나라에서 잘 자란다.

Day 32

[05] **chilly**

[ʧíli]

(몸에 찬 기운이 느껴질 정도로) 형 **쌀쌀한**

It's pretty warm out right now, but it gets *chilly* at night.

파생 chill [ʧil] 명 쌀쌀함 동 차지다, 춥게 하다

[06] **flood**

[flʌd]

(많은 비로 크게 불어난 물): 명 **홍수** 동 **범람하다[시키다]**

Whenever we had a rainy season, our village *flooded*.

[07] **drought**

[draut]

(비가 오지 않아 메마른 상태): 명 **가뭄**

The long *drought* ended and it started to rain.

[08] **freeze**

[fri:z]

(낮은 온도에서 액체가 고체로) 동 **얼다, 얼리다**

That winter was so cold that even the lake *froze* completely.

[09] **melt**

[melt]

(높은 온도에서 고체가 액체로) 동 **녹다, 녹이다**

The snow was beginning to *melt* in the warm morning sun.

[10] **blow**

[blou]

1. (바람이) 동 **불다, (물체가) 바람에 날리다**
2. (입 밖으로) 동 **입김을 내뿜다[불다]** 명 **불기**
3. (손·도구 등을 써서 세게 때리기): 명 **강타, 타격**

During the night, a strong wind *blew* down some of the trees.

Stop *blowing* or the balloon will burst.

He received a severe *blow* in the face with a snowball.

어원 1. 바람이 불다 ┌ (입 밖으로) 바람을 내뿜다 → 2. 입김을 불다
└ (바람이 세게 불어) 때리기 → 3. 강타, 타격

05 지금은 밖이 상당히 따뜻하지만 밤에는 쌀쌀해진다. **06** 장마철마다 우리 마을은 침수되었다. **07** 긴 가뭄이 끝나고 비가 오기 시작했다. **08** 그 해 겨울은 너무 추워서 호수조차 완전히 얼었다. **09** 따뜻한 아침 햇살 아래서 눈이 녹기 시작했다. **10** 밤 동안 강한 바람이 불어 나무 중 일부를 쓰러뜨렸다. / 부는 것을 멈추세요. 그렇지 않으면 풍선이 터질 겁니다. / 그는 눈 덩이에 얼굴을 세게 얻어맞았다.

11 **storm**

[stɔːrm]

(사나운 비바람이 몰아치는) 명 폭풍(우)

Several houses were blown down in the recent *storms*.

파생 stormy [stɔ́ːrmi] 형 폭풍우의

12 **thunder**

[θʌndər]

(하늘에서 요란하게 울리는 소리): 명 천둥

There was a huge storm with *thunder* and lightning last night.

13 **lightning**

[láitniŋ]

(대기 속의 전기가 방전할 때 번쩍이는 빛): 명 번개

The house was struck by *lightning* and badly damaged.

어원 lighten(환하게 하다) + ing → (번쩍이며) 환하게 비추는 빛 → 번개

14 **creature**

[kríːʧər]

(생명을 가지고 스스로 움직이는) 명 생물; 창조물

Whales are the largest *creatures* in the world.

어원 create(창조하다) + ure → 창조된 것 → 창조물

15 **wildlife**

[wai'ldlai,f]

(자연에서 저절로 자라는) 명 야생 생물

Over 200 species of *wildlife* have disappeared from earth in the last 100 years.

어원 wild(야생의) + life(생물) → 야생 생물

16 **species**

[spíːʃiːz]

(생물 분류의 기초 단위): 명 종

The birds are a protected *species* and it is against the law to hunt them.

어원 spec(look:보다) + ies → (생물의) 보이는 겉모습 → 종

11 여러 채의 집이 최근의 폭풍우로 무너졌다. 12 어젯밤 천둥과 번개를 동반한 엄청난 폭풍우가 있었다. 13 그 집은 번개에 맞아 심하게 손상되었다. 14 고래는 세상에서 가장 큰 생물이다. 15 지난 100년간 200종 이상의 야생 동물이 지구상에서 사라졌다. 16 그 새들은 보호 종이어서 사냥하는 것은 법 위반이다.

Day 32

17 **fossil**
[fάsəl]

(먼 옛날에 살던 생물의 남아 있는 흔적): 명 화석

Tiger *fossils* two million years old have been found in China.

18 **biology**
[baiάlədʒi]

(생물을 연구하는 학문): 명 생물학

Biology is the study of living things, both plants and animals.

파생 biological [bàiəlάdʒikəl] 형 생물학(상)의
biologist [baiάlədʒist] 명 생물학자

어원 bio(life:생물) + logy(science:학문) → (생물을 연구하는) 학문 → 생물학

19 **evolution**
[èvəlú:ʃən]

(생물이 조금씩 발전해 가는 현상): 명 진화(론); 발전, 진전

The theory of *evolution* was quickly accepted by almost all of the younger scientists.

파생 evolve [ivάlv] 동 진화하다[시키다]
evolutionary [èvəlú:ʃənèri] 형 진화의, 진화(론)적인

어원 e(out:밖) + vol(roll:말다) → (말린 것이 밖으로) 펼쳐짐 → 진화; 발전, 진전

20 **nest**
[nest]

(새나 곤충의 집): 명 둥지, 보금자리 동 둥지를 짓다, 둥지에 들다

The bird flew back to the *nest* and sat there.

21 **trap**
[træp]

(짐승을 잡기 위해 설치하거나 파놓은) 명 덫, 함정 동 덫으로 잡다

The hunter set a *trap* and caught the tiger which had killed many villagers.

22 **prey**
[prei]

(다른 동물을 잡아먹는 동물의) 명 먹이 동 (~ on) ~을 잡아먹다

A cheetah can run extremely quickly to catch its *prey*.

17 이백만년 된 호랑이의 화석이 중국에서 발견되었다. 18 생물학은 생물체 식물, 동물 둘 다를 연구하는 학문이다. 19 진화론은 거의 모든 젊은 과학자들에 의해 빠르게 받아들여 졌다. 20 새는 둥지로 돌아가서 그곳에 앉았다. 21 사냥꾼은 많은 마을 사람을 죽인 호랑이를 덫을 놓아 잡았다. 22 치타는 먹이를 잡기 위해 엄청나게 빨리 달릴 수 있다.

23 **cage**

[keidʒ]

(동물을 가두는 쇠창살이 쳐진) 명 **우리, 새장** 동 **우리[새장]에 가두다**

I was scared to go near the tigers even though they were in their *cages*.

24 **beast**

[biːst]

(몸집이 크고 사납고 포악한) 명 **(네발) 짐승**

Fantastic *beasts* such as dragons and unicorns are common in legend.

25 **livestock**

[láivstak]

(소·돼지·닭 등 사람이 기르는) 명 **가축**

Lions are dangerous animals that kill people and *livestock*.

어원 live(살다) + stock(가축) → (집에서 사는) **가축**

26 **dinosaur**

[dáinəsɔ̀ːr]

(멸종한 거대한 파충류): 명 **공룡**

Dinosaurs died out about 65 million years ago.

어원 dino(fearful:무서운) + saur(lizard:도마뱀) → (무서운) 도마뱀 → **공룡**

27 **insect**

[ínsekt]

(개미·나비·벌·파리 등과 같은) 명 **곤충**

The larger, brighter, sweeter flowers attract more *insects*.

어원 in(안) + sect(cut:자르다) → (안으로 잘려진 듯한 마디로 이루어진) **곤충**

28 **tame**

[teim]

(짐승이 사람에게 익숙하도록) 형 **길들여진** 동 **길들이다**

The bird became so *tame* that it refused to return to the wild.

23 호랑이들이 우리에 있어지만 나는 그들 근처에 가기가 두려웠다. **24** 용과 유니콘과 같은 환상의 짐승은 전설에서는 흔하다. **25** 사자는 사람들과 가축을 죽이는 위험한 동물이다. **26** 공룡은 약 6천5백만 년 전에 멸종했다. **27** 더 크고, 더 밝고, 더 달콤한 꽃은 더 많은 곤충을 끌어들인다. **28** 그 새는 너무 길들여져서 야생으로 돌아가기를 거부했다.

Day 32

29 **dairy**
[déəri]

(가축의 젖으로 우유·치즈 등을 만드는) 형 낙농(업)의, 유제품의 명 우유 가공소

Dairy products such as milk and cheese supply calcium as well as protein.

30 **plant**
[plænt]

1. (풀·꽃·나무와 같은) 명 식물 동 (식물·씨앗을) 심다
2. (대규모의 기계·설비를 갖춘) 명 (제조) 공장, 생산 설비

The *plant* has a beautiful bright yellow flower.
The assembly *plant* produces 500 passenger cars a day.

어원 1. 심다 → (공장에 심어 놓은) 기계·설비·건물 → 2. (제조) 공장

31 **weed**
[wi:d]

(농작물에 해가 되는) 명 잡초 동 잡초를 뽑다

He spent the afternoon pulling up the *weeds* in the flowerbeds.

32 **stem**
[stem]

(식물의 중심이 되는 대): 명 (식물) 줄기

The *stem* of the flower is thick, straight and tall.

33 **trunk**
[trʌŋk]

1. (나무의 중심을 이루는) 명 (나무) 줄기; (사람의) 몸통
2. (상자 모양의) 명 큰 여행용 가방; (자동차) 트렁크

He was leaning against the *trunk* of a large oak tree.
There is not a spare tire in the *trunk* of the car.

34 **branch**
[bræntʃ]

1. (나무의 원줄기에서 뻗어나간) 명 나뭇가지 동 갈라지다, 나뉘다
2. (본사나 본부의 아래의 조직): 명 지사, 지부

He shook the *branches* so that the fruit fell down.
The bank has over 500 *branches* all over the world.

어원 1. 나뭇가지 → (본사·본부에서 나뭇가지처럼 뻗어나간) 2. 지사, 지부

29 우유와 치즈 같은 유제품은 단백질뿐만 아니라 칼슘도 공급한다. **30** 그 식물은 아름다운 밝은 노란색 꽃이 핀다. / 그 조립 공장은 하루에 500대의 승용차를 생산한다. **31** 그는 오후를 화단의 잡초를 뽑으면서 보냈다. **32** 그 꽃의 줄기는 두껍고 곧고, 키가 크다. **33** 그는 커다란 오크나무 줄기에 기대고 있었다. / 그 차의 트렁크에는 스페어타이어가 없다. **34** 그는 과일이 떨어지도록 나뭇가지를 흔들었다. / 그 은행은 전세계에 500개가 넘는 지사를 가지고 있다.

35 **seed**
[si:d]

(열매 속의) 명 씨, 씨앗, 종자

This small *seed* will grow into a tall tree with many fruits.

36 **agriculture**
[ǽgrəkʌltʃər]

(작물 재배, 가축 사육 등의 활동): 명 농업

Agriculture is still the main industry in the north of the county.

파생 agricultural [æ̀grikʌ́ltʃərəl] 형 농업의

어원 agri(field:밭) + culture(cultivation:경작) → (밭에서) 경작하는 일 → 농업

37 **cultivate**
[kʌ́ltəvèit]

1. (논밭을 갈아 농사를 짓다): 동 (땅을) 일구다, 경작하다, (작물을) 재배하다
2. (자질·품성·관계 등을 발전하도록) 동 기르다, 함양[계발]하다

In their fields they *cultivate* mainly barley, wheat and beans.
Try to *cultivate* a positive attitude and apply it to everything you do.

파생 cultivation [kʌ̀ltəvéiʃən] 명 경작; 함양, 계발

어원 cult(till:땅을 갈다) + ivate → 1. 경작하다 → (경작하듯 자질·품성을) 2. 기르다

38 **plow**
[plau]

(논밭을 가는 농기구): 명 쟁기 동 쟁기로 갈다

Because of dry weather the ground was too hard to *plow*.

39 **sow**
[sou]

(땅에) 동 씨를 뿌리다[심다]

Make sure you *sow* the seeds about 3 cm deep in the soil.

40 **ripe**
[raip]

(과일·곡물 등이 다 자라서) 형 익은, 여문

Don't pick those apples – they're not *ripe* yet.

파생 ripen [ráipən] 동 익다, 익히다

35 이 작은 씨앗은 많은 열매가 달린 큰 나무로 자랄 것이다. **36** 농업이 그 나라의 북부에서는 여전히 주요한 산업이다. **37** 그들은 밭에서 주로 보리와 밀, 콩을 재배한다. / 긍정적인 태도를 길러서 당신이 하는 모든 일에 그것을 적용하도록 해라. **38** 건조한 날씨 때문에 땅이 쟁기로 갈기에는 너무 단단했다. **39** 반드시 흙 속에 대략 3cm 깊이로 씨앗을 심으십시오. **40** 그 사과들은 따지 마세요. 아직 익지 않았습니다.

Day 32

[41] **crop**
[krap]

(거두어들인 곡식·채소·과일 등의) 명 (농)작물 동 (농작물이) 잘 되다

The main *crops* grown in the area are cotton, wheat and rice.

[42] **harvest**
[hɑ́:rvist]

(익은 농작물을 거두어들이는 일, 또는 그 시기): 명 수확[추수](기) 동 수확하다

The *harvest* was late this year because of the cold weather.

[43] **reap**
[ri:p]

(익은 농작물을) 동 거두다, 거두어들이다, 수확하다

Bear in mind you *reap* what you sow, you receive what you give.

Daily Test

01 harvest
02 ripe
03 dairy
04 tame
05 insect
06 fog
07 chilly
08 plow
09 stem
10 plant
11 agriculture
12 branch
13 storm
14 freeze
15 creature
16 fossil
17 nest
18 drought
19 species
20 lightning
21 blow
22 evolution
23 prey
24 livestock
25 climate
26 reap
27 cage
28 dinosaur
29 cultivate
30 seed
31 trunk
32 weed
33 crop
34 sow
35 tropical
36 temperature
37 flood
38 melt
39 thunder
40 wildlife
41 biology
42 trap
43 beast

Answer Key ▷ 342

41 그 지역에서 경작되는 주요 작물은 목화와 밀, 쌀이다. **42** 올해는 수확은 추운 날씨 때문에 늦었다. **43** 뿌린 대로 거둔다는 것을 명심하세요. 당신은 당신이 준 만큼 받게 됩니다.

Day 33 물질·에너지

matter & energy

≫ 테마 기본 어휘	water · gas(기체) · air(공기) · bubble(거품) · steam(증기) · gold · silver · diamond · glass(유리) · net(망) · plastic · energy · oil(석유) · battery(배터리) · plug(플러그) · switch · light · sunshine(햇볕) · lamp(램프) · flashlight(손전등) · candle(양초) · shadow(그림자) · fire · burn(타다) · smoke

01 **stuff**
[stʌf]

1. (대상(들)을 구체적인 이름 대신): 명 **것(들), 물건, 일**
2. (가방·상자이나 작은 공간에) 동 **(빽빽이) 채워 넣다, 쑤셔 넣다** [with]

I can't attend the party because I have too much *stuff* to do.
His backpack was *stuffed* with dirty clothes.

어원 1. 물건 → (물건을 빈틈없이) 2. 채워 넣다

02 **item**
[áitəm]

(가짓수가 여럿인 품목·목록·세트 중) 명 **(하나의) 물품, 항목, (낱낱의) 사항**

If the *item* does not fit, you can exchange it for a different size.

파생 itemize [áitəmàiz] 동 항목별로 적다, 항목별로 나누다

03 **material**
[mətíəriəl]

1. (물건을 만드는 데 들어가는) 명 **재료, 소재; (옷의) 감[천]**
2. (정신적인 것에 대비하여) 형 **물질의, 물질적인**

Wood and stone are the oldest building *materials* known to mankind.
True love is more valuable than any *material* wealth.

파생 materialize [mətíəriəlàiz] 동 구체화[실현]되다

어원 mater(matter:물질) + ial → 2. 물질의 → (바탕이 되는) 물질 → 1. 재료

01 나는 할 일이 너무 많아서 그 파티에 참석할 수 없다. / 그의 배낭은 더러운 옷들로 채워져 있었다. 02 그 물품이 맞지 않으며 다른 치수로 교환할 수 있습니다. 03 나무와 돌은 인류에 알려진 가장 오래된 건축 자재이다. / 진정한 사랑은 어떤 물질적인 부유함보다 더 소중하다.

04 **object**

명 [ɑ́bdʒikt]
동 [əbdʒékt]

1. (보거나 만질 수 있는 일정한) 명 **(형체를 가진) 물체, 물건**
2. (의도하고 있거나 바라는 결과): 명 **목적, 목표**
3. (옳지 않은 것에 대해) 동 **반대하다, 이의를 제기하다** [to]

To avoid injury to the back, avoid lifting heavy *objects*.
The *object* of this game is to score as many goals as possible in the time allowed.
They *objected* to the proposal because of the costs involved.

파생 objection [əbdʒékʃən] 명 반대

어원 ob(against:대항) + ject(throw:던지다) ─ (앞에 던져져) 맞대하고 있는 대상 → 1. 물체
─ (던져서 맞추고자 하는) 2. 목표
─ (대항하여) 던지다 → 3. 반대하다

05 **matter**

[mǽtər]

1. (이 세상의 자연계를 이루고 있는) 명 **(마음 · 정신이 아닌) 물질**
2. (생각 · 논의 · 해결해야 할) 명 **일, 문제, 사건**
3. (무엇이 누구에게) 동 **중요하다, 문제가 되다,**

Solid, liquid and gas are the three states of *matter*.
The *matter* will be discussed again at the next meeting.
Don't waste your time on things that don't *matter*.

06 **substance**

[sʌ́bstəns]

(고유한 성질을 가진): 명 **(특정한) 물질; (바탕을 이루는) 실체, 본질**

Even small amounts of these *substances* can be dangerous for children.
As a matter of fact, there is no *substance* to that rumor.

어원 sub(under) + sta(stand) → (아래에) 서 있는 것 → (바탕을 이루는) 2. 실체, 본질 → 1. 물질

07 **chemical**

[kémikəl]

(물질의 성질 · 구조 · 반응 등과 관련된): 형 **화학의** 명 **화학 물질**

Always be careful when handling *chemicals* like ammonia.

파생 chemistry [kéməstri] 명 화학
chemist [kémist] 명 화학자

어원 chemic(alchemy:연금술) + al → (비금속으로 귀금속을 제조하는) 연금술의 → 화학의

04 허리 부상을 피하려면 무거운 물건을 드는 것을 피하라. / 이 게임의 목적은 주어진 시간에 가능한 많은 골을 득점하는 것이다. / 그들은 수반되는 비용 때문에 그 제안에 반대했다. **05** 고체와 액체, 기체는 물질의 세가지 상태이다. / 그 문제는 다음 회의에서 다시 논의될 것이다. / 중요하지 않은 일에 시간을 허비하지 마세요. **06** 이 물질들의 적은 양 조차도 아이들에게 위험할 수 있다. / 사실, 그 소문에는 실체가 없다. **07** 암모니아와 같은 화학 물질을 다룰 때는 항상 조심해라.

08 **solid**

[sɑ́lid]

1. (일정한 모양과 부피를 가진) 명 고체 형 고체의, 단단한
2. (속이 빈 데가 없이) 형 속이 꽉 찬, 견고한; 확실한

Water changes from *solid* to liquid at 0°C and from liquid to gas at 100°C.
It was frozen *solid* as a rock and hard to cut.

파생 solidity [səlídəti] 명 견고함, 탄탄함; 확실함

어원 라틴어 solidus(단단한)에서 유래 → (단단한) 것 → 1. 고체 → (고체처럼) 2. 속이 꽉 찬

09 **liquid**

[líkwid]

(부피는 있으나 일정한 모양이 없는) 명 액체

Get a lot of rest and drink plenty of *liquids*.

파생 liquidity [likwídəti] 명 액체 상태

어원 liqu(be fluid:유동적이다) + id → (일정한 모양이 없이) 유동적인 것 → 액체

10 **fluid**

[flú:id]

(액체·기체 등 흐르는 성질이 있는) 명 유동(체) 형 유동적인

In hot weather, drink plenty of *fluids* especially if you're walking.

파생 fluidity [flu:ídəti] 명 유동성

어원 flu(flow:흐르다) + id → (흐르는) 물체 → 유동체

11 **boil**

[bɔil]

(액체가 뜨거워져) 동 끓다, 끓이다; (끓는 물에) 삶다 명 비등(점), 삶기

When the water is *boiling*, add the spaghetti and stir well.

12 **flow**

[flou]

(액체·기체·전류 등이) 동 흐르다 명 흐름

The river *flows* through southern France to the sea.

08 물은 섭씨 0도에서 고체에서 액체로 섭씨 100도에서 액체에서 기체로 변한다. / 그것은 바위처럼 딱딱하게 얼어서 자르기가 힘들었다. **09** 많은 휴식을 취하고 물 종류를 많이 마시십시오. **10** 더운 날씨에 특히 걸을 때는 물 같은 것을 충분히 마시십시오. **11** 물이 끓을 때 스파게티를 넣고 잘 저으세요. **12** 그 강은 남부 프랑스를 거쳐서 바다로 흐른다.

13 **pour**
[pɔːr]

(그릇을 기울여 액체 등을) 동 붓다, 따르다; (비가) 퍼붓다

She *poured* some wine into a glass and handed it to him.

14 **spill**
[spil]

(용기에 담긴 액체를 실수로) 동 엎지르다, 엎질러지다 명 엎지름

Oh, my god! I've *spilled* coffee all over my new suit.

15 **absorb**
[æbsɔ́ːrb]

(외부에 있는 것을 내부로) 동 흡수하다, 빨아들이다

Plants *absorb* water from the soil through their roots.

파생 absorption [æbsɔ́ːrpʃən] 명 흡수

어원 ab(from:분리) + sorb(suck in:빨아들이다) → (어디에서 분리하여) 빨아들이다

16 **drain**
[drein]

(담기거나 고인 물·액체를 밖으로) 동 빼내다, 빠지다 명 배수(구)

They *drained* the pool and filled it with fresh water.

17 **leak**
[liːk]

1. (기체나 액체가 밖으로) 동 새다 새게 하다 명 새는 곳, 누출
2. (비밀 정보가 외부로) 동 누설되다[하다] 명 (비밀의) 누설

The explosion was caused by a gas *leak* from an underground pipe.
Details of the plan were *leaked* to the press.

18 **wet**
[wet]

(물기가 배어들어) 형 젖은 동 적시다

Take an umbrella with you, or you may get *wet*.

19 **dry**
[drai]

(물기가 없이) 형 마른, 건조한; 비가 오지 않는 동 마르다, 말리다

Take off your wet clothes and *dry* them on the radiator.

13 그녀는 와인을 잔에 따라서 그에게 건네주었다. 14 이런, 맙소사! 새 양복에 온통 커피를 엎질렀구먼. 15 식물은 뿌리를 통해 흙에서 물을 흡수한다. 16 그들은 수영장의 물을 빼내고 새로운 물로 채웠다. 17 폭발은 지하 파이프의 가스 누출로 인해 일어났다. / 계획의 구체적인 사항이 언론에 누설되었다. 18 우산을 가지고 가십시오, 안 그러면 젖을지 모릅니다. 19 젖은 옷을 벗어서 라디에이터 위에다 말리세요.

[20] **iron**

[áiərn]

1. (은백색의 금속): 명 **철, 쇠**
2. (옷·천의 구김을 펴는) 명 **다리미** 동 **다리미질을 하다**

All the windows have *iron* bars across them.
He himself washes and *irons* his shirts once a week.

파생 ironing [áiərniŋ] 명 다림질

[21] **wood**

[wud]

1. (건축·가구·연료 등의 재료로 쓰이는) 명 **나무, 재목**
2. (사람이 사는 곳 가까이에 있는) 명 **(작은) 숲**

These houses are made of *wood*, not concrete.
He went for a walk in the *woods* alone after breakfast.

파생 wooden [wúdn] 형 나무의, 나무로 만든

[22] **stick**

[stik]

1. (가늘고 기다란 모양의) 명 **나무토막, 나뭇가지, 막대기**
2. (풀 등의 끈끈한 물질로) 동 **붙이다, 붙다**
3. (뾰족한 끝을) 동 **찌르다, 찔리다, 꽂다, 꽂히다**

The campers collected dry *sticks* to start a fire.
She *stuck* a stamp on the envelope and dropped it into a mailbox.
It hurt when the nurse *stuck* a needle in my left arm.

파생 sticky [stíki] 형 끈적거리는

어원 1. 막대기 → (막대기로) 2. 찌르다, 꽂다 → (꽂아서) 3. 붙이다

[23] **post**

[poust]

1. (땅에 박아 세운) 명 **기둥, 말뚝, 푯말**
2. (편지·소포 등의): 명 **우편(물)** 동 **우편으로 보내다**
3. (글·사진 등을 여러 사람이 보게) 동 **게시[고시]하다**

The men dug holes and set the fence *posts*.
If you give us your address, we will send the documents to you by *post*.
Updated information will be *posted* on our website.

파생 postal [póustl] 형 우편의

어원 1. 기둥 → (기둥 위에) 3. 게시[고시]하다

20 모든 창문에는 그것들을 가로지르는 쇠창살이 있다. / 그는 자신이 직접 일주일에 한번 셔츠를 빨래해서 다림질한다. **21** 이 집들은 콘크리트가 아니라 목재로 지어졌다. / 아침식사 후 그는 혼자 숲 속에 산책하러 갔다. / **22** 야영객들은 불을 피울 마른 나뭇가지들을 주워 모았다. / 그녀는 봉투에 우표를 붙이고 우편함에 넣었다. / 간호사가 주사바늘을 내 왼팔에 찔렀을 때 아팠다. **23** 그 남자들은 구멍을 파고 울타리 기둥을 박았다. / 우리에게 주소를 주시면 서류를 우편으로 보내드리겠습니다. / 최신 정보는 우리의 웹사이트에 게시될 것이다.

24 board
[bɔ:rd]

1. (나무를 판판하고 넓게 켠) 명 **널빤지, 판자, ~판[반, 대]**
2. (회사·단체의 의사결정권을 가진) 명 **이사회, 위원회**
3. (배·비행기·열차·버스 등에) 동 **타다, 탑승[승선]하다**
4. (남의 집에서) 동 **하숙[기숙]하다; 학교 기숙사에 살다**

The school bulletin *board* was covered with messages.
The plan was formally approved by the *board* of directors.
Flight BA 901 to Boston is now *boarding* at Gate 15.
She *boarded* at school and saw her parents only on weekends.

어원 1. 널빤지(board) ─ 회의탁자(널빤지)에서 하는 회의 → 2. 이사회
─ 배의 갑판(널빤지)에 오르다 → 3 승선하다
─ 식탁(널빤지)에 모여 함께 식사하다 → 4. 하숙[기숙]하다

25 force
[fɔ:rs]

1. (물체가 움직이거나 부딪칠 때의) 명 **힘**
2. (강압·위협·폭력으로 남을) 동 **억지로 ~시키다** 명 **물리력, 폭력**

The *force* of the explosion blew out the door and all the windows in the room.
You can't *force* children to study if they don't want to.

파생 forceful [fɔ́:rsfəl] 형 힘찬, 강력한

어원 1. 힘 → (힘을 써서) 2. 억지로 ~시키다

26 fuel
[fjú:əl]

(태워서 열·빛·동력 등을 얻을 수 있는) 명 **연료** 동 **연료를 공급하다**

If the fuel price increases, people will buy new cars that consume less *fuel*.

27 electricity
[ilektrísəti]

(빛·열·동력 등을 일으키는): 명 **전기, 전력**

The washing machine uses a lot of *electricity*.

파생 electrical [iléktrikəl] 형 전기의, 전기를 이용하는
electric [iléktrik] 형 (대개 명사 앞에서) 전기의

어원 electr(amber:호박) + ic → (호박을) 문지르면 정전기가 발생하는 데서 유래 → **전기**

24 학교 게시판은 메시지들로 덮여있었다. / 그 계획은 이사회에서 정식으로 승인되었다. / 보스턴행 BA 901편 항공기가 현재 15번 게이트에서 탑승 실시 중 있습니다. / 그녀는 학교 기숙사에서 살아서 주말에만 부모를 봤다. **25** 폭발의 힘은 방 안의 문과 모든 창문을 날려버렸다. / 원치 않는데 아이들을 억지로 공부하게 할 수는 없다. **26** 연료비가 올라가면 사람들은 연료를 덜 소모하는 새 차를 살 것이다. **27** 그 세탁기는 많은 전기를 소모한다.

28 **shine**

[ʃain]

(물체가 빛을 발하여) 동 빛나다, 반짝이다; (빛을 보내) 비추다

The sun was *shining*, there was no wind and the sky was blue.

파생 shiny [ʃáini] 형 빛나는

29 **flash**

[flæʃ]

(순간적으로 강렬하게) 동 번쩍 비치다[비추다] 명 번쩍임, 섬광

A *flash* of lightning made the room almost as bright as day.

30 **reflect**

[riflékt]

1. (빛·소리·열 등이 부딪쳐서) 동 반사되다[하다]; (거울 등이) 상을 비추다
2. (어떤 것이 다른 것의 모습·상태·상황을) 동 나타내다, 반영하다
3. (현재 상황이나 과거의 일을) 동 곰곰이 생각하다, 숙고하다

She looked at the full moon *reflected* in the water.
It is said that literature *reflects* the realities of life.
We need to take time to *reflect* on where we are and what our goals are.

파생 reflection [riflékʃən] 명 반사; 반영; 숙고

어원 re(back) + flect(bend:굽다) ┌ (방향이 뒤로) 굽어지다 → 1. 반사하다 2. 반영하다
└ (뒤로 구부려 과거 일을) 3. 숙고하다

31 **flame**

[fleim]

(타는 불에서 일어나는) 명 불꽃, 불길 동 타오르다

The building was already in *flames* when firefighters arrived.

32 **bright**

[brait]

1. (빛이나 색깔이) 형 밝은, 선명한; (표정 등이) 밝은
2. (특히 어린아이나 젊은 사람이) 형 영리한, 똑똑한

The *brightest* star in the sky is a star called Sirius.
She is the *brightest* student in the class.

파생 brighten [bráitn] 동 밝아지다, 빛나다, 밝게[빛나게] 하다

어원 1. 밝은 → (머리가) 밝은 → 2. 영리한

28 태양이 빛나고 바람은 없고 하늘은 푸르렀다. 29 번개의 번쩍임이 방을 낮과 같이 밝게 만들었다. 30 그녀는 물에 비친 보름달을 바라보았다. / 문학은 삶의 현실을 반영한다고 한다. / 우리는 우리가 어디에 있고 우리의 목표가 무엇인지 깊이 생각할 시간을 가질 필요가 있다. 31 소방관들이 도착했을 때 건물은 이미 화염 속에 있었다. 32 하늘에서 가장 밝은 별은 시리우스라고 불리는 별이다. / 그녀는 반에서 가장 똑똑한 학생이다.

33 **brilliant**

[bríljənt]

1. (빛이나 색채가) 형 **(눈부실 정도로) 아주 밝은, 선명한**

2. (총기·재기가 빛이 날 정도로) 형 **매우 명석한, 재기가 넘치는**

The woman was dressed in *brilliant* white, as white as snow.
She is a *brilliant* student, the best in the school.

파생 brilliance [bríljəns] 명 광휘, 광채; 뛰어난 재기

어원 brill(shine:빛나다) + iant → (빛이 나서) 1. 아주 밝은 → (빛이 날 정도로) 2. 매우 명석한

Day 33

34 **ray**

[rei]

(가느다란 한 줄기의) 명 **빛, 광선**

It was like a *ray* of sunshine in the darkness of night.

Daily Test

01 flash	18 dry
02 shine	19 stick
03 electricity	20 force
04 item	21 stuff
05 matter	22 post
06 bright	23 fuel
07 reflect	24 brilliant
08 ray	25 flame
09 boil	26 object
10 solid	27 material
11 spill	28 substance
12 leak	29 liquid
13 iron	30 flow
14 chemical	31 absorb
15 drain	32 wet
16 pour	33 wood
17 fluid	34 board

Answer Key ▷ 342

33 그 여자는 눈만큼 하얀 선명한 흰색 옷을 입고 있었다. / 그녀는 학교에서 최고인 명석한 학생이다. **34** 그것은 밤의 어둠 속의 한 줄기 빛과 같았다.

Day 34

사물의 모양·특성 I

shape & characteristic I

≫ 테마 기본 어휘	form(형상, 형태) · design · format(형식) · pattern(패턴) · cross(십자가, 교차하다) · circle(원) · round(둥근) · line · sign(기호, 간판) · mark(표시, 도안, 자국) · symbol(심볼) · signal(시그널, 신호) · code(코드)

01 **square**
[skwεər]

1. (정확히 바른 네모꼴): 명 **정사각형** 형 **정사각형의**
2. (건물로 둘러싸인 넓은 빈터): 명 **광장**

A *square* has four equal sides and four right angles.
A great crowd filled the *square* and the nearby streets.

어원 1. **정사각형** → (주로 모양이 정사각형인) 2. **광장**

02 **block**
[blak]

1. (돌·나무·금속 등의) 명 **사각형 덩어리, 블록; (사각형의) 구획[건물 단지]**
2. (길·통로 등을 가로막아) 동 **막다, 차단하다** 명 **장애[방해](물)**

This pyramid is made up of more than two million stone *blocks*.
All roads into the city were *blocked* by the snow.

어원 1. **블록** → (길·통로를 블록으로) 2. **막다, 차단하다**

03 **shape**
[ʃeip]

(사물이 생긴) 명 **모양, 형태** 동 **~의 모양으로 만들다**

His birthday cake was in the *shape* of a piano.

04 **outline**
[au'tlai,n]

(사물의 대강의 모습·내용): 명 **윤곽, 개요** 동 **윤곽을 보여주다, 개요를 말하다**

He took a pencil and drew the *outline* of the building.

어원 out(밖) + line(선) → (사물의) 바깥쪽의 선 → **윤곽**

01 정사각형은 4개의 동일한 변과 4개의 직각을 가지고 있다. / 엄청난 군중이 광장과 근처의 거리를 채웠다. **02** 이 피라미드는 2백만 개 이상의 돌덩어리로 이루어져있다. / 도시로 들어가는 모든 도로들이 눈으로 인해 막혔다. **03** 그의 생일 케이크는 피아노 모양이었다. **04** 그는 연필을 집어 건물의 윤곽을 그렸다.

05 **appearance**
[əpíərəns]

1. (겉으로 드러나 보이는) 명 **외모, 외관**
2. (보이지 않던 것, 없던 것이) 명 **모습을 보임, 출현, 등장**

I didn't recognize him at first because his *appearance* had changed such a lot.
He made his first public *appearance* since leaving the White House.

파생 appear [əpíər] 동 나타나다; ~처럼 보이다

어원 appear(~처럼 보이다, 나타나다) + ance ┌ (보이는) 모습 → 1. 외모, 외관
└ 나타남 → 2. 출현, 등장

06 **row**
[rou]

1. (옆으로 죽 벌여 늘어선) 명 **열, 줄**
2. (노로) 동 **배를 젓다, 저어 가다** 명 **노젓기**

Our seats were in the very front *row* of the plane.
They *rowed* across the lake to the opposite shore.

07 **vertical**
[və́:rtikəl]

(지면·평면과 직각을 이룬) 형 **수직의** 명 **수직(선, 면)**

We climbed a hill which was so steep it was almost *vertical*.

어원 vertic(highest point:꼭대기) + al → (장대의 꼭대기가) 바로 머리 위에 있는 → **수직의**

08 **horizontal**
[hɔ̀:rəzɑ́ntl]

(지면·평면과 평형을 이룬) 형 **수평의** 명 **수평(선, 면)**

Draw a vertical line at the center of the *horizontal* line.

파생 horizon [həráizn] 명 지평[수평]선

어원 horizont(horizon:수평선) + al → (바다 위의 수평선과 같이) **수평의**

09 **surface**
[sə́:rfis]

(사물의 겉으로 드러난 면): 명 **표면, 지면, 수면** 동 **수면으로 올라오다**

Around 70% of the Earth's *surface* is covered with water.

어원 sur(above:위에) + face(얼굴) → (얼굴의) 윗면 → **표면**

05 그의 외모는 너무 많이 바뀌어서 나는 처음에는 그를 못 알아봤다. / 그는 백악관을 떠난 후 처음으로 대중 앞에 나타났다. **06** 우리의 좌석은 비행기 맨 앞 줄이었다. / 그들은 호수를 가로질러 반대편 기슭으로 노를 저어 갔다. **07** 우리는 너무 가팔라서 거의 수직인 언덕을 올라갔다. **08** 수평선 중앙에 수직을 그리십시오. **09** 지구 표면의 약 70%는 물로 덮혀있다.

10 **angle**

[ǽŋgl]

(벌어진 곳, 또는 벌어진 정도): 명 각, 각도

Now the Leaning Tower of Pisa leans at an *angle* of 3.97 degrees.

11 **track**

[træk]

1. (-s) (무엇이 지나간 후 남은 잇따른) 명 자국, 자취
2. (자국이 있는 길): 명 (기차의) 선로; (육상 등의) 경주로; 오솔길
3. (자취·행적 등을 쫓아서) 동 추적하다, 뒤쫓다

They walked following the wolf's *tracks* in the snow.
The hunters *tracked* bears with specially trained dogs.
The railroad *track* was damaged by the floods.

어원 원뜻: 끌다(draw)의 뜻에서 유래 ┌ (끌고 간) 1. 자국, 흔적 → (자국을 쫓아) 3. 뒤쫓다
└ (끌고 간) 자국이 남은 길 → 2. 선도; 경주로; 오솔길

12 **direct**

[dirékt]

1. (중간에 아무것도 없이) 형 직접의, 직행[직통]의 부 직접으로, 곧장
2. (책임자가 무엇을 하라고) 동 지시[명령, 지휘]하다

Is there a *direct* flight to New York next Tuesday?
The teacher *directed* the students to arrange their chairs in a circle.

파생 direction [dirékʃən] 명 (-s) 지시, 명령; (-s) 길 안내; 방향
⊖ indirect [ìndərékt] 형 곧지 않은, 우회하는; 간접적인

어원 di(떨어져) + rect(똑바로 가다) → (떨어진 곳으로) 똑바로 가는 → 1 직접의
+ rect(안내하다) → (안내하듯) 2 지시[지휘]하다

13 **flat**

[flæt]

(바닥이 높낮이의 차이 없이) 형 평평한, 고른; 납작한 부 평평하게

People once believed that the world was *flat*, but now we know that it is round.

파생 flatten [flǽtn] 동 평평해지다, 평평하게 하다

14 **bend**

[bend]

(한쪽으로 휘어지게) 동 구부리다, 구부러지다, 굽히다, 굽혀지다 명 굽은 곳

She dropped her pen, so she *bent* down to pick it up.

10 현재 피사의 탑은 3.97도의 각도로 기울어져 있다. 11 그들은 눈 속에 남아 있는 여우의 발자국을 따라 걸어갔다. / 사냥꾼들은 특별히 훈련받은 개들과 함께 곰들을 추적했다. / 철도 선로가 홍수로 훼손되었다. 12 다음 화요일에 뉴욕으로 가는 직항 비행편이 있습니까? / 선생님은 학생들에게 의자를 둥그렇게 배열하라고 지시했다. 13 한때는 사람들이 세상이 평평하다고 믿었으나 우리는 지금 그것이 둥글다는 것을 안다. 14 그녀는 펜을 떨어뜨려서 그것을 집으려고 몸을 구부렸다.

[15] **flexible**
[fléksəbl]

(상황에 따라 알맞게 변하는): 형 유연한, 신축성[융통성]이 있는

The company offers very *flexible* working hours.

파생 ⊖ inflexible [infléksəbl] 형 신축성[융통성]이 없는

어원 flex(bend:구부리다) + ible(할 수 있는) → 구부릴 수 있는 → 유연한, 신축성이 있는

[16] **steep**
[sti:p]

(기울어진 정도가 매우) 형 가파른, 비탈진, 급격한

This hill is very *steep*, so be careful you don't fall.

[17] **tender**
[téndər]

1. (고기 · 야채가 질기거나 딱딱하지 않고) 형 연한, 부드러운
2. (언행이 애정 표현을 하듯) 형 다정한

The beef was extremely *tender* and melted in my mouth.
His voice was *tender* and full of affection as he spoke to her.

어원 1. 연한, 부드러운 → (말이나 행동이) 부드러운 → 2. 다정한

[18] **rough**
[rʌf]

1. (겉면이 부드럽지 않고) 형 거칠거칠한, 거친
2. (성질 · 행동이 부드럽지 않고) 형 거친, 난폭한
3. (거의 비슷하나 정확하지는 않은): 형 대략[대강]의

Daddy's hands were *rough* from all the farm work.
Ice hockey is a very *rough* sport and fighting is part of the sport.
Could you give me a *rough* idea of how much it will cost?

어원 (겉면이) 1. 거친 ┬ (행동이) 2. 거친
└ (내용 · 수치가 고르지 않고) 거친 → 3. 대략의

[19] **stiff**
[stif]

(쉽게 구부러지거나 펴지지 않고) 형 뻣뻣한, 굳은

He was wearing a white *shirt* with a stiff collar.

15 그 회사는 탄력적인 근무 시간제를 시행한다. 16 이 언덕은 매우 가파르니 떨어지지 않도록 조심하십시오. 17 그 소고기는 엄청나게 연해서 내 입 속에서 녹았다. / 그가 그녀에게 말을 할 때 그의 목소리는 다정하고 애정으로 가득했다. 18 아버지의 손은 모든 농장 일을 하느라 거칠었다. / 아이스하키는 매우 거친 스포츠이며 싸움은 그 스포츠의 일부분이다. / 그것이 비용이 대략 얼마나 드는지 알려주시겠습니까? 19 그는 깃이 뻣뻣한 흰색 셔츠를 입고 있었다.

20 **firm**
[fəːrm]

1. (형체가 쉽게 변하지 않는): 형 **굳은, 단단한**
2. (토대 · 태도 · 신념 등이 흔들림 없이) 형 **확고[확실]한**
3. (2인 이상이 합자한 소규모) 명 **회사, 상사**

Doctors advise sleeping on a *firm* mattress to prevent backaches.
The government has not taken any *firm* decision on the matter.
He had an interview for a job with a law *firm*.

어원 (형체가) 1. **단단한** ─ (태도 · 신념이) 2. **확고한**
└ (사업을 위해 사람들이 단단히 뭉친) 3. **회사**

21 **dye**
[dai]

(천이나 머리 등을 다른 색깔로) 동 **염색하다** 명 **염료**

It's hard to guess her age because she *dyes* her hair.

22 **character**
[kǽriktər]

1. (다른 것과 구분 짓게 하는 고유한) 명 **성격, 기질, 특징**
2. (말의 기호 체계): 명 **문자**
3. (연극 · 영화 · 소설 등의) 명 **등장인물**

He has a strong *character* and definite opinions about things.
Every Chinese *character* has its own meaning.
In the movie, the main *character* is a scientist named Dr. Smith.

어원 charac(engrave:새기다) + ter ─ (사람 · 사물에 고유하게) 새겨진 것 → 1. **성격, 특징**
├ (새겨진) 기호 → 2. **문자**
└ (고유한 성격을 가진) 3. **등장인물**

23 **feature**
[fíːʧər]

1. (어떤 것의 눈에 띄는 부분): 명 **특징, 특색** 동 **특징을 이루다[으로 삼다]**
2. (얼굴의 여러 부분 중) 명 **(눈 · 코 · 입 등의) 한 부분, 이목구비(의 각 부분)**

The latest version of this software has several new *features*.
Her eyes are her most attractive *feature*, large and lovely.

어원 feat(make:만들다) + ure ─ (눈에 띄게) 만들어진 것 → 1. **특징, 특색**
└ (얼굴 위에) 만들어진 것 → 2. **눈, 코, 귀, 입**

20 의사들은 요통을 예방하려면 딱딱한 매트리스에서 잘 것을 조언하다. / 정부는 그 사안에 대하여 어떤 확실한 결정도 내리지 않았다. / 그는 한 법률사무소와 취업 면접을 했다. **21** 그녀는 머리를 염색하기 때문에 그녀의 나이를 짐작하기가 힘들다. **22** 그는 기질이 강하고 어떤 것에 대해서도 분명한 의견을 가지고 있다. / 모든 중국 문자는 그 자체가 의미를 가지고 있다. / 영화에서 주인공은 스미스 박사라는 이름의 과학자이다. **23** 이 소프트웨어의 최신 버전은 여러 가지 새로운 특징을 가지고 있다. / 그녀의 눈이 그녀의 얼굴에서 크고 사랑스러운 가장 매력적인 부분이었다.

24 **quality**

[kwɑ́ləti]

(사람·사물의 근본 성질): 명 **질, 자질, 품질**

The restaurant uses only the highest *quality* ingredients.

어원 qual(of what kind:어떤 종류의) + ty → (어떤 종류의) 성질인가? → **질, 품질**

25 **typical**

[típikəl]

(무엇의 특징을 가장 잘 나타내는): 형 **전형적인, 대표적인**

This painting is a *typical* example of his early work.

어원 type(종류) + ic → (어떤 종류의) 특징이 잘 나타나는 → **전형적인, 대표적인**

26 **state**

[steit]

1. (사물·현상이 처한 있는 그대로의) 명 **상태**
2. (정부가 있는 조직): 명 **국가; (미국 행정 구역) 주**
3. (무엇에 대해 정식으로) 동 **진술하다, 분명히 말하다**

He was in a *state* of shock after his friend's death.

Germany is one of the European Union member *states*.

The reasons for this are clearly *stated* in the report of the committee.

파생 statement [stéitmənt] 명 **진술(서), 성명(서)**

어원 원뜻: stand(서다)의 뜻에서 유래
- 무엇이 서 있는(처한) 1. **상태**
- (정부가 서 있는) 2. **국가, 주**
- (공식석상에 서서) 정식으로 말하다 → 3. **진술하다**

27 **standard**

[stéitmənt]

(따라야 할 본보기가 되는) 명 **기준, 표준, 규범** 형 **일반적인, 보통의**

The device doesn't meet safety *standards*.

파생 standardize [stǽndərdàiz] 동 **표준화[규격화]하다**

어원 stand(서다) + ard(hard:단단한) → (본보기로) 단단히 서 있는 것 → **기준, 표준**

28 **outstanding**

[au,tstæ'ndiŋ]

(다른 것과 비교하여) 형 **(눈에 띄게) 뛰어난, 걸출한**

The area is well known for its *outstanding* natural beauty.

어원 out(밖) + stand(서다) → (드러나게) 밖으로 쑥 나와서 서있는 → **걸출한**

24 그 레스토랑은 최고급 품질의 재료만을 사용한다. 25 이 그림은 그의 초기 작품의 전형적인 예이다. 26 친구가 죽은 후 그는 충격을 받은 상태이었다. / 독일은 유럽 연합 회원국들 중 하나이다. / 이것에 대한 이유는 위원회의 보고서에 분명히 서술되어 있다. 27 그 장치는 안전 기준에 맞지 않는다. 28 그 지역은 뛰어난 자연의 아름다움으로 잘 알려져 있다.

29 **pleasant**
[plézənt]

(무엇이 만족감 · 즐거움 · 기쁨을 주는): 형 유쾌한, 기분이 좋은

Drinking a cup of hot coffee is one of the most *pleasant* things in life.

파생 unpleasant [ənple'zənt] 형 불쾌한, 싫은

어원 please(기쁘게 하다) + ant → 기쁨을 주는 → 유쾌한, 기분이 좋은

30 **terrific**
[tərífik]

(깜짝 놀랄 만큼) 형 훌륭한, 아주 멋진, 굉장한

He has done a *terrific* job. I couldn't be more proud of him.

어원 terri(frighten:놀라게 만들다) + fic → (놀랄 정도로) 훌륭한, 아주 멋진

31 **severe**
[sivíər]

1. (나쁜 일의 상태 · 정도가) 형 (극도로) 심각한, 격심한
2. (기준 · 원칙에 가혹할 정도로) 형 엄한, 엄격한, 모진, 가혹한

The earthquake caused *severe* damage to numerous wooden houses.

There are *severe* penalties for not obeying the rules.

어원 se(without:없이) + vere(kindness:친절함) → (친절함이) 없는 → 1.심각한 2. 엄한

32 **superior**
[səpíəriər]

(비교 대상보다) 형 더 나은[뛰어난], 상급[상관]의 [to]

She seems to think she's *superior* to me, just because she's been university.

어원 super(above:위에) + ior(비교급) → (보다) 위에 있는 → 더 나은[뛰어난]

33 **inferior**
[infíəriər]

(비교 대상보다) 형 더 나쁜[못한], 열등한, 하급[하위]의 [to]

She always felt *inferior* to her sister who did things faster and better.

어원 infer(below:아래에) + ior(비교급) → (보다) 아래에 있는 → 더 나쁜[못한]

29 뜨거운 커피 한잔을 마시는 것은 인생의 가장 기분 좋은 일 중의 하나이다. **30** 그는 일을 훌륭하게 해냈다. 나는 그가 자랑스럽기 그지없다. **31** 지진은 수많은 목재 건물에 심각한 피해를 입혔다. / 규칙을 준수하지 않는 것에 대해서는 엄한 처벌이 있다. **32** 그녀는 단지 대학교를 다닌다는 이유로 나보다 더 뛰어나다고 생각하는 것 같다. **33** 그녀는 일을 더 빨리 더 잘하는 언니에게 항상 열등감을 느꼈다.

[34] **ideal**
[aidíːəl]

(가장 완전한 상태): 명 **이상, 이상적인 것[사람] 형 이상적인**

In an *ideal* world there would be no war, only peace.

파생 idealistic [aidìːəlístik] 형 이상주의(자)의

어원 idea(생각) + al → (생각 속에서만) 존재하는 것 → **이상적인 것**

[35] **advantage**
[ædvǽntidʒ]

(남들에 비해 상대적으로) 명 **유리한 점, 이점, 강점**

This has several *advantages* over the other two types.

파생 advantageous [ædvəntéidʒəs] 형 유리한, 이로운
⊖ disadvantage [dìsədvǽntidʒ] 명 불리

어원 adv(from:~부터) + ant(before:앞) → 남들보다(~로부터) 앞서는 것 → **유리한 점**

Daily Test

01 pleasant
02 outstanding
03 standard
04 block
05 appearance
06 superior
07 terrific
08 ideal
09 track
10 horizontal
11 bend
12 tender
13 firm
14 vertical
15 steep
16 flat
17 angle
18 stiff
19 character
20 typical
21 square
22 feature
23 state
24 advantage
25 inferior
26 severe
27 outline
28 shape
29 row
30 surface
31 direct
32 flexible
33 rough
34 dye
35 quality

Answer Key ▷ 342

34 이상적인 세상에서는 전쟁이 없고 오직 평화만이 있을 것이다. **35** 이것은 다른 두 가지 종류에 비해 여러 가지 강점이 있다.

Day 35

사물의 모양·특성 II

shape & characteristic II

≫ 테마 기본 어휘	pretty(예쁜) · cute(예쁜) · handsome · beautiful · ugly(못생긴) · straight(곧은, 똑바른) · direct(곧장 가는, 직접의) · soft · smooth(매끄러운) · sharp(날카로운) · hard(단단한) · color · light(밝은) · dark · condition(상태) · good · nice · well · fine · great · excellent(뛰어난) · bad · poor · terrible(끔찍한) · serious(심각한) perfect(완벽한) · strong · weak · difficult(어려운) · easy · simple(단순한) · basic(기초의) · important · main(주된) · need · depend(의존하다)

01 **benefit** [bénəfit]

(어떤 대상으로부터 얻는) 명 **혜택, 이익** 동 **이익을 얻다[주다]**

New technology has brought many *benefits* to our lives.

파생 beneficial [bènəfíʃəl] 형 유익한, 이로운

어원 bene(good:좋은) + fit(do:하다) → (이롭게) 해 주는 것 → **이익, 혜택**

02 **improve** [imprú:v]

(고쳐서 이전보다 더 좋게) 동 **개선하다[되다]**

We are always looking for ways to *improve* our products and services.

파생 improvement [imprú:vmənt] 명 개선

어원 im(make) + prove(profit:이득) → (이득이 되게) 만들다 → **개선하다**

03 **enhance** [inhǽns]

(현재의 좋은 질·가치·능력 등을 더욱) 동 **향상시키다, 높이다**

This is a good opportunity to *enhance* the company's reputation.

파생 enhancement [inhǽnsmənt] 명 향상

어원 en(강조) + hance(high:높은) → (더) 높이다 → **향상시키다**

01 새로운 기술은 우리의 생활에 많은 혜택을 가져다 주었다. **02** 우리는 우리의 제품과 서비스를 개선할 방법을 항상 찾고 있습니다. **03** 이것은 회사의 명성을 높일 수 있는 좋은 기회이다.

04 **enrich**
[inrítʃ]

(새로운 것을 추가하여) 동 **질을 높이다, 풍부하게 하다; 부유하게 하다**

Our lives are *enriched* by education. Our future depends upon it.

파생 enrichment [inrítʃmənt] 명 풍부[부유]하게 하기

어원 en(make) + rich(부유한, 풍부한) → 부유[풍부]하게 하다

05 **reform**
[rifɔ́ːrm]

(정치·사회·제도 등을 완전히 새롭게) 동 **개혁[혁신]하다** 명 **개혁**

The government has begun to take steps to *reform* the education system.

어원 re(again) + form(형태) → (형태를) 다시 바꾸다 → 개혁하다

06 **profound**
[prəfáund]

(지식·사상·통찰력 등이 지적으로) 형 **깊이가 있는, 심오한; 엄청난**

He had *profound* insights into the nature of life and existence.

어원 pro(forth:앞으로) + found(bottom:바닥) → (바닥을 향해) 앞으로 가는 → 깊은, 심오한

07 **intense**
[inténs]

(기세·기운·감정 등이 매우 강하고 센): 형 **강렬한, 극심한, 치열한**

We must introduce new products in order to survive *intense* competition.

파생 intensity [inténsəti] 명 강렬함, 세기, 강도

어원 in(toward:방향) + tend(stretch:뻗다) → (기세·감정 등이) ~ 쪽으로 힘껏 뻗쳐있는 → 강렬한

08 **fragile**
[frǽdʒəl]

(사물이 튼튼하지 않아) 형 **부서지기[손상되기] 쉬운, 취약한**

Crystal vases are very beautiful but *fragile*.

어원 frag(break:부서지다) + ile → 부서지기 쉬운

04 우리의 삶은 교육에 의해 풍요로워진다. 우리의 미래는 그것에 달려있다. **05** 정부는 교육 제도를 개혁하기 위해 조치를 취하기 시작했다. **06** 그는 삶과 존재의 본질에 대한 깊은 통찰력을 가지고 있었다. **07** 우리는 치열한 경쟁에서 살아남기 위해서는 새로운 제품을 도입해야 한다. **08** 크리스털 꽃병은 매우 아름답지만 쉽게 깨진다.

09 **delicate**
[délikət]

(약하거나 예민해서 조심스럽게 취급해야 하는): 형 섬세한, 정교한, 연약한

She has very *delicate* skin that's easily damaged.

파생 delicacy [délikəsi] 명 섬세함, 정교함, 연약함

10 **complex**
형 [kəmpléks]
명 [kάmpleks]

1. (여러 가지가 겹치고 뒤얽혀) 형 복잡한 명 복합체
2. (떨치지 못하는 욕망 · 공포 · 열등감) 명 강박관념, 콤플렉스

For every *complex* problem there is a simple solution.
He is only 160cm tall, and has a *complex* about his height.

파생 complexity [kəmpléksəti] 명 복잡함

어원 com(with) + plex(weave:엮다) ┌ (서로) 엮여있는 → 1. 복잡한
└ (어떤 대상에) 엮여있는 생각 → 2. 강박관념

11 **complicate**
[kάmpləkèit]

(일 · 문제 · 상황 등을) 동 복잡하게[뒤얽히게] 만들다

Don't *complicate* the situation by adding your own poor judgment to it.

파생 complicated [kάmpləkèitid] 형 복잡한

어원 com(together) + plic(fold:접다) → (마구 꼬이게) 한꺼번에 접다 → 복잡하게 만들다

12 **plain**
[plein]

1. (꾸미거나 더해진 것이 없이) 형 소박[수수]한, 꾸미지 않은; 평범한
2. (복잡 · 난해하지 않고 단순 · 평이해서) 형 분명한, 명료한
3. (넓고 평평한 들판): 명 평원, 평지

The interior of the house was *plain* and simple, but elegant.
The results were *plain* to see for all those with eyes to see.
The *plains* spread north and south as far as the eye could reach.

어원 평평한 땅(level ground) → 3. 평원 ┌ (굴곡이 없이 단순해서) 1. 소박한, 평범한
└ (막힌 데가 없어서) 2. 분명한

09 그녀는 쉽게 손상되는 매우 연약한 피부를 갖고 있다. **10** 모든 복잡한 문제에는 간단한 해결법이 있다. / 그는 키가 160cm 밖에 되지 않아서 키에 대한 콤플렉스가 있다. **11** 당신 자신의 잘못된 판단을 그것에 더함으로써 상황을 복잡하게 하지 마십시오. **12** 그 집의 내부는 꾸밈없고 간소했으나 우아했다. / 볼 수 있는 눈이 있는 모든 사람들에게는 그 결과는 분명히 알 수 있었다. / 그 평원은 남북으로 끝이 보이지 않게 펼쳐져 있다.

13 **elementary**

[èləméntəri]

(배워는 과정에서 그 처음 단계인): 형 **초보[초등, 입문]의**

This book is too difficult for *elementary* students to read and understand.

어원 element(기본, 요소) + ary → 기본적인 것인 → **초보[초등, 입문]의**

14 **value**

[vǽlju:]

(사물의 값어치 · 유용성 · 중요성): 명 **가치**

Since 2001, the U.S. dollar has been steadily decreasing in *value*.

파생 valuable [vǽljuəbl] 형 소중[귀중]한, 가치가 큰

15 **worth**

[wə:rθ]

(값어치나 유용성 면에서) 형 **~의 가치가 있는, ~할 가치가 있는** 명 **가치**

The diamond ring is *worth* two million dollars.

파생 worthy [wə́:rði] 형 (~을 받을) 가치[자격]가 있는

16 **desirable**

[dizáiərəbl]

(좋게 여길 만한 가치가 있는): 형 **바람직한, 호감이 가는**

It is *desirable* that the candidate should have a high level of fluency in English.

파생 ⊖ undesirable [əˌndizaiˈrəbəl] 형 바람직하지 않은

어원 desire(바라다) + able → (바랄 만한) 가치가 있는 → **바람직한**

17 **deserve**

[dizə́:rv]

(어떤 대상이 마땅히) 동 **~을 받을[당할] 만하다, ~할 가치[자격]가 있다**

You *deserve* a good rest after a long day at work.

어원 de(강조) + serve(알맞다) → (~에 꼭 알맞게) 들어맞다 → **~을 받을[당할] 만하다**

18 **precious**

[préʃəs]

(매우 귀하고 가치가 큰): 형 **귀중한, 값어치 있는**

Your health is more *precious* than anything in this world.

어원 preci(price:값) + ous → (값어치가) 매우 큰 → **귀중한**

13 이 책은 초등학생이 읽고 이해하기에는 너무 어렵다. 14 2001년 이후 미국 달러는 가치가 지속적으로 하락해왔다. 15 그 다이아몬드 반지는 이백만 달러의 가치가 있다. 16 후보자는 영어를 매우 유창하게 할 수 있어야 바람직하다. 17 직장에서 긴 하루를 보냈으니 당신은 푹 쉴 자격이 있습니다. 18 당신의 건강은 이 세상의 어떤 것보다 더 소중하다.

[19] **evaluate**

[ivǽljuèit]

(무엇의 좋고 나쁨을) 동 **평가하다**

We need to *evaluate* how well our products are meeting customer needs.

파생 evaluation [ivæljuéiʃən] 명 평가

어원 e(out:밖) + value(가치) → (가치를) 밖으로 이끌어 내다 → **평가하다**

[20] **grade**

[greid]

1. (정도·수준에 따라 나눈) 명 **등급** 동 **등급을 정하다[매기다]**
2. (일 년 단위의 학습 과정의 구분): 명 **학년**
3. (학생의 학업·시험의 결과): 명 **성적**

Eggs are *graded* according to size, color and freshness.

My son is in the fifth *grade* and my daughter in the third *grade*.

He studied hard and got good *grades*, all through high school.

어원 원뜻: 걸음(step) ┬ (걸음마다의) 단계 → 1. 등급 2. 학년
└ (학업 성취의) 등급 → 3. 성적

[21] **require**

[rikwáiər]

1. (need의 격식 차린 말): 동 **필요하다, 필요로 하다** (= need)
2. (법·규칙에 따라 무엇을 하기를) 동 **요구[요청]하다**

These days, many jobs *require* basic computer skills.

Some private schools *require* their students to wear uniforms.

파생 requirement [rikwáiərmənt] 명 필요한 것, 요구되는 것

어원 re(repeatedly:거듭) + quire(seek:구하다) → (거듭) 구하다 → 1. **필요로 하다** 2. **요구하다**

[22] **necessary**

[nésəsèri]

(어떤 일을 하는 데) 형 **필요한** 명 (-s) **필수품들**

This document contains all the necessary information about the project.

파생 necessity [nəsésəti] 명 필요(성)

어원 ne(not) + cess(withdraw:물러나다) → (물러설 수 없이 꼭) **필요한**

19 우리는 제품이 얼마나 잘 고객의 요구를 충족시키는 지를 평가할 필요가 있다. 20 계란은 크기와 색깔, 신선도에 따라 등급이 매겨진다. / 내 아들은 5학년이고 내 딸은 3학년이다. / 그는 고등학교 내내 열심히 공부를 해서 좋은 성적을 받았다. 21 요즘에는 많은 직업들이 기본적인 컴퓨터 기술을 필요로 한다. / 일부 사립 학교는 학생들에게 교복을 입을 것을 요구한다. 22 이 문서는 프로젝트와 관련된 모든 필요한 정보를 담고 있다.

23 **desperate**
[déspərət]

(상황이 너무 절박해서) 형 **필사적인, 몹시 필요로 하는; 될 대로 되라는 식의**

Millions of people are living in poverty and in *desperate* need of help.

어원 desper(despair:절망) + ate → (절망적일 정도로) **필사적인; 될 대로 되라는 식의**

24 **urgent**
[ə́:rdʒənt]

(사정이 지체할 겨를이 없이) 형 **긴급한, 다급한**

I'm sorry to interrupt, but there's an *urgent* phone call for you.

파생 urgency [ə́:rdʒənsi] 명 긴급

어원 urge(재촉하다) + ent → (상황이) 재촉하는 → **긴급한**

Day 35

25 **rely**
[rilái]

1. (~ on) (자신의 생계·문제 등을 남에게) 동 **의존[의지]하다**
2. (~ on) (무엇이 기대한 바대로 일 것임을) 동 **믿다, 신뢰하다**

He can't take care of himself. He *relies* entirely on his mother.
I can't *rely* on my car any longer - it keeps breaking down.

파생 reliable [riláiəbl] 형 신뢰할 수 있는

어원 re(강조) +ly(bind:결속시키다) ┌ (강하게 결속되어 있어서) 2. **신뢰하다**
└ (신뢰할 수 있어서) 1. **의존하다**

26 **essential**
[isénʃəl]

(무엇의 근본을 이루고 있어서) 형 **필수적인, 본질적인** 명 (-s) **필수적인 것**

Computers have become an *essential* part of modern life.

파생 essence [ésns] 명 본질, 정수

어원 essence(본질) + al → (본질과 관련된 것이어서) **필수적인**

27 **vital**
[váitl]

(생명이 달려있을 만큼) 형 **절대 필요한, 필수적인; 생명 유지에 필수적인**

Effective communication is *vital* in a large organization.

어원 vit(life:생명) + al → (생명과) 관련된 → **절대 필요한**

23 수백만 명의 사람들이 빈곤 속에서 도움을 절실히 필요로 하며 살고 있다. **24** 방해해서 미안합니다만, 당신에게 급한 전화가 와 있습니다. **25** 그는 스스로를 돌볼 수 없다. 그는 엄마에게 완전히 의지하고 있다. / 나는 내차 더 이상 신뢰할 수가 없다. 계속해서 고장이 난다. **26** 컴퓨터는 현대 사회의 필수적인 부분이 되었다. **27** 효과적인 의사 소통은 큰 조직에서는 필수적이다.

28 fundamental

[fʌndəméntl]

(사물의 바탕이 되는 것과 관련된):: 형 근본[본질]적인 명 (-s) 근본

There's a *fundamental* difference between joy and happiness.

어원 fund(bottom:바닥) + ment → (바닥을) 이루는 → 근본적인

29 significant

[signífikənt]

(의미가 특별하거나 미치는 영향이 커서) 형 중요한, 의미 있는, 현저한

Since then, there have been *significant* developments in computer technology.

파생 significance [signífikəns] 명 중요성, 의의
⊖ insignificant [ìnsignífikənt] 형 대수롭지 않은

어원 signify(의미하다) + cant → (의미하는 바가 커서) 중요한, 의미 있는

30 primary

[práimeri]

(중요성이 가장 큰): 형 주된, 제일의; (순서 · 단계상) 첫 번째의

The *primary* purpose of insurance is the spreading of risks.

어원 prim(first:첫째의) + ary → 제일의, 주된

31 chief

[tʃiːf]

(계급 · 직급 · 중요도가 가장 높거나 큰): 형 최고위자인; 주된 명 (조직의) 장

He has been appointed *Chief* Executive Officer of the company.

32 major

[méidʒər]

1. (크기 · 중요성 등이 상대적으로 더) 형 큰 쪽의, 대다수의, 주요한
2. (전문적으로 학습 · 연구하는) 명 전공 과목 동 (~ in) ~을 전공하다

Air pollution is a *major* problem in modern society.
She decided to *major* in history because she liked history in high school.

파생 majority [mədʒɔ́ːrəti] 명 (대)다수, 과반수

어원 maj(great) + or(비교급) → greater ┌ 1. 큰 쪽의, 대다수의
└ (더 중요한) 과목 → 2. 전공 과목

28 기쁨과 행복 사이에는 근본적인 차이가 있다. 29 그때 이후로 컴퓨터 기술에 현저한 발전이 있었다. 30 보험의 주된 목적은 위험의 분산이다. 31 그는 그 회사의 최고 경영자로 임명되었다. 32 대기 오염은 현대 사회의 주요한 문제이다. / 그녀는 고등학교에서 역사를 좋아했기 때문에 역사를 전공하기로 결정했다.

[33] **priority**

[praiɔ́:rəti]

(중요도나 ·권리 행사 등에서 가장 앞서는) 명 우선 사항, 우선권

Our first *priority* is to provide jobs for our young people.

파생 prioritize [praiɔ́:rətàiz] 동 우선 순위를 매기다

어원 pri(before:앞) + or(비교급) → (더) 앞서는 것 → 우선 사항

[34] **minor**

[máinər]

(크기· 중요성 등이 상대적으로 더) 형 작은 쪽의, 중요하지 않은, 가벼운

It's a *minor* problem, nothing to get worried about.

파생 minority [minɔ́:rəti] 명 소수

어원 min(small:작은) + or(비교급) → smaller → 작은 쪽의, 가벼운

Day 35

Daily Test

01 significant
02 fundamental
03 vital
04 improve
05 reform
06 major
07 primary
08 minor
09 complicate
10 fragile
11 value
12 deserve
13 grade
14 intense
15 desirable
16 elementary
17 complex
18 evaluate
19 necessary
20 rely
21 benefit
22 desperate
23 essential
24 priority
25 chief
26 enrich
27 enhance
28 profound
29 delicate
30 plain
31 worth
32 precious
33 require
34 urgent

Answer Key ▷ 342

33 우리의 최우선 사항은 젊은 사람들에게 일자리를 제공하는 것이다. **34** 이것은 중요하지 않은 문제이어서 아무것도 걱정할 것이 없다.

Day 36

수량·크기·비교 I

amount, size & comparison I

≫ 테마 기본 어휘	number · plus(플러스) · minus(마이너스) · half(반) · only · once · double(두 배의, 이중의) · both (둘[양쪽] 다(의)) · either((둘 중) 어느 한쪽(의)) · neither(어느 쪽도 ~아니다[않다])

01 **single**
[síŋgl]

1. (개수·인원수·횟수 등이) 형 **단 하나인, 1인[회]용의** 명 **단일, 한 개[사람]**
2. (아직 결혼하지 않고 홀몸인): 형 **미혼[독신]의** 명 **미혼[독신]자**

We didn't say a *single* word to each other all the way back home.
To avoid the stress of family life, she has decided to remain *single*.

어원 1. 단 하나인 → (결혼하지 않아서) 혼자인 → 2. 미혼의

02 **individual**
[ìndəvídʒuəl]

(사람이나 물건 하나하나의): 형 **개인의, 각각[개개]의** 명 **개인**

Democratic societies respect *individual* freedom of choice.

파생 individuality [ìndəvìdʒuǽləti] 명 개성, 특성

어원 in(not) + divid(divide:나누다) → (더 이상) 나누어지지 않는 → 1. 개인의; 2. 각각의

03 **twice**
[twais]

(반복되는 횟수가) 부 **두 번, 2회**

I had to change buses *twice* to get from my home to the university.

04 **dual**
[djú:əl]

(두 개의 부분이나 요소로 이루어진): 형 **둘의, 이중의**

He has *dual* nationality, of France and Spain.

---

01 우리는 집으로 돌아오는 길에 서로 단 한마디도 하지 않았다. / 그녀는 가족 생활의 스트레스를 피하기 위해 독신으로 지내기로 결심했다. 02 민주적인 사회는 개인의 선택의 자유를 존중한다. 03 나는 집에서 그 대학교로 가려면 버스를 두 번 갈아타야 했다. 04 그는 프랑스와 스페인의 이중 국적자이다.

05 **couple**
[kʌpl]

1. (같은 종류로 둘): 명 둘, 두 명[개, 마리] 형 두어 명[개]의, 몇 명[개]의
2. (친밀한 한 쌍의 남녀): 명 부부, 연인, 커플

There were a *couple* of men waiting for him in the lobby.
After a few months the *couple* decided to get married.

어원 1. 둘 → (남녀 둘이 한 쌍인) 2. 부부, 연인 커플

06 **pair**
[pɛər]

(같은 종류 2개가 짝을 이루는) 명 한 쌍[켤레, 벌] 동 둘씩 짝을 짓다

She opened the drawer and took out a *pair* of socks.

07 **triple**
[trípl]

(무엇을 세 번 합치거나 겹쳐 놓은): 형 세 배의, 3중의, 3종류의, 3부로 된 명 세 배 부 세 개[부분](으)로, 3중으로 동 세 배로 되다[만들다]

China's population is about *triple* that of the United States.

어원 tri(three:셋) + ple (fold:접다) → (세 번을) 접은 → 3배

08 **quarter**
[kwɔ́:rtər]

(넷으로 똑같이 나눈): 명 4분의 1; 15분; 분기

I looked at my watch and it was a *quarter* to four.

파생 quarterly [kwɔ́:rtərli] 형 연 4회의 부 분기마다

어원 quart(fourth:네 번째의) + er → 4분의 1; 15분; 분기

09 **mathematics**
[mæθəmǽtiks]

(수량 및 도형의 성질을 연구하는) 명 수학 (= math)

She was no good at *mathematics* and did not like it.

파생 math [mæθ] 명 (mathematics의 구어): 수학
mathematical [mæθəmǽtikəl] 형 수학의

어원 mathemat(knowledge:지식) + ics → 지식(숫자)을 배우는 것 → 수학

05 로비에 그를 기다리는 두 명의 남자가 있었다. / 몇 달 후에 그 커플은 결혼을 하기로 결정했다. **06** 그녀는 서랍을 열고 양말 한 켤레를 꺼냈다. **07** 중국 인구는 미국 인구의 약 세배이다. **08** 시계를 보니 4시 15분 전이었다. **09** 그녀는 수학을 잘하지 못했고 좋아하지 않았다.

10 **figure**

[fígjər]

1. (0부터 9까지의 수): 명 **(아라비아) 숫자; (-s) (자료·통계의) 수치**
2. (선·면 등이 모여 꼴을 이룬) 명 **도형; (책 속의) 도표**
3. (사람이 겉으로 드러난 모양): 명 **사람의 모습, 몸매; (중요) 인물**
4. (~ out) (깊이 생각한 끝에) 동 **이해[해결]하다, 알아내다**

The amount should be written in both *figures* and words.

I could see a tall *figure* in a hat in the distance.

A pentagon is a five-sided *figure*, and a hexagon a six-sided figure.

I can't *figure* out how to use that computer program.

어원 원뜻: 형상(form)
- (수학적) 형상 → 1. 숫자, 수치
- (기하학적) 형상 → 2. 도형; 도표
- (사람의) 형상 → 3. 사람의 모습, 몸매; (중요) 인물
- (형상이) 머릿속으로 그려지다 → 4. 이해[해결]하다

11 **calculate**

[kǽlkjulèit]

(값을 구하기 위해 식을 연산하여) 동 **계산하다**

The cost of the project has been *calculated* at two million dollars.

파생 calculation [kælkjuléiʃən] 명 계산

어원 원뜻: 조약돌(pebble) → (로마시대에) 셈을 할 때 사용하던 조약돌에서 유래

12 **estimate**

[éstəmèit]

(정확한 계산 없이 대강) 동 **어림잡다, 추산하다** 명 **추산; 견적서**

The project will cost an *estimated* total of $500 million.

파생 estimation [èstəméiʃən] 명 (가치, 자질의) 판단[평가]

어원 estim(value:가치) + ate → (가치를) 어림잡다

13 **formula**

[fɔ́:rmjulə]

(수학적 원리·법칙을 문자·기호로 나타낸) 명 **공식, ~식; 방식**

This famous *formula* is used to calculate the area of a triangle.

파생 formulate [fɔ́:rmjulèit] 동 공식화하다

어원 form(형식) + ula(diminutive:작은) → (수학적 원리·법칙을) 작게 줄인 형식 → 공식

10 금액은 숫자와 문자 둘 다 써야 한다. / 나는 저 멀리에 모자를 쓴 키가 큰 사람의 모습을 볼 수 있었다. / 오각형은 5면체 도형이고 육각형은 6면체 도형이다. / 나는 저 컴퓨터 프로그램을 어떻게 사용하는 건지 알 수가 없다. 11 그 프로젝트의 비용은 2백만 달러로 계산되었다. 12 그 프로젝트 비용은 총 5억 달러가 들 것으로 추산된다. 13 이 유명한 공식은 삼각형의 면적을 계산하는 데 쓰인다.

14 **equation**

[ikwéiʒən]

(수학의) 명 방정식

What is the simplest way to solve this *equation*?

어원 equate(같게 하다) + ion → (좌변과 우변의 값을) 같게 하는 식 → **방적식**

15 **amount**

[əmáunt]

(따로 셀 수 없는 돈·시간·물 등의) 명 양, 액수 동 (~ to) 총계가 ~에 이르다

He lent me a considerable *amount* of money on the spot.

16 **quantity**

[kwάntəti]

(세거나 측정할 수 있는 사물의) 명 양, 수량, 분량

It is much cheaper to buy in large rather than in small *quantities*.

파생 quantitative [kwάntətèitiv] 형 양적인

어원 quant(how much:얼마) + ity → (수량이) 얼마만큼인지의 정도 → **양, 수량, 분량**

17 **total**

[tóutl]

1. (전체를 한데 모아 모두 합한) 명 총계, 합계 형 전체의, 총계의, 총~ 동 합계를 내다, 합계가 ~이 되다
2. (무엇의 전체이거나 최대인) 형 완전한, 전적인

They made an error in calculating the *total* amount for the project.

어원 tot(all:모든) + al → (모든 것의) 1. **총계** → (모든 것을) 포함하는 → 2. **완전한, 전적인**

18 **sum**

[sʌm]

(두 개 이상의) 명 (수의) 합, 합계; (돈의) 액수, 금액

This is such a large *sum* of money that few people can imagine the value.

19 **average**

[ǽvəridʒ]

(몇 개의 수의 중간의 값): 명 평균, 형 평균의 동 평균 내다, 평균하면 ~이다

Americans spend an *average* of six hours per week shopping.

14 이 방정식을 푸는 가장 간단한 방법은 무엇입니까? **15** 그는 상당한 액수의 돈을 즉석에서 내게 빌려주었다. **16** 소량보다는 대량으로 구입하는 것이 훨씬 싸다. **17** 그들은 프로젝트 총 액수의 계산 착오를 범했다. **18** 이것은 너무 큰 액수이어서 그 가치를 상상할 수 있는 사람은 거의 없다. **19** 미국인들은 일주일에 평균 6시간을 쇼핑하는 데 시간을 보낸다.

20 **medium**

[mí:diəm]

1. (크기 · 정도 · 등급 등이 가운데쯤인): 형 **중간의** 명 **중간**
2. (중간에서 무엇을 전달 · 표현하는) 명 **수단, 방법, 매개(물), 매체**

What size shirt do you wear - small, *medium* or large?
Email is a highly effective *medium* of communication.

어원 medi(middle:중간) + um → 1. 중간의 → (중간에서 이어주는) 2. 매개(물), 매체

21 **intermediate**

[ìntərmí:diət]

(장소 · 상태 · 정도 등의 두 점의) 형 **중간의; (수준이) 중급의** 명 **중급자**

This is a course for *intermediate* students of English.

어원 inter(between:사이) + medi(in the middle:가운데에) → (사이의) 가운데에 → 중간의

22 **modest**

[mɑ́dist]

1. (크기 · 수량 · 가격 등이) 형 **(그다지) 크지[많지, 비싸지] 않은, 보통의**
2. (자신을 내세우지 않고) 형 **겸손한**

Despite all these facilities, we charge a relatively *modest* fee.
She was very *modest* about winning and said that she had simply been lucky.

파생 modesty [mɑ́dəsti] 명 적당함, 수수함; 겸손

어원 mod (measure:척도) + est → 일정한 기준(척도)을 유지하는 → 1. 겸손한, 2. 보통의

23 **numerous**

[njú:mərəs]

(셀 수 있는 사물의) 형 **(수가) 매우 많은, 다수의**

In addition, there are *numerous* other benefits.

어원 numer(number:수) + ous → (수가) 매우 많은

24 **exceed**

[iksí:d]

(특정 수량이나 허용 한도를) 동 **넘다, 초과하다**

Slow down, you are *exceeding* the speed limit.

파생 excess [iksés] 명 초과량[액], 과잉 형 초과한

어원 ex(beyond:넘어서) + ceed(go:가다) → (넘어서) 가다 → 초과하다

20 어떤 사이즈의 셔츠를 입으십니까 - 대, 중, 소? / 이메일은 매우 효과적인 통신 수단이다. **21** 이것은 중급 영어 학생들을 위한 과정이다. **22** 이 모든 시설에도 불구하고 우리는 비교적 적당한 요금을 부과합니다. / 그녀는 이긴 것에 대해 매우 겸손해서 단지 운이 좋았다고 말했다. **23** 게다가 많은 다른 혜택이 있다. **24** 속도를 줄이세요. 제한 속도를 초과하고 있어요.

25 **mere**

[miər]

(크거나 중요하지 않고) 형 **단지 ~에 불과한, 겨우 ~의**

He won the presidential election by a *mere* few hundred votes.

26 **maximum**

[mǽksəməm]

(일정한 조건·한도 내에서) 형 **최대[최고]의** 명 **최대한, 최대량[수]**

The car has a *maximum* speed of 260 kilometers per hour.

파생 maximize [mǽksəmàiz] 동 최대화하다

어원 maxim(greatest) + um → (가장) 큰 → **최대한**

27 **minimum**

[mínəməm]

(일정한 조건·한도 내에서) 형 **최저의, 최소한의** 명 **최소한, 최저(치)**

The government has decided to increase the *minimum* wage.

파생 minimize [mínəmàiz] 동 최소화하다

어원 minim(smallest) + um → (가장) 작은 → **최소한도**

28 **sufficient**

[səfíʃənt]

(필요를 충족시키기에) 형 **충분한**

A few hours will not suffice; we need *sufficient* time to discuss it.

파생 ⊖ insufficient [ìnsəfíʃənt] 형 불충분한

어원 suf(up to:~까지) + fic(make:만들다) → (일정한 기준까지) 만들어져 채워진 → **충분한**

29 **plenty**

[plénti]

(~ of) (필요한 양 이상으로 넉넉히) 명 **많음, 충분한 양** 부 **많이**

Why are you in such a hurry? We have *plenty* of time.

파생 plentiful [pléntifəl] 형 풍부한

어원 plen(full:가득한) + ty → (가득할 만큼) **많음, 충분한 양**

25 그는 겨우 몇 백표의 차이로 대통령 선거에서 승리했다. **26** 그 차는 최고 시속이 260킬로미터이다. **27** 정부는 최저 임금을 인상하기로 결정했다. **28** 몇 시간으로는 충분하지 않다. 우리는 그것을 논의할 충분한 시간이 필요하다. **29** 왜 그렇게 서두르세요. 시간은 충분합니다.

30 **abundant**
[əbʌndənt]

(아주 많아서 남을 만큼) 형 풍부[풍족]한

The country is *abundant* in natural recourses, especially minerals.

파생 abundance [əbʌndəns] 명 풍부, 풍족

어원 ab(off:벗어나) + und(wave:물결) → (물이 흘러 넘칠 정도로) 풍부한

31 **lack**
[læk]

(필요한 것이 없거나 모자라는 상태): 명 부족, 결핍 동 부족하다, 결핍되다

In my opinion he *lacks* the necessary skills for the job.

32 **proportion**
[prəpɔ́:rʃən]

1. (기준 수량에 대한 어떤 값의 비): 명 비율
2. (사물과 사물, 전체와 부분 간의 적절한) 명 균형

In the city, a large *proportion* of old people live alone in their apartments.

The head in the portrait seems to be out of *proportion* with the body.

파생 proportional [prəpɔ́:rʃənl] 형 비례하는; 균형이 잡힌

어원 pro(for:~에 대한) + port(part:부분) ┌ (전체나 다른 것에 대한 한 부분의) 1. 비율
└ (비율이 바람직한 상태): 2. 균형

33 **rate**
[reit]

1. (일정 기간 동안 일의) 명 (발생 횟수의) 비율, 율
2. (일정 기간 동안 일의) 명 (진행 · 변화 · 반복) 속도
3. (일정한 기준에 따라 산정된) 명 요금, -료, 요율
4. (가치 · 품질 · 등급 등을 특정 수준으로) 동 평가하다[되다]

The crime *rate* in the city has risen to three times the national average.

The disease is spreading to other areas at a rapid *rate*.

Hotel *rates* are higher at the seashore in the summer than in the winter.

Google is currently *rated* as the top search engine.

어원 원뜻: reckon(계산하다) ┌ (횟수 · 빠르기 · 금액을 계산한) 1. 비율 2. 속도 3. 요금
└ (가치를) 계산하다 → 4. 평가하다

30 그 나라는 천연자원이 특히 광물이 풍부하다. **31** 내 의견으로는 그는 그 일에 필요한 기술이 부족합니다. **32** 도시에서는 높은 비율의 노인들이 그들의 아파트에서 혼자 산다. / 초상화 속의 머리가 몸에 비해 균형이 안 맞는 것처럼 보인다. **33** 그 도시의 범죄율은 전국 평균의 3배까지 올라갔다. / 병은 다른 지역으로 빠른 속도로 퍼지고 있다. / 바닷가에서는 호텔 요금이 겨울보다 여름이 더 높다. / 구글은 현재 최고의 검색 엔진으로 평가되고 있다.

[34] **increase**

[inkríːs]

(수량·크기·정도 등이): 동 증가하다[시키다], 늘다, 늘리다 명 증가, 증대

They achieved their goal of *increasing* sales by ten percent.

어원 in(강조) + crease(grow:자라다) → (크게) 자라다 → 증가하다

[35] **multiply**

[mʌ́ltəplài]

(수학에서) 동 곱하다, 곱셈하다; (크게) 증가하다[시키다]

If you *multiply* 245 by 530, you get 129,850.

파생 multiplication [mʌ̀ltəplikéiʃən] 명 곱셈; 증가

어원 multi(many times:여러 번) + ply(fold:배) → (여러 번) 배가 되게 하다 → 곱하다

Day 36

Daily Test

01 plenty
02 sufficient
03 minimum
04 individual
05 couple
06 proportion
07 abundant
08 increase
09 calculate
10 quarter
11 equation
12 total
13 medium
14 triple
15 quantity
16 formula
17 figure
18 average
19 modest
20 mere
21 single
22 numerous
23 maximum
24 multiply
25 rate
26 lack
27 dual
28 twice
29 pair
30 mathematics
31 estimate
32 amount
33 sum
34 intermediate
35 exceed

Answer Key ▷ 342

34 그들은 판매를 10% 늘리는 목표를 달성했다. **35** 245에 530을 곱하면 129,850을 얻는다.

Day 37 수량·크기·비교 II

amount, size & comparison II

≫ 테마 기본 어휘	count(세다) · altogether(모두 합쳐) · percentage(백분율) · lot(많음) · many · much · more · most · some · any · few · little · several(몇 개[명]의) · none(아무[하나]도 ~않다[없다]) · less(더 적은) · least (가장 적은) · just(단지) · enough(충분한) · another(또 하나) · size · area(면적) · big · large · small · little · long · short · brief(간단한) · high · low · wide · narrow · deep · heavy · light(가벼운)

01 **swell**
[swel]

(몸·사물의 일부가 볼록하게) 통 **붓다, 부풀다; (크게) 증가[팽창]하다[시키다]**
명 **(특히 몸의) 불룩한 부분; 증가, 팽창**

Her ankle was beginning to *swell* and she could no longer dance.

02 **decrease**
[dikrí:s]

(수량·크기·정도 등이) 통 **감소하다[시키다], 줄다, 줄이다** 명 **감소, 하락**

National average house prices *decreased* by 0.5% in September.

어원 de(down:아래로) + crease(grow:자라다) → (아래로) 자라다 → **감소하다**

03 **decline**
[dikláin]

1. (수량·가치·품질 등이) 통 **(지속적으로) 줄어들다, 감소[축소]되다** 명 **감소, 축소**
2. (예의를 갖추어) 통 **(정중하게) 거절하다**

The rate of population growth has gradually *declined* since then.
They invited her to dinner, but she politely *declined*.

어원 de(down:아래로) + cline(bend:굽다) ┌ (아래로) 굽다 → **1. 감소하다**
└ (머리를 아래로 굽혀 정중하게) **2. 거절하다**

01 발목이 붓기 시작해서 그녀는 더 이상 춤을 출 수가 없었다. **02** 전국 평균 주택 가격이 9월에 0.5% 하락했다. **03** 인구 성장률은 그때 이후로 서서히 줄어들었다. / 그들은 그녀를 저녁 식사에 초대했지만 그녀는 공손하게 거절했다.

04 **reduce**

[ridjúːs]

(타동사로, 작거나 적어지게) 동 **(의도적으로) 줄이다, 축소하다, 낮추다**

He went on a diet to lose weight and *reduce* his waist size.

파생 reduction [ridʌ́kʃən] 명 축소, 감소, 인하

어원 re(back:뒤) + duce(lead:이끌다) → (뒤로 가도록) 이끌다 → **줄이다**

05 **add**

[æd]

(더 늘어나거나 많아지게) 동 **더하다, 추가[첨가]하다** [to]

A 10% service charge will be *added* to your bill.

파생 addition [ədíʃən] 명 추가
additional [ədíʃənl] 형 추가의

06 **extra**

[ékstrə]

(정상·기준·필요 수량을 넘는): 형부 **추가의[로], 가외의[로]** 명 **추가되는 것**

Your order will be delivered to you at no *extra* cost.

07 **spare**

[spɛər]

1. (미리 준비해 놓거나 쓰지 않고 남은): 형 **예비[여분]의** 명 **예비[비상용]품**
동 **아끼다, 아껴서 안 쓰다**
2. (남에게 돈·시간 등을) 동 **내주다, 할애하다**

He spent his *spare* time reading books and magazines.
Could you possibly *spare* me a few minutes later this afternoon?

어원 1. **예비의** → (예비로 남겨놓은 것을 남에게) 2. **내주다, 할애하다**

08 **besides**

[bisáidz]

(언급한 것에 추가하여): 전 **~외에[밖에](도)** 부 **더하여, 그 밖에**

Besides basketball, he also plays badminton and tennis.

어원 beside(옆에) + s → (옆에) 추가하여 → **게다가**

04 그는 체중을 줄이고 허리 사이즈를 줄이기 위해 다이어트를 시작했다. 05 10%의 봉사료가 계산서에 추가됩니다. 06 주문품은 추가 비용 없이 배달됩니다. 07 그는 여가 시간을 책과 잡지를 읽으면서 보냈다. / 오늘 오후 늦게 제게 몇 분만 시간을 내주기겠습니까? 08 농구 이외에 그는 또한 배드민턴과 테니스를 친다.

09 **furthermore**
[fə́ːrðərmɔ̀ːr]

(언급한 것에 더 중요한 것을 추가하여): 부 게다가, 더욱이

The location is outstanding and, *furthermore*, the rent is reasonable.

어원 further(그 이상으로) + more(더) → (그 이상으로) 더 → **게다가, 더욱이**

10 **subtract**
[səbtrǽkt]

(어떤 수에서 다른 수를) 동 빼다 [from]

If you *subtract* 90 from 150, you get 60.

파생 subtraction [səbtrǽkʃən] 명 빼기, 뺄셈

어원 sub(from under:아래에서) + tract(pull:당기다) → (아래에서 위로 잡아당겨서) **빼다**

11 **complement**
[kɑ́mpləmənt]

(부족한 점을 채워서) 동 보완하다 명 보완물

We *complemented* each other well, despite our differences.

파생 complementary [kɑ̀mpləméntəri] 형 상호 보완적인

어원 com(강조) + ple(fill:채우다) → (부족한 점을) 완전히 채우다 → **보완하다**

12 **volume**
[vɑ́ljuːm]

(물건의 공간 크기): 명 부피, 용량; (사물의) 양; (소리의) 음량

What is the *volume* of the container in cubic meters?

어원 volu(roll:말다) + me → (두루마리) 책 → (책의) **부피, 용량**

13 **scale**
[skeil]

1. (다른 것과의 상대적인 크기·범위): 명 규모
2. (물건의 무게를 다는) 명 저울; (측정기의) 눈금

Production or import on a large *scale* reduces cost.
Every morning she weighed herself on the *scale* in her bathroom.

어원 **원뜻: 계단(stairs)** ┌ (계단처럼 층이 진 눈금이 있는) **2. 저울; 눈금**
└ (저울로 잰) **1. 규모**

09 위치가 아주 좋고 게다가 집세가 적정하다. 10 150에서 90을 배면 60이 된다. 11 우리는 서로 다름에도 불구하고 서로를 잘 보완했다. 12 용기의 용적은 입방 미터로 얼마입니까? 13 대규모 생산이나 수입은 비용을 줄인다. / 매일 아침 그녀는 욕실에 있는 저울에 몸무게를 쟀다.

14 **considerable**

[kənsídərəbl]

(크기·수량·정도 등이 무시 못할 정도로) 형 **상당한, 꽤 많은**

He has spent a *considerable* amount of money on his new house.

파생 consider [kənsídər] 동 고려[배려]하다; 숙고하다; ~이라고 여기다

어원 consider(고려하다) + able → (크기가 고려해야 할 만큼) **상당한**

15 **huge**

[hju:dʒ]

(크기·양·정도 등이 몹시 큰): 형 **거대한, 막대한, 엄청난** (=enormous, vast)

These tiny microchips can hold *huge* amounts of information.

16 **enormous**

[inɔ́:rməs]

(크기·양·정도 등이 몹시 큰): 형 **거대한, 막대한, 엄청난** (= huge, vast)

They put an *enormous* amount of time and effort into this project.

어원 e(out:밖) + norm(기준) → (크기가) 기준 밖으로 벗어난 → **거대한**

17 **vast**

[væst]

(크기·양·정도 등이 몹시 큰): 형 **거대한, 막대한, 엄청난** (= huge, enormous)

Canada is *vast* and occupies 41% of the continent of North America.

18 **infinite**

[ínfənət]

(크기가 한계가 없는): 형 **무한한, 무한정의**

Many astronomers and physicists assume that the universe is *infinite*.

파생 ⊖ finite [fáinait] 형 유한의, 한정된

어원 in(not) + fin(end:끝) → (끝이) 없는 → **무한한**

Day 37

14 그는 상당한 금액의 돈을 새 집에 썼다. 15 이 작은 마이크로칩들은 엄청난 양의 정보를 저장할 수 있다. 16 그들은 엄청난 시간과 노력을 이 프로젝트에 들였다. 17 캐나다는 광대하고 북아메리카 대륙의 41%를 차지한다. 18 많은 천문학자들와 물리학자들은 우주가 무한하다고 추정한다.

[19] **slight**

[slait]

(양 · 정도 등이 얼마 안 되는): 형 조금[약간]의, 근소한

That day she was in bed with a headache and a *slight* fever.

[20] **compact**

[kəmpǽkt]

(공간적 효용성이 높게 작은): 형 소형의, 조밀한 동 빽빽이 채우다

The bathroom was *compact* but well-designed so that it did not feel small.

어원 com(together:함께) + pact(fasten:묶다) → (함께 묶여져) 꽉 들어찬

[21] **tiny**

[táini]

(크기나 양이) 형 아주 작은[적은], 조그마한

The nurse was holding a *tiny* baby in her arms.

[22] **brief**

[bri:f]

(불필요한 데가 없이) 형 (시간이) 짧은, (말 · 글이) 간단한 명 요점, 개요 동 요점을 보고하다

The following list gives a *brief* description of each book.

파생 briefing [brí:fiŋ] 명 브리핑

[23] **altitude**

[ǽltətjù:d]

(해수면에서 어떤 지점까지의 높이): 명 (해발) 고도

One feels difficulty in breathing at high *altitudes*.

어원 alti(high:높은) + tude → (해수면에서부터의) 높이

[24] **broad**

[brɔ:d]

(폭 · 공간 · 범위 등이) 형 넓은, 폭넓은, 광범위한

He was a very tall man with *broad* shoulders.

파생 broaden [brɔ́:dn] 동 넓어지다, 넓히다
breadth [bredθ] 명 폭, 너비, 폭넓음

19 그날 그녀는 두통과 미열로 침대 누워있었다. 20 욕실은 작았지만 잘 디자인이 되서 작다는 느낌이 들지 않았다. 21 간호사는 아주 작은 아기를 팔에 안고 있었다. 22 다음의 리스트는 각 책에 대해 간단한 설명을 하고 있다. 23 사람은 높은 고도에서 호흡에 곤란을 느낀다. 24 그는 떡 벌어진 어깨를 가진 매우 키가 큰 남자이었다.

25 **thick**

[θik]

(두께·밀도·농도 등이) 형 두꺼운, 빽빽한, 짙은, 진한

She sat quietly on the sofa, reading a *thick* book.

26 **thin**

[θin]

(두께·밀도·농도 등이) 형 얇은, 가느다란, 드문드문한, 묽은

He was wearing a *thin* jacket over a T-shirt.

27 **shallow**

[ʃǽlou]

(위에서 바닥까지의 길이가) 형 얕은, 얄팍한

The swimming pool is deep at this end but *shallow* at the other.

28 **weight**

[weit]

(무거운 정도): 명 무게, 체중

I want to lose *weight*, so I've started running.

파생 weigh [wei] 동 무게[체중]를 달다, 무게[체중]가 ~이다

29 **measure**

[méʒər]

(사물의 치수·길이·양 등을) 동 재다, 측정하다 명 (치수 등의) 단위

This room *measures* 6 meters wide by 10 meters long.

파생 measurement [méʒərmənt] 명 치수, 측량

30 **extend**

[iksténd]

1. (길이·기간·범위 등을) 동 (기준·계획보다) 더 늘리다, 연장[확대]하다
2. (팔이나 다리를 바깥쪽으로) 동 뻗다, 내밀다

They have agreed to *extend* the contract for another two years.
He *extended* his hand to shake hands with me.

파생 extension [iksténʃən] 명 연장, 확대, 확장

어원 ex(out) + tend(stretch:뻗다) ┌ (길이 등을 밖으로 뻗어) 1. 연장[확대]하다
└ (팔·다리를 밖으로) 2. 뻗다

25 그녀는 소파에 조용히 앉아 두꺼운 책을 읽고 있었다. 26 그는 티셔츠 위에 얇은 재킷을 입고 있었다. 27 그 수영장은 이쪽 끝은 깊고 다른 쪽 끝은 얕다. 28 나는 살을 빼기 위해 달리기를 시작했다. 29 이 방은 폭이 6미터, 길이가 10미터이다. 30 그들은 계약을 2년 더 연장하기로 합의했다. / 그는 나와 악수를 하려고 손을 내밀었다.

31 **expand**
[ikspǽnd]

(부피 · 크기 · 범위 등이) 통 (부풀려져) 팽창[확장, 확대]되다[시키다]

The company is hoping to expand their business abroad.

파생 expansion [ikspǽnʃən] 명 팽창, 확장

어원 ex(out:밖) + pand(spread:퍼지다) → (밖으로) 퍼지다 → 팽창하다

32 **magnify**
[mǽgnəfài]

(더 크게 보이도록) 통 (렌즈 · 현미경 등으로) 확대하다

The microscope can *magnify* objects up to one thousand times their actual size.

파생 magnification [mæ̀gnəfikéiʃən] 명 확대

어원 magni(great:큰) + fy(make:만들다) → (크게) 만들다 → 확대하다

33 **degree**
[digríː]

1. (사물의 양적 · 질적 분량 · 수준): 명 정도
2. (온도나 각도의 단위): 명 도
3. (학사 · 석사 · 박사 따위의) 명 학위

The job demands a high *degree* of skill and experience.
That evening the temperature dropped to minus 5 *degrees*.
My goal is to get a *degree* in law and become a lawyer.

어원 계단의 한 단(a step of a stair) → 단계
- (분량 · 수준의 단계) → 1. 정도
- (온도 · 각도의) 단계 → 2. 도
- (학문의) 단계 → 3. 학위

34 **level**
[lévəl]

(상대적인 높고 낮음의 정도): 명 수준

Unemployment has risen to its highest *level* in ten years.

35 **quite**
[kwait]

(보통 이상으로) 부 꽤, 상당히, 어느 정도 (= fairly)

He *quite* often goes to New York on business.

31 그 회사는 사업을 해외로 확장하고 싶어한다. **32** 그 현미경은 사물을 실제 크기의 천 배까지 확대할 수 있다. **33** 그 일은 고도의 기술과 경험을 요한다. / 그날 저녁 기온이 영하 5도로 떨어졌다. / 나의 목표는 법학 학위를 받고 변호사가 되는 것이다. **34** 실업이 10년 내에 가장 높은 수준으로 올랐다. **35** 그는 상당히 자주 뉴욕에 출장을 간다.

36 fairly
[fɛ́ərli]

1. (보통 이상으로) 부 **꽤, 상당히, 어느 정도** (= quite)
2. (차별·편견·사심 등이 없이) 부 **공정[공평]하게**

He has been in America for two years and speaks English *fairly* well.
Despite our differences, he always treated us very *fairly*.

파생 fair [fɛər] 형 상당한; 공정한; 쾌청한 명 박람회

37 indeed
[indí:d]

1. (문장 전체, very, 질문에 대한 대답 등을 강조하여) 부 **정말, 참으로**
2. (앞에 한 말에 확인·지지·강조하는 말을 덧붙여) 부 **사실, 실은**

Thank you very much *indeed* for inviting me to this meeting.
I don't mind at all. *Indeed*, I feel very grateful.

Day 37

Daily Test

01 measure	20 brief
02 weight	21 thick
03 shallow	22 swell
04 decrease	23 altitude
05 add	24 thin
06 magnify	25 indeed
07 extend	26 quite
08 fairly	27 degree
09 level	28 expand
10 complement	29 reduce
11 besides	30 decline
12 considerable	31 extra
13 vast	32 furthermore
14 compact	33 volume
15 spare	34 huge
16 enormous	35 infinite
17 scale	36 tiny
18 subtract	37 broad
19 slight	

Answer Key ▷ 342

36 그는 미국에 2년 동안 있었기 때문에 영어를 상당히 잘 한다. / 우리의 차이에도 불구하고 그는 우리를 항상 공정하게 대해 주었다. **37** 이 회의에 저를 초대해 주셔서 정말로 감사합니다. / 나는 전혀 개의치 않습니다. 사실 난 매우 고맙게 느낍니다.

Day 38 수량·크기·비교 III

amount, size & comparison III

≫ 테마 기본 어휘	very(매우) · even(~조차도) · though(~이지만) · although(~에도 불구하고) · but · however(그러나) · same like(~과 같은) · balance(균형) · harmony(조화) · different · other(다른) · another(다른) · else(그 밖의) · copy(복사) · special(특별한)

01 **extreme**
[ikstríːm]

(더할 수 없을 만큼 매우 심한): 형 **극도[극단]의, 극심한** 명 **극도, 극단**

One out of every four people in the region lives in *extreme* poverty.

파생 extremely [ikstríːmli] 부 극도로, 극히

어원 원뜻: 가장 바깥쪽의(outermost) → 극도[극단]의

02 **almost**
[ɔ́ːlmoust]

(전체에 매우 가까운 정도로): 부 **거의** (= nearly)

Today, *almost* every family in the country owns a car.

03 **nearly**
[níərli]

(전체에 매우 가까운 정도로): 부 **거의** (= almost)

Although he's *nearly* 80, he's actually in good physical condition.

04 **hardly**
[hɑ́ːrdli]

(전체에 가까울 정도로 부정하여): 부 **거의~아니다[없다]** (= seldom, barely)

He was so sleepy that he could *hardly* keep his eyes open.

01 그 지역의 4명 중 한 사람은 극도의 빈곤 속에서 산다. **02** 오늘날 그 나라의 거의 모든 가정은 자동차를 소유하고 있다. **03** 그는 거의 80세임에도 불구하고 실제로 건강상태가 아주 좋다. **04** 그는 너무 졸려서 눈을 거의 뜨고 있을 수가 없었다.

05 seldom
[séldəm]

(전체에 가까울 정도로 부정하여): 부 **거의~아니다[없다]** (= hardly, barely)

Although we speak on the phone, we *seldom* see each other.

06 barely
[bέərli]

(매우 힘들게) 부 **겨우, 간신히, 가까스로; 거의~아니다[없다]** (= hardly, seldom)

The old man was in bad health and *barely* able to walk.

07 distinguish
[distíŋgwiʃ]

(어떤 것을 다른 것과) 동 **구별[분간]하다, 구별 짓다**

It is important that children learn to *distinguish* between right and wrong.

어원 di(apart:분리) + sting(prick:찌르다) → (날카로운 것으로 찔러) **표시를 해서 분리하다**

08 compare
[kəmpέər]

1. (유사점 · 공통점 · 상이점을 알기 위해) 동 **비교하다** [with/to]
2. (어떤 것을 비슷한 다른 것에 빗대어) 동 **비유하다** [to]
3. (능력 · 힘 등이 엇비슷하여 비교 대상에) 동 **필적하다, 맞먹다** [with]

Compared with other children of the same age, he is very tall.

In the last line, the poet *compares* lost dreams to a frozen field.

This orchestra now *compares* with the best in the world.

파생 comparison [kəmpǽrisn] 명 비교; 비유

어원 com(with:함께) + pare(equal:동등한) ┌ (함께 동등하게 놓고) **1. 비교하다 2. 비유하다**
└ (동등하여 서로) **3. 맞먹다, 필적하다**

09 contrast
동 [kəntrǽs]
명 [kántræst]

(차이를 알기 위해 서로) 동 **대조하다, 대조[차이]를 보이다** [with] 명 **대조, 대비**

These results *contrast* sharply with those obtained by other studies.

어원 contra(against:맞서) + st(stand:서다) → (서로) 마주 서다 → **대조를 보이다**

05 우리는 전화 통화는 하지만 서로 거의 만나지 않는다. **06** 그 노인은 건강이 좋지 않아서 겨우 걸을 수 있었다. **07** 아이들이 옳고 그름을 구별하는 법을 배우는 것은 중요하다. **08** 같은 나이의 다른 아이들에 비해, 그는 매우 키가 크다. / 마지막 시구에서 그 시인은 잃어버린 꿈을 얼어붙은 들판에 비유한다. / 이 오케스트라는 이제 세계 최고 수준에 필적한다. **09** 이 결과는 다른 연구에서 얻은 결과와 뚜렷한 대조를 보인다.

10 **absolute**

[ǽbsəlù:t]

1. (구속 · 제약을 받지 않거나 상대적이 아닌): 형 **절대적인, 무소불위의**
2. (모자람이나 흠이 없이 절대적으로) 형 **완전한, 완벽한**

The king had *absolute* power and his word was law.
Historically it's an unquestionable *absolute* truth.

어원 ab(from) + sol(loosen:풀다) → (구속 · 제약에서) 풀려난 → 1. 절대적인 2. 완전한

11 **despite**

[dispáit]

(양보 부사구를 이끄는 전치사): 전 **~에도 불구하고** (= in spite of)

Despite his illness, he continued to smoke cigarettes and drink heavily.

어원 de(down:아래로) + spite(look:보다) → (~을 아래로) 내려보며 → ~에도 불구하고

12 **nevertheless**

[nèvərðəlés]

(앞 내용과의 양보적 대립을 나타내어) 부 **그럼에도 불구하고**

He was sick, *nevertheless* he went to school.

어원 never + the + less → (전혀) 덜하지 않고 → 그럼에도 불구하고

13 **identical**

[aidéntikəl]

(세부적인 데까지) 형 **(완전히) 똑같은, 동일한** [to/with]

They're *identical* twins, so people are always confusing them.

파생 identify [aidéntəfài] 동 확인[식별]하다; 동일시하다

어원 ident(same:동일한) + ical → 동일한

14 **equal**

[í:kwəl]

(서로) 형 **(차이 · 차별이 없이) 같은, 동등한, 평등한** 명 **동등[대등]한 사람[것]**

All people are *equal* before the law and none is above the law.

파생 ⊖ unequal [əni'kwəl] 형 같지 않은, 불공평한

어원 원뜻: 평평한(even) → (양쪽이) 평평한 → 같은

10 그 왕은 절대 권력을 가지고 있었고 그의 말은 법이었다. / 역사적으로 그것은 의심할 바 없는 완전한 진실이다. 11 병이 있음에도 불구하고 그는 계속해서 흡연을 하고 폭음을 했다. 12 그는 병이 났으나 그럼에도 불구하고 학교에 갔다. 13 그들은 일란성 쌍둥이이다 그래서 사람들은 항상 그들은 혼동한다. 14 모든 사람은 법 앞에 평등하고 아무도 법 위에 있지 않다.

[15] **similar**

[símələr]

(정확히 똑같지는 않고) 형 **비슷한, 유사한** [to]

Anne is very *similar* in appearance to her younger sister Mary.

파생 similarity [sìməlǽrəti] 명 유사성[점]

어원 simil(like:비슷한) + ar → 비슷한

[16] **alike**

[əláik]

(서술적으로만 쓰여): 형 **(아주) 비슷한** 부 **비슷하게, 똑같이**

They look so *alike* that I often cannot distinguish one from the other.

어원 a(on:상태) + like(비슷한 것) → 비슷한

[17] **resemble**

[rizémbl]

(서로 비슷한 생김새나 성질을 지니다): 동 **닮다, 비슷하다**

Twins generally *resemble* each other in appearance and behavior.

파생 resemblance [rizémbləns] 명 닮음, 비슷함

어원 re(강조) + semble(be like:비슷하다) → (아주) 비슷하다 → 닮다

[18] **consistent**

[kənsístənt]

(서로 어긋남이나 변함이 없이) 형 **일치하는, 일관된, 한결 같은** [with]

These results are not *consistent* with what we expected.

파생 consistency [kənsístənsi] 명 일관성
⊖ inconsistent [ìnkənsístənt] 형 일관성이 없는, 일치되지 않는

어원 con(together) + sist(stand) → (어긋남이나 변함 없이) 함께 서 있는 → 일치하는; 일관된

[19] **reverse**

[rivə́:rs]

(순서·방향·위치 등이 뒤바뀌어) 형 **거꾸로[역으로] 된** 명 **(정)반대, 역**
동 **뒤바꾸다, 뒤집다, 거꾸로 하다**

At last the medal winners were announced in *reverse* order.

파생 reversal [rivə́:rsəl] 명 반전, 역전, 전도

어원 re(back:뒤) + verse(turn:바꾸다) → 뒤바뀌어진 → 거꾸로[역으로] 된

---

15 앤은 여동생인 메리와 외모가 매우 비슷하다. 16 그것들은 너무 똑같이 보여서 나는 이것과 저것을 자주 분간을 하지 못한다. 17 쌍둥이들은 일반적으로 외모와 행동 면에서 서로 닮았다. 18 이 결과는 우리가 기대했던 것과 일치하지 않는다. 19 드디어 메달 수상자들이 역순으로 발표되었다.

20 **distinct**
[distíŋkt]

(성질·종류가 뚜렷하게) 형 **전혀 다른, 별개의; (차이가) 뚜렷한**

Religion and spirituality are two entirely *distinct* concepts.

파생 distinction [distíŋkʃən] 명 (뚜렷한) 차이; 구별, 차별; 뛰어남

어원 di(apart:분리) + stinct(prick:찌르다) ┌ (날카로운 것으로 찔러) 표시를 해서 분리한
└ (분리되어서) **전혀 다른**

21 **various**
[vέəriəs]

(어떤 것의 종류가) 형 **여러 가지의, 가지각색의, 다양한**

The men's sport shirts come in *various* sizes and colors.

파생 vary [vέəri] 동 가지각색이다; (상황에 따라) 달라지다

22 **imitate**
[ímətèit]

(어떤 것을 모범 삼아) 동 **모방하다, 본뜨다; (남의 행동 등을) 흉내내다**

His simple, original style has been *imitated* by many other artists.

파생 imitation [ìmətéiʃən] 명 모방(품)

23 **ordinary**
[ɔ́:rdənèri]

(특별하거나 별다르지 않고) 형 **보통의, 평범한**

His life was simple and *ordinary*, just nothing special at all.

어원 ordin(order:순서) + ary → (정해진) 순서를 따르는 → **보통의**

24 **usual**
[jú:ʒuəl]

(늘 하거나 흔히 있는 일인): 형 **일상의, 평상시의, 보통의** 명 **늘 있는 일**

It's *usual* for people to send cards at Christmas.

파생 usually [jú:ʒuəli] 부 보통, 대개
⊖ unusual [ənju'ʒu,əl] 형 특이한, 흔치 않은

어원 usu(use:사용하다) + al → (늘) 사용하는 대로의 → **일상의, 평상시의**

20 종교와 영성은 두 개의 완전히 다른 별개의 개념이다. 21 남성용 스포츠 셔츠는 다양한 사이즈와 색상으로 나온다. 22 그의 단순하고 독창적인 스타일은 많은 다른 화가들에 의해 모방되어 왔다. 23 그의 삶은 특별한 것이 전혀 없이 단순하고 평범했다. 24 사람들이 성탄절에 카드를 보내는 것은 일상적인 것이다.

25 **normal**

[nɔ́:rməl]

(이상이 없이 제대로인 상태인): 형 정상적인, 보통의 명 정상, 보통

It's *normal* to get nervous before giving a speech or presentation.

파생 ⊖ abnormal [æbnɔ́:rməl] 형 비정상적인

어원 norm(표준) + al → 표준의 → 정상적인, 보통의

26 **general**

[dʒénərəl]

(일부가 아닌 전체에 걸치는): 형 일반[보편]적인; 대체적인

This seems to be the *general* opinion of most people.

파생 generalize [dʒénərəlàiz] 동 일반화하다

어원 gener(kind:종류) + al → (모든 종류를) 아우르는 → 일반적인; 대체적인

27 **widespread**

[wai'dspre'd]

(많은 지역·사람에게 일반화되어) 형 널리 퍼진[보급된], 광범위한

The policy received *widespread* support throughout the country.

어원 wide(널리) + spread(퍼지다) → 널리 퍼진

28 **particular**

[pərtíkjulər]

1. (특별히 지정한 바로 그것의): 형 특정한, 바로 그[저]
2. (보통과 아주 다른): 형 특별한

You should pay *particular* attention to the next two chapters.
Each man was given a *particular* job to do in case of fire.

어원 particle(아주 작은 조각) + ar → (전체 중) 한 부분과 관련된 → 1. 특정한 2. 특별한

29 **unique**

[ju:ní:k]

(같은 것이 없거나 그것에만 존재하는): 형 유일한, 특유한

This island has many *unique* animals not found anywhere else.

어원 uni(one:하나) + que → (하나밖에) 없는 → 유일한

25 연설이나 프레젠테이션을 하기 전에 긴장하는 것은 정상이다. **26** 이것이 대부분의 사람들의 일반적인 의견인 것처럼 보인다. **27** 그 정책은 그 나라 전역에서 폭넓은 지지를 받았다. **28** 당신은 다음의 두 개의 장에 특별한 관심을 기울여야 한다. / 각각의 사람에게는 화재시 해야할 특정한 일이 주어졌다. **29** 이 섬에는 다른 곳에서는 발견되지 않는 많은 독특한 동물들이 있다.

30 **especially**

[ispéʃəli]

(다른 것과 비교하여 두드러져서) 부 **특히, 특별히**

He likes all sports, especially baseball.

어원 e + special(특별한) + ly → 특히

31 **rare**

[rɛər]

(흔히 보거나 구하기가 어려운): 형 **드문, 보기 힘든, 진귀[희귀]한**

The disease is *rare* in developed countries but common in Africa.

32 **extraordinary**

[ikstrɔ́:rdənèri]

(평범하거나 예사롭지 않고): 형 **비범[비상]한, 놀라운**

He was a man of *extraordinary* abilities as a businessman.

어원 extra(밖) + ordinary(평범한) → (평범함의) 밖에 있는 → 비범한

33 **remarkable**

[rimά:rkəbl]

(범상치 않게 훌륭하거나 뛰어나서) 형 **놀랄 만한, 놀라운, 주목할 만한**

Their success is a *remarkable* achievement considering the problems they have had.

어원 remark(note:주목하다) + able → 주목할 만한

34 **specific**

[spisífik]

1. (목적 · 설명 등이 상세하고 분명한): 형 **구체적인, 명확한**
2. (구체적으로 지정한 대상에만 한정되는): 형 **특정한**

The money will be kept separate and used for *specific* purpose.

Could you be more *specific* about what you want to know?

어원 speci(kind:종류) + fic(made:~화 된) ┌ (세세하게) 종류화된 → 1. 구체적인
└ (한 종류에) 한정된 → 2. 특정한

35 **strange**

[streindʒ]

(정상이나 보통의 것과는 달라서): 형 **이상한; 낯선, 생소한**

What I don't understand is why he did such a *strange* thing.

30 그는 모든 스포츠를 특히 야구를 좋아한다. **31** 그 병은 선진국에서는 드물지만 아프리카에서는 흔하다. **32** 그는 사업가로서 비범한 능력을 가진 사람이었다. **33** 그들의 성공은 겪어왔던 문제를 고려한다면 놀랄 만한 업적이다. **34** 그 돈은 별도로 보관되어 특정한 목적에만 사용될 것이다. / 당신 무엇을 알고 싶어하는지 좀 더 구체적으로 말씀해 주시겠습니까? **35** 내가 이해할 수 없는 것은 그가 왜 그런 이상한 짓을 했냐는 것이다.

36 **weird**
[wiərd]

(매우 이상하고 특이해서 이해·설명하기 힘든): 형 **기이[기묘]한**

A really weird thing happened to me yesterday.

37 **mystery**
[místəri]

(상식으로 이해가 불가능한 매우 신기한) 명 **불가사의, 신비**

I have no idea how that happened – it's a *mystery* to me.

파생 mysterious [mistíəriəs] 형 불가사의한, 신비한

Daily Test

01 unique	20 imitate
02 particular	21 normal
03 widespread	22 extreme
04 almost	23 ordinary
05 seldom	24 general
06 extraordinary	25 mystery
07 especially	26 strange
08 weird	27 remarkable
09 specific	28 rare
10 despite	29 hardly
11 compare	30 nearly
12 equal	31 barely
13 resemble	32 contrast
14 distinct	33 nevertheless
15 distinguish	34 similar
16 alike	35 consistent
17 identical	36 various
18 absolute	37 usual
19 reverse	

Answer Key ▷ 343

36 어제 내게 정말 기이한 일이 벌어졌다. 37 나는 어떻게 그 일이 일어났는지 모릅니다 - 내게는 미스터리입니다.

Day 39

변화·결합·분리 I

change, integration & division I

≫ 테마 기본 어휘	become(되다) · change(변화하다) · course(과정) · join(연결하다) · rope(밧줄, 로프) ·chain(사슬) · tight (꽉 조이는) · open · spread(펴다, 벌리다) · close · shut · lock(자물쇠, 잠그다) · key(열쇠)

01 **modify** [mάdəfài]

(특정 목적에 맞게 내용·모양 등을) 동 **(부분적으로) 수정[변경]하다**

The program can easily be *modified* to fit new requirements.

파생 modification [mὰdəfikéiʃən] 명 수정, 변경

어원 modi(measure:척도) + fy → (척도에 맞도록) 수정하다

02 **convert** [kənvə́ːrt]

(무엇을 전면적으로) 동 **(다른 형태·목적·용도로) 전환[개조]되다[시키다]**

The royal palace has recently been *converted* into a hotel.

파생 conversion [kənvə́ːrʒən] 명 전환, 개조

어원 con(강조) + vert(turn:바꾸다) → (완전히) 바꾸다 → 전환[개조]시키다

03 **vary** [vέəri]

1. (하나의 사물이) 동 **(상황에 따라) 달라지다, 다르다, 차이가 있다**
2. (한 종류의 여러 물건이) 동 **(크기·모양 등에서) 각기 다르다, 가지각색이다**

The role of the central government *varies* from country to country.
The shirts *vary* in price from twenty-five to fifty dollars.

파생 variation [vὲəriéiʃən] 명 변화, 차이; 변형

01 프로그램은 새로운 요구조건에 맞게 쉽게 수정될 수 있다. 02 그 왕궁은 최근 호텔로 개조되었다. 03 중앙 정부의 역할은 나라마다 다르다 / 그 셔츠들은 가격이 25달러에서 50달러까지 다양하다.

04 **exchange**
[ikstʃéindʒ]

(서로 주고받거나 맞바꾸어) 동 **교환하다** [for] 명 **교환**

I'd like to *exchange* the blue jacket for a black one.

어원 ex(out:밖) + change(바꾸다) → (밖으로 꺼내) 서로 맞바꾸다 → **교환하다**

05 **replace**
[ripléis]

(어떤 것 대신 다른 것으로) 동 **대체[교체, 대신]하다** [with]

The 30-year-old table was *replaced* with a new one.

파생 replacement [ripléismənt] 명 대체[교체](물); 후임자

어원 re(again) + place(놓다) → (다른 것으로) 다시 놓다 → **대체하다**

06 **instead**
[instéd]

(어떤 것을 다른 것으로 바꾸어) 명 **(~) 대신에** [of]

We decided to stay at home *instead* of going out.

어원 in + stead(place) → in place of → **(~) 대신에**

07 **adjust**
[ədʒʌ́st]

(어떤 기준·목적·상황에) 동 **(알맞게) 조정[조절, 적응]하다** [to]

He stood in front of the mirror and *adjusted* his tie.

파생 adjustment [ədʒʌ́stmənt] 명 조정, 조절; 적응

어원 ad(to:방향) + just(올바른) → (올바른 쪽으로) 맞추다 → **조절하다**

08 **adapt**
[ədǽpt]

(새 상황·환경·용도 등의) 동 **(새로운 것에) 맞추다, 적응[조정]하다** [to]

We must be able to *adapt* to changing conditions in order to survive.

파생 adaptation [ædəptéiʃən] 명 적응

어원 ad(to:방향) + apt(적합한) → (목적·용도·환경에) **적합하게 맞추다**

Day 39

04 청색 재킷을 검은색으로 교환하고 싶습니다. **05** 30년 된 테이블이 새 것으로 교체되었다. **06** 우리는 외출하는 대신 집에 있기로 결정했다. **07** 그는 거울 앞에 서서 넥타이를 조정했다. **08** 우리는 생존하기 위해 변화하는 환경에 적응할 수 있어야 한다.

09 constant

[kάnstənt]

1. (일정한 상태·수준을 유지한 채) 형 **변하지 않는, 불변의** 명 **(수학의) 상수**
2. (어떤 일·상태가 변하지 않고) 형 **끊임없이 계속되는[반복되는]**

True love is *constant*, for better or worse, in sickness and in health.

Sheep are the most helpless animals and need *constant* care and attention.

파생 ⊖ inconstant [inkάnstənt] 형 일정치 않은, 변덕스러운

어원 con(together) + sta(stand:서다) → (변함 없이 항상) 함께 서 있는 → **불변의, 끊임없는**

10 stable

[stéibl]

1. (자리나 균형이 잡혀서 쉽게 변하든가 흔들리지 않고) 형 **안정된, 안정적인**
2. (말을 기르는 집): 명 **마구간** 동 **(말을) 마구간에 넣다**

He was taken to the hospital and is now in a *stable* condition.

He led the horse into the *stable* and gave it something to eat.

파생 stability [stəbíləti] 명 안정
⊖ unstable [ənstei'bəl] 형 불안정한

어원 sta(stand:서다) + able ┌ (균형을 잡고) 서 있을 수 있는 → **1. 안정된**
└ (말들이) 서 있는 곳 → **2. 마구간**

11 trend

[trend]

(변화하여 나아가는 일정한 방향성): 명 **동향, 추세**

The website provides useful information about consumer *trends*.

파생 trendy [tréndi] 형 최신 유행의

12 advanced

[ædvǽnst]

(발전·진보의 정도가 앞선): 형 **선진의, 진보한; (학습 과정이) 상급의**

This course is designed for *advanced* students of English.

파생 advance [ædvǽns] 동 진격하다; 향상되다[시키다] 형 사전의

어원 adv(from) + ance(before:앞) → (다른 것보다) 앞선 → **선진의**

---

09 진실한 사랑은 좋을 때나 궂을 때나, 아플 때나 건강할 때나 변함이 없다. / 양은 가장 무력한 동물이어서 끊임없는 보살핌과 관심이 필요하다. **10** 그는 병원으로 실려 갔고 지금은 안정된 상태에 있다. / 그는 말을 마구간으로 데리고 가서 먹을 것을 주었다. **11** 그 웹사이트는 소비자 동향에 관련된 유용한 정보를 제공한다. **12** 이 강좌는 영어 실력이 상급 수준인 학생들을 위해 기획되었다.

13 **develop**

[divéləp]

1. (더 좋은 상태나 더 높은 단계로) 동 **발전[발달, 성장]하다[시키다]**
2. (새로운 물건을 연구하여) 동 **개발하다**

The country has *developed* into one of the world's biggest economies.

Developing a new product is an expensive and time-consuming process.

파생 development [divéləpmənt] 명 발달, 발전; 개발

어원 de(opposite:반대) + velop(wrap:싸다) → (싸인 것을) 풀다 → 발전시키다, 개발하다

14 **progress**

명 [prάgres]
동 [prəgrés]

(무엇이 점차) 동 **(목적한 방향대로) 진전을 보이다, 진척되다** 명 **진행, 진척**

We've made great *progress*, but there's still a lot of work to be done.

파생 progressive [prəgrésiv] 형 꾸준히 진행되는, 점진적인; 진보적인 명 진보주의자

어원 pro(forward:앞으로) + gress(go:가다) → (앞으로) 나아가다 → 진전을 보이다

15 **evolve**

[ivάlv]

(더 수준 높고 더 정교한 것으로 점차) 동 **진화[발달]하다[시키다]**

Do you believe that humans *evolved* from monkeys?

파생 evolution [èvəlú:ʃən] 명 진화, 발전
evolutionary [èvəlú:ʃənèri] 형 진화[발전]의

어원 e(out:밖) + volve(roll:말다) → (말린 것이 밖으로) 펼쳐지다 → 진화하다

16 **association**

[əsòusiéiʃən]

1. (사람·조직·사물 간에 서로 연결이 되는 일): 명 **연계, 제휴; 연상, 연관(성)**
2. (회원 간 협력을 목적으로 하는 단체): 명 **협회, 조합**

We have maintained a close *association* with the university ever since.

The American Medical *Association* is against health care reform.

파생 associate [əsóuʃièit] 동 결부[연관]짓다, 연상하다 형 제휴한

어원 as(to) + soci(companion:동반자) → (서로 연결된) 동반자 → 1. 연계 2. 협회

13 그 나라는 세계의 가장 큰 경제 중 하나로 성장했다. / 새로운 제품을 개발하는 것은 돈이 많이 들고 시간이 걸리는 과정이다. 14 우리는 큰 진전을 했지만 여전히 해야 할 많은 일이 있습니다. 15 당신은 인간이 원숭이에서 진화했다고 믿습니까? 16 우리는 그 대학과 이후로 줄곧 긴밀한 유대를 지속해 왔다. / 미국 의사회는 의료 개혁을 반대한다.

17 **relate**
[riléit]

(어떤 것과 다른 것이 서로) 동 **관련[관계]이 있다, 관계[관련]짓다** [to]

Today it is a known fact that the body and mind are closely *related*.

파생 relation [riléiʃən] 명 관계, 연관; 친척
relationship [rileiˈʃənʃiˌp] 명 관계; 친척 관계
relative [rélətiv] 명 친척 형 상대적인, 비교상의

어원 re(back) + late(carry:나르다) → (뒤로 서로 서로 날라서) **관계 짓다**

18 **union**
[jú:njən]

1. (둘 이상이 하나로 합치는) 명 **통합, 결합; (주·국가 등의) 연방, 연합**
2. (노동자들을 위해 조직된) 명 **노동조합**

The European Union is a political and economic *union* of 27 member states.
The *union* is in dispute with management over pay.

어원 uni(one:하나) + on ┌ (합쳐서) 하나가 되는 것 → 1. **통합**
└ (노동자들이 하나로 합친) 2. **노동조합**

19 **unite**
[ju:náit]

(둘 이상이) 동 **(공동의 목적을 위해) 연합[통합, 결속]하다[시키다]**

All the main political parties *united* in opposition to the controversial plans.

파생 unity [jú:nəti] 명 통합, 통일(성)

어원 uni(one:하나) + ite → (하나로) 만들다 → **연합하다**

20 **connect**
[kənékt]

(중간에 선·관·도로 등의) 동 **(수단을 써서) 연결하다[되다]; 관련시키다**

Today most households with computers are *connected* to the Internet.

파생 connection [kənékʃən] 명 연결; 관련성

어원 con(together:함께) + nect(tie:묶다) → 함께 묶다 → **연결하다, 관련시키다**

17 오늘날 몸과 마음이 밀접한 관련이 있다는 것은 알려진 사실이다. 18 유럽연합은 27개 회원 국가의 정치적 경제적 연합체이다. / 임금을 두고 노조가 사측과 분쟁 중이다. 19 모든 주요 정당들이 그 논란이 되고 있는 계획에 반대하기 위해 연합했다. 20 오늘날 컴퓨터가 있는 대부분의 세대는 인터넷에 연결되어있다.

21 **combine**
[kəmbáin]

(둘 이상의 것을) 동 (하나의 단일체로) 결합하다[되다]; 겸비[병행]하다

Punishment is most effective when *combined* with rewards.

파생 combination [kὰmbənéiʃən] 명 결합(된 것), 조합

어원 com(together:함께) + bine(two by two:쌍쌍이) → (쌍쌍이) 함께 묶다 → 결합[겸비]하다

22 **mix**
[miks]

(서로 다른 것들을 한데 넣어) 동 섞다, 섞이다, 혼합하다[되다] 명 혼합(물)

Mix all the ingredients together in a large mixing bowl.

파생 mixture [míkstʃər] 명 혼합(물), 혼합 재료

23 **blend**
[blend]

(서로 잘) 동 (조화를 이루도록) 섞다, 섞이다, 혼합하다[되다] 명 혼합

Oil and water do not *blend* together naturally.

24 **stir**
[stəːr]

(액체 등에 넣고) 동 (스푼·막대 등으로) 휘젓다, 뒤섞다 명 휘젓기

He put sugar in his coffee and *stirred* it for a moment.

25 **pure**
[pjuər]

(불순물이 섞이지 않고) 형 순수한, 깨끗한; 순결한

These trophies were made of *pure* gold and silver.

파생 purity [pjúərəti] 명 순수

26 **fix**
[fiks]

1. (한 곳에 움직이지 않게) 동 고정시키다; (날짜·시간·금액 등을) 정하다
2. (비교적 간단한 고장·손상·문제 등을) 동 수리하다, 바로잡다

He *fixed* a shelf to the wall and put the monitor on that.
Let's *fix* a date for the next meeting now.

어원 1. 고정시키다 → (움직이지 않게 고정 되도록) 2. 수리하다

21 벌은 보상과 결합되었을 때 가장 효과적이다. **22** 모든 재료를 큰 섞는 그릇에 넣고 함께 섞으십시오. **23** 기름과 물은 자연스럽게 함께 섞이지 않는다. **24** 그는 커피에 설탕을 넣고 잠시 저었다. **25** 이 트로피들은 순금과 은으로 만들어졌다. **26** 그는 선반을 벽에 고정시키고 그 위에 모니터를 놓았다. / 다음 회의 날짜를 지금 정합시다.

27 **attach**

[ətǽtʃ]

(무엇을 그보다 큰 다른 것에) 동 **붙이다, 달다, 첨부하다**

Please fill in a form and then *attach* your photo to it.

파생 attachment [ətǽtʃmənt] 명 부착[부가](물)

어원 at(to) + tach(stake:말뚝) → (말뚝에) 묶다 → 붙이다

28 **bind**

[baind]

(움직이지 못하게) 동 **(끈·줄 등으로) 묶다, 동여매다; 구속하다; 결속시키다**

Two men *bound* him to a chair and robbed his house.

29 **loose**

[lu:s]

(꽉 죄이거나 팽팽하지 않고) 형 **헐거운, 풀린, 헐렁한, 느슨한**

He usually wears a *loose* shirt and comfortable pants.

파생 loosen [lú:sn] 동 느슨하게[헐겁게] 하다[되다]

30 **divide**

[diváid]

(무엇을 둘 이상의 부분으로) 동 **나누다, 나뉘다, 분리하다[되다]**

A river *divides* the city into two parts, and a bridge connects them.

파생 division [divíʒən] 명 나누기, 분할, 분배

어원 di(apart:떨어져) + vide(separate:나누다) → (나누어) 떨어뜨리다 → 분리하다

31 **separate**

동 [sépərèit]
형 [sépərət]

(함께 있던 것을) 동 **(따로) 떼어놓다[떨어지다]** 형 **분리된, 별개의**

After World War II, Korea was divided into two *separate* countries.

파생 separation [sèpəréiʃən] 명 분리, 구분

어원 se(apart:떨어져) + par(prepare:준비하다) → (따로) 떨어뜨려 준비해 놓다 → 분리하다

27 양식을 작성하고 거기에 사진을 붙이십시오. 28 두 명의 남자가 그를 의자에 묶고 그의 집을 털었다. 29 그는 대개 헐렁한 셔츠와 편안한 바지를 입는다. 30 강이 그 도시를 두 부분으로 나누며 다리 하나가 그것들을 연결한다. 31 제2차 세계 대전 후 한국은 두 개의 별개의 나라로 분단되었다.

32 **isolate**

[áisəlèit]

(다른 것들로부터 따로 떼어놓아) 동 **격리[고립]시키다** [from]

The village has been *isolated* from the outside world for hundreds of years.

파생 isolation [àisəléiʃən] 명 격리, 고립

어원 isol(island:섬) + ate → (마치 섬과 같이) 고립시키다

33 **fold**

[fould]

(종이·천 등을 겹으로 되게) 동 **접다, 접어 포개다** 명 **주름, 접은 자리**

He *folded* his clothes neatly and put them down in his suitcase.

파생 ⊖ unfold [ʌnfóuld] 동 (접은 것을) 펴다

Daily Test

01 loose	18 mix
02 bind	19 pure
03 attach	20 modify
04 convert	21 blend
05 replace	22 fix
06 isolate	23 fold
07 divide	24 separate
08 trend	25 exchange
09 adapt	26 vary
10 progress	27 instead
11 relate	28 constant
12 connect	29 advanced
13 adjust	30 evolve
14 association	31 union
15 develop	32 combine
16 stable	33 stir
17 unite	

Answer Key ▷ 343

32 그 마을은 수백 년 동안 외부 세계와 격리되어 있었다. 33 그는 옷을 깔끔하게 접어서 여행 가방 속에 놓았다.

Day 40 변화·결합·분리 II

change, integration & division II

≫ 테마 기본 어휘	all · every · part(부분) · type(유형) · kind(종류) · example(예, 예제) · model · sample(샘플) · group · team · set(세트) · alone · each · together · cover(걸치다, 미치다) · except(~을 제외하고) · box · case · can(깡통) · bottle · pack(꾸러미, 짐을 싸다) · basket(바구니, 바스켓) · tube(튜브) · cap(뚜껑)

01 **range**
[reindʒ]

(수량·정도·종류 등의) 명 **(변동폭·다양화의) 범위, 다양성**
동 **~에서 ~까지 변동하다[다양하다]**

The tiles come in a wide *range* of colors, sizes, and shapes.

02 **scope**
[skoup]

(주제·활동·연구 등이 전반적으로) 명 **(다루는) 범위**

This issue is beyond the *scope* of the present discussion.

03 **boundary**
[báundəri]

(한 지역·영역 등의 정해진 범위): 명 **경계[한계](선)**

The river forms a natural *boundary* between the two areas.

어원 bound(경계를 이루다) + ary → (경계를 이루는) 선 → **경계[한계](선)**

04 **border**
[bɔ́ːrdər]

(두 나라나 지역 사이의) 명 **국경[경계] (지역)** 동 **~와 경계를 이루다**

Niagara Falls is on the *border* between the United States and Canada.

05 **whole**
[houl]

(모든 것이 빠짐 없이 포함된) 형 **전체[전부]의** (= entire) 명 **전체**

The *whole* family went to the movies together last night.

01 타일은 매우 다양한 색상과 크기, 모양으로 나온다. **02** 이 문제는 현재의 논의 범위를 벗어난 것이다. **03** 그 강은 두 지역간의 자연적인 경계선을 형성한다. **04** 나이아가라 폭포는 미국과 캐나다 사이의 국경에 있다. **05** 어젯밤에 전 가족이 함께 영화를 보러 갔다.

06 **entire**

[intáiər]

(모든 것이 빠짐 없이 포함된): 형 **전체[전부]의** (= whole)

His tragic and unexpected death shocked the *entire* world.

어원 en(not) + tire(touch:대다) → (손을 대지 않은) 본래 그대로의 → **전체의**

07 **complete**

[kəmplíːt]

1. (모자람 · 흠이 없이) 형 **완전한, 전적인** 동 **완전한 것이 되게 하다**
2. (어떤 일을 완전하게) 동 **끝마치다, 완료하다** 부 **완료된**

His theory is not *complete* yet and needs further development.

The project should be *completed* by the end of this year.

파생 completion [kəmplíːʃən] 명 완료, 완성
⊖ incomplete [ìnkəmplíːt] 형 불완전한, 미완성의

어원 com(강조) + ple(fill:채우다) ┬ (꽉) 채워진 → 1. **완전한**
└ (완전히) 채우다 → 2. **완료하다**

08 **thorough**

[θə́ːrou]

(세세한 부분까지 빈틈 없이) 형 **철저한, 철두철미한**

The police did a *thorough* search of the house but found nothing.

어원 원뜻: through(처음부터 끝까지 다)의 변형 → (세세한 부분까지) **철저한**

Day 40

09 **section**

[sékʃən]

(사물 · 장소를 여럿으로 나눈 것 중의 한) 명 **부분, 구획**

The most popular section of the newspaper is the sports *section*.

어원 sect(cut:자르다) + ion → (잘라서) 나누어 놓은 것 → **부분, 구획**

10 **aspect**

[ǽspekt]

(특정 관점에서 본 사물 · 현상의 한) 명 **측면, 양상, 면**

Politics affects almost every *aspect* of people's lives.

어원 as(to:방향) + pect(look:보다) → (특정 위치에서 본) 한 부분 → **측면**

06 그의 비극적인 뜻밖의 죽음은 전 세계에 충격을 주었다. **07** 그의 이론은 아직 완전하지 않아서 좀 더 발전할 필요가 있다. / 그 프로젝트는 올해 말까지 완료되어야 한다. **08** 경찰은 그 집을 철저하게 수색했지만 아무것도 찾지 못했다. **09** 그 신문의 가장 인기 있는 난은 스포츠 난이다. **10** 정치는 사람들의 생활의 거의 모든 측면에 영향을 미친다.

[11] **element** [éləmənt]

(무엇의 근본을 이루는 한 부분): 명 **요소, 성분; (화학의) 원소**

Investment in education is a key *element* in national development.

[12] **unit** [jú:nit]

(전체를 이루는 낱낱의) 명 **구성 단위, 한 개, 일군**

In Japan, the basic *unit* of society is still the traditional family.

[13] **piece** [pi:s]

(따로 떼내거나 떨어져 나온) 명 **조각, 단편, 파편**

She tore the letter to *pieces* and threw it away.

[14] **sort** [sɔ:rt]

(사물을 일정한 기준에 따라 나눈) 명 **종류, 유형** 동 **분류하다, 구분하다**

What *sort* of music do you listen to these days?

[15] **classify** [klǽsəfài]

(사물을 종류별로) 동 **분류[구분]하다**

The documents in this file are *classified* as top secret.

파생 classification [klæsəfikéiʃən] 명 분류

어원 class(division:나누기) + ify → 분류하다

[16] **mass** [mæs]

1. (확실한 형체가 없이 뭉쳐진) 명 **큰 덩어리[무리]; (물체의) 질량**
2. (수량·범위 등이 대단히 큰): 형 **대량의, 대규모의, 대중적인**

An avalanche is a large *mass* of snow falling down a mountain.

Their *mass* production technique quickly spread to other industries.

어원 1. 큰 덩어리 → (큰 덩어리로) 뭉쳐진 → 2. 대량의, 대규모의

11 교육 투자는 국가 발전의 핵심 요소이다. 12 일본에서는 사회의 기본 구성 단위는 여전히 전통적인 가족이다. 13 그녀는 편지를 조각조각으로 찢어서 버렸다. 14 요즘 어떤 종류의 음악을 듣습니까? 15 이 서류철의 문서들은 일급 비밀로 분류되어 있다. 16 눈사태는 산에서 떨어져 내리는 큰 눈덩이이다. / 그들의 대량 생산 기법은 빠르게 다른 산업으로 퍼졌다.

17 **gather**
[gǽðər]

(흩어져 있는 것을 한곳에) 동 **모으다, 모이다**

After dinner, the whole family *gathered* around the Christmas tree.

파생 gathering [gǽðəriŋ] 명 모임

18 **collect**
[kəlékt]

(목적에 맞는 것을) 동 **(선별해서) 모으다, (취미로) 수집하다**

He has been *collecting* stamps since he was nine years old.

파생 collection [kəlékʃən] 명 수집(품), 수거, 찾아오기

어원 col(together:함께) + lect(gather:모으다) → 수집하다

19 **respective**
[rispéktiv]

(언급한 여럿을 하나씩 떼어 놓은): 형 **각자[각각]의**

The *respective* roles of men and women can vary a great deal among cultures.

어원 respect(존중하다) + ive → (개개의 사람·사물을) 존중하는 → 각자[각각]의

20 **collective**
[kəléktiv]

(집단 전체가 함께 하거나 관계되는): 형 **집단의, 공동의**

The maintenance of international peace is a *collective* responsibility of us all.

어원 col(together:함께) + lect(gather:모으다) → (함께) 모아진 → 집단의, 공동의

21 **common**
[kɑ́mən]

1. (여럿 사이에 서로 같거나 관계되는): 형 **공동의, 공통의** 명 **공통(점)**
2. (귀하거나 특별하지 않고) 형 **흔한, 보통의, 평범한**

We are working together toward a *common* goal as a team.
The most *common* complaint from customers is about poor service.

파생 ⊖ uncommon [ənka'mən] 형 흔하지 않은, 드문

어원 com(together:함께) + mon(duty:의무) ─ (함께 하는) 의무인 → 1. 공동의, 공통의
└ (공동의 것이어서) 2. 흔한, 보통의

Day 40

17 저녁 식사 후 온 가족은 크리스마스트리 주위로 모였다. 18 그는 아홉 살 때 이후로 우표를 수집하고 있다. 19 남성과 여성의 각각의 역할은 문화간에 서로 상당히 다를 수 있다. 20 국제 평화의 유지는 우리 모두의 공동 집단 책임이다. 21 우리는 한 팀으로서의 공동의 목표를 향해 함께 일하고 있다. / 고객들로부터의 가장 흔한 불평은 좋지 않은 서비스에 대한 것이다.

22 **participate**

[pa:rtísəpèit]

(어떤 일이나 활동에 끼어서) 동 **참가[참여]하다**

She *participated* in an English speech contest and won the third prize.

파생 participation [pa:rtìsəpéiʃən] 명 참가, 참여
participant [pa:rtísəpənt] 명 참가자

어원 parti(part:일부분) + cip(take:취하다) → (일 · 활동의) 일부분을 취하다 → 참가하다

23 **attend**

[əténd]

(어떤 자리나 모임에) 동 **참석[출석]하다, (학교 등을) 다니다**

I have a lot to do, so I won't be able to *attend* the meeting.

파생 attendance [əténdəns] 명 참석, 출석, 참석자 수, 참석률

어원 at(to:방향) + tend(stretch:뻗다) → (가는 길을) ~로 향하다(뻗다) → 참석하다, 다니다

24 **join**

[dʒɔin]

1. (조직 · 단체에 또는 활동 · 놀이 등에) 동 **가입[입회]하다; 합류[참가]하다**
2. (붙이거나 이어서 직접 맞닿게) 동 **연결[접합]하다[되다]; 합쳐지다**

He *joined* the army when he was eighteen.

He *joined* the two pieces of wood together using strong glue.

25 **present**

명 형 [préznt]

동 [prizént]

1. (사람 · 사물이 어떤 곳에) 형 **있는, 존재하는, 출석[참석]한**
2. (지금 이 시간): 명 **현재** 형 **현재의**
3. (축하 · 고마움의 뜻으로 주는) 명 **선물**

He was *present* at the meeting but did not speak.

Let's not think any more about the past and live in the *present*.

My boyfriend gave me a necklace for my birthday *present*.

파생 presence [prézns] 명 있음, 출석, 참석

어원 pre(before) + sent(be:있다)
- (앞에) 있는 → 1. 존재하는, 출석한
- (바로 앞에 있는) 시간 → 2. 현재
- (주려고 앞에 놓은) 3. 선물

22 그녀는 영어 웅변 대회에 참가해서 삼등 상을 받았다. 23 나는 할 일이 많아서 회의에 참석할 수 없을 것이다. 24 그는 18살에 군대에 입대했다. / 그는 두 조각의 나무를 강력 접착제로 이었다. 25 그는 회의에는 참석했으나 말은 하지 않았다. / 과거에 대해서는 더 이상 생각하지 말고 현재에 삽시다. / 내 남자 친구는 내 생일 선물로 내게 목걸이를 주었다.

26 **absent**

[ǽbsənt]

(사람·사물이 어떤 곳에) 형 **없는, 부재의, 결석[결근]한**

He has been *absent* from school with a cold for two days now.

파생 absence [ǽbsəns] 명 없음, 결핍, 결석, 결근

어원 ab(away:떨어져) + sent(be:있다) → (멀리) 떨어져 있는 → 없는, 부재의

27 **include**

[inklúːd]

(무엇을 무리나 범위의 일부로) 동 **포함하다[시키다]**

A 20% sales tax is *included* in the price of almost anything you buy in this country.

파생 inclusion [inklúːʒən] 명 포함
⊖ exclude [iksklúːd] 동 제외[배제]하다

어원 in(안) + clude(shut:닫다) → (안에 넣고) 닫다 → 포함하다

28 **involve**

[invάlv]

(무엇이 어떤 일과 더불어 생기다): 동 **수반[포함]하다; 관련[연루]시키다**

The job *involves* working long hours and working in difficult conditions.

파생 involvement [invάlvmənt] 명 관련, 연루; 몰두, 열중

어원 in(안) + volve(roll:말다) → (안에) 휘말리게 하다 → 연루시키다, 수반하다

Day 40

29 **full**

[ful]

(빈 공간이 없이) 형 **가득한** [of]; **배부른**

The restaurant was *full* of people when we arrived there.

30 **fill**

[fil]

(빈 공간이 없이) 동 **(가득) 채우다[차다]** [with]

The night sky was *filled* with thousands of twinkling stars.

31 **empty**

[émpti]

(속에 아무 것도 없이) 형 **비어 있는, 빈, 공허한** 동 **비우다**

I was hungry, but the refrigerator was completely *empty*.

26 그는 감기로 지금 이틀째 결석하고 있다. **27** 이 나라에서 사는 거의 모든 것의 가격에는 19%의 판매세가 포함되어 있다. **28** 그 일은 장시간의 근무와 힘든 조건에서의 작업을 수반한다. **29** 우리가 그곳에 도착했을 때 레스토랑은 사람들로 가득했다. **30** 밤 하늘이 수천 개의 반짝이는 별들로 가득했다. **31** 나는 배가 고팠으나 냉장고가 완전히 비어있었다.

32 **blank**

[blæŋk]

(글자·그림·표시·장식 등이 없이) 형 빈, 공백의 명 공백, 빈칸

Read the following questions and fill in the blanks with the correct answers.

어원 원뜻: 흰색(white) → (흰색) 공간의 → 빈, 공백의

33 **consist**

[kənsíst]

(~ of) (무엇이 어떤 부분·요소들로) 동 구성되다 (= be composed of)

A car *consists* of many different parts, each having a different function.

어원 con(together:함께) + sist(stand:서다) → (부분·요소이) 함께 서 있다 → 구성되다

34 **compose**

[kəmpóuz]

1. (어떤 부분·요소들이 전체를) 동 구성하다, (be -d of) 구성되다
2. (음악 작품이나 글·시를) 동 짓다, 작곡[작문]하다

Eight members *compose* the finance committee.
This piece of music was *composed* by Ludwig Beethoven.

파생 composition [kàmpəzíʃən] 명 작곡, 작문; 구성
composer [kəmpóuzər] 명 작곡가

어원 com(with:함께) + pose(put:놓다) ┌ (여러 부분이) 함께 놓이다 → 1. 구성하다
└ (음이나 글을 함께 놓아서) 2. 작곡[작문]하다

35 **contain**

[kəntéin]

1. (용기·장소·책 등의 속에 무엇이) 동 들어 있다, 담고 있다, 함유하다
2. (바람직하지 못한 것의) 동 (확산·악화를) 방지[억제]하다

This website *contains* a lot of useful information for students.
The government took several steps to *contain* the disease.

파생 container [kəntéinər] 명 용기, 그릇, (화물 수송용) 컨테이너

어원 con(together:함께) + tain(hold:잡다) ┌ (빠져나가지 않도록) 함께 잡다 → 1. 담고 있다
└ (확산·악화되지 않도록) 함께 잡다 → 2. 방지하다

32 다음 질문을 읽고 빈칸에 올바른 답을 채우시오. 33 자동차는 각각 다른 기능을 갖고 있는 많은 다양한 부품으로 이루어져 있다. 34 다섯 명의 위원이 재정 위원회를 구성하고 있다. / 이 음악 작품은 루드비히 베토벤이 작곡했다. 35 이 웹사이트는 학생들을 위한 많은 유용한 정보를 담고 있다. / 정부는 그 질병을 방지하기 위해 여러 가지 조치를 취했다.

36 **content**

명 [kάntent]
형 [kəntént]

1. (-s) (용기 등의 안에 든 것): 명 내용물; (책의) 목차; (책·문서 등의) 내용
2. (충분하지는 않지만 그런대로) 형 만족하는 [with] 동 만족시키다

The police examined the *contents* of his briefcase.
He could not regain his lead and had to be *content* with second place.

파생 contentment [kənténtmənt] 명 만족

어원 con(together:함께) + tent(hold:가지다) ─ 다 담고(갖고) 있는 것 → 1. 내용, 내용물
└ (다 갖고 있어서) 2. 만족하는

Daily Test

01 full	19 respective
02 involve	20 participate
03 include	21 present
04 scope	22 range
05 whole	23 attend
06 blank	24 absent
07 fill	25 contain
08 content	26 consist
09 compose	27 empty
10 element	28 border
11 thorough	29 boundary
12 sort	30 entire
13 gather	31 section
14 collective	32 unit
15 complete	33 classify
16 mass	34 collect
17 piece	35 common
18 aspect	36 join

Answer Key ▷ 343

36 경찰은 그의 서류가방의 내용물을 조사했다. / 그는 선두를 되찾을 수 없었고 2등에 만족해야만 했다.

Answer Key

Day 1

1 ① 친척 ② 상대적인 **2** "가구, 가사의" **3** 이혼하다 **4** ① 군중 ② 가득 메우다 **5** 민족[인종]의 **6** "친구, 동반자" **7** 남자 조카 **8** 환대 **9** 인사하다 **10** 쌍둥이의 한 사람 **11** "개인의, 개인적인" **12** 어른 **13** 조상 **14** "남성, 수컷" **15** 부족 **16** 세대 **17** ① 젊음 ② 젊은이들 **18** "유아, 젖먹이" **19** "성, 성별" **20** 약혼자 **21** 신랑 **22** 인간 **23** ① 약혼 ② 약속 **24** 미망인 **25** "① 주인 ② 주최하다, 주최자" **26** "① 절하다, (고개를) 숙이다 ② 활" **27** 아는 사람 **28** 여자 조카 **29** 인구 **30** 인류 **31** ① 인종 ② 경주 **32** "공공의, 대중" **33** 고아 **34** 나이가 지긋한 **35** "자손, 후예" **36** "여성, 암컷" **37** 신부

Day 2

1 "윤, 광택" **2** "닦아 내다, 훔치다" **3** 쓸다 **4** "살아남다, 생존하다" **5** 출생지의 **6** "오염, 공해" **7** "단정한, 깔끔한" **8** "긁다, 긁어내다" **9** ① 점 ② 장소 ③ 찾아내다 **10** ① 장식이 많은 ② 값비싼 **11** 멸종된 **12** 살인하다 **13** 희생하다 **14** 묻다 **15** 상속받다 **16** 죽은 **17** 장례식 **18** "운명, 숙명" **19** 자살 **20** "기념물[상, 비, 관]" **21** 세제 **22** 면도하다 **23** ① 존재하다 ② 생존하다 **24** 화장품 **25** "빗자루, 비" **26** 상태; 혼란 **27** "투명한, 명백한" **28** 장식하다 **29** 정돈[정리]하다 **30** 임신한 **31** 수명 **32** ① 성숙한 ② 어른스러운 **33** 익사하다[시키다] **34** 운명 **35** 치명적인 **36** "무덤, 묘(지)" **37** 세탁(물) **38** 빗

Day 3

1 소화하다 **2** 굶주리다 **3** 식초 **4** "양념, 향신료" **5** "신, 시큼한" **6** 소매 **7** 여행 가방 **8** ① 삼키다 ② 제비 **9** 날것의 **10** 썩은 **11** 물다 **12** 단백질 **13** 양털; 털실; 모직 **14** "살이 드러난, 벗은" **15** "재봉사, 재단사" **16** "바느질하다, 꿰매다, 깁다" **17** ① 일상의 음식물 ② 식이 요법 **18** 벌거벗은 **19** 바늘 **20** 가죽 **21** 목화; 면직물 **22** 수선[수리]하다 **23** 밀가루 **24** "맛, 풍미" **25** "의상, 분장" **26** 견과 **27** "(맛이) 쓴; 쓰라린, 지독한" **28** 씹다 **29** 음식을 주다 **30** 영양 (섭취) **31** 썩다 **32** 기근 **33** 빨다 **34** 지갑 **35** 보석 **36** ① 채우다 ② 고정시키다 **37** 직물 **38** 명주실; 비단 **39** 실 **40** 짜다 **41** 곡물 **42** 음료

Day 4

1 통로 **2** 복도 **3** 차고 **4** 축하연 **5** 굽다 **6** (가정용) 기기 **7** 화장실 **8** "단, 연단; 플랫폼" **9** "벽장, 찬장" **10** ① 시트 ② (종이) 한 장 **11** ① 차지하다 ② 점령하다 **12** 주전자 **13** 이웃 사람 **14** 시골집 **15** "(편의) 시설[설비, 기능]" **16** 도자기; 도예 **17** ① 주거 ② 피신[대피](처) **18** 집주인 **19** ① 정착하다 ② 해결하다 **20** 건축가 **21** 지하실[층] **22** ① 기둥 ② 칼럼 **23** 식욕 **24** 사닥다리 **25** 굴뚝 **26** 선반; 책꽂이 **27** 서랍 **28** 베개 **29** "방, -실" **30** 냉장고 **31** 조리[요리]법 **32** "재료, 구성요소" **33** 냄비; 단지; 화분 **34** 거주[서식]하다 **35** 거주자; 투숙객 **36** 기숙사 **37** 건설하다 **38** 위층으로 **39** 천장

Day 5

1 눈을 깜박거리다 **2** ① 관찰하다 ② 준수하다 **3** 현미경 **4** 살찐; 중량 초과의 **5** "가슴, 흉곽" **6** 서서히 사라지다; 바래다 **7** ① 목격하다 ② 증인 **8** 응시하다 **9** "나오다, 출현하다" **10** 장관인 **11** 창백한 **12** 간 **13** 마비시키다 **14** 이마 **15** 머리를 끄덕이다 **16** "폐, 허파" **17** 맥박 **18** 신경; 신경 과민 **19** 근육 **20** 주름 **21** 턱수염 **22** 시각의 **23** ① 몸의 ② 물질(계)의; 물리적인 **24** 대머리의 **25** 망원경 **26** 사라지다 **27** ① 풍경 ② 풍경화 **28** ① 광경; 장면 ② 현장 **29** 힐끗 보다 **30** 비만인 **31** 가느다란 **32** ① 기관 ② 오르간 **33** 살 **34** 땀 **35** 피가 나다 **36** 뺨 **37** 콧수염 **38** 눈썹

Day 6

1 미끄러져 움직이다 **2** 껑충 뛰어서 이동하다 **3** 살금살금 움직이다 **4** 가볍게 던지다 **5** 잡아[낚아]채다 **6** 와락 붙잡다; 점령하다; 체포하다; 압수하다 **7** 비명을 지르다 **8** 우연히 듣다 **9** ① 행진하다 ② 3월 **10** 박수를 치다 **11** ① 기지개를 켜다② 늘이다 **12** 한가로이 거닐다 **13** 넓적다리 **14** 목구멍 **15** 향기 **16** 호흡하다 **17** 팔꿈치 **18** ① 가볍게 톡톡 두드리다 ② 수도꼭지 **19** 재채기 **20** 숨이 막히다 **21** 한숨 쉬다 **22** 혀 **23** 주먹 **24** 긁다; 할퀴다 **25** ① (꽉) 쥐다② 파악하다 **26** 고함치다 **27** 미끄러지다 **28** ① 접촉 ② 연락 **29** 움켜쥐다 **30** 도보여행하다 **31** 배회하다 **32** 발목 **33** "① 놓아주다; 석방하다 ② 공개[발표, 개봉]하다" **34** 돌진하다 **35** 기다 **36** 속삭이다 **37** 연호하다 **38** 조용한; 말을 안 하는 **39** 불쾌한) 냄새 **40** 하품 **41** (숨을) 헐떡이다 **42** 손바닥 **43** 문지르다 **44** (껴)안다

Day 7

1 귀머거리의 **2** 신체 장애의 **3** "자국, 흉터" **4** 기진맥진한; 다 써버린 **5** 긴장을 풀다 **6** 약국 **7** "의학[의술, 의료]의" **8** 장님인 **9** 알약 **10** 병을 고치다 **11** ① 기절하다 ② 희미한 **12** "열, 발열" **13** 쓰린; 빠근한 **14** ① 병든 ② 나쁜 **15** ① 회복하다 ② 되찾다 **16** "낮잠, 선잠" **17** 아프다 **18** 고통 **19** 어지러운 **20** ① 고통을 받다 ② 겪다 **21** 암 **22** "부상, 상해" **23** 정력적인 **24** 전염성의 **25** "부상, 상처" **26** "약, 약품" **27** "① (내복)약 ② 의술, 의학" **28** (내과) 의사 **29** 벙어리의 **30** ① 휴식 ② 나머지 ③ 놓(이)다 **31** 피로 **32** 원기를 회복시키다 **33** 기침 **34** "증상, 증세" **35** 완화하다 **36** "병, 질병" **37** 유행성 감기 **38** ① 다치게 하다; 감정을 상하게 하다 ② 아프다

Day 8

1 속이다 **2** ~인 체하다 **3** 진심에서 우러난 **4** 중독된 **5** "① 대우하다, 다루다 ② 치료하다" **6** ① 공정한 ② 박람회 **7** 부정하게 속이다 **8** 배신[배반]하다 **9** ① 믿음 ② 신앙(심) **10** 무례한 **11** 사악한) **12** 자랑하다 **13** 엄격한 **14** 대담한 **15** 예의 **16** ① 겸손한 ② 비천한; 보잘것없는 **17** ① 자랑스러워하는 ② 거만한 **18** 공손한 **19** 용기 **20** 도덕의 **21** ① 원칙 ② 원리 **22** "성격, 인격" **23** 윤리의 **24** 솔직한 **25** 충성스러운 **26** "신뢰, 신용" **27** "부패, 타락" **28** "행위, 품행, 처신" **29** (~하는) 경향이 있다 **30** "태도, 자세" **31** 너그러운 **32** ① 버릇없이 만들다 ② 망쳐놓다 **33** 거만한 **34** 고집 센 **35** 감히[대담하게] ~하다 **36** 양심

Day 9

1 ① 욕(설)을 하다 ② 저주하다 **2** 모욕하다 **3** ① 감정을 상하게 하다 ② 범죄를 저지르다 **4** 감정 **5** "기쁨, 즐거움" **6** 몹시 화가 난 **7** 눈살을 찌푸리다 **8** 신경 쓰이게 하다 **9** 실망시키다 **10** 낙관적인 **11** 의기소침하게 하다 **12** ① 불쌍히 여김 ② 유감스러운 일 **13** 수줍어하는 **14** "스릴, 전율" **15** 동정(심) **16** "슬픔, 비애" **17** 만족시키다 **18** ① 자신만만한 ② 확신하는 **19** 부끄러워하는 **20** 창피를 주다 **21** 심리(학) **22** 불명예 **23** 당황스럽게 하다 **24** (조금) 화나게 하다 **25** 마음을 뒤집어 놓다 **26** "열정, 격정" **27** "기분, 심리 상태" **28** "기쁨, 환희" **29** 비관적인 **30** 절망 **31** 비참한 **32** 후회하다 **33** 겁이 많은 **34** ① 죄책감이 드는 ② 죄를 범한

Day 10

1 "욕구, 갈망" **2** 즐겁게 하다 **3** 초점을 맞추다 **4** ① 염려 ② 관련되다; 관한 것이다 **5** 긴장한; 긴박한 **6** 무관심한 **7** 충동 **8** 간절히 바라는 **9** 부러워하다 **10** 탐욕스러운 **11** (깜짝) 놀라게 하다 **12** 공포(심) **13** 차분한; 잔잔한 **14** 좋아하는 **15** 애정 **16** 깜짝 놀라게 하다 **17** 흠모[사모]하다 **18** 공항 **19** (깜짝) 놀라게 하다 **20** 가장 좋아하는 **21** 혐오스럽게 하다 **22** 호기심이 많은; 호기심을 끄는 **23** ① 불안해하는 ② 열망하는 **24** 마음 내키지 않는 **25** 집중하다 **26** 질투하는 **27** 이기적인 **28** 야망 **29** 열광적인 **30** 신경질적인; 신경의 **31** 불안한 **32** 몹시 놀라게 하다 **33** 무서워하는 **34** (몹시) 무섭게 하다 **35** 위로하다 **36** ~을 (~보다) 좋아하다 **37** 싫어하다 **38** 편견

Day 11

1 ① 비난하다 ② 비평하다 **2** "고발[기소, 비난]하다" **3** ~의 탓으로 돌리다 **4** 소홀히하다 **5** 매혹하다 **6** ① 책임이 있는 ② 책임을 지고 있는 **7** "꾸짖다, 야단치다" **8** 용서하다 **9** 항의하다 **10** "명성, 위신" **11** 평판 **12** 감탄하다 **13** ① 영광 ② 존경 **14** 칭찬하다 **15** 인기 있는 **16** ① 경탄 ② ~인지 궁금하다 **17** 존경[존중]하다 **18** 유명한 **19** 놀리다 **20** 축하하다 **21** ① 감사하게 생각한다 ② 진가를 알아보다 **22** 무시하다 **23** ① 갈채하다 ② 기운을 북돋우다 **24** 고맙게 생각하는 **25** 용서하다 **26** 불평하다 **27** ① 잘못 ② 결점 **28** 매력 **29** 끌다 **30** 유혹하다 **31** 잘 알려진 **32** 유명 인사 **33** 깊은 인상을 주다 **34** 얕보다 **35** 아첨하다 **36** 갈채를 보내다

Day 12

1 ① 간청하다 ② 구걸하다 **2** ① 호소하다 ② (~의) 마음에 들다 **3** ① 청구하다 ② 주장하다 **4** 정의를 내리다 **5** 번역하다 **6** 조언을 구하다 **7** 명령하다 **8** "말, 발언" **9** ① 발음하다 ② 표명하다 **10** 넌지시 비치다 **11** 묘사하다 **12** ① 통지 ② 알아차리다 **13** 유창한 **14** 요약 **15** "논평, 비평" **16** 명기하다 **17** 통지하다 **18** ① 선언하다 ② 신고하다 **19** 권[추천]하다 **20** "구, 어구" **21** 제안[제의]하다 **22** 요청하다 **23** ① 조언 ② 팁 ③ (뾰족한) 끝 **24** 조언하다 **25** ① 의미하다 ② 의도하다 ③ 심술궂은 **26** ① 문맥 ② 정황 **27** 통역하다 **28** ① 구술하다 ② 지시하다 **29** 언급하다 **30** 강조하다 **31** ① 명백히 보여주다 ② 데모하다 **32** 발표하다 **33** 제안[건의]하다

Day 13

1 ① 맹세하다 ② 욕을 하다 **2** (단호하게) 거절[거부]하다 **3** 거절[거부]하다 **4** "(격식을 갖춘) 토론, 논쟁" **5** 대답[응답]하다 **6** 보장하다 **7** (대규모의) 회의 **8** 협상하다 **9** "① 주제, 문제 ② 내주다, 발행하다 ③ 발행[발표]하다" **10** 확신[납득]시키다 **11** 부정적인 **12** 반응하다 **13** 설득하다 **14** (중심) 주제 **15** "갈등, 충돌" **16** ① 긍정적인 ② 확신하는 **17** 자백하다 **18** ① 승인하다 ② 찬성하다 **19** 토론하다 **20** ① 부인하다 ② 허락하지 않다 **21** 반대하다 **22** ① 계약(서) ② 수축[축소]되다 ③ (병에) 걸리다 **23** 문의하다 **24** "논쟁, 논란" **25** 대답[응수]하다 **26** ① 언쟁하다 ② 주장하다 **27** "① 주제, 대상 ② 과목, 학과 ③ ~을 당하기 쉬운" **28** 주장하다 **29** 타협하다 **30** ① 인정하다 ② 입장[입회]을 허락하다 **31** 받아들이다

Day 14

1 ① 혼란스럽게 하다 ② 혼동하다 **2** ① 막연한 ② 희미한 **3** 명확하게 하다 **4** ① 의식이 있는 ② 알고 있는 **5** 개념 **6** ① 결론을 내리다 ② 끝내다 **7** 선택[선발]하다 **8** 추상적인 **9** ① 영감을 주다 ② 고무하다 **10** 상기하다 **11** ① 추정[추측]하다 ② 가정하다 **12** "기회, 호기" **13** ~을 ~으로 여기다 **14** 환각; 착각 **15** 이론 **16** ① 객관적인 ② 목표 **17** 거의 확실한 **18** 잠재력이 있는 **19** 예상하다 **20** 정신의 **21** 예측하다 **22** 확실한 **23** 대안 **24** 논리적인 **25** 이성적인 **26** ① 숙고하다 ② 고려하다 ③ (~을 ~으로) 여기다[생각하다] **27** 주관적인 **28** 구체적인 **29** ① 상기시키다 ② 연상하게 하다 **30** 있을 법한 **31** 가능성; (성공할) 전망 **32** 예측하다

Day 15

1 수사하다 **2** ① 검사하다 ② 시험하다 **3** 실험실 **4** ① 학업[학교]의 ② 학구적인 **5** ① 교장 ② 제일의 **6** 진짜의; 참된 **7** 설문 조사 **8** 현실(성) **9** 학기 **10** ① 가르치다 ② 지시하다 **11** 전문가 **12** ~할 수 있게 하다 **13** 본능 **14** 교과 과정 **15** ~할 수 있는; 유능한 **16** 지적인 **17** "① 장학금 ② 학문, 학식" **18** 능력 **19** 속담 **20** 분석하다 **21** 교육 **22** 등록하다 **23** 실험 **24** 실제의 **25** ① 재검토하다 ② 복습하다 **26** 개인 교사 **27** 학생 **28** 강의 **29** "① 연습하다 ② 실행, 실제 ③ 관례" **30** 지식; 알고 있음 **31** 전문적으로 다루다 **32** 재능 **33** ① ~에 따르면 ② ~에 따라 **34** "연구, (연구) 조사"

Day 16

1 숨기다 **2** "① 참조하다, 문의하다 ② 언급하다" **3** ① 구하다 ② ~하려고 노력하다 **4** 위조의 **5** 정확[정밀]한 **6** ① 나타내다 ② 지적하다 **7** ① 표현하다 ② 급행의 **8** 의심하다 **9** 확인해주다 **10** 알고 있는 **11** ① 깨닫다 ② 실현하다 **12** 총명한 **13** 증명하다 **14** ① 확인하다 ② 동일시하다 **15** ① 알아보다 ② 인정하다 **16** 증명서 **17** 잘 모르는 **18** 터무니없는 **19** ① 추적해서 찾아내다 ② 흔적 **20** 거짓의; 잘못된 **21** ① 순수한 ② 무죄의 **22** 수색하다 **23** ① 드러내다; 폭로하다 ② 노출시키다 **24** 정확한 **25** 옳은 **26** 반드시 ~하게 하다 **27** 증거 **28** ① 의심하다 ② 용의자 **29** 익숙한; 잘 아는 **30** ① 실제적인 ② 실용적인 **31** 천재 **32** 발견하다

Day 17

1 신분 **2** 위원회 **3** ① 조직 ② 조직화 **4** 지역사회 **5** 문화 **6** 왕조 **7** 손위의 **8** ① 귀족 ② 고결한 **9** 시민의 **10** 유산 **11** 외국의 **12** 국외로[에] **13** 정부 **14** ① 민속의 ② 사람들 **15** ① 국내의 ② 가정의 **16** 민주주의(국) **17** 시민; 주민 **18** ① 장관 ② 성직자 **19** 정치(학) **20** 투표 **21** 사회 **22** 정책 **23** 후보자 **24** 노예 **25** 국왕의 **26** 연하의 **27** 전통 **28** 문명 **29** ① 관습 ② 세관 **30** (중요한) 유산 **31** 독립; 자립 **32** 이국적인 **33** ① 대통령 ② 사장 **34** 외교관 **35** 선거

Day 18

1 금지하다 **2** 공식적으로) 금(지)하다 **3** 금(지)하다 **4** ① 공식적인 ② 직무상의 **5** 법률; 법칙 **6** "방해하다, 어지럽히다" **7** 예방하다 **8** 장애(물) **9** 처벌하다 **10** 법률(상)의; 합법적인 **11** 피해자 **12** 도둑 **13** ① 의무 ② 세금 **14** 규정 **15** 빼앗다 **16** ① 저지르다 ② 전념하다 ③ 약속하다 **17** 법률가 **18** 교도소 **19** 복종하다 **20** 허락하다 **21** 권한 **22** 한계 **23** ① 용인하다 ② 참다 **24** 장벽 **25** 방해[중단]하다 **26** ① 간섭하다 ② 지장을 주다 **27** 자격이 있다[을 주다] **28** 자유 **29** 헌법 **30** 위반하다; 침해하다 **31** 범죄 **32** 훔치다 **33** 형사 **34** 지배[좌우]하다 **35** 제한하다

Day 19

1 ① 사고 ② 우연 **2** 구조하다 **3** 경고하다 **4** 안전한 **5** 재해 **6** 위기 **7** 충격 **8** "원인, 야기하다" **9** ① 발생하다 ② 머리에 떠오르다 **10** 결과 **11** "효과, 영향" **12** 독(약) **13** 망치다 **14** 으스러뜨리다 **15** 터지다 **16** 풀다 **17** 손상 **18** 충돌[추락](사고) **19** 박살나다 **20** ① 붕괴하다 ② 쓰러지다 **21** ① 처리하다 ② ~와 거래하다 **22** ① 직면하다 ② (우연히) 마주치다 **23** 내구성이 있는 **24** 인내하다 **25** 모험(심) **26** 영향(력) **27** 결과 **28** 요인 **29** 사정 **30** 비상 사태 **31** 비극 **32** "해, 해악" **33** 파괴하다 **34** 금 **35** ① (세게) 부딪치다; 때리다 ② 머리에 떠오르다 **36** 회복시키다 **37** 극복하다 **38** ① 인내심이 있는 ② 환자

Day 20

1 군대 **2** 생포하다; 사로잡다 **3** 정복하다 **4** ~에 상관[관계]없이 **5** 폭력 **6** 적대적인; 적의 **7** 육군; 군대 **8** 폭발하다 **9** 무기 **10** 가혹한; 혹독한 **11** ① 찢다 ② 눈물 **12** 방어하다 **13** 혁명 **14** 탈출하다 **15** ① 때리다 ② 이기다 **16** 도전하다 **17** 침략하다 **18** 잔인한 **19** 피할 수 없는 **20** ① 소중히 여기다 ② 마음속에 간직하다 **21** "지지[지원, 부양]하다" **22** 영향을 미치다 **23** 보존하다 **24** 패배시키다 **25** ① 겨냥하다 ② 목표 **26** 적 **27** 군인 **28** 정당화하다 **29** 동기 **30** 협박 **31** ① 난폭한 ② 강인한 ③ 힘든 **32** ① 공격하다 ② 폭력 **33** 저항하다 **34** 회피하다 **35** 보호하다 **36** ① 유지하다 ② 보수하다 ③ 주장하다

Day 21

1 유람[순회]하다 **2** ① 여행 ② 걸려 넘어지다 **3** 여행 **4** 방송하다 **5** 표제; 주요 뉴스 **6** 목적지 **7** "항해, 우주 여행" **8** 예약하다; 남겨두다 **9** 관광 **10** "청중, 관객" **11** 예약 구독하다 **12** 기념일 **13** 즐겁게 하다 **14** ① 내기를 걸다 ② 확신하다 **15** 보고[보도]하다 **16** 축하하다 **17** 의식 **18** 대본; 손으로 쓴 글씨 **19** 노릇하다 **20** 경쟁하다 **21** 상대 **22** 대중 매체 **23** 상 **24** 여행 **25** 기념품 **26** 탐험하다 **27** 통근하다 **28** 소문 **29** 기자 **30** 기사 **31** ① 공연하다 ② 수행하다 **32** ① 행사 ② 사건 **33** 전시(회) **34** 오락 **35** 경연 (대회) **36** 상

Day 22

1 기도하다 **2** ① 예배하다 ② 숭배하다 **3** 신성한 **4** 명작 **5** 시 **6** 미신 **7** 대성당 **8** 설교하다 **9** 유령 **10** 성직자 **11** ① 설명서 ② 수동의 **12** 이야기 **13** 줄거리 **14** ① 그림을 그리다 ② 당기다 **15** "상, 조각상" **16** 저자 **17** 편집하다 **18** 전기 **19** 신화 **20** 조각 **21** ① 짓다 ② 구성하다 **22** 가사 **23** 문학 **24** "합창단, 성가대" **25** 종교 **26** 악마 **27** 영(혼) **28** 사원

29 성서 **30** 기적 **31** 고전 **32** ① 소설 ② 참신한 **33** 꾸며낸 이야기 **34** 전설 **35** 사전 **36** 출판하다 **37** 초상화 **38** "조각하다, 새기다" **39** ① 악기 ② 기구

Day 23

1 배분하다; 유통시키다 **2** "나눠 주다, 함께 쓰다" **3** 제공하다 **4** "교역, 무역" **5** "봉사하다, 시중들다" **6** 보상(금) **7** 기부하다 **8** 취득하다; 습득하다 **9** 입수[획득]하다 **10** ① 수요 ② 요구 **11** 상품 **12** 소매 **13** 가격 **14** (교통) 요금 **15** "고객, 의뢰인" **16** 수입하다 **17** 도매 **18** 구입하다 **19** ① 요금을 청구하다 ② 담당 **20** 호화로움 **21** ① 제출하다 ② 굴복하다 **22** ① 경제 ② 절약 **23** 광고하다 **24** 공급[제공]하다 **25** ① 획득하다 ② 늘다 **26** 빌리다 **27** ① 기여하다 ② 기고하다 **28** "점원, 사무원" **29** 식료 잡화점[류] **30** 고객 **31** ① 진열하다 ② 드러내다 **32** "① 주문 ② 명령, 지시 ③ 순서; 정돈" **33** 수출하다 **34** "비용, (값, 비용이) ~들다" **35** "① 수수료 ② 요금, 회비, 가입비" **36** ① 광고 (방송) ② 상업의

Day 24

1 ~ 소유[것]이다; 속하다 **2** ① 소유하다 ② 자기 자신의 **3** "① [소지, 보유]하다 ② 갖추고 있다" **4** 기금 **5** ① 재산; 부동산 ② 속성 **6** 버리다 **7** ① 저장하다② 상점 **8** 재활용하다 **9** 허비하다 **10** (돈을) 얻다 **11** 보험 **12** 예산(안) **13** ① 계산서 ② 지폐 ③ 법안 **14** 부유한 **15** 투자하다 **16** ~을 할 여유가 있다 **17** 비용 **18** 빚 **19** 이익 **20** 자선 (단체) **21** ① 예금계좌 ② 설명 **22** 재정; 재원 **23** 대출(금) **24** ① 인출하다 ② 탈퇴하다 **25** 소비하다 **26** 지우다 **27** 제거하다 **28** 보물 **29** ① 보조금 ② 승인하다 **30** 자원 **31** 빚지고 있다 **32** 소득 **33** 환불(금) **34** 세금 **35** 가난 **36** ① 예금하다 ② 보증금

Day 25

1 자진하여 하다 **2** 공동으로 일하다 **3** 협력하다 **4** "일, 과업" **5** 활동 **6** 동기를 부여하다 **7** ① 격려하다 ② 권장하다 **8** 노력 **9** ① 거르다② 깡충깡충 뛰다 **10** ① 추구하다 ② 추적하다 **11** ① 운수 ② 재산 **12** 능률적인 **13** 이행하다; 실현하다 **14** 성취하다 **15** 분투하다 **16** ① 의도적인 ② 숙고하다 **17** 무작위의 **18** 대리인 **19** ① 친절한 행위 ② 선호[지지]하다 **20** 노동 **21** 원조[지원]하다 **22** "① 복지 (사업) ② 안녕, 행복" **23** 의욕를 꺾다 **24** 자극하다 **25** 허드렛일 **26** 임무 **27** "① 수행하다 ② 지휘하다 ③ 행위, 행실" **28** 의도하다 **29** 시도하다 **30** ① 성공하다 ② 뒤를 잇다 **31** 자발적인 **32** ① 대표하다 ② 나타내다 **33** "돕다, 보조하다"

Day 26

1 ① 적합한 ② 건강한 **2** ① (~에) 알맞다② 정장; ~옷[복] **3** 구할 수 있는; 시간[여유]이 있는 **4** 근면한 **5** 바치다 **6** ① 어울리다 ② 아주 비슷하다; 대등하다 ③ 경기 **7** 적절한 **8** 발생시키다 **9** ① 생산하다 ② 농산물 **10** 공장 **11** 장비 **12** ① 작동하다 ② 수술을 하다 **13** ① 발명하다 ② 날조하다 **14** 기계공 **15** 산업 **16** "① 조립하다 ② 모이다, 모으다" **17** 연장 **18** ① 잘 다루다 ② 조종하다 **19** 활용하다 **20** 좌절시키다 **21** ① 서투른 ② 난처한 **22** ① 채용하다 ② 입양하다 **23** 적절한 **24** 수동적인 **25** 활동적인 **26** 기술 **27** 제조하다 **28** 창조하다 **29** 기계 **30** 장치 **31** ① 다루다 ② 처리하다 ③ 손잡이 **32** 수리[수선]하다

Day 27

1 목적 **2** "뼈대, 틀; 액자" **3** 구조; 구조물 **4** 설립하다 **5** 감독하다 **6** 방법 **7** 기능 **8** 절차 **9** 전문직 **10** 동료 **11** ① 지원하다; 신청하다 ② 적용하다 **12** ① 떠나다 ② 그만두다 **13** 계획 **14** 직원 **15** ① 고용하다 ② 빌리다 **16** 임금 **17** ① 직업 ② 점령 **18** 퇴직하다 **19** ① ~하기로 되어 있는 ② ~ 때문에 **20** 조직하다 **21** (대)기업; 법인 **22** 준비하다 **23** 조직화하다; 잘 어울리다 **24** 과정 **25** 수단 **26** 역할 **27** ① 관리하다 ② 간신히 해내다 **28** 창설하다 **29** 행정 (업무) **30** 임명하다; 정하다 **31** "경력, 이력" **32** 고용하다 **33** 사직하다 **34** 전략 **35** 기꺼이 ~하는

Day 28

1 함께 가다 **2** 접근할 수 있는 방법 **3** 접근하다 **4** 구역 **5** 현지의 **6** 휴대용의 **7** 기다리다 **8** ① 물러가게 하다 ② 묵살하다 **9** 이주하다; 철따라 이동하다 **10** 이동[변경]하다 **11** ① 기대다 ② 기울다 **12** 설치하다 **13** 쌓아 올린 더미 **14** 진공; 진공 청소기 **15** 틈; 격차 **16** ① 배열하다 ② 준비하다 **17** ① 공간 ② 우주 **18** (감)싸다 **19** 삽입하다 **20** 실내(용)의 **21** 맨 아래 **22** 가장자리; (칼 등의) 날 **23** 장소; 현장 **24** 앞(쪽)에 **25** 여백; 판매수익 **26** 이동할 수 있는 **27** 옮기다 **28** 추적하다; 추구하다 **29** 출발하다 **30** "영토, 영역" **31** (넓은) 지방 **32** ① 위치시키다 ② 위치를 알아내다 **33** ① 눕히다 ② 알을 낳다 **34** "걸다, 매달다" **35** "층, 겹, 막" **36** 내부의 **37** 머리 위에 **38** 맞은[건너]편의[에]

Day 29

1 배달하다 **2** (힘겹게) 끌다 **3** 들다 **4** 뜨다 **5** 경로; 노선 **6** 승객 **7** 철도 (선로) **8** 오르다 **9** 내려가다 **10** 항해하다 **11** 인도 **12** 작은 길; 진로 **13** 여권 **14** 교차로 **15** 비틀다 **16** 순환하다 **17** 진동하다 **18** 외진 **19** 갑작스러운 **20** ① (짐을) 싸다② 가득 채우다 **21** 수하물 **22** 수송하다 **23** 빙빙 돌다 **24** 거리 **25** 흔들리다; 그네 **26** 굴러 떨어지다 **27** 짐 **28** 빠른 **29** 서두르다 **30** 교통(량) **31** 짐을 싣다 **32** 출구 **33** ① 누르다 ② 언론 **34** ① 들다② 인상하다 ③ 기르다 **35** 급히 하다

36 "차량, 탈것" 37 항구 38 우주 비행사 39 횡단보도 40 보행자 41 ① 가라앉다 ② 싱크대; 세면대 42 길을 찾다 43 오르다 44 (기어)오르다 45 회전하다 46 "① 구르다 ② 말다, 감다" 47 둘러싸다 48 떨다 49 속도를 높이다 50 점진적인 51 타다

Day 30

1 중단되다 2 원천 3 시작하다; 시장에 내다 4 연간의 5 요즈음에는 6 만료되다 7 멈추다 8 ① 꾸준한 ② 고정적인 9 취소하다 10 혁신하다 11 최근에 12 일시적인 13 일상적인; 틀에 박힌 14 기간 15 최근의 16 영원한 17 반복하다 18 골동품 19 이전의 20 연기하다 21 ① 원래의 ② 독창적인 22 "① 때, 경우 ② 특별한 일" 23 지연시키다; 미루다 24 즉시의 25 ① 여전히 ~이다 ② 그대로 있다 26 망설이다 27 잠시 멈추다 28 백 년(간) 29 십 년(간) 30 현대의 31 고대의 32 자주 일어나는 33 영구적인 34 규칙적인 35 ① 기간 ② 용어 ③ 조건 36 초기의

Day 31

1 반도 2 절벽 3 해안 4 환경 5 ① 극(지) ② 장대 6 ① 지구 ② 땅 ③ 흙 7 위성; 인공위성 8 우주 9 태양의 10 궤도 11 지진 12 교외 13 진흙 14 묻다 15 정상 16 도심지에[로] 17 파다 18 흙 19 시골의 20 분출하다 21 연못 22 지평[수평]선 23 세계적인 24 열대 우림 25 조수 26 달의 27 중력 28 ① 대기 ② 분위기 29 행성 30 생태계 31 서식지 32 도시의 33 ① 수도 ② 대문자 ③ 자본(금) 34 대륙 35 굴 36 화산 37 산봉우리; 절정 38 사막

Day 32

1 수확(기) 2 익은 3 낙농(업)의 4 길들여진 5 곤충 6 (짙은) 안개 7 쌀쌀한 8 쟁기 9 (식물) 줄기 10 ① 식물 ② (제조) 공장 11 농업 12 ① 나뭇가지 ② 지사 13 폭풍(우) 14 얼다 15 생물 16 화석 17 둥지 18 가뭄 19 종 20 번개 21 ① 불다 ② 입김을 내뿜다 ③ 강타 22 진화(론) 23 먹이 24 가축 25 기후 26 수확하다 27 "우리, 새장" 28 공룡 29 ① 경작하다 ② 기르다 30 씨 31 ① 줄기; 몸통 ② 트렁크 32 잡초 33 (농)작물 34 씨를 뿌리다 35 열대 지방의 36 온도 37 홍수 38 녹다 39 천둥 40 야생 생물 41 생물학 42 "덫, 함정" 43 짐승

Day 33

1 번쩍 비치다 2 빛나다 3 전기 4 "물품, 항목, 사항" 5 "① 물질 ② 일, 문제, 사건 ③ 중요하다" 6 ① 밝은 ② 영리한 7 ① 반사되다 ② 나타내다 ③ 숙고하다 8 "빛, 광선" 9 끓다 10 ① 고체 ② 견고한 11 엎지르다 12 ① 새다② 누설되다 13 ① 철 ② 다리미 14 화학의 15 빼내다 16 붓다 17 유체 18 마른 19 ① 나무토막 ② 붙이다 ③ 찌르다 20 ① 힘 ② 억지로 ~시키다 21 ① 것(들) ② (빽빽이) 채워 넣다 22 ① 기둥 ② 우편(물) ③ 게시하다 23 연료 24 ① 선명한 ② 매우 명석한 25 불꽃 26 ① 물체 ② 목적 ③ 반대하다 27 ① 재료 ② 물질의 28 물질; 실체 29 액체 30 흐르다 31 흡수하다 32 젖은 33 ① 나무 ② 숲 34 ① 널빤지 ② 이사회 ③ 타다 ④ 하숙하다

Day 34

1 유쾌한 2 뛰어난 3 기준 4 ① 사각형 덩어리 ② 막다 5 ① 외모 ② 모습을 보임 6 더 나은 7 "훌륭한, 굉장한" 8 이상 9 ① 자국 ② 선로; 경주로; 오솔길 ③ 추적하다 10 수평의 11 구부리다 12 ① 연한 ② 다정한 13 ① 굳은 ② 확고한 ③ 회사 14 수직의 15 가파른 16 평평한 17 "각, 각도" 18 뻣뻣한 19 ① 성격 ② 문자 ③ 등장인물 20 전형적인 21 ① 정사각형 ② 광장 22 ① 특징 ② 이목구비 23 ① 상태 ② 국가; 주 ③ 진술하다 24 유리한 점 25 더 나쁜 26 ① 심각한 ② 엄한 27 윤곽 28 모양 29 ① 열 ② 배를 젓다 30 표면 31 ① 직접의 ② 지시하다 32 유연한 33 ① 거친 ② 난폭한 ③ 대략의 34 염색하다 35 질

Day 35

1 중요한 2 근본적인 3 필수적인; 생명 유지에 필수적인 4 개선하다 5 개혁하다 6 ① 대다수의 ② 전공 과목 7 주된; 첫 번째의 8 작은 쪽의 9 복잡하게 만들다 10 부서지기 쉬운 11 가치 12 ~을 받을 만하다 13 ① 등급 ② 학년 ③ 성적 14 강렬한 15 바람직한 16 초보의 17 ① 복잡한② 강박관념 18 평가하다 19 필요한 20 ① 의존하다 ② 믿다 21 혜택 22 필사적인 23 필수적인 24 우선 사항 25 최고위자인; 주된 26 질을 높이다 27 향상시키다 28 깊이가 있는 29 섬세한 30 ① 꾸미지 않은 ② 분명한 ③ 평원 31 ~의 가치가 있는 32 귀중한 33 ① 필요하다 ② 요구하다 34 긴급한

Day 36

1 많음 2 충분한 3 최저의 4 개인의 5 ① 둘 ② 부부 6 ① 비율 ② 균형 7 풍부한 8 증가하다 9 계산하다 10 4분의 1 11 방정식 12 ① 총계 ② 완전한 13 ① 중간의 ② 수단 14 세 배의 15 양 16 공식 17 ① 숫자 ② 도형 ③ 사람의 모습 ④ 이해하다 18 평균 19 ① (그다지) 크지 않은 ② 겸손한 20 단지 ~에 불과한 21 ① 단 하나인 ② 미혼의 22 매우 많은 23 최대의 24 곱하다 25 "① 비율, 율 ② 속도 ③ 요금 ④ 평가하다[되다]" 26 부족 27 둘의 28 두 번 29 "한 쌍[켤레, 벌]" 30 수학 31 어림잡다 32 양 33 합계; 액수 34 중간의 35 초과하다

Day 37

1 측정하다 **2** 무게 **3** 얇은 **4** 감소하다 **5** 더하다 **6** 확대하다 **7** ① 연장하다 ② 뻗다 **8** ①상당히 ② 공정하게 **9** 수준 **10** 보완하다 **11** ~외에(도) **12** 상당한 **13** 거대한 **14** 소형의 **15** ① 예비의 ② 할애하다 **16** 거대한 **17** ① 규모 ② 저울; 눈금 **18** 빼다 **19** 조금의 **20** "짧은, 간단한" **21** 두꺼운 **22** 붓다; (크게) 증가하다 **23** (해발) 고도 **24** 얇은 **25** ① 정말 ② 사실 **26** 상당히 **27** ① 정도 ② 도 ③ 학위 **28** 팽창되다 **29** 줄이다 **30** ① 줄어들다 ② 거절하다 **31** 추가의[로] **32** 게다가 **33** "부피, 용량" **34** 거대한 **35** 무한한 **36** 아주 작은 **37** 넓은

Day 38

1 유일한 **2** ① 특정한 ② 특별한 **3** 널리 퍼진 **4** 거의 **5** 거의 ~아니다 **6** 비범한 **7** 특히 **8** 기이한 **9** ① 구체적인 ② 특정한 **10** ~에도 불구하고 **11** ① 비교하다 ② 비유하다 ③ 필적하다 **12** 같은 **13** 닮다 **14** 전혀 다른; 뚜렷한 **15** 구별하다 **16** 비슷한 **17** 동일한 **18** ① 절대적인 ② 완전한 **19** 거꾸로 된 **20** 모방하다 **21** 정상적인 **22** 극도의 **23** 보통의 **24** 일반적인 **25** 불가사의 **26** 이상한 **27** 놀랄 만한 **28** 드문 **29** 거의~아니다 **30** 거의 **31** 가까스로; 거의~아니다 **32** 대조하다 **33** 그럼에도 불구하고 **34** 비슷한 **35** 일치하는 **36** 여러 가지의 **37** 일상의

Day 39

1 헐거운 **2** 묶다 **3** 붙이다 **4** 전환되다 **5** 대체하다 **6** 격리시키다 **7** 나누다 **8** 동향 **9** 적응하다 **10** 진전을 보이다 **11** 관련이 있다 **12** 연결하다; 관련시키다 **13** 조정하다 **14** ① 연계; 연상 ② 협회 **15** ① 발전하다 ② 개발하다 **16** ① 안정적인 ② 마구간 **17** 연합하다 **18** 섞다 **19** 순수한 **20** 수정하다 **21** 섞다 **22** ① 고정시키다 ② 수리하다 **23** 접다 **24** (따로) 떼어놓다 **25** 교환하다 **26** ① 달라지다 ② 가지각색이다 **27** (~) 대신에 **28** ① 변하지 않는 ② 끊임없이 계속되는 **29** 선진의 **30** 진화하다[시키다] **31** ① 통합; (주·국가 등의) 연방 ② 노동조합 **32** 결합하다; 겸비하다 **33** "휘젓다, 뒤섞다"

Day 40

1 가득한 **2** 수반하다; 관련시키다 **3** 포함하다 **4** 범위 **5** 전체 **6** 공백의 **7** (가득) 채우다 **8** ① 내용물 ② 만족하는 **9** ① 구성하다 ② 짓다 **10** 요소; (화학의) 원소 **11** 철저한 **12** "종류, 유형" **13** 모으다 **14** 집단의 **15** "① 완전한 ② 끝마치다, 완료하다" **16** ① 큰 덩어리; 질량 ② 대량의 **17** 조각 **18** 측면 **19** 각자의 **20** 참가하다 **21** "① 있는, 존재하는, 출석한 ② 현재 ③ 선물" **22** "범위, 다양성" **23** 참석하다 **24** "없는, 부재의, 결석한" **25** ① 담고 있다 ② 방지하다 **26** 구성되다 **27** 비어 있는 **28** 국경 (지역) **29** 경계(선) **30** 전체의 **31** 부분 **32** 구성단위 **33** 분류[구분]하다 **34** "모으다, 수집하다" **35** ① 공동의 ② 흔한 **36** ① 가입하다; 합류하다 ② 연결하다

색인

Q

R